总　序

在人世生活中寻求法意

——"法意文丛"总序

去岁中,周赟君来信告诉我,厦门大学出版社拟出版一套以法学理论和法律史学术论著为收录对象的学术文丛,问我有没有意向组织书稿、担任主编。我回信说容我思考数日再说。若干天后,他又来信询及此事,我回信说最好见过出版社相关人员后再做决定。去岁中秋期间,我亲赴厦门,和该社负责这套丛书的编辑甘世恒君详细磋商了有关细节,决定组织并编辑这套丛书,并把丛书命名为"法意文丛"。

之所以选择这一丛书名,一为遵循法理、法史探索之宗旨,二为倡导在生活意义中探寻法理意义。众所周知,自从严译《法意》以来,这个多少带有浪漫色彩,但又不乏中性温情的词汇,就在中国法律学人心中,有了其独特的地位——它一反法律就是专政工具,就是刑杀镇压一类"词的暴政",而道出了法律以勾连交往行为中人们的日常生活为使命这一真谛。法律不是日常生活的外在之物,而是日常生活方式的规范提纯、精神萃取,从而成为日常生活的内在构成性因素。然而,验之以学术史,这种对法意的理解框架并非一以贯之。一方面,所谓神意论、自然精神论、理性论等等,都给法律涂上了一层神圣的光环,从而使法律为什么有权威这样的现实考虑有了预设和保障。另一方面,所谓法律虚无论、阶级意志论、主权者命令说等等,又把法律从天庭拉到凡世,不仅如此,而且法律不过是实践人间既得利益者需要的工具,是当权者随其所需任意打扮的婢女,因之法律进入令文人不齿的境地,这不禁令人想起苏轼"读书不读律"的遗训。此种情形,为有人借机打破人间一切法律秩序,作好了前提性准备。

介于两者之间的,乃是把法律作为一种社会——政治契约。法律就是选民和选民、选民和政府间达成的社会——政治交往的契约,是社会——政治交往的规范构成要素,人类只要不能舍弃社会——政治交往,也就无法舍弃法律。所以,法律是社会构造的必要性和构成性因素,而非选择性和权宜性因素;法律是主体交往行为的规范根据,而非镂刻在精美石头上的装饰物;人因为法律所布置的交往路线和逻辑构图而显示其存在,显示其主体身份,取消了这一交往路线和逻辑构图,势必就模糊了人存在的意义,消隐了人的主体身份。这样,法律就摆脱了被置诸神界的虚无缥缈,也摆脱了被置诸魔界的面目狰狞。法律回到了它应有的生活场景——法律是人们日常生活不可或缺的构成性因素。所以,法律既是世俗的,它强调以清晰的概念表达"群己权界";也是值得"信仰"的,因为人类离开法律,其交往就会事倍功半。

当下我国对法意的处理,一面是想方设法将其意识形态化,"依法治国,建设社会主义法治国家"的响亮口号,成功地从法学家的意识形态走向官方意识形态。不时自我表扬一番"我们是法治国家",既是表扬者的时髦,也可以隐约看出其对法治的某种崇仰,或者至少在其看来,法律和法治不会是什么坏东西。于是乎,法治、法律之类,俨然再度显示出其神圣面貌。另一面却自觉不自觉地将其工具化,譬如广受学界质疑的所谓法治"五句话",对世所公认的法治原则视而不见,转而以"权治"精神,解构法治理念,从而法律及法治又轻飘飘自天庭落入凡世。遗憾的是,此番落入凡世的法律,并非世人必需之交往规范,而只是强化一元化领导的一种可替代的手段。

【法意文丛】

总主编 谢晖

本书献给我勤劳、朴实、慈爱的父母

农民权利与权利农民：
以青藏高原农村社会为视域

◎ 王佐龙 著

厦门大学出版社　国家一级出版社
XIAMEN UNIVERSITY PRESS　全国百佳图书出版单位

一旦公民利用这种手段从事"合法斗争",便立马会遭到"依法办事,不是说几毛钱的纠纷也要诉诸法院"一类的无理指责!这样,法治这个标签就如同当年的人权一般,只剩下在国际社会对敌斗争的场合,偶露峥嵘。由此必然导致的结局是当年西北政法学院图书馆前的一幅雕塑所引发的、流传法学界已多年的那个隐语:"宪法顶个毬球"——法律虚无论又隐隐死灰复燃,教化意识形态和权术治理又想方设法,粉墨登场。

　　这一切,自然表达的也是一种"法意",但和近代以来法学家心目中的法意以及法治实践中的法意大相径庭;同时也表明,按照日常生活之规范需要,对法意的继续探寻和深入钻研,依然是法学家任重道远的使命。如何按照世俗生活的要求,撷取法意,又以法意之内容,安排世俗生活,使世俗生活和法律精神相得益彰——以世俗生活彰显法律精神,以法律精神光照世俗生活,让人们生活在自治、自由、文明、有序的法律交往体系中,既是法学家的使命所在,也是全体公民之福祉所系。

　　本丛书即着眼于此种追求。书稿标准,唯学术是尚,不论大腕名流,抑或无名小卒,倘可提供自生活之活水源头,求索法意之学术作品,概可纳入计划。选题范围,可着眼宏大,可着手细微,宏则法治路线、法律传统,微则法条诠释,疑案精解,只要源于生活,富含法意,皆入选题范围。研究方法,可崇尚思辨,可奉行实证,无论逻辑辩驳,还是事实白描,但能反映生活,突出法意,尽在欢迎之列。期待相关有志者,能贡献一家之言;也期待作者、编者和出版者锲而不舍,能助窥天人之际。

　　是为序。

陇右天水学士　谢　晖
序于公元 2011 年 4 月 10 日

自序

如何认真对待农村社会的权利

关注农村社会的权利并为自己的父老乡亲兄弟姐妹的权利问题做些呼吁,这是一种学术理想,一种乡土情结,也是本人一种不可推卸的道德责任。

对权利问题,做出一个非常恰当而合理的解释和论述很困难,如庞德所言:"法学之难者,莫过于权利也"。① 但我们还应明确,权利及其法律制度是人类安排社会关系、社会秩序与人类生活的一种至高智慧。"权利概念无处不在,它在我们的思维习惯中根深蒂固,以至于不能想象没有它会怎么样。"②

从上世纪80年代以来,中国法学界开始对"权利"问题给予了应有的关注但是,农村社会的权利问题却基本没有进入主流视野,且一般认为农村自古以来就是权利的荒漠之地,农民是自古以来的权利贫弱之人,无论是官方的价值倾向,还是农民的自身追求,权利都是"薄物细故"而不予重视。权利意识蒙昧、权利资源稀缺和权利理论的边缘化,大致可以概括农村社会权利问题的基本特征。这种学术语境中的状况,由于成长背景的原因,实际在小时候的生活经历中就有所体悟,这种故土情结也对之后的学术研究视野有较大的影响,进而成为后来的学术关注重心。正是这种情

---

① 程燎原、王人博:《赢得神圣——权利及其救济通论》,山东人民出版社1998年版,《序》第2页。
② [美]理杰德·达格尔:《权利》,载[美]特伦斯·鲍尔等编:《政治创新与概念变革》,朱进东译,译林出版社2013年版。

结,自上世纪九十年代末开始,本人以西部地区农牧民的法律意识、解纷文化、民族法律文化等为切入点,逐步去分析研究西部农村社会的权利问题。我们认为,无论是对农村社会权利重要性的理论认知,还是权利发展的成熟状况,都已经到了我们应当认真对待农村与农民权利的时代了。

认真对待农村社会的权利问题,并不是要对农村社会进行重新赋权,因为当今农村已不再是平等的贫困,农民也不是有限的权利主体,农村社会权利内容匮乏,最基本的生存权难以保障等农村权利贫困的景象已成历史。现代化就是合理化,因此,现代意义上新农村权利问题的思考,就是要合理构建农村社会的权利体系,合理设计农民的法定权利和应有权利,鼓励和引导他们合理获取正当利益,使农民的利益行为始终处于权利理性的指引下。

首先,关于农村与农民权利的呼吁要真实有度。针对当今的绝大部分农村社会,尤其是西部民族地区依然是权利的贫瘠之地这一客观事实,一定要强化对农村社会权利理论的探索与建构,要营造农民应当有权利、是充分权利主体的理论语境。同时要注意,因为对农民的权利界定很难,所以对农民权利的呼吁就不能过分泛化,应当具体有度。一方面,农民的权利应当是实体化的,是一种实惠、一种有形物,这恰与农村社会是一个相对注重实惠的文化心理相映照。正如有学者断言:对个人而言,"权利是什么"似乎并不重要,重要的是权利能带来什么,现实生活中的人们,更愿意按照自己的愿望,根据自己的特定出境来理解和使用"权利",把权利视为将自己有益的事实、利益和行为予以正当化的一种方法。① 另一方面,从权利发展的梯度而言,农村社会的权利也应赋予未来特质,即要从当下关于注重实惠的权利认知,逐步向抽象全面的人格平等、地位平等转化。而这是权利最重要的价值,因为"拥有权利能使我们'像人一样站立起来',能够与他人直接进行对视,并且在某种根本的方面感受到每个人的平等,……而所谓'人的尊严'可能就是人们所承受的可以主张权利的能力罢

---

① 汪太贤:《权利泛化与现代人的权利生存》,载《作为方法的权利和权利的方法》,《法学研究》2014 年第 1 期。

了"。①

对农村社会的权利呼吁应有合理有度的立场,还因为权利的发展规律表明,权利的实现是有差别的,权利的实现在各社会集团间不可能同步,这在农村社会的权利实现方面更为典型。要正视理想中的权利应当平等与实然中权利差别的现实,有学者将其称为是权利实现的"差序格局"。② 在青藏地区,权利实现表现为一种地缘性特点,即在农业区与偏远牧业区,在权利意识、权利博弈、权利利益等方面有很大的区别,调研表明,农业地区农民的权利主动意识较强,经常会为了自己的权利利益与官方进行利益博弈,也会为了村内的领导权与其他利益群体进行权力博弈。有时,为了巨大的利益,这种博弈是不择手段甚至发生流血事件。但在牧业地区,权利意识与权利博弈相对较弱,有的牧业村甚至有无人愿意担任村干部,村干部由村内有能力的人轮流担任的现象。由于上述情况,青藏地区的农区权利的实现状况要相对优于牧区。这种客观性所导致的权利实现中的差序格局,是和现代法治追求权利平等性、普遍性的价值目标相冲突的,但却是无法避免的。

其次,应促进农村社会的权利文化转型。对于农村社会的权利问题,在传统理论中,费孝通先生认为农村是乡土社会,乡土社会是一个不争讼、重和谐,依靠乡村规则和民间伦理维系的社会。传统乡土社会的一大特点就是"没有个人权利",这种状况在很大程度上抑制了农村社会的权利体系的构建。但在当下的城市化进程中,乡土社会已经在发生着变化,其显著特点就是乡土社会逐渐陌生化、异质化和理性化并致村庄共同体趋于瓦解,进入了当下社会学理论所称的"后乡土社会"时代。后乡土社会的结构

---

① 安靖加:《人权与中国思想——一种跨文化的探索》,黄金荣、黄斌译,中国人民大学出版社2011年版,第246页。
② 所谓权利实现的"差序格局",是指权利实现中的一种状态。包含两层意思:第一,现实中的权利主体是逐步扩大的,即一部分人先享有法定权利,然后推而广之及于其他人;第二,现实中不同种类(政治、经济、文化、社会等)权利的法律化及其实现是循序渐进而非一蹴而就的。传统的身份社会是一种"义务"的差序格局,现代社会则是一种"权利"的差序格局。权利实现中的差序格局,是受经济发展规律制约的,具有历史的必然性,任何国家都是无法超越的。郝铁川:《权利实现的差序格局》,《中国社会科学》2002年第5期。

变化与交往方式向地缘血缘范围外的逐步扩展，使他们具有了"迎法下乡"的现实需求。而正式法律的介入，必然意味着对权利的重新考量与选择，尤其是城市化进程的加快，对传统社会"重义轻利"权利观念产生了变革性的冲击，农人已经不满足于对权利纠纷在家族、乡里依靠熟人社会的民间规则在血缘地缘的范围内调解解决。主要表现于：一方面，重人情、重和谐的传统相处理念正在变化，家族间因财产继承、土地补偿款分配、宅基地份额等纠纷较为常见，邻里间因采光、相邻公共地域的使用等纠纷诉诸法律的情况也时有发生；① 另一方面，农人权利的自觉意识与监督意识正在逐步养成，求权与维权都表现出了一定的集体利益守护取向，这从青海某市农牧民近年来到当地司法机关控告的情况中可以看出，该市司法机关2013年全年共受理职务类案件线索61件，其中农牧民控告村干部案件36件，占案件总数的59%。

农村社会的权利转型还要特别注意的是，在当前的农村社会，要加强对村民自治权的制度约束与民主监督。因为权力资源对权利保障的正相关性越来越重要，目前国家的各项惠农措施都是相关部门通过村干部具体办理，各类惠农物质都是由村干部协助发放的，有些政策性措施与优惠都要通过村干部的沟通与努力才能实现，因此村干部就成了农村社会重要的权利资源。传统上远离权力政治的农村社会逐渐成了政治权力博弈的又一场域，尤其在民族、家族、宗教关系较为复杂的西部民族地区，每到换届之际，争夺村内领导权的不理性举动常有发生，各集团间不惜用拉票贿选、暴力威胁甚至血腥冲突等方式争夺村内的领导权。因此用规范的制度确保农村社会选出真正为村民服务的领导集体非常重要，当前国家给农村的各类惠农措施，如土地征收拆迁补偿、扶贫款、救济金、危房改造补助、惠农补贴等都是很现实物质权利，如监督不到位，则会对农民的物质权利会形成直接的侵害。以拆迁补偿为例，调查显示，尽管其中村干部的权力并无直接的审批决定权，但现有的体制却是村干部报什么政府就批什么，政府部门并不认真监管，截留侵吞村民补偿款的情况就必然发生。村干部的职

---

① 有对农村社会的研究表明，有32%的农民自己及家人近三年发生过邻里纠纷。详见邬佩怡、黄倩：《"中国乡村法治调查"读懂乡村法治》，载《检察日报》2013年6月5日第5版。

务犯罪,已成为当今影响民生权利最普遍的行为。

农村社会权利转型的基础是权利文化的转型。以权利方法或权利关系构建社会秩序,是"大传统"型社会的显著特征。农村社会的文化属于"小传统","小传统"型社会的显著特征是交往圈子的熟人型,社会关系主要依靠"礼俗"与"习得的知识"来维持,权利概念或权利意识较为缺乏。我国台湾著名人类学家李亦园认为,从传统文化与现代化的角度看,"大传统"更易接受新的变革观念,而"小传统"则更为保守,与"过去"联系,也可称为"草根力量"。有学者认为,现代化本社隐含着大传统取代小传统的必然,当然这是一个文化的创造的过程,是一种双向的流动、双向的选择。费孝通先生也认为,小传统转化为大传统,需要经过选择和加工的过程。但无论如何,促进农村社会的权利建构与转型是社会发展的必然,农村社会的权利转型,因为经由权利来建造的社会关系和社会秩序,是一种"以权利构建与促进社会"的思考方式。权利,一方面是现代文明价值的基本载体,另一方面也是实现这种价值的技术工具。特别是在以尊重和保障人的尊严为主要价值来确立社会秩序与安排个人生活的状况下,除了权利这一概念之外,"目前尚无其他什么概念能够淋漓尽致地阐述这样的观念,即,每个人,不管其社会地位如何,都是值得作为人来尊敬的","为权利概念做的工作愈多,……就愈可能认为人值得得到作为人的尊重"。

再次,应重视农村社会权利道德的培养。权利是一种观念,也是一种深受宽容、适度、自律等道德因素影响的制度。从道德的意义上讲,权利是对人自身的一种肯定,是从防恶的角度对人的尊严和价值的确认和维护。如果人们对权利的行为诠释中,不谨慎和适度,在权利主张中的不注意防恶,则会严重损害权利的道德价值。我们在某贫困县调研时,该县一位副书记讲,现在的农民向地方党政机关提要求很过分,很可笑。某次一位农民到他的办公室,他问:"您享受低保了没?"答:"享受了";又问:"危房改造政策享受了没?",答:"享受了";再问:"老年养老金领到了没?"答:"领到了";最后问:"那您今天来还有什么事吗?"答:"也没有,我就是来看看还有没有其它优惠政策。"副书记愕然,说:"目前再没有了。"他又说:"我家的面柜里没有面粉了,真的!"副书记笑着说:"这我没办法"。副书记给我解释说,这位农民有两个儿子在外地开饭馆,经济条件较好,又享受所有的农村优惠政策,还来要优惠政策,甚至连面柜里的面粉都要我们解决,太过分了。

　　从道德上讲,农村社会权利的发展应当有助于增进人与人的相互理解与尊重,由此构筑和谐而自由的社会关系。但如对权利的追求脱离基本的道德约束,就有可能变成权利暴力。西方的权利观认为:无权利则无人格,但中国传统社会的权利道德认为:无权利也得有人格。所以我们传统的观念,凡事要讲宽容、义、仁爱等道德。相反,那些朴实的乡民,不顾亲情、相邻关系,利用变异了的权利主张争利的行为,必不为社会所肯定,尤其是事事以自我利益为本位的人,在每一件事情上都坚持自己的利益的人,会让他周围的人都难以忍受。在中国社会的交往文化中,忍让、宽容的和睦交往是更好地获得利益基础。

目 录

第一章 导论 …………………………………………………… 1
  一、问题及意义:农村社会权利变迁的简单梳理 ……………… 1
  二、研究思路与方法 ……………………………………………… 6
  三、基本内容 ……………………………………………………… 9

第二章 农村社会权利问题的理论分析 …………………… 14
  一、研究农村权利问题的基本向度 …………………………… 17
  二、研究农民权利问题对社会主义新农村建设的意义 ……… 24
  三、研究农民权利问题对高原民族地区社会发展的意义 …… 28

第三章 青藏高原农牧民的生存权 ………………………… 35
  一、生存权的基本界定 ………………………………………… 35
  二、青藏高原农牧民生存权的基本状况:以生命健康权为例 … 37
  三、影响青藏高原少数民族生存权的区域性特有因素 ……… 41
  四、青藏高原少数民族生存权的实证研究:
    以农民失地问题为例 ……………………………………… 50
  五、青藏高原少数民族地区的生存资源与生存权
    保障制度的完善 …………………………………………… 56

第四章 青藏高原地区的教育特别保障权 ………………… 68
  一、高原少数民族教育权特别保障的语境意义 ……………… 68
  二、高原少数民族农牧民教育权的状况 ……………………… 74
  三、保障高原少数民族教育权的重点 ………………………… 81

四、保障高原农牧民教育权的制度思考 …………………………… 90
　　五、对少数民族农牧民教育权特别保障制度的评价 …………… 92

第五章　青藏高原少数民族经济发展权 …………………………… 96
　　一、少数民族农牧民经济发展权的理论界定 …………………… 97
　　二、高原少数民族农牧民经济发展权现状 …………………… 101
　　三、阻碍青藏高原民族地区经济发展权的深层原因 ………… 108
　　四、促进高原少数民族农牧民经济发展权的政策分析 ……… 123
　　五、高原少数民族的发展权与利益分享：青海黄河谷地
　　　　综合开发问题分析 …………………………………………… 129

第六章　自然资源保护与青藏高原少数民族经济权 …………… 138
　　一、民族地区少数民族获得自然资源利益权的依据 ………… 139
　　二、地方政府对生存资源的制度性保护措施：青海省果洛州玛沁县
　　　　冬虫夏草保护的调研报告 ………………………………… 146
　　三、青藏高原资源保护的地方立法：
　　　　以对冬虫夏草的保护为例 ………………………………… 157
　　四、自然资源法律规制对藏区社会稳定的意义：争夺虫草资源的
　　　　区域冲突事件分析 ………………………………………… 164

第七章　青藏高原少数民族的特别帮助权 ……………………… 169
　　一、青藏高原少数民族获得特别帮助权的依据 ……………… 170
　　二、理论依据 …………………………………………………… 173
　　三、我国关于对少数民族给予特别帮助权的相关立法 ……… 176
　　四、高原少数民族特别帮助权实现的实证研究：以青海玉树
　　　　4·14震后救助与重建为例 ………………………………… 186

第八章　青藏高原少数民族文化权 ……………………………… 195
　　一、青藏高原少数民族文化权利的基本分析 ………………… 197
　　二、青藏高原民族文化权利保护的地方立法：以青海省非物质
　　　　文化遗产保护为例 ………………………………………… 212

三、世居村落意识与社会功能思维:青藏地区少数民族民间文化
　　法律保护的基本维度 ································· 219

第九章　青藏高原少数民族的法律援助权 ················· 236
　　一、青藏高原少数民族地区少数民族农牧民享有
　　　　法律援助权的基本分析 ·························· 237
　　二、青海省农牧民法律援助状况的调研 ················ 247
　　三、关于民族地区法律援助的价值与意义的实证研究 ···· 256
　　四、法律基本素质的养成:少数民族地区法律援助的
　　　　进一步价值 ··································· 267

第十章　青藏高原民族地区的经济贫困与权利贫困 ········· 270
　　一、贫困问题的一般分析 ···························· 270
　　二、青藏高原民族地区反贫困战略中的正义取向
　　　　与立法优位理念 ······························· 281
　　三、权利扶贫:高原民族地区反贫困的法律思考 ········ 285

第十一章　青藏高原地区社会稳定与农牧民权利保障 ······· 307
　　一、民族地区区域稳定的理论基础:公民意识与公民文化 ··· 307
　　二、模糊、消极与边缘化:藏区民众的公民意识 ········ 310
　　三、影响藏区稳定法律事件的类型化分析 ·············· 315
　　四、藏区治理与稳定的思路之一:物质扶助与文化培植
　　　　并重的二元思维 ······························· 323
　　五、藏区治理与稳定的思路之二:尊重民族文化
　　　　与权利的思维 ································· 334

第十二章　社会变迁与青藏高原地区农牧民权利保障 ······· 351
　　一、研究背景与方法 ································ 351
　　二、当下关于农牧民权利保障的理论 ·················· 358
　　三、权利保障有效性的整体性缺失:对农牧民权利保障的
　　　　个例简评 ····································· 361

四、构筑高原农牧民权利谱系的思路 …………………………… 377
五、余论 ………………………………………………………… 387

后记 ……………………………………………………………… 392

第一章

导 论

一、问题及意义：农村社会权利变迁的简单梳理

《中共中央国务院关于推进社会主义新农村建设的若干意见》提出："全面贯彻落实科学发展观，统筹城乡经济社会发展，实行工业反哺农业、城市支持农村和'多予少取放活'的方针，按照'生产发展、生活宽裕、乡风文明、村容整洁、管理民主'的要求，协调推进农村经济建设、政治建设、文化建设、社会建设和党的建设"。并指出"必须坚持以人为本，着力解决农民生产生活中最迫切的实际问题，切实让农民得到实惠"。这从政治上表明，当今中国的问题仍然主要是农村问题，中国的现代化建设的关键点也是农村问题。在法治社会的背景下，这一将来中国社会最具有意义的政治使命的达成，法律资源的有效支持是具有决定意义的。在法律的思维表达中，法律对社会主义新农村建设的意义与贡献，就是要以公正公平的理念，在制度上建构起保障农民权益的制度体系，以促进农村社会的现代化进程。具体而言就是要重视农民的权利问题，要务实地构建有关农民利益保障的权利谱系。

但客观讲，虽然到目前为止有关农民权利实现问题的实证研究很多，可真正理解中国农村社会，并能以农村经济学、农村社会学、农村法律学等学理的立场，以农村"地方性知识"的情怀，熟练地阐述农村权利问题的理论并不多。所以有农民讲："中国的知识分子没有一个是为农民讲话的，只

有费孝通先生替我们说话。"①

究其原因,就是对农村问题没有给予足够的关注。从理念的层面来讲,社会公正理论认为,现代社会应当是一个人人共享、普遍受益的社会,是一个人人具有尊严的社会、一个平等自由的社会、一个具有充分调剂功能的社会。② 但这种美好的理论在关涉农村问题时,并没有对其制度的构建予以良好的指引,表现在制度的层面,就是对农村权利保障的供给与支持资源严重不足,农村社会成为中国社会在政治地位、收入分配、社会公共服务、法律服务等主要社会资源享有方面最不公平的区域。从实然的角度来讲,中国农民的权利状况的发展曲折而艰难。以从农村包产到户为界划分,可以分为两个阶段,第一个阶段是20世纪80年代末期的"包产到户"之前,农村社会可以成为国家农村社会阶段,农民在高度的计划经济下,在法律上处于极端的非主体性、义务性与服从性,经济上的平等贫困必然导致法律上权利的高度贫困。第二个阶段是"包产到户"之后,农民获得了生产经营权,农民成了相对独立的生产主体、财产主体和利益主体。经济体制的改变要求与之相适应的生产管理体制,所以,产生于1980年2月的广西宜州市屏南乡合寨村村委会就成了村民自治的雏形,到1990年走向法制化,被认为是中国农民谋求民主政治的一种有益尝试。实际上,村民自治是对家庭联产承包制的政治回应,其核心是农民作为市场主体的资格和权利,其作用主要是保障农民的经营自主权和农民的市场主体权利。虽然这一时期农民的经济地位、政治地位有了一定的改善,但是传统的城乡二元结构制度化地形成的一些问题,如农负、农村教育的农办化、农村社会保障、农民工工资、农村社会公共服务等问题,③却没有引起足够的重视或制度化

---

① 苏力:《送法下乡——中国基层司法制度研究》,中国政法大学出版社2000年版,第7页。

② 对此理论的系统论述,详见吴忠民:《社会公正论》,山东人民出版社2004年版,序言。

③ 因教育资源不足(每年学生数比城市多得多的农村中小学教育支出在1998年为465亿元,还不够发放公办教师的工资)和家庭贫困,自1983年至1998年,农村孩子每年失学量为476万名。余德鹏:《城乡社会:从隔离走向开放》,山东人民出版社2002年版,第88页。因此,拆除户籍制度的壁垒,让农民享有城里人的市民权和身份平等权,是农民享有平等权利的制度前提,这一目标在表面表现为使农民直接受益,但其深层效应是极有利于避免中国的现代化进程中一些应付的预期代价。

的关注,致使农村的贫困问题,尤其是农负导致的贫困问题日益严重。①

而对农村问题真正予以较为深切关注的则是在2000年以后,②即"三农"(农民真苦、农村真穷、农业真危险)问题提出后,随着对免除农业税、农村教育实行"两免一补"、农村医疗保障、农民工工资保障等问题的重视,农

---

① 陆学艺认为,农村推行家庭联产承包责任制使一部分人富起来的同时,大部分地区的农民收入却在减少,农负加重,有些地方的农民负担占纯收入的15%~20%。李树基、朱智文:《"三农"问题研究综述》,载《甘肃社会科学》2003年第4期。据统计,近年来,我国人均收入在400~500元的农户负担率为16.7%;人均收入在800~1000元的农户负担率为8.7%;人均收入在2500~3000元的农户负担率为4.9%;低收入的农户负担率分别是中等收入农户和高收入农户的2倍和3倍之多。洪江:《我国返贫现象与原因探析》,载《青海社会科学》1999年第3期。

② 2000年3月,湖北省监利县棋盘乡党委书记李昌平写信给国务院领导,反映当地农民负担的实况。信中说,现在农民真苦、农村真穷、农业真危险。开春以来,我们这儿的农民快跑光了。连续二十天来,"东风"大卡车(坐不起客车)没日没夜地满载着外出打工的农民奔向四面八方的城市。过去一般都待田转包出去后再出门,今年根本不打招呼就走人。我们这儿的田亩负担有200元/亩,另外还有人头负担100~400元/人不等。两项相加为350元/人·亩左右。一家5口种地8亩,全年经济负担2500~3000元(不含防汛抗灾、水利等劳动负担)。农民种地亩产1000斤谷子(0.4元/斤),基本不能保本,甚至有80%的农民亏本。农民不论种不种田都必须缴纳人头费、宅基费、自留地费,丧失劳动能力的80岁以上的老爷爷老奶奶和刚刚出生的婴儿也一视同仁交几百元钱的人头负担。由于种田亏本、田无人种,负担只有往人头上加,有的村人头负担高达500多元/人。我经常碰到老人拉着我的手痛哭流泪盼早死,小孩跪到我面前要上学的悲伤场面。1995年,约有85%的村有积累,现在有85%的村有亏空,平均每村亏空不少于40万元。90%的村有负债,平均负债60万元以上,月利率20‰。1995年约有70%的乡镇财政有积累,现在90%的乡镇财政有赤字,平均赤字不少于400万元,平均负债不少于800万元,月利率高达15‰。村级负债每年增加10万~15万元,乡级负债每年增加150万元左右。农民负担一年比一年重,村级集体亏空一年比一年多,乡镇财政赤字一年比一年大。我们棋盘乡不搞任何建设只是交上面的税费,发干部的工资,支付债款利息,收支两品,乡村每年净亏1000万元。1990年棋盘乡吃税费的干部不过120人,现在超过340人,并且这种增长势头无法得到控制。中央扶持农业的政策、保护农民积极性的政策,很难落到实处。近年来,没有对农民发放过贷款,即使有极个别的发放过贷款,其月利率在也18‰以上(高利贷)。没有按保护价收过定购粮,相反,国家收粮还要农民出钱做仓储。国家不收粮,农民自己消化还要罚款,甚至还要没收。农民负担年年喊减,实际负担额极个别地方虽没有增加,但农民收入下降了,相对负担却是年年加重的。黄广明、李思德:《乡党委书记含泪上书,国务院领导动情批复》,载《南方周末》2000年8月24日。

民开始步入权利保障的新的历史阶段。①

当今,中国农民权利问题发展呈现两个明显的特征。一是农民的公法权利水平得到了较大的发展,农民与公共权力的关系趋于权利义务化、农民的各种权利通过法律确认并不断完善、农民向政府主张权利的意识不断提升。这一中国乡民公法权利生成、发展的过程,在学理上可以高度概括为三个层面,即"松绑"、"分化"、"整合"。"松绑",就是以一种柔性的方式,激发乡民对公法权利的要求,开始从权力主导型向权利主导型过渡。在法理上,"松绑"的实质是承认物质利益,允许"利心",同时,强调允许和保障民众的物质利益是公权者的责任。尤其是联产承包责任制,缓和了农村操作权威的极端性,在一定程度上给了乡民一个可以计较个人利益的可能的、自由的空间。"分化",首先是公私分离,即允许乡民合法拥有属于自己的资财,农民的利益相对于国家、集体的利益取得了某种独立性,同时,乡民由此变成了一个较为自由的生产者,实现了"身份还原";其次,私私分解。乡民与公权者的关系开始分离并以利益主体、权利主体的身份以权利义务来确定相互关系。"整合",首先是指以法律的形式规定乡民在与国家的关系中所具有的权利,包括权利的具体运用要予以体制上的确认;其次是参与市场,通过市场使乡民的个体利益和市场要素地位得以确认,并不

---

① 2000年是我国农业和农村改革与建设进程中非同寻常的一年,也是我国农民诸多切身利益得以保障和迅速提升的一年,党和政府采取一系列措施,推进我国农村正在进行的新一轮改革:党的十六届五中全会通过的《中共中央关于制定国民经济和社会发展第十一个五年规划的建议》,明确了今后五年我国经济社会发展的奋斗目标和行动纲领,提出了建设社会主义新农村的重大历史任务;中共中央、国务院下发了《中共中央国务院关于推进社会主义新农村建设的若干意见》,成为改革开放以来中央关于农村政策的第八个"一号文件";第十届全国人民代表大会常务委员会第十九次会议又以162票赞成、1票弃权、0票反对,表决通过了废止《中华人民共和国农业税条例》的决定,国家不再针对农业单独开征税种,从此我国农业税退出了历史舞台。有学者发表了这样的评述:"这正在发生的一个'取消'和一个'建设',注定成为中国社会发展的标志性事件,也喻示着从农业税终结的地方开始起步的社会主义新农村建设以及以新农村建设为起步的和谐社会构建。新的开启必然基于一种历史宿命的终结,因此终结之处也正是开启之点。"在建设社会主义新农村的背景下,农民获得了新的发展机遇平台,取消农业税的历史意义以及对于中国农民的福音,已不言而明。从权利视角来看,后农业税时代、建设社会主义新农村时代,应当是农民权利的时代。转引自杨海坤:《社会主义新农村建设中的农民权利保障问题探析》,载《学海》2006年第4期。

断激发乡民对政府的权利要求。①

二是农民主张权利的水平与理性程度有了较大的提升。在温饱型时代或发展型初期,农民尽管对自身的权利有诸多的需求,但相对比较朴素,较多地关注于一项项不合理的摊派、一个个不合理的负担、一桩桩不公平的案件等具体问题。而现今这种情况有了较大的变化,一项关于新农村建设的相对剥夺性需求状况的调研显示,首先,农民最普遍的需求是收入偏低问题,包括收入来源少和农产品销售困难;其次是农业负担问题,包括一般负担与农业生产资料费用增长带来的负担。其他排在前6位的剥夺性需求依次是农村基础设施建设的需求、医疗及养老保险需求、农村公共管理需求和农村文教事业发展的需求。

表1 农民对新农村建设的相对剥夺性需求状况②

需求类型	人数(人)	比例(%)
扩大收入来源的需求	3101	74.9
减轻负担的需求	2514	60.8
加强基础设施的需求	2494	60.3
增加医疗和养老保险的需求	2217	53.6
充实农村公共管理的需求	2152	52.0
加强农村文化教育事业发展的需求	2103	50.8

而在一项关于"在新农村建设中希望政府为农村建设提供什么"的农民期望性需求调查中,农民的期望性需求依次为:保险保障需求、农业补贴需求、基础设施建设需求和教育培训投入需求。

---

① 对此问题的系统论述,详见夏勇:《乡民公法权利的生成》,载夏勇主编:《走向权利的时代》,中国政法大学出版社2000年版,第615~681页。

② 陆益龙:《农民中国——后乡土社会与新农村建设研究》,中国人民大学出版社2010年版,第355页。

表2　农民对新农村建设的期望性需求状况①

需求类型	人数（人）	比例（%）
保险保障需求	3601	87.0
农业补贴需求	2812	68.0
基础设施建设需求	2638	63.8
教育培训投入需求	2461	59.5

从以上调查研究中可以看出，当代农民对收入、保险保障等的需求期望固然是与农民的生计模式有关，即农业收入机会的不确定性、自然灾害与生产成本提高的非预期性带来的生产生活的不安全感，但是，从两项调查来看，过半的农民对农村的基础设施建设、农村公共管理、文教事业的发展及教育培训的关注，无疑是后乡土时代农民权利理性化的显著标志，这对实现农民权利结构与现代社会进一步融合的转型，使农村社会进入一个法权保障下经济社会全面发展的时代，具有重要意义。

二、研究思路与方法

就本人的学术视野而言，有关农民权利问题的系统学术成果并不多。这可能与费孝通先生的《乡土中国》的影响力有关。费老在《乡土中国》中提出，"中国社会是乡土性的"，在社会交往与社会关系方面，中国社会具有与西方社会不同的"差序格局"。乡土社会是重土安迁的，是一个不流动的社会，维系中国社会的规范主要是"礼"，即礼治秩序。以传统的礼治来规范社会，中国社会自然也是一个"无讼"的社会。② 总体来讲，在传统的乡

---

① 陆益龙：《农民中国——后乡土社会与新农村建设研究》，中国人民大学出版社2010年版，第358页。

② 详见费孝通：《乡土中国　生育制度》，北京大学出版社1998年版，第6、24、48、55页。

土社会,不具备以权利义务来约束和规制人们行为的条件。因此当代至少从法律方面研究中国农村问题的理论基本上都是这种观点的延伸或展开,并由此衍生出中国农村社会是一个无须或基本不讲权利的社会的学术立场。苏力先生在《法治及其本土资源》中,以中国社会较为边缘化的农村社会为分析资料,以法律多元为学术立场,认真研究了农村社会的纠纷解决与社会规范的机理,呼吁应尊重农村社会依照习惯法而产生的权利,提出了"法治本土资源"的理论,对中国法治理应关注乡土社会并从乡土中寻找法治有效资源的观念转型具有重要的指导意义。苏力先生对中国农村社会的判断是比较准确的,他在《送法下乡》中说"我有这样一个判断,中国的问题仍然主要是农村的问题",提出农村的法律服务一定要从他们的日常生活中考察他们的需求建议。在这一时期,还有许多法学者研究农村社会的法律问题,如强世功、赵晓力、杨柳等学者关于陕北农村一起"依法收贷"案的分析与农村调解问题的分析,[①]但是,苏力先生和这一时期关注中国农村社会的其他学者一样,将研究的视点放在了农村社会的"无讼"、"私了"、"民间法习惯法"等实证性问题的描述与分析上,而对于农村社会权利的外延、权利谱系的基本建构等理论问题,则论及较少。

我们对农村社会权利问题的关注始于20世纪后期。关注的方式主要分为两个层面:一是关于农村社会权利问题的理论研究。主要针对农村社会权利意识、农民工权利保障、乡村社会治理、农村社会经济贫困解决的法律思维、西部农村社会的权利"贫困"、西部农村社会的权利扶贫等具体问题进行了分析。二是经验整理。即将自身的农村生活直接经历、通过其他途径对农村权利现状的感性认识等结合起来,形成关于农村社会权利问题的价值判断。我们总体的价值倾向是,农村社会的权利很贫困,农民的权利很不公。虽然马克斯·韦伯在阐述社会科学研究方法论时主张科学研究的"价值中立"原则,即科学研究的论证过程主要是建立逻辑体系的过

---

① 详见强世功:《"法律是如何实践的"——一起乡村民事调解案的分析》、《"法律不入之地"——一起"依法收贷"案的再分析》,赵晓力:《关系/事件、行动策略和法律叙事——对一起"依法收贷案"的分析》,杨柳:《模糊的法律产品——对两起基层法院调解案件的考察》,载强世功编:《调解、法制与现代性:中国调解制度研究》,中国法制出版社2001年版。

程,而非进行价值判断的过程。其观点具有强调客观性、科学性,反对主观偏见等的局部合理性,但是,对当前农村社会尤其是青藏民族地区农村权利问题的研究,必须要体现足够的价值倾向与价值关怀,如果缺乏了这种价值偏心,则关于中国农村社会权利问题的研究都是毫无意义的。因为在中国,"农村"既是地域概念,又是个政治概念。"农民"既是职业身份,又是政策身份。正由于此,农村社会在经济、法律、政治、文化等诸多方面处于全方位的弱势化地位,所以,真正心系农村社会、关注农民疾苦的研究,就一定要站在农村社会的价值偏向上,为他们疾呼,为他们吁请。

我们这种价值倾向的理由还在于,农村社会的权利问题事关中国政治发展基础的深远影响,因为农村和农民是国家最坚实的基础和根本。无论是从人口的比例,还是从苦难的程度,我们都可以说,中国最重要的公民权利,当是乡民的权利;中国最重要的人权,当是农人的人权。但与城乡二元格局相适应的明显的不平等,使得乡下人在中国改革开放的过程中所经历的成功与失败、欢乐与痛苦和城里人很不相同,并拥有不同于西方工业化过程的特殊经验。随着乡村改革的深入,乡民与公共权力之间的关系紧张起来,这预示着,倘若重新厘清权利义务关系,通过理性的制度设计,把利益保护转化为权利保护,把发家致富、安定祥和的生活意愿凝聚为民主决策、尊重权利、依法办事的政治意愿,乡村就不仅是大规模经济改革的策源地,而且还会成为实质性政治改革的策源地。①

在具体的研究方法上,本书主要采取了实证研究与文献研究相结合的方法。

实证研究是法社会学研究的重要方法,也是本书研究的基本方法。在具体操作上,主要采用个案分析方法和统计分析方法。

我们对青藏高原农牧民权利保障问题的实证研究关注较早,约在2000年前后就对一些个案进行了观察。本研究以新农村政策实施为背景,以青藏地区的农牧区为研究视域,研究的相关信息与第一手资料源于青海全境,西藏拉萨、那曲和甘肃甘南等地。具体而言,个案访谈区域遍及

---

① 对此问题的系统分析,详见夏勇:《中国民权哲学》,生活·读书·新知三联书店 2004 年版,第 2 页。

青海的玉树州、果洛州、黄南州、海南州、海西州、海北州、海东地区等少数民族农牧区和西宁市的农村地区,详细资料来自六州一地的 13 个民族村(牧委会)、4 个生态移民点、西宁市的 4 个村和 2 个农民工劳动力市场。在调研中,通过临床式访问的方法收集了近 300 份村落、个人和专项资料,并进行了列举式分析。从相关的乡镇政府、法院、检察院、环保部门、农牧部门涉及的教育权、生存权、经济发展权、获得特别帮助权、法律援助权等农牧民基本权利问题,从现状、原因、表现等方面作了学理意义的定性与阐释,为在新农村建设中农牧民权利谱系的合理建构,提出了政策建议。

文献法是本研究获得相关资料和理论支持的重要方法。本课题的研究,涉及大量的区域经济学、社会学、民族学、教育学等方面的具体资料与学科交叉资料,而在这方面有关的区域性研究成果较为丰富,大量的实证性、理论性的资料是分析研究青藏高原地区农牧民权利保障问题,并作出相应判断的基本的客观依据和学理依据。通过对其合理借鉴,可以突破研究者本人观察视角和调查规模的局限,弥补单纯的法学专业方法的研究对上述交叉类学科研究深度不足的缺陷。本课题研究所运用的文献资料主要有三类:一是理论支持类文献资料。本课题参阅了大量的有关农村社会农牧民权利保障的法学类资料及相关交叉学科的理论资料,为课题从多元角度分析农村社会农牧民权利保障的问题困境、制度困惑与破解路径的选择等提供了理论依据。二是政府统计部门调查、整理的资料,构成了对课题相关问题作出量化判断的权威依据。三是学者们对有关问题实证研究所作的统计资料及资料分析,构成了对相关问题作出专项或个性化判断的依据以及学术争论的话语起源。

 ## 三、基本内容

本课题根据权利保障的基本理论、社会公正理论、权利保障与农村可持续发展理论、社会冲突理论及相关理论提出研究假设,在此基础上,对假设命题进行了理论界定与问题解读,既从宏观上对农村社会农牧民权利保障问题的客观现状与理论演进进行了梳理,也从微观上阐释了农村社会权利构成的具体谱系,还对高原农牧区社会稳定与农牧民权利保障、农村社会权利扶贫等作了专门性论述。

课题成果共分为三部分,十二章。

第一部分为总论篇,共分为两章。该部分主要是从宏观上对农村社会权利问题的基本状况作出了总体性梳理与理论判断,以为后面部分的研究提供大致的研究理路与向度。

第一章,导论。主要分析了当今农村社会权利问题的基本状况与发展趋向,尤其是根据有关社会学理论对农村社会的剥夺性需求与期望性需求问题进行了研究,由此得出了当今农村社会权利状况的总体水平依然较低,但农民权利主张水平的理性程度有了较大提升的结论。同时认为,尽管在当今的主流话语中一直认为"中国问题主要是农村问题",但在精英的研究视域中农村问题特别是农村社会的权利问题,依然是一块被有意忽略或被边缘化的荒漠,这应该是农村社会的发展长期滞后的一个意识原因。

第二章,农村社会权利问题的理论分析:研究农村社会权利问题的向度与意义。从人性需求出发,农村社会应当拥有与其自身发展相适应的权利保障体系,但就历史而言,中国的农村社会是一个权利意识与制度远远不足的国家。我们关于中国农村社会权利问题的基本立场是:中国的农民是最大的制度性权利贫困群体、权利的不平等性是农村社会权利发展的基本规律、农民权利的进步是中国社会发展的启蒙。因此,在建设社会主义新农村的大背景下,研究农村社会权利问题有利于高原地区对农牧民权利保障思维的现代转型,也有利于高原民族地区农牧民权利价值观的转型,还有利于改变农牧民的弱势群体地位,促进社会发展共享格局的形成。

第二部分为实证分论篇,共分为七章。

第三章,青藏高原农牧民的生存权:影响因素分析与保障制度的完善。获得有尊严的生存权是每个社会成员的基本属性。在对高原农牧民的土地等生存资源征收征用时,应规范补偿程序,依法予以足额补偿并关注其后续发展问题。应通过制度的建构与完善,逐渐提高生存保障各种社会制度的水平,同时,作为民族文化的多元区域,青藏高原少数民族生存权的保障还应体现民族文化意识。

第四章,青藏高原地区的教育特别保障权:特殊状况与特别保障措施。

教育权是青藏高原地区新农村牧区建设人文必备条件,也是高原农牧区社会成员获得"共享机会"的必要能力。在分析高原民族地区教育及其贫弱的基础上,我们认为一方面高原少数民族农牧民教育权是一种显现其多元文化特征的特殊权利,也是一种促进民族地区社会转型的特殊权利;另一方面,高原民族地区的教育权必须要采取特别的保障措施。为此,应培养农牧民尊崇教育的观念,强化政府对农牧民教育权的保障责任,树立义务教育是保证农牧民教育权的关键理念,建立青藏高原农牧区义务教育延长至12年的机制。

第五章,青藏高原少数民族经济发展权:区域社会进步与民众利益共享的基础。本章揭示了少数民族农牧民经济发展权对其人权、秩序与平等价值和区域和谐的理论意义,分析了青藏高原少数民族经济发展权权能不足的客观状况与社会原因及相关政策经济发展的支持效能,同时实证研究了区域资源开发中当地少数民族利益分享的情况。

第六章,自然资源保护与青藏高原少数民族经济权:资源权利与生存发展。从权属关系上讲,少数民族对区域的自然资源的权利是一种习惯性权利与生存依靠性的经济权利,地方政府主要采取行政性保护措施与地方立法来保护这类生存资源,但利益差别必导致社会冲突的规律决定了争夺生存资源的区域社会冲突的必然性,这严重影响了农牧民资源性权利向具体的经济权利的转化,而与此相应的法律手段却显得难以应对。

第七章,青藏高原少数民族的特别帮助权。青藏高原少数民族获得特别帮助权的依据有两方面,在客观上主要是经济社会发展权权能的区域限制与区域性自然灾害极大地影响了当地少数民族群众的生存权;在理论上主要是据以社会公正理念的机会平等理念与社会调剂规则。国家在财政、扶贫、教育等方面制定了大量的给予少数民族地区特别帮助的制度性规定。对青海玉树地震国家给予物质和制度的支持是实现青藏高原少数民族获得特别帮助权的典型,这类措施可为青藏高原少数民族地区获得介入"差距社会"所需要的必要能力和平等起点。

第八章,青藏高原少数民族文化权。青藏高原少数民族文化具有文化传统性、文化生态性、文化集体性、文化空间及文化价值的利益共享等特殊因子。少数民族文化可以简单分为物质文化与非物质文化两类,其中对蒙昧文化的宽容态度,对于民族文化的文化生态保护与文化正统性的保持具有重要意义。目前关于少数民族文化权利保护的相关立法还存有较多缺陷。世居村落意识与社会功能思维应成为青藏地区少数民族民间文化法律保护的基本维度。

第九章,青藏高原少数民族的法律援助权。对青藏高原民族地区少数民族农牧民法律援助权享有状况的基本评价显示,高原少数民族地区对法律当代价值的认知是非常局限的、法律意识与法律行为的传统性非常突出、法律受益资源是非常有限的。实证研究表明高原民族地区法律援助在供需、物质条件等方面度存有较大困难。在高原民族地区积极推进对农牧民的法律援助,具有权利意识启蒙、基本生存权保障、基本财产权保障、习惯性权利的维护等方面具有非常多元的价值与丰富的意义。

第三部分为专论篇,共分为三章。

第十章,青藏高原民族地区的经济贫困与权利贫困。青藏高原少数民族地区农牧民经济贫困的根源是权利贫困,青藏高原民族地区反贫困战略中应树立正义取向与立法优位理念,反贫困战略的制度设计应凸显权利扶贫的思维。权利扶贫有两个重点,一是权利扶贫的制度选择要关注人文教育、法治意识、现实性权利的保护等的基础性因素;二是农牧民权利扶贫制度的重构要关注农牧民的精神性权利贫困、基本生存保障权贫困、集体权利意识贫困等区域性特殊权利贫困问题。

第十一章,青藏高原地区社会稳定与农牧民权利保障。民族地区区域稳定的理论基础是公民意识与公民文化的培养,因为公民概念在渊源上就伴随着忠诚、参与和守法精神。公民意识呈现合理性意识、合法性意识和积极守法精神。但是藏区民众的公民意识却表现为模糊、消极与边缘化特征。通过对影响藏区稳定法律事件的类型化分析认为,这些事件,都与公民意识中的忠诚、责任感、程序理念、理性精神等基本因子的欠缺有极大的关联。藏区治理与稳定有两个基本思路,一是物质扶助与文化培植并重的二元思维。因为良好的人文教育给民众思维以理性,符合规律的宗教政策给信徒以自律,贴合民情的社会性法律教育有助于公民的法律责任感,这些可能是藏区得以治理的内部必要条件,也是藏区稳定的基本人文条件。二是尊重民族文化与权利的思维。尊重民族的习惯性权利,构建宗教文化与社会治理的和谐,保障少数民族农牧民的应有利益,以使少数民族的民族认同与国家认同并行不悖。

第十二章,社会变迁与青藏高原地区农牧民权利保障。通过对有关农牧民权利保障理论的分析,认为起源于西方的第二代人权即经济、社会和文化权利在中国西北少数民族地区有必要将其置于第一代人权的高度;而且由于西北民族地区的特殊情况,国家已经不能再以渐进性义务为借口而延缓对公民的经济、社会和文化权利的保障。生存的需要成了这一地区公民的首要人权。也就是说,在大部分西北少数民族地区,公民的社会、经济和文化权利需要优先保障。实证分析表明,青藏高原地区农牧民权利保障的有效性处于整体性缺失的状态。青藏高原少数民族地区农牧民权利保障模式应是社会权利(发展型生存权)—公民权利—政治权利的结合体。其中,生存与发展是不可分离且以发展为主的关系,而公民权利和政治权利则是民族地区社会发展的民主基础、安全性(或者说是社会稳定)保障。

第二章

农村社会权利问题的理论分析

所谓权利,17世纪欧洲思想家格劳秀斯认为权利是指一种使得人们能够拥有或做正当事情的道德上的"资格"。现在我们说某个人享有权利时,是说他拥有某种资格(entitlement)、利益(interest)、力量(power)或主张(claim),别人负有不得侵夺、不得妨碍的义务。① 我国学者夏勇先生认为,权利就是特定的主体对特定的客体提出与自己利益或意愿有关的必须作为或必须不作为之要求的资格。② 他提出权利有五大要素,即利益、主张、

---

① 转引自杨海坤:《社会主义新农村建设中的农民权利保障问题探析》,载《学海》2006年第4期。

② 夏勇:《中国民权哲学》,生活·读书·新知三联书店2004年版,第4页。实际上,我国理论界关于权利界定的研究非常丰富,如张文显教授认为,关于权利的定义有资格说、主张说、自由说、利益说、法力说、可能说、规范说、选择说这八种。张文显:《法哲学范畴研究》,中国政法大学出版社2001年版,第300页以下。足见界定权利是非常困难的,无怪乎哲学大师康德无奈地讲道:"问一位法学家'什么是权利'就像问一个逻辑学家一个众所周知的问题'什么是真理'那样使他感到为难。"[德]康德:《法的形而上学原理》,商务印书馆1991年版,第39页。弗雷泽也认为:"在政治理论里,权利已成为一个最受人尊重而又是模糊不清的概念,想在原理上阐发权利概念所代表的观念,与阐发诸如平等、民主乃至自由之类的观念,几无二致。""我们怎样才能弄清权利是什么呢? 一个概念的含义是由一系列从属并支持它的概念来形成的。……权利概念是和诸如自由、平等或个性之类的概念相关联的,'权利'一词的任何一种实际用法都与某种特定的含义有关。这种含义出自权利的相邻概念所可能有的一连串含义,最终形成的组合就会使'权利'的内容和功能得到解释。"转引自夏勇:《人权概念起源》,中国政法大学出版社1992年版,第38页。

资格、权能和自由。① 他在权利理论诸要素的分析中,对权利"资格"要素最为钟爱。他断定:"我们可以说权利就是一项资格,也可以按照这里的资格所指向的目标和内容,把权利说成是一种利益,一种意愿,或者,一种要求。当然,在权利概念里,最关键的要素还是资格。按照西方思想关于道德与法律的两分法,一种利益、意愿或要求只有获得了道德的正当性认可,从而使特定的主体获得主张该种利益、实现该种意愿或提出该种要求的道德资格或地位,才能成为一项道德权利,进而,再在通过实在的制度体系,具备制度或法律上的资格,成为一项法律权利。否定了资格,也就否定了权利;肯定了资格,也就肯定了权利。"②

关于中国社会的权利问题,梁治平先生从法律文化的角度认为,由于中国社会历史的主流价值观是强调人与人,人与自然乃至整个宇宙的洽和无间,因此,社会的基本文化立场就是反对对私利的谋取,争讼也就自然缺乏社会道德上的正当性。他断定,"说中国传统文化里面没有人,也就是说没有个人权利这种东西。然而没有个人权利,实际上就等于一般的没有权利。……现代人也许很难想象一个不讲权利的社会,但这样一个社会不仅在历史上真实存在过,而且不乏文化上的合理依据"。③

有学者的观点支持这一判断,认为在中国的传统法律文化中,虽然也有广泛的"当取"、"当予"、"当为"、"当止"等基本权利意识,但这并没有成为人们交往的主流思维方式,相反,在封建家庭关系(家长权威—顺从)与政治关系(君王权力—服从)的长期主导下内化为义务法观念。"中国自古以来就不许让人民具有什么基本的权利观念,所以他们对于任何自身权利被剥夺、被蹂躏的事实很少从法的角度去考虑其非。"加之儒家思想中强调"恕"、"忍"、"内省"、"修己顺天",亦使中国人不愿"争权夺利"而"安贫乐道"、屈辱求生。中国的传统法律观念历来视"户婚田土钱债"(现代民事法范畴)一类事务为"薄物细故",从来不予重视。由此形成政治统治经济、国

---

① 夏勇:《人权概念起源》,中国政法大学出版社1992年版,第22~24页。当然资格说也遭到了某些学者的批评,认为资格说的最大缺陷是定义循环,故资格说只有分析功能,而无定义功能。张文显:《法哲学范畴研究》,中国政法大学出版社2001年版,第306页。

② 夏勇:《中国民权哲学》,生活·读书·新知三联书店2004年版,第4页。

③ 梁治平编:《法律的文化解释》,生活·读书·新知三联书店1994年版,第311页。

家取代社会的一元化制度体系,以及清官期盼意识和为民请命意识。具体从统治者公权力与民众权利之需求责任关系来看,多为"请求—体恤"关系。即社会成员在温饱、安宁、公正、自由、福利等方面的需求得不到满足,皆可对公权者提出请求,这种请求可以是告知某些方面的急切需求,如匪情、灾情等,请公权者帮助;可以是指责控诉官员作恶或腐败,请求上一级的官员或有关机构理清冤情,清除恶官公共权力所承担的责任是了解下情并采取对策,受理和解决民间纠纷;清除腐败,抑制邪恶。几乎每一种类型的社会制度都有关于告灾、告状、上访、申冤的制度,可就是没有写明民众权利的法律制度(权利宣言书)。[①] 也正由于此,一个必然的结论就是在中国的传统文化中没有权利的概念,权利类制度的发展受到极大抑制,其成熟水平远远落后于其他制度的发展程度。

但是夏勇先生在对百年来中国人权利发展作回顾时,却提出了完全不同的观点。他认为:"中国社会之有权利的观念、体系和保护机制,自初民之有社会始,非自'西学东进'、'旧邦新造'始。这既是一种关于权利社会学的立场,也是一种关于权利的文化立场。它涉及对权利及其发展的道德基础、社会基础和历史基础的认识和评判。把中国传统社会视为权利的真空,把中国文化传统放在与个人权利绝然对立的位置上,这是值得考虑的。在中国古代社会,虽然不曾有过,也不可能有古代罗马式的'权利'词汇,但是,在社会生活里,几乎每个人都知道什么是他所应得的,什么是别人不该侵犯的;同时,几乎每个人都知道什么是别人所应得的,什么是自己不该侵犯的。和其他任何形态的社会一样,权利意识和相应的义务意识无疑是中国古代社会意识的一部分。尤其在诉讼中,锱铢必较,权利意识不可谓不强。与此相应,还有确定'应有'、'应得'之界限,及现代法学所谓权利义务关系的规则以及用于实施规则的公共设施和相关的程序。"[②]他认为,之所以如此,是因为追求并拥有权利源于人性,"无论是在什么样文化传统里生活的人,都有着人之作为人的并且因此是相同的欲求、需要和愿望,都要过社会生活。不论文明或者文化把生活于其中的每个人塑造成或者想塑造

[①] 王肃元、冯玉军:《中国西部社会法律意识变迁及其特征》,载《现代法学》1998年第5期,第34页。

[②] 夏勇:《中国民权哲学》,生活·读书·新知三联书店2004年版,第181页。

成什么样子,但最终改变的只是欲求、需要和愿望的表现形式和相关的社会制度,而不是欲求、需要和愿望本身,尤其是其中所蕴含的人所固有的尊严和价值,人之作为人的本性。"他由此断言:"作为权利内容的资格、利益、力量或主张最终是基于作为社会存在物的人的特性,或者说,人的权利的最终基础是人本身。不要过分渲染制度的力量、权力的力量乃至传统的力量。要相信无所不在的人性的力量,人所固有的尊严和价值的力量。"①

在上述分析中,梁治平先生以中国社会的"和为贵"、"重义轻利"等文化特征为理路,是一种从宏观上对中国这样一个农业社会利益观趋向的总体描述,而夏勇先生则以权利的需求为人性之本为依据,是一种对于个体交往时的人性心态的把握。从本课题的研究思路而言,我们更倾向于后一种观点,即农村社会的权利需求源于人性的需求。

 一、研究农村权利问题的基本向度

(一)中国农民是最大的制度性权利贫困群体

夏勇先生认为:中国传统社会主要是乡民的社会,而非市民社会。乡下人生活在社会的最底层,也是最被人瞧不起的。这种状况到 20 世纪末也没有多少改变。在当代中国,绝大多数人口仍然居住和劳作于乡村。"农村"不仅是一个地域概念,而且是一个政治概念。"农民"不仅是一种职业身份,而且是一种政策身份。农人远离政治,却又与政治有最直接的干系。在以上意义上,可以说,中国最重要的公民权利,当是乡民的权利;中国最重要的人权当是农人的人权。② 所以,研究中国公民的权利发展,若要从中国的实际出发,就该特别关注乡民的权利。

---

① 夏勇:《中国民权哲学》,生活·读书·新知三联书店 2004 年版,第 182 页。
② 夏勇:《中国民权哲学》,生活·读书·新知三联书店 2004 年版,第 2 页。

有人认为,中国农民的缺权状态源于他们作为国家农民的传统身份,即国家作为能动主体,直接设计、支配农村的结构方式和生活方式,而农民以群体的形式被动地去实践、运行国家的设计模式且成果归国家、集体所有,此结构方式和生活方式中的农民即为国家农民。① 这种体制牺牲了乡村社会的独立自主性,剥夺了农民的权利主体地位。而在权利的结构体系中,主体地位比权利本身更为重要,因为权利是为主体设计的,主体地位如果不健全或虽名义上存在但事实上呈虚无状态,那么权利内容即使再多、再完美也不过是面子货。这种传统体制改变了农民强调通过个人奋斗及乡邻间的协作改善自身生存的传统,而且国家权力向农村无限延伸,将村庄和农民一体化的非人格化管理,致使在法律上农民成了支撑中国义务本位法律文化的主体。这种特征下的农民权利是共同贫困意义上的平等,基本生存权难以维持,同时又由于一切生产生活资源皆由国家行政控制,这种共同贫困意义上的平等还是一种不自由的平等,农民普遍缺乏改变自身生存状况的基础、能力与积极性。

而当今的实践又有力地证明了这一点。农村社会的发展与农民人权的丰富,显然是农村社会权利地位在政治、法律层面得以确立的必然结果。在政治层面,村民自治一般被认为是对联产承包责任制的政治回应,它使村民的自主品格得以恢复,并随着改革的深入而不断加强。在法律层面则表现得更为直观,从某种意义上来讲,承包制的创新是力图通过责权利的挂钩来调动在人民公社这种大锅饭体制下冷却了的劳动积极性;乡镇经济的突起是力图使农民摆脱土地的束缚;民工潮的汹涌则是农民努力寻求机遇与公平的一种努力。② 可见,制度的改革必然会激发农民政治参与和利益分配的积极性。

(二)权利的不平等性是农村社会权利发展的基本规律

郝铁川先生通过对相关史料的考察,发现世界各国的权利实现的不平

---

① 徐显明主编:《人权研究》(第一卷),山东人民出版社2001年版,第521页。
② 孙津:《没有猎物的围场——农村的落后与农民的进步》,载《方法》1998年第8期。

等性惊人的一致。这种不平等体现于权利实现中的个体差异、地区差异和群体差异。其规律是权利主体范围逐步扩大,权利种类循序渐进地增多,权利享有和实现的程度日益充分,这是西方主要国家权利发展和实现的一种普遍现象。从权利种类来看,公民先实现的是人身、财产和政治权利,再到经济文化权利,然后到社会权利。

郝铁川先生通过考察有些国家的相关权利立法,还发现,它们对权利差异在立法上的确立甚至都没有蒙上"虚伪的面纱"。它们对公民的权利都是公开地作差别性规定的,各国公民在立法上迄今没有实现完全的平等。对于公民权利的不平等规定,有些国家是采用认可的方式,有些则是以法条明示;有些是先认可,然后再以法条否定。如,美国作为现代法制最为完备的国家之一,在规定公民的基本权利方面的立法差异为全世界作出了"榜样"。众所周知,实现男性与女性公民之间、白人与黑人之间在美国宪法上的平等经历了一百多年的时间。根据美国宪法,诸如衣、食、住和受教育的权利,工作、休息、劳动保护和社会保障的权利,等等,都不属于"人权"范畴。美国迄今没有加入《经济、社会和文化权利国际公约》,不保障社会弱势群体免于饥饿和匮乏的权利。美国学者 L. 亨金直言不讳地指出:"我们为之自豪的民权法案是设计用来支持'消极的权利',来保护个人自由和权利不受侵犯;在积极促进自由或权利的享有方面,它们并不涉及社会或法律。国会不必拨款以使得穷人能够真正享受他们的权利,而且它甚至可以运用拨款的权力阻碍穷人对这些权利的享有,例如,为生孩子提供财政援助而不为人工流产提供财政援助。宪法不要求国会制定法律补充20 世纪的福利权利或保证福利的利益得到平等享受。"[1]

与世界权利发展的演进史一样,我国对公民现代权利的保护开始于清末,但从一开始,就体现了鲜明的差序格局。在这段时期经济(财产、营业自由等)权利的实现在所有权利的实现中是最好的,其中最明显的表现为公民的营业自由权利。但公民政治权利实现的程度最低,这种情形即便是到了中华人民共和国时期,也没有太多的改善,尤其是对农村社会权利保

---

[1] [美]L. 亨金:《权利的时代》,信春鹰等译,知识出版社 1997 年版,第 191 页。转引自郝铁川:《权利实现的差序格局》,载《法理学、法史学》2003 年第 1 期。

障的差序格局格外明显,以公民选举权为例,1953年的中国《选举法》对农村与城市每一代表所代表的人口数作了不同规定,即自治州、县为4∶1,省、自治区为5∶1,全国为8∶1。1995年新的《选举法》即使有所调整,也仅仅是统一把各级人民代表大会中的农村代表与城市代表所代表的人数改为4∶1;同时规定,在直辖市、市、市辖区,每一位农村代表所代表的人口数,应多于市区每一代表所代表的人口数。对于上述不平等现象的存在,邓小平在1953年制定《选举法》时曾解释道:"在城市与农村间,在汉族与少数民族之间,都作了不同比例的规定,就某种方面来说,是不完全平等的,但是,只有这样规定,才能真正反映我国的现实生活,才能使我国各民族、各阶层在各级人民代表大会中有与其地位相当的代表。"[①]

除了选举权之外,农民的其他权利也未得到立法的重视。例如,中国的劳动权仅是部分人的权利,仅是城市户籍拥有者的权利。农民对农田的耕作在法律上不被认为是"劳动",因而没有设立农村的劳动权;在受教育权方面,城镇义务教育主要由国家财政投入完成,而农村义务教育主要由农民自己投入完成;在受保障权方面,国家对社会保障制度的设立只以部分人受保障为设计主体,受到国家保障的人仅限于特定身份的城镇人口,其权利范围与劳动权主体相同,而农村广大农民的受保障权以另一种制度对待之。[②]

(三)农民权利的进步是中国社会民主政治发展的启蒙

当代中国社会的发展,与中国农民的社会农民地位形成具有密切联系。中国社会改革的逻辑起点就是围绕着农民权利的基本确立而展开的。这种有史以来对农村社会最具开创性的制度变革,关键就是要赋予农民自我发展的权利基础。改革开放之初,出于生计和对改革开放政策的试探,安徽凤阳县小岗村冒险实行包产到户,当中央对这超越宪法和土地制度的变通尝试给予肯定时,大大地激发了农民更深层次的变革实践,土地转包、

[①] 《中华人民共和国人民代表大会文献汇编》,中国民主法制出版社1990年版,第131页。

[②] 徐显明:《人权的分类及体系》,载《中国社会科学》2000年第3期。

家庭联产承包等制度创新应运而生。这种变革使农民集经营权、择业权和收益权为一体,在法律上真正确立了农民作为经营主体的地位。正是农民改革的成功,为我国的全面改革与市场经济的建立提供了最有益的经验与借鉴。

而1987年以《中华人民共和国村民组织法(试行)》为法律形式启动的全国范围的村民自治,使村民在法律上、形式上拥有了自治的三大要素:选举权、决策权、监督权。① 这种"草根"权利的理论与实践对中国社会的民主进步给予了巨大的促进与支持。有理论认为,村民自治的实践对中国的民主政治而言具有"起点"、"基础"、"扩散"的意义,是传统中国农村政治文化的"转型",也是从"程序"和"利益"的角度对民主所作的全新解读,体现了21世纪中国民主政治的特色。② 有研究认为,村民自治促进了城市民主化进程、推进了政治体制的进一步改革、丰富和发展了社会主义民主。③ 村民自治中的"海选"方式,被美国以"研究机构"誉为世界民主选举的六大模式之一。日本媒体认为,对于中国来说,公开选举村干部是共产党领导下的自上而下的民主化。"美国还有媒体盛赞中国的村民选举,认为这种免费选举所反映的民主在某些方面超过了美国。④ 由此可见,"草根"权利的实施对社会进步也会具有重要的示范效应,而且随着社会的发展,这种示

---

① 赵寿星:《加强村民自治法制建设笔谈》,载《政治学研究》1998年第2期。

② 景跃进:《村民自治的意义阐释与理论化尝试》,载徐勇主编:《中国农村研究》,2001年卷,中国社会科学出版社2001年版,第87页以下。有人认为,草根民主对国家政治生活的示范作用还以"心理暗示"的方式表现出来:"如果连'泥腿子'都知道要秘密写票、无记名投票,作为国家权力机关的人大的举手表决不是有些相形见绌了吗?如果村委会主任只有通过选举才能获得权利的合法性,那么,其他的'村官'以至更高层次的官员的合法性权威又该怎样建立呢?如果村里的公务都必须公开,与更多人的重要利益密切相关的国家政务是否应该更公开呢?"徐勇:《草根民主的崛起:价值与限度》,载《中国社会科学季刊》(香港)2000年夏季号,第202页。或者用农民的话来说,"既然我们可以选出自己信任的村长(村委会主任),为什么我们不可以选出自己信任的乡长甚至县长呢?"金太军:《走出对村民自治的认识误区》,载《探索与争鸣》1999年第8期。

③ 陈浙闽主编:《村民自治的理论与实践》,天津人民出版社2000年版,第365~370页。

④ 陈浙闽主编:《村民自治的理论与实践》,天津人民出版社2000年版,第371~373页。

范和暗示效应具有不可忽视的潜在力量。金太军就认为:"村民自治从一开始就孕育着极大的内源动力,又经过差不多20年的发展,已开始冲破传统的藩篱,形成自身的逻辑近轨道,其强有力的惯性运动将不以人们的主观预设为转移,显示出一种无法阻遏的不可逆特点,并自上而下地对现有国家权力结构产生不断加大的冲力,这种冲力与国家自上而下的控制力交互作用形成的一种合力,在很大程度上决定了中国政治发展的方向和政治民主化的进程。"①

(四)农村社会的权利谱系应当以利益为核心

"权利的特质在于给所有者以利益。"②这说明权利乃是以利益为基础的,是法律所承认和保障的利益。而利益又是调动人们的积极性进行财富创造和获取权利的基本要素。中国农村社会的权利演进的历史实际就是农民利益分化的历史。农村经济改革的第一个成果就是让乡民合法地拥有了自己的资财,农户的利益取得了某种独立性。正是由于利益的分离,农民的角色得以分离并取得了身份平等,具有了获取平等权利的前提,且为农民与国家间权利义务关系的确立提供了逻辑上的可能性。农民一旦成为独立的利益主体,就有可能直接面对公权者来计算自己的利益得失,这就必然促进农民的行为分离,私人行为取得了独立于集体行为的合法性,行为自主的程度日渐增高,农民由此获得了更多地参与集体经济组织之外的经济活动和社会交往的自主。

实证研究证明,当下农民在衡量和评价个人社会经济地位时,把收入高低作为首要标准的人较多,达到40.4%,即农民的功利取向是特别注重获取利益的具体能力和结果。另外还有16.7%和13.9%的人将收入作为衡量个人阶层地位的第二和第三位因素。总计超过70%,可见个人收入因素,即获得具体经济权利的能力是农民社会评价的最重要因素。除此,有12.7%的人把是否受过良好教育视为决定个体阶层地位的首要因素,

---

① 金太军:《关于村民自治若干关系问题的深层思考》,载《开放时代》2000年1月号。

② [英]奥斯丁:《法理学的范围》(英文版),英国全盛出版社1954年版,第140页。

加上有 15.4% 和 11.8% 的人将教育视为第二位和第三位的因素,总计达 39.9%。① 这说明当代农民已非常清楚教育是获得良好经济地位和社会地位的人文前提。

(五)农村社会权利的宣示与理解应审慎适度

权利的发展与社会的发展是互动的,其中,个人权利的发展是居于核心地位的主体因素,因此,在西方的文化偏好中,一般认为肯定人的应得、应有或不可侵犯的利益、资格、能力或主张即人的"权利"来显现人的尊严和价值,无权利即无人格。这意味着没有对个人权利的确认与强调,就没有对个人的社会存在与社会安全的确认与保护,个人权利的发展是一种文明秩序的成长。在规范的权利语境中,权利意味着社会体制的进步,社会正义的增进以及人们共同的社会道德评价。托克维尔讲,没有一个伟大的人物没有德行,没有一个伟大的民族不尊重权利。② 权利道德观认为,没有对个人权利的确认和强调,就不会有稳定的社会秩序和成功的社会结合。但是,在中国社会尤其是在农村社会,并不具有这样的道德基础与社会背景。在中国权利的观念、体系和保护机制的进步,不是出自本土人文传统的自然演化,而是在毁弃或超越自有文化传统的情况下对西方权利文化的强行移植,因此,尽管自近代以来国人为中国式的权利谱系的构建多有努力,但权利理念在中国社会始终没有成形,尤其是在农村社会,③随着土地征用、房屋拆迁、社会保障等利益冲突进入高发阶段,出于利益争夺与弱势地位改变的心理,农村社会的民众对权利的理解日益趋于极端化,将

---

① 对此问题的系统分析,详见陆益龙:《农民中国——后乡土社会新农村建设研究》,中国人民大学出版社 2010 年版,第 231~233 页。
② 转引自夏勇:《中国民权哲学》,生活·读书·新知三联书店 2004 年版,第 176 页。
③ 近期有关调研表明,农村社会的权利生态并没有形成。一项关于"近三年农村社会常见纠纷类型"的调查显示:婚姻家庭纠纷占 15.6%;普通人际关系纠纷占 32.2%;宅基地纠纷占 13.3%;生产活动纠纷占 11.1%;土地承包经营纠纷占 7.8%;征地补偿安置纠纷占 8.9%;村干部选举纠纷占 3.3%。邬佩怡、黄倩:《"中国乡村法治调查"读懂乡村法治》,载《检察日报》2013 年 6 月 5 日。对纠纷的态度是权利主张的基础,这反映出当代农村的权利类型依然非常传统。

权利视为制造群体性纠纷、向政府提出无理要求、上访缠访、制造无利益关涉性事端等的手段。从社会学的观点来讲,社会冲突在伸张主体利益的同时,有利于提升权利意识。但是在中国农村社会,由于权利道德意识的不足与社会市民责任的缺乏,他们并不会因对个体权利的过分强调而招致的社会冲突担忧。也因此,尽管权利机制的发展最终有助于农村社会的进步且是农村社会文明秩序构建的必由之路,但在当今的社会条件下,对权利的解释还应保持必要的谨慎与适度,事实证明"'为权利而斗争'并没有像它应当做到的那样带来和平,而是带来了最剧烈、最恶意的冲突"。因为"在每一件事情上都坚持自己利益的人,会使得生活对他自己和他周围的人都难以忍受。某种程度的忍让是和睦交往的一个绝对的前提"。① 正因为如此,当代西方理论对当今极端个人主义的权利理论进行了反思,甚至提出,权利语言的过分使用已经导致了西方政治法律话语的贫困。② 这种趋向,值得我们在关于农村社会权利谱系构建时应认真思考和借鉴。

 二、研究农民权利问题对社会主义
新农村建设的意义

从 2000 年开始,我国农业和农村改革和建设进程在政策与法律层面都取得了显著的进步,这使得我国农民诸多切身利益得以保障和迅速提升。尤其是第十届全国人民代表大会常务委员会第十九次会议以 162 票赞成、1 票弃权、0 票反对,表决通过了废止《中华人民共和国农业税条例》的决定,国家不再针对农业单独开征税种,从此我国农业税退出了历史舞台。取消农业税的历史意义以及对于中国农民的福音,已不言而喻。从权利视角来看,后农业税时代、建设社会主义新农村时代,应当是农民权利的

---

① [德]菲里德里希·包尔生:《伦理学体系》,中国社会科学出版社 1988 年版,第 535 页。

② 转引自夏勇:《中国民权哲学》,生活·读书·新知三联书店 2004 年版,第 180 页。

时代。

基于上述背景,关于农民权利问题对社会主义新农村建设的意义,就成了一个事关农村政治文明与法治文明的重大命题。有学者从当今中国主流政治与法治的双重视角作了精当的分析。从主流政治的角度,认为其意义主要有以下几方面①。

1. 保障农民的权利是实践"执政为民"重要思想的具体体现。

对农村社会而言,实践"执政为民"就是要保障宪法赋予农民的权利,解放农民,解放生产力,这是当代中国先进生产力的必然要求;废除不合理的制度歧视,使农民具有平等享有宪法规定的基本权利的宪法意识,无疑应属于当今中国的先进文化;农民占我国人口的大多数,保障农民的权利无疑是使中国最广大人民的根本利益的最主要部分得以保障。解决"三农"问题,必须进一步解放农民,彻底地从根本上消除歧视农民的制度和观念,使农民真正享有中国宪法和法律所规定的公民权利。

2. 保障农民的权利是创建和谐社会的必然要求。

构建和谐社会至少需要形成四种健全的社会机制,即激励动力机制、利益表达机制、整合平衡机制和利益救济机制。激励动力机制主要通过市场机制的作用来实现,利益表达机制主要通过政治民主机制来实现,整合平衡机制主要通过政府管理机制来实现,而利益救济机制则主要通过司法保障机制来实现。而促使和保障这四种机制正常启动和运行的最明确、最有力、最具体的手段就是法律。没有法律的调整和支撑,社会公平正义目标就不可能实现,实现和谐社会也就会成为一句空话。② 从农村社会构建和谐社会的社会机制来讲,保障农民权利就是通过法律手段维护农民的合法权益,也就是用法律为农民构建激励动力机制、利益表达机制、整合平衡机制和利益救济机制,因此,和谐社会也是权利得到尊重和保障的社会。

3. 保障农民的权利是当前落实科学发展观目标的关键。

农村社会落实科学发展观,就是要实行工业反哺农业、城市支持农村和"多予少取放活"的方针,以着力解决农民生产生活中最迫切的实际问

---

① 杨海坤:《社会主义新农村建设中的农民权利保障问题探析》,载《学海》2006年第4期。
② 杨海坤:《现代和谐社会必定是法治社会》,载《法制日报》2005-3-6(3)。

题,切实让农民得到实惠。牢固设立科学发展观同尊重与保障农民权利的目标是一致的,当前提出用科学发展观来指导社会主义新农村建设,理所当然要把对农民权利保障问题放到一个重要地位。

从法治的层面来讲,其意义主要表现于以下几方面:

1. 保障农民权利,有利于制度化地保证农民在现代城市社会中的获益权与共享权。

在现代化的进程中,制度化地保障农民权利是农民融入现代社会的基本前提。正如吴忠民教授的观点:同其他社会群体相比,农民这一社会群体所拥有的社会资源最为薄弱。"先赋性"的优势几乎谈不上,所以,在其生存和发展的过程中,尤其是在被卷入城市化的过程中,中国农民表现出一种明显的自致性。但是,农民的这种自致性取向还不是一种完整意义上的、正常的自致性,在某种意义上讲是一种被动的、软弱的甚至是无奈的自致性,因而必定会面临着十分复杂的困境。这主要表现在:其一,获益边界的狭窄性。在现实社会中,中国农民自致性的获益及发展空间往往有着特定的"边界",即经常地被限定在同其他社会群体形成"争利"的部位,或是其他社会群体不屑从事的行当,或是其他社会群体尚未察觉到是能够"赢利"的事情。20世纪80年代初,中国农民之所以获益很大,主要原因就在于当时农民赖以发展的行当、地域主要是在农业、乡镇企业和农村区域,而且其他社会群体的利益意识、市场意识尚未形成。农民一旦越过此边界,形成与其他社会群体"争利"的态势,那么,种种歧视、限制及"打压"便会相继而来。其二,城市中来自农村的流动人口的自致性要面对城市居民某些先赋性的困扰,相互之间的竞争明显地表现出一种不公平的状态。农民一旦进城,原来的社会网络已经没有多少实际功效了,而只能靠自己,只能采取自致性的行为取向。当一方以自致性为主,而另一方具有一些先赋性的优势时,那么两者之间的竞争就不可能是公平的。城市中的流动人口有着诸多的限制,如流动(迁徙)自由的限制、居住的限制、某些行当准入资格的限制,甚至就是干同样的工作,在工资待遇以及福利等方面也往往存在着许许多多的限制。其三,农村流动人口由于文化素质相对不高,因而即便是在相对公平的竞争环境里也往往处于不利的位置。长期以来,中国城乡二元社会的分割,致使农村居民所接受的教育水平要明显低于城市居民。因此,同城市居民相比,农村的流动人口缺乏一个起码的平等竞争的起点,进而其自致性的取向和行为也就必然难以得到一个相对满意的结果。①

2. 保障农民的权利,是"国家尊重和保障人权"宪法内容的必然延伸。

人权是人依其自然属性和社会本质所享有和应当享有的权利。宪法修正案增加"国家尊重和保障人权"条款,将成为这两个国际人权公约与我国国内法的接口,落实农民的基本权利理所当然属于宪法规定的"国家尊重和保障人权"的重要内容。随着中国的和平发展,中国将承担起更大的国际责任。同时,随着执政党对依法治国、以人为本以及科学发展观等一系列崭新理论的确立和传播,中国农民的正当权益将越来越多地得到执政党和政府的重视和保障,同时越来越多的农民开始注意在宪法和法律的框架内维护自身的合法权益,成长为懂得充分享有人权的现代公民。

3. 保障农民权利,有利于农民平权法律理念的建立。

后农业税时代只有成为保障农民权利的时代,才能真正解决"三农"问题。取消农业税的最大意义并不在于"减轻农民负担",而在于归还了农民兄弟平等的公民权利。取消了农业税,意味着农民的公民权利有可能增长。农业税的长期负担问题实质上就是农民没有真正获得平等权的问题,因此应该从权利视角看待农业税的存废,后农业税时代应当是落实农民权利的时代。取消农业税只是前奏,农民权利的扩展才应该是主旋律。早有人指出:"正是由于权利的贫困,当农业税成为历史的时候,农民仍然很难获得足够的教育、卫生等公共物品和公共服务,人力资本存量和劳动回报率始终在低位徘徊。简言之,在权利贫困现状得到根本改善之前,农民既无法得到应当获得的利益,也无力提高劳动的回报率,增收的难度依然很大。"②因此,如果不从根本上解决农民权利"贫困"问题,和谐的新农村将永远停留在美好的蓝图中。而只有在农民权利高扬的新时代中,农业、农村、农民的各项问题才可能得到根本解决。

---

① 吴忠民:《社会公正论》,山东人民出版社2004年版,第270~271页。
② 毛飞:《后农业税时代应是农民权利时代》,载《中国经济时报》(时报时评),http://www.xinhuanet.com,2005-12-27。

三、研究农民权利问题对高原民族地区社会发展的意义

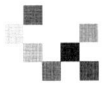

首先,有利于高原民族地区对农牧民权利保障思维的现代转型。依法获取应有的或法定的权利,对法律保障的权益持积极主动的心态,是人们在法治社会的现代素养之一。但是,在青藏高原民族地区,由于文化传统的熏陶和特定社会条件的影响,人们在某些方面的意识可能由于受到抑制而逐渐退化,当社会发展到一定阶段需要这种意识时,社会成员呈现一种被动状态,往往需要重新启发、诱导甚至灌输这种意识。在深层上,农民作为一家一户经营方式的集中体现者,缺乏主动接近和接受法律的内在经济社会动因,其法律意识大多是被灌输的,缺乏切身体会。与此同时,目前高原民族地区的社会政治体制也没有形成主体法律观念生产发育的外部环境,某些行政力量仍嫌强大。对民族地区的各种社会主体来说,自己享有哪些权利、应承担哪些义务,很不清楚。他们不知道行使自己的权利,因为不知道自己享有哪些权利。同时,农牧民试图通过司法渠道解决纠纷的愿望低于城市人口,认为打官司"很丢脸"的农村人口在比率上比城市人口高出许多。

这意味着,对于青藏高原农牧民而言,不仅要有规范权利的制度机制,还要有帮助他们实现规范机制所规定权利的保障机制,要通过这种机制中的利益体验,以诱致他们渐渐养成依法维护权利的心态。在这方面,青藏民族地区有些司法机关的实践活动非常具有启发意义。

调研资料(1):青海省某市法院从2003年开始进行大规模的清欠农民工工资的工作,其中将国家司法与农村现实相结合的诸多经验受到中央电视台《新闻联播》、重庆电视台《拍案说法》、《人民日报》、《法制日报》等的广泛关注。经验主要包括法院主动服务、快审快结、召开清欠大会、送钱(被拖欠的劳动报酬)上门、送法上门、成立速裁法庭实行举证责任倒置等。从司法的本质及诉讼的基本理念而言,上述做法的合法性是值得怀疑的。

"主动服务"违背了司法的被动性特质,进而影响司法的中立性;"快审快结"有迎合形势使司法丧失司法程序的形式合理性之嫌;而"召开清欠大会"、"送钱上门"、"送法上门"则有可能使司法运动化、平民化和庸俗化,违背了法官应作为"孤独的贵族"与社会远离以保持神秘感与威严性的司法要求;而"举证责任倒置"的不合法性更是显而易见的,根据现行民诉法,追讨农民工工资的案件并不属于民事诉讼法中举证责任倒置的范围。但是,如果严格追求司法的合法性,就有可能出现司法的表面尊严得到了维护,而民众的正义和利益被忽视的结果。事实上,西部一些边远地区的农民工,在工资被拖欠的时候可能去上访、静坐,但很少相信此类问题法院能够解决,因此如果没有法官的主动引导,而是严格依照法定的程序、时限及举证规则,则司法之光永远也不可能照耀他们。法官主动上门送钱、送法服务,虽使法官丧失了"孤独贵族"的尊贵,却赢得了民心,会潜移默化地培植农民的法律信仰。举证责任倒置虽不合民事诉讼法,却符合农村社会的交往习惯。因为在一个并不熟悉法律而是靠人情信用规则规范的社会中,他们没有也不可能与包工头签订一个详尽、合法的且在将来能为维权之用的协议,这不是他们的行为逻辑。在他们的行为预期中,只要包工头是熟人或其曾有的信用尚可,就足以保证,他们对欠债还钱的信条坚信不已。但在官方的司法逻辑中,会对他们明显不利,因此,由包工头一方承担举证责任具有现实的合理性。

青海某市法院依靠上述创举从2003年至2004年共为7555名农民工追回被长期拖欠的"血汗钱"4559002元。在这些事件中,聪明的法官将"欠债还钱"的民间规则与国家法的司法正义相结合,维护了乡土社会的正义观,实现了国家法与乡土社会伦理道德体系的兼容。[①] 我们认为这种司法观念的转型除了其实体意义外,重在其观念价值,因为通过司法机关在保障农民工权利方面的努力,农民工主动维护自身合法权益的信心和主动意识有了极大的提升,农民工是农村社会向城市社会过渡的先行者,他们维权意识的提升,对于农村社会的现代转型具有重要意义。

---

① 笔者以为,如果这种经验能被纳入司法改革的视野,则有可能会对现行的法律因其具有道德的支撑而增加效能。

其次,公正的权利保障机制有利于高原农牧区的社会稳定。我们认为,社会转型的代价应由社会全体成员共同承担,而不应是社会的部分弱势者,尤其是长期处于中国社会权利资源严重缺乏的农民阶层承担,这不符合社会公正原则。公正的实质问题是社会资源的分配,因此,各种社会资源应平等地向各种社会角色开放,但实际上,处于弱势地位的农村社会并没有享受到这一地位,相反,他们已经被抛离到社会结构之外,与主流社会呈断裂相。对农村社会的调查表明,农民普遍感觉到城乡差别大,相对剥夺感强烈。

表3 受访者对"你认为城乡差别大不大"的回答

	人数	比例(%)
无差别	305	10.94
差别不大	866	31.06
有很大差别	1526	54.73
未答	91	3.26
总计	2788	100.00

从上表(表3)可知,54.74%的农村受访者认为城乡差别很大。有研究表明,城乡巨大的反差引致的相对剥夺感是农村低收入人群和贫困群体成员犯罪的刺激因素。[①] 美国心理学家亚当斯认为,人们之间经比较得出的巨大的收入差距,会产生不公平感,导致心理失衡。失衡心理容易导致消极行为产生。而一个社会有一个巨大的群体普遍出现严重的心理失衡,社会动荡就随时可能产生。尽管目前各级政府采取了诸多措施的改善农民的收入水平与发展条件,如青海省2011年政府工作报告显示,青海省率先在全国实现了新型农村养老保险试点全覆盖,解决了农牧区20万人的饮水问题,减少贫困人口19万人,农牧民人均纯收入3863元,增长率为15.44%,超过了城市人均收入增长水平。但是,据调查,青海的新型养老保险也只给60岁以上的老人60~80元的保险金。农牧民的人均纯收入

---

① 陈鹏忠:《转型中国:农村弱势群体犯罪问题研究》,浙江大学出版社2010年版,第148页。

仅为城市人均收入的 27.9%。而且,青藏地区有些农牧区依然处于低层次的生存型发展的水平,如西藏,2010 年有 1659 个行政村通公路,新增用电人口 75 万人,新增安全用水人口 95.24 万人,基本实现行政村村通电话,13.5 万农牧民用上了沼气。因此,保障农牧民的生存权、发展权等基本权利,对于弱化农村社会的相对剥夺感、抑制其反叛社会的各种因素、促进社会稳定具有重要意义。

再次,合理的权利保障机制有利于改变农牧民的弱势群体地位,促进社会发展共享格局的形成。在二元结构的格局下,农业是弱势产业,农村是弱势地区,农民中的大多数属于弱势群体。要改变农牧民的弱势群体地位,构建农牧民共享社会发展利益的格局,一要减轻农牧民的负担。据统计,在农村税费改革之前,我国人均收入在 400~500 元的农户负担率为 16.7%;人均收入在 800~1000 元的农户负担率为 8.7%;人均收入在 2500~3000 元的农户的负担率为 4.9%;低收入农户的负担率分别是中等收入农户和高收入农户的 2 倍和 3 倍之多。① 农民成了可以被随意盘剥的真正弱势群体,即便是在 2000 年税费改革以后,西部某些地方的税负仍有较大幅度的提高。② 问卷调查显示,86.2% 的家庭认为农民负担较重。从经济发展获得成功的国家和地区的经验来看,在人均国民生产总值超过 300 美元之后,即开始转向保护农业;在人均国民生产总值达到 1000 美元时,基本上完成了政策转变。改革开放 20 多年了,我们现在应当想方设法让广大的农民普遍地享受到社会发展的成果,而且,国家已经初步具备了这个能力。比如说,2001 年的税收是 16000 多亿,而农民所交的各种税费,包括"正税"和额外的各种税费,加起来也不过 1000 亿左右。即便是将农民所交的各种税费全部免掉,用中央财政冲抵,这对社会的正常运转也不会造成多大的影响。相反,农民却可以得到休养生息,直接享受到社会发展的成果,并且还可以培育出发展的巨大推动力量。③ 二要完善保障农民共享社会发展所带来的经济利益和社会权益的机制,避免使农民陷入结构性、制度性的机会不公平状态,促进他们的政治地位、收入水平、社会保

---

① 洪江:《我国返贫现象与原因探析》,载《青海社会科学》1999 年第 3 期。
② 洪江:《我国返贫现象与原因探析》,载《青海社会科学》1999 年第 3 期。
③ 吴忠民:《社会公正论》,山东人民出版社 2004 年版,第 276 页。

障程度等逐步提升,以提高他们对当代社会的肯定性评价和对生活的满意度。从对农民关于当前生活感受和幸福度的调查统计结果来看,农民对家庭关系和人际关系的满意度是最高的,分别占93.5%和92%,而且在这两方面不满意程度也是最低的,只有6.1%和7.9%的人有不满意的感受。相对而言,农民对自己家庭经济状况和工作状况的满意度最低、不满意度最高,感到满意的人分别占48.4%和46.1%,而不满意的人分别占51.3%和43.1%,可见农民对自己的经济生活较为不满意,这也进一步验证了关于农民相对剥夺感的理论假设。调查结果还表明,农民在社会生活中,对经济状况和职业状况的满意度没有超过50%,而不满意度则是最高的。这说明在这两方面他们已经形成了一定程度的相对剥夺感。再就农民对自己生活的幸福程度的主观评价结果来看,明确表示自己的生活非常幸福和比较幸福的人占到43.8%,而明确表示生活不太幸福和非常不幸福的人为8.5%,47.7%的认为自己的生活一般。由此表明,当前农民的生活幸福指数一般,有明显不幸福感的人不到10%,但感到幸福和非常幸福的人没有达到一半,这也基本反映了当前农村社会生活的现实状况。①

最后,有利于高原民族地区农牧民权利价值观的转型。在高原民族地区,当地民众的权利价值观呈现出理性与非理性相交织的状态。一方面,民众维护权利的意识与路径选择体现出了较好的理性考量,如在一项"假如您受到有权力或有势力的人的伤害,您打算怎么办?"的调查中,选择"上告法院,依靠法律解决"的占51.6%,居于首位;选择"向报社、电视台和广播等媒体投诉"的占13.4%;选择"找人说情"的占9.1%;"不知怎么办"的占9.1%;"低头忍受"的占8.2%;"寻机报复"的占3.8%。有学者在对珠江三角洲的调查表明,文化程度越高,通过诉讼来获得正义的意向越强烈。但在高原民族地区的调研却显示,文化程度的高低与诉讼意向成反比。对上述问题选取"小学及以下"、"中学"、"大专"、"本科及以上"四个不同的群体作比较,当他们遇到有权势的人伤害时,选取"上告法院解决"的分别占72.2%、61.0%、46.1%、41.3%,呈下降趋势。而选取"向社会、新闻媒体

---

① 陆益龙:《农民中国——后乡土社会与新农村建设研究》,中国人民大学出版社2010年版,第358页。

投诉"的随文化程度提升呈上升趋势,分别是 8.3%、8.5%、15.2%、20.3%。① 说明了人们的文化水平越高,选择解纷的手段越谨慎的处事心态,但是漠视法律权威的情形依然让人担心。不过这种情形与有学者关于农民权威认同程度的调查相符。调查显示,在农民的权威认同中,第 1~5 位的排序依次是媒体权威、政府权威、知识权威、法律权威、民间权威。② 这从另一个层面说明高原民族地区的法律价值观与农民的法律价值观较为一致,处于较低层次。

另一方面,农民的权利价值观体现出了较鲜明的非理性状态。如政治冷漠,对村民自治等自治权利漠不关心或关注度较低。关于农民对村民自治的心态,有调查显示:农民"不知道"《村民委员会组织法》的,占 53.5%,非常了解的仅占 1.2%;③对村民选举,"当然愿意"参加的,仅占 13.3%,"不愿意"参加的,占 58.6%。④ 这正如贺雪峰、仝志辉的研究所指出的,当今农村的半熟人社会使村民间的关联度降低、共同体意识淡漠,村民作为散乱的、孤立的个体,不知道谁是自己的利益代表。这种状况对于以权利义务关系为纽带的现代型农村社会的构建与乡村治理是非常不利的。再如,由于城乡间巨大的社会差距,尤其是在社会公共服务资源的权利拥有方面城乡发展的严重不平衡,造成农民了对自身社会地位认同方面的边缘化心态。尽管当今有大量的农民已经是城市产业工人,但在阶级认同方面,有 91.4%的农民仍然认为自己是农民阶级,有 6.3%的农民认为自己属于工人阶级,有 2.3%的农民认为自己是中产阶级和企业家。⑤ 这种状况同样非常不利于农村社会的现代转型。

政治地位自我认同程度较低,必然导致社会经济地位的弱化。如下表(表 4)。

---

① 赵德兴等著:《社会转型期西北少数民族居民价值观的嬗变》,人民出版社 2007 年版,第 99~101 页。
② 陆益龙:《农民中国——后乡土社会与新农村建设研究》,中国人民大学出版社 2010 年版,第 227 页。
③ 王晨光主编:《农村法制现状》,社会科学文献出版社 2006 年版,第 39 页。
④ 王晨光主编:《农村法制现状》,社会科学文献出版社 2006 年版,第 28 页。
⑤ 陆益龙:《农民中国——后乡土社会与新农村建设研究》,中国人民大学出版社 2010 年版,第 218 页。

表4 农民对自己及家庭的社会阶层的认同

	个人阶层地位认同		家庭阶层地位认同	
	人数	比例(%)	人数	比例(%)
上层	10	0.2	30	0.7
中上层	80	1.9	111	2.7
中层	925	22.4	1040	25.1
中下层	1113	26.9	1102	26.6
下层	1919	46.4	1760	42.5
未作选择	91	2.2	95	2.3
总计	4138	100.0	4138	100.0

从对上表的描述性统计结果来看,大多数农民对个人及其家庭的社会阶层地位认同偏向于中下层和下层,且以下层认同为最多,认为个人属于社会下层的达46.4%,认为自己家庭属于社会下层的为42.6%,接近一半,如果把中下层和下层加起来,就有73.3%的人将自己认同为中下层及以下的阶层,69.2%的人将自己家庭认同为中下层及以下的阶层。而无论是对自己个人还是对自己家庭,认为属于中上层及以上阶层的不到3%。认为自己的阶层地位处于中层的占22.4%,认为自己家庭的阶层地位属于中层的占25.1%。描述性结果表明:(1)农民对个人和家庭的阶层地位认同基本趋于一致,即认为个人阶层地位与家庭阶层地位基本相同或相近;(2)农民对个人及家庭的阶层地位主要认同为中下层及以下阶层,即偏低的阶层认同;(3)农民的阶层认同也有分化现象的出现。[①]

[①] 陆益龙:《农民中国——后乡土社会与新农村建设研究》,中国人民大学出版社2010年版,第218~219页。

第三章

青藏高原农牧民的生存权

 **一、生存权的基本界定**

生存权这一概念虽然已被广泛使用,但在学术研究和社会生活中对生存权内涵的认识并不一致,主要有以下观点:生存权一般指的是人的"生命安全得到保障和基本生活需要得到满足的权利"①。"生存权指的是人的生命安全和生存条件获得基本保障的权利"②。"生存权作为法律概念通常既指人的生命不受非法剥夺的权利,也包括每一个生命得以延续的生活条件之权利。据此,生存权包括两个方面的内容:一方面是生命权,即人的生命非经法律程序不得受到任何伤害和剥夺;人的生命既不因人数多寡而不同,也不因人的贵贱而相异。另一方面是生命延续权。即人作为人应当具备基本的生存条件,如衣、食、住、行等方面的物质保障"③。"生存权是指人按其本质有维持自己生命的最基本的权利,它不仅包括人的生命不受非法剥夺的权利,也包括维持人的生命的存在所必需的生

---

① 王家福、刘海年:《中国人权百科全书》,中国大百科全书出版社1998年版,第531页。
② 李云龙:《人权问题概论》,四川人民出版社1998年版,第74页。
③ 杨成铭主编:《人权法学》,中国方正出版社2004年版,第114页。

活保障的权利"①。

从上述分析可知,就一般而言,生存权主要包括生命权、生命延续权、生活受助权等内容。② 但我们认为,在当今中国的生存权谱系中,尊严生活的权利应被高度重视。正如日本人权学者大须贺明所言:"生存权的目的,在于保障国民能过像人那样的生活,以在实际生活中确保人的尊严;其主要是保护帮助生活贫困者和社会的经济上的弱者,是要求国家有所'作为'的权利。"③尽管从发达国家的经验来看,这一权利的实现必以其他人权的充分享有为依据,但在我国,正是由于生活价值中的尊严理念缺失,使农牧民沦为"末等公民"的城乡二元结构长期制度化的合理存在,农牧民在政治参与、经济利益分享、社会公共福利分配等方面受到的歧视与边缘化至今被视为当然,这种现象既不符合《世界人权公约》的精神,也有碍于中国文明社会的建立。④

---

① 谷春德、郑杭生:《人权:从世界到中国——当代中国的人权理论与实践》,党建读物出版社1999年版,第386页。

② 但也有学者反对将生命权包含于生存权的扩大解释,认为从关于生存权思想和立法历史的一般观点来看,生存权的内容仅包括从国家获得食物、医疗、健康的生活权等社会经济内容;从对国家的具体要求而言,狭义的生命权主要是要求国家消极地不作为以尽力不去"剥夺"人的生命,生存权则需要国家积极地主动作为以维护所有人的生命;从两种权利所针对的具体法律而言,生存权主要是由国家经济法律法规来规定,而生命权则主要涉及国家刑法对死刑、堕胎、失踪、非经法律程序而处死、安乐死等问题的规定。因此,应将生存权和生命权加以区分,对生命权的概念不再使用广义的理解。认为生存权指的是人的基本生活需要得到满足的权利。事实上,持第一种观点的学者对生存权的研究,一般也是在这一意义上使用生存权概念的。郎维伟、王允武等著:《中国民族政策与少数民族人权保护》,四川人民出版社2006年版,第292页。

③ [日]大须贺明:《生存权论》,林浩译,法律出版社2001年版,第16页。

④ 对此有学者评价道:"当一个社会的基本制度存在缺陷的时候,如果某个社会群体(一般来说是弱势群体)、某些人甚至某个人的尊严受到践踏,比如基本生活状态的极度贫困导致了人的基本尊严的丧失,人身依附关系造成了个体人独立性的匮乏等等,那么,需要我们注意的是,这不单单是某个社会群体、某些人、某个人的尊严受到了践踏的问题,而是我们整个人类的尊严受到了践踏。对于一些群体、一些人、一个人尊严的践踏,就必定意味着对人类尊严的践踏,就意味着把人降到了'非人'的地步。如果这种践踏跟社会制度的重大缺陷直接相关联的话,那么,这就说明,本来,我们每个人都可能是受践踏者,只是出于某些偶然性的原因才避免了这种践踏。"吴忠民:《社会公正论》,山东人民出版社2004年版,第4页。

平等理念认为：一个公正的社会应肯定人的基本贡献和种属尊严，确认每个社会成员的基本权利，保证每个人发展的基本机会，这是人类社会存在的前提。马克思指出："全部人类历史的第一个前提无疑是有生命的个人的存在。"①从缔结社会的意义上讲，每个个体人的基本贡献均是不可缺少的，是平等的。也正是由于得益于每个个体人的"前提性贡献"，人类社会进而具有了自身特有的种属尊严，于是个体人也因之具有了相应的人的尊严。②

从这一原理可知，获得有尊严的生存权是每个社会成员的基本属性。

 二、青藏高原农牧民生存权的基本状况：以生命健康权为例

有人认为，在中国出生是机会不平等的初始，也是一个人能否享有生命延续及生命健康权的初始决定因素，出生于农村，这一当事者无法选择的客观事实往往决定着他们与城市人具有完全不同的生存可能。在目前的社会条件下，我国城市民众获得生命及延续生命权利的保障力度得到极大的提高，生命健康指数也有了极大的提升，但是对于边远贫困地区的少数民族农牧民而言，延续生命的权利及健康生命的权利享有程度要远远低于其他地区。如果将这一判断放在少数民族农牧民较为集中的西部地区来考察，可能结论更具有较为普遍的说服力。（参见表5）

首先，农村地区的婴幼儿死亡率要比城市地区高得多，西部贫困农村地区孕产妇死亡率和儿童死亡率是城市的2倍多。

---

① 《马克思恩格斯选集》，人民出版社第一卷，第67页。
② 吴忠民：《社会公正论》，山东人民出版社2004年版，第18页。

表5 监测地区孕产妇和儿童死亡率的城乡对比

项目	合计		城市		农村	
	2001年	2002年	2001年	2002年	2001年	2002年
孕产妇死亡率(1/10万)	50.2	43.2	33.1	22.3	61.9	58.2
新生儿死亡率(‰)	21.4	20.7	10.6	9.7	23.9	25.2
婴儿死亡率(‰)	30.0	29.2	13.6	12.2	33.8	33.1
5岁及5岁以下儿童死亡率(‰)	35.9	34.9	16.3	14.6	40.4	39.6

资料来源:卫生部统计信息中心:《2003年中国卫生事业发展情况统计公报》[①]

其次,农村的基本医疗保健服务供给不足。2003年全国农村饮用自来水人口占农村总人口的比例为56.6%,而内蒙古、宁夏、甘肃的这一比例为34.1%、34.3%、38.3%;同期全国农村卫生厕所普及率为50.9%,而西部的贵州、新疆仅为21.5%和33.8%。[②] 2004年农村孕产妇住院分娩率,全国平均水平为79.40%,而甘肃省仅为55.04%。[③]

再次,卫生基本资源严重贫乏。2003年,西藏有22.6%的乡镇卫生院无病床,远远高于全国9.9%的平均水平;同期平均每村拥有的乡村医生和卫生员数,西藏仅为0.5%,远低于全国1.31%的平均水平。不仅如此,2003年全国没有设村卫生室的行政村比例为10.3%,西藏这一比例高居全国之首,高达33.9%,比全国平均水平高出23.6个百分点。[④]

正是由于以上指数的差距,高原地区农牧民的生存状况与发达地区相比乃是天壤之别,详见下表(表6)。

---

① 转引自聂华林主编:《中国西部三农问题报告》,中国社会科学出版社2006年版,第284页。
② 根据《中国卫生统计年鉴》,中国协和医科大学出版社2004年版。
③ 杨敬宇、马惠芳:《农村健康保障制度与和谐社会建设》,中国农村研究网,2005年8月15日。
④ 根据《中国卫生统计年鉴》,中国协和医科大学出版社2000年版。

表6 高原地区与发达地区主要卫生指标比较

省区	千人口医院卫生院床位数（张，1998年）	千人口医生数（人，1998年）	人口预期寿命（岁，1990年）	改水受益人口占农村人口比重（%，1998年）	饮用自来水人口占农村人口比重（%，1998年）	改厕占农户总数比例（%）	粪便无害化处理率（%）	农民人均医疗保健支出（元，2002年）
北京	6.10	4.72	73.6	99.8	97.8	71.3	37.4	337.9
天津	4.30	3.46	72.7	100.0	84.0	11.5	60.0	188.7
上海	5.23	3.85	75.2	100.0	99.8	85.3	85.3	280.2
西藏	2.57	2.07	59.8	18.5	11.9	NA	NA	33.0
甘肃	2.23	1.54	67.6	62.7	28.9	24.4	31.2	82.7
青海	3.49	2.07	61.8	62.2	49.6	10.3	8.1	118.0

资料来源：根据胡鞍钢《中国卫生改革的战略选择》和卫生部经济研究所《中国卫生总费用研究报告》(2003)资料整理。转引自陈佳贵、王廷中主编：《中国社会保障发展报告(2001—2004)》，社会科学文献出版社2004年版，第91页。[①]

由上表可见，高原农牧区的各项卫生指标远远落后于相比发达地区。最终结果就是人口总体健康指数不高，人口总体预期寿命偏低，北京、上海、天津三个地区的人平均寿命高达73.83岁，西藏、甘肃、青海三个地区的人平均寿命仅为63.06岁，人口预期寿命最高的上海高出人口预期寿命最低的西藏15.4岁。据目前统计，高原地区农牧民的健康指标有所提高，以青海为例，2006年底全省农牧区婴儿死亡率和5岁及以下儿童死亡率下降到24‰和28.26‰，比2000年下降了45.3％和49.47％。[②] 但这远远低于城镇水平，主要是与农牧区医疗条件差、农牧民孕产妇住院分娩率低有关，据统计这一比例仅为66.37％，低于全国74.4％的平均水平。家庭分娩是造成新生儿出生窒息、吸入性肺炎并致婴儿死亡率高的主要原因。

---

① 转引自聂华林主编：《中国西部三农问题报告》，中国社会科学出版社2006年版，第281~282页。

② 从调研来看，某些边远民族地区这一情况仍较为严峻。如青海果洛州玛多县2007年人口死亡率为10.5‰，孕产妇死亡率为15‰，婴儿死亡率为30‰，人均寿命57.6岁。这不仅低于青海平均水平，更远远低于全国水平。

但青海作为全国低寿命省份的地位没有变化,2000年预期寿命为66.03岁,居全国第28位,青海省人口平均预期寿命比全国平均水平要差10年,也即青海省21世纪初的平均预期寿命仅相当于全国20世纪80年代末的水平。而且西宁与农牧民较为集中的青南牧区的人口预期寿命差别较大,西宁地区为71.51岁,青南牧区为64.53岁。①

在青海青南牧区,由于自然环境恶劣,基本医疗条件差,广大藏族牧民得不到基本医疗卫生保障。调查显示,2000年玉树藏族自治州共有医疗卫生机构93个,病床700多张,卫生工作人员1138名。另外,各牧委会和村也建有卫生室,水平参差不一,有民间医生1000余名。尽管从州到乡以及村(牧)委会建有医疗网点,但县及县以下的医疗卫生机构从20世纪80年代起逐步滑坡,村级卫生室形同虚设,普遍反映缺医少药问题严重:农牧民群众以及干部中地方病、传染病加剧传播蔓延,孕产妇、婴幼儿死亡率高,成年人因病致残、致死丧失劳动力,家庭因病返贫,使整个民族体质的健康和正常的生产生活受到严重威胁。据各县医院门诊统计,在主要的几种传染病中,肝炎患者3000多人,肺结核患者1450多人,脑结核患者130多人。造成医疗卫生事业滑坡、群众健康水平下降的主要原因是:因各户分散经营,没有资金进行州、县、乡、村医疗网点的建设,村级医疗网点名存实亡,大部分村没有起码的医疗设施,有民间医生而没有药品,使不少受过培训的民间医生无法行医;因居住分散,牧业点与县乡驻地距离很远,导致得了病却无法及时治疗。②

社会公正理论的机会平等理念认为,机会平等的最基本要求是生存与发展机会起点的平等。③ 针对目前已存在的高原农牧民与发达地区生存权的初始不平等,必须要采取特殊的倾向性制度,才有可能促进高原农牧民趋于生存机会的平等。这应是政府对高原地区的特有责任,因为"社会制度是否正义,在于它是否倾向与纠正纯粹由于出身(家庭出身和阶级出

---

① 苏宁主编:《统筹解决青海人口问题研究系列课题集》,中国人口出版社2008年版,第117页。
② 景晖主编:《生态战略思考》,青海省社会科学院编,青新出(2007)准字第247号,第238页。
③ 吴忠民:《社会公正论》,山东人民出版社2004年版,第117~118页。

身)、自然禀赋、历史环境(某个时期或一生的处境)所造成的不幸"①。而从有关资料来看,政府采取的一些针对性的制度对农牧民生存权的改善效果非常明显。调查显示,近年来,青海省卫生厅连续三年开展为农牧民健康办 10 件实事活动,2006 年筹资 1.2 亿元,培训县级优秀临床医师 141 名,乡级卫生院医疗骨干 322 名,农牧民卫生服务能力得到提高,全省已有 50% 的中心卫生院能开展下腹部手术,53% 的一般卫生院能开展辅助诊断检查项目,78% 的村级卫生院能处置常见病。为农牧民义诊 20 万余人次,减免医药费 300 余万元。2007 年建立了 1610 个标准化农村卫生室,为青南三州 111 所乡镇卫生院配备卫生流动服务车,培训县级优秀临床医师 70 名,乡级卫生院医疗骨干 154 名,农牧民卫生服务能力得到提高,全省已有 50% 的中心卫生院能开展下腹部手术,53% 的一般卫生院能开展辅助诊断检查项目,78% 的村级卫生院能处置常见病。为农牧民义诊 53 万余人次,减免医药费 1043 余万元。上述措施使农牧民的健康状况有了较大的改善,2006 年全省甲、乙类传染病发病率比 2005 年下降 3%,2007 年又比 2006 年下降了 4.6%。海西、海南、黄南、海北等农牧民较为集中的地区基本消除了碘缺乏病,牧区鼠疫综合治理实现人间零发生,白喉已 18 年无新发病例。②

 三、影响青藏高原少数民族生存权的区域性特有因素

区域生存权的状况,主要取决于区域生存支持系统的支持能力,即生存资源禀赋、农业投入水平、资源转化效率、生存持续能力等因素的水平。由于地理区位的特殊性,青藏高原地区自然环境恶劣、投资率差、农业生产

---

① [美]汤姆·L.彼彻姆:《哲学的伦理学》,雷克勒等译,中国社会科学出版社 1990 年版,第 373 页。转引自吴忠民:《社会公正论》,山东人民出版社 2004 年版,第 122 页。
② 景晖主编:《青海经济社会形势分析与预测》2006—2007 卷,青海人民出版社,第 226~228 页;2007—2008 卷,第 204 页。

不稳定,加之对农牧资源的不合理利用,造成了众多生态灾难,严重削弱了生存资源的持久支撑力。在这方面,青藏地区主要有两种特有因素对少数民族的生存权具有重要的影响。

(一)地理区位与自然灾害对生存权的制约

青藏高原恶劣的自然环境制约了区域生存权的改善。一方面,青藏高原地区地势高峻(青海全省平均海拔超过 3000 米,省会西宁市为 2275 米;西藏平均海拔超过 4000 米,拉萨市为 3650 米),地形复杂、高寒、缺氧、干燥、多风、多灾,属于全国生存环境最差的地区。海拔高,意味着改善生存状况的自然难度加大。因为高海拔会使重力侵蚀加大,平衡的稳定度削弱,在基础设施建设时发生滑坡、崩塌、泥石流等水文地质与工程地质灾害的频度与强度加大,同时,根据有关科学研究表明,地球表面高度每升高 1000 米,气温下降 6.5 ℃,空气密度与空气含氧量也会相应下降,生存条件与发展条件会更艰难。根据"生态应力"指数,大陆海拔在平均海拔高度的基础上每增加 100 米,区域发展的成本会增加 3.2%~3.4%。[①]

另一方面,青藏高原民族地区自然灾害频发的区域性特征又很现实地影响着当地少数民族群众的生存权。全省大致可以划分为东部干旱灾害区、青南高原雪灾区和北西部混合灾害区这三大灾害区。[②] 单就北西部混合灾害区而言,据粗略统计,1950—2000 年的 51 年中,共发生风沙灾害 197 次,占全省风沙灾害总发生量的 68%。地震也比较频繁。全省 5 个地震带中,祁连山、阿尔金山、柴达木 3 个地震带在本区。20 世纪全省共发生 5 级以上地震 172 次,其中本区发生 91 次,占全省地震总数的 53%。91 次地震中,6~6.9 级地震 14 次,7 级地震 3 次。2001 年 11 月 14 日,在昆仑山北麓还发生了 8.1 级大地震。本区 51 年来共发生干旱灾害 519 次,占全省旱灾的 38.8%;发生雪灾 157 次,占全省的 25.5%。

调研资料(2):由于自然条件恶劣,青海省海南州贫困农牧民的生存和

[①] 刘同德:《青藏高原区域可持续发展研究》,中国经济出版社 2010 年版,第 87 页。
[②] 史国枢主编:《青海自然灾害》,青海人民出版社 2003 年版,第 12~13 页。

发展受到严重的制约。从地域上看,全州贫困人口集中分布在干旱山区和高寒牧区。干旱山区地势起伏大,山地多、平地少。而山地的生态容量小,土层瘠薄,植被稀疏,抗干扰能力和自我调节能力弱,给山区的土地利用带来困难和风险,生产能力较弱;全州年平均气温－4.6℃～7.2℃,高寒牧区平均海拔在4000米以上,气候寒冷和热量不足是牧业生产发展的主要制约因素,其中,不少地区日平均气温终年都低于10℃,这样的热量条件造成了本州适宜发展种植业的区域有限,绝大部分地区只适宜发展畜牧业。全州贫困地区年降水量各地差异悬殊,总的分布趋势和特点是由东南向西北逐渐递减,雨热同期。年平均降水量为200～400毫米,而且降水多集中在7、8、9月。降水的时空分布与农时不尽一致,尤其是3—4月的春播期与苗期因为干旱缺水而影响出苗和幼苗生长,使旱地农作物产量一直低而不稳。降水分布不均的后果造成了在降雨集中期水量过大、无法蓄积;其他时间水量太少、无水可用。

自然灾害频繁是导致海南州贫困人口生存困境的重要原因之一。海南州气候条件差,三年一小灾,五年一大灾,几乎已成自然规律,有些地方甚至年年有灾。一是自然灾害类型多,干旱、冰雹、霜冻、大风、低温、雪灾等自然灾害类型多样,尤以干旱和大风最为严重。二是自然灾害发生频率高,近20年来,全州每5～6年出现一次大旱,3～4年出现一次中旱,约2年出现一次小旱。1992年以来,几乎年年都有旱灾,毁灭性的雹灾和洪涝灾害在局部地区时有发生。年大风(8级以上)日数19～32天。由于海南州地处黄河流经地域沿岸及支流地带,地形切割深,山体陡,常发生崩塌、滑坡、泥石流等地质灾害。受灾对象主要是分布在高陡斜坡区的村庄、农田、道路和泥石流堆积区的城镇、乡村居民及生产生活基础设施。仅2004年,全州共发生突发性地质灾害81起,直接经济损失235万元,受灾群众100余户。地质灾害受灾区包括全州5县17个乡(镇)的57个行政村,共有3500户174650人,需搬迁安置1225户5750人,其中村内搬迁安置425户2040人,县内搬迁安置800户3710人。据不完全统计,仅2003年7月就发生冰雹、洪灾26次,农作物受灾面积达53886亩,冲毁房屋、道路、桥梁、水渠以及牲畜等,造成直接经济损失1386.9万元,给当地贫困群众生产生活造成极大损失。全州贫困地区每年都不同程度地遭受干旱、洪涝、冰雹、大风、霜冻、雪灾等气象灾害以及滑坡、泥石流等地质灾害的侵袭,造成每年都有相当一部分人口因灾致贫。三是生态环境恶化,全州草场退化、土地沙漠化程度不断加剧,水土流失严重。生态恶化给群众生产生活造成严重影响。据调查,全州草地退化面积1338.9万亩,占全州天然草地可利用面积的28.22%。其中轻度退化面积为737.4万亩,占退化草地总面积的55.08%;中度退化面积为535.05万亩,占39.96%;重度退化面积为66.45万亩,占4.96%。由于退化而损失的饲草干物质总量2.35亿千克,占全州可利用饲草干物质总量的9.78%。如果按60%的利用率计算,相当于32.13万羊单位全年的饲草量。沙漠化型退化草地主要分布在共和、贵南两县,总面积达1900.50万亩,约占共和盆地总面积的91.3%,其中严重沙漠化土地面积为154.2万亩,强烈发展中的沙溪化土地97.65万亩,正在发展中的沙溪化土地487.05万亩,潜在沙漠化土地1161.6万亩。沙漠化型退化草地是海南州最严重、面积最大、漫延最快、危害最大的退化草地。草地退化和沙漠化不但造成载畜量下降,群众生活水平降低等直接影响,更重要的是导致生态环境不断恶化,造成溪水干涸、河水断流、气候旱化。

近年来,由于自然灾害频发,海南州贫困人口逐年大幅增加(见表7),其中多为少数民族农牧民。2001年少数民族贫困人口共9421人,占全州贫困总人口的67.51%;2003年少数民族贫困人口共87362人,占全州贫困人口的66%;2005年根据农牧民人均收入和基本生产生活支出为依据测算贫困户,共有少数民族贫困人口194862人,占全州贫困人口的74.0%。

表7　2001—2005年海南州贫困人口变动情况统计表

单位	乡(镇)(个)	村(个)	总户数(户)	总人口(人)	贫困户数(户)	贫困人口(人)
2001	8	69	56288	293164	2679	13955
2002	11	83	57003	297690	3032	15793
2003	37	191	57865	300926	22454	132367
2004	37	191	59000	306829	21140	124621
2005	37	341	59521	309542	48822	263327

(二)自然生态环境恶化对少数民族生存权的制约

调研资料(3):玛多县辖属青海省果洛藏族自治州,位于青海省南部,巴颜喀拉山北麓,其地理位置为东经96°50′~99°20′,北纬33°50′~35°40′,北与海西蒙古族藏族自治州都兰县相接,西靠玉树藏族自治州曲麻莱县,西南以巴颜喀拉山为界,与玉树藏族自治州称多县相连,南北宽约207千米,东西长约228千米。土地总面积3940.09万亩,占全省土地总面积的3.3%;天然草地面积3448.64万亩,为全县土地总面积的87.53%,可利用草地面积2707.95万亩,占全县草地面积的79%;沙滩、沙丘80.57万亩,占2.04%;石山131.53万亩,占3.34%;湖泊279.35万亩,占7.09%。玛多地势高峻,平均海拔4200~4800米,属高寒草原气候,一年只有冷暖两季,无四季之分。玛多地处黄河源头,河流众多,黄河在本县境内流经约300千米,其流程的70%在黄河乡境内。玛多县素有"千湖之县"之称,境内有大小湖泊4077座,较大湖泊有扎陵湖、鄂陵湖、黑海、星宿海、岗纳格玛措、尕拉拉措和日格措等,其中扎陵湖、鄂陵湖是我省最大的淡水湖,盛产无鳞湟鱼。县境内土壤类型以高山草甸草原土、碳酸盐高山草甸土和高山草甸土为主,分别为各类土壤面积的25.03%、24.58%和19.96%。植被主要以草地为主,其次是灌木林。草地类型以高原草甸为主,占可利用草地面积的71.05%,以小蒿草、藏蒿草和矮蒿草、异叶针茅等种群为优势,其余为高原干草原和平原草甸类,以青藏苔草和紫花针茅等为主。县境内的珍禽异兽较多,是野生动物繁衍生息的天然乐园。据统计,有鸟类38种、兽类29种(重要经济兽类17种)。药用植物资源有284种,质量好,味道纯正,是藏药中的重要药品。

玛多县的自然灾害主要有雪灾、干旱、冰雹、风灾和地震这五种,近十几年来,其中最为严重的是干旱和风灾。玛多生态环境恶化的问题对本地区及黄河流域造成的损失远比本地经济发展落后本身所造成的损失广泛、严重得多,但这种损失的很大部分不能被常规的经济统计所测度出来,其后果显现的迟滞性、曲折性使其发生并扩大的经济性原因及过程机制不能被清楚地认识到。长期以来,黄河源头生态环境恶化仅被看作是局部地区问题而未得到及时重视,直到发展到对黄河流域乃至全国生态环境及经济发展造成严重影响的程度才被注意到。即使源头生态环境治理的重要性被认识到,但由于资源配置机构和政策体制的缺陷,经济发展与生态保护之间的资源配置矛盾,东中西部地区之间的利益差异与冲突,对黄河源头生态环境治理的资源投入造成制约,玛多生态环境治理也仍然难以得到足够有力的经济支持。目前,玛多草地植被破坏、水土流失、黄沙肆虐、鼠害猖獗、黄河断流、湖泊干涸、人畜饮水危急,已成为生态环境急剧恶化的主要症结,外扩性影响后果仍在扩大。如果玛多生态环境得不到有效治理,生态恶化趋势不断加速,将给整个国民经济的持续发展及整个黄河流域乃至中华民族的生存带来重大威胁。玛多曾经肥美辽阔的草原将会成为新的"无人区",越来越多的人也将痛失生活了千百年的家园,沦落到"生态难民"的行列中去,成为"高原乞儿"。这种危机感非常明显,比如,2001年夏秋季持续120多天的干旱,致使全县1599户的7640名牧民和38万头(只)牲畜受灾;50%的人畜饮水出现困难,到了守着源头没水喝的境地,只能租借他人草场进行放牧,维持生计;造成60%的牧民生活无法保障,吃、穿、住、医出现困难;导致50%的母畜的再生产能力下降,带来的直接、间接经济损失是无法估计的。1999年2月16日至3月9日遭遇百年不遇的扬沙、沙尘暴天气,最大风力达11级,死于这次沙尘暴的各类牲畜达5.47万头(只),其中大畜1.13万头(只),仔畜4.34万头(只),使65户325人无家可归,带来的直接经济损失高达1072.14万元。每年冬季到来时,全县牧民中有630多户被迫弃家而走,占牧民总数的40%以上,人口占全县1.08万人中的四成。尤为严重的是扎陵湖第四牧业社26万公顷草场中,95%以上已严重退化、沙化,牲畜基本无草可食,牧民只好弃下自家草场,与牲畜一道在周边县过起"乞牧"生活。全县现有无畜户、少畜户355户1515人,分别占全县牧业户和牧业人口的22.3%和20.01%。自1960年黄河发生断流以来,断流频率逐年增加,断流时间逐年提前,断流河段逐年延长。1997年断流时间长达228天,使下游25平方公里、1亿多人的生产生活发生严重困难,黄河断流对全黄河流域河道、水库、电站各种水利设施、农田、城镇、油田、厂矿造成全面损害和威胁。据有关部门统计,1997年仅华北地区各城市,因缺水造成的工业和农业损失就达2000亿元,相当于当地当年GDP的3%。1979年是玛多县牲畜存栏数最高的年份,达67.67万头(只),人均占有牲畜115.1头(只)。步入20世纪90年代牲畜存栏一直在38~48万头(只)之间徘徊。2001年下降到28.54万头只,比之最高年份下降了57.9%,人均拥有牲畜为37.2头(只),下降67.7%。80年代初人均收入全国第一,连冠三年的首富县如今变成了财政入不敷出的困难县。下文从20世纪70年代到80年代玛多县的财政收支变迁,较为清晰地表明了生态灾难对经济收入的关键性影响和对当地农牧民生存权改善的制约。

1. 1970年到1980年财政收入由138万元增加到286万元,增收148万元,增长107%。地方财政收入由40万元增加到92万元,增收52万元,增长130%,财政自给率达到48%。财政体制从定收定支、收支包干转变为采取本固定比例留成,超收另定分成比例的办法。财政支出由82万元增加到227万元,增加145万元,增长176%,当时的财政年年有结余。

2. 1980年到1990年财政收入由286万元增加到507万元,增收221万元,增长77.3%。1983年财政自给率达到37.4%,1986年为32.6%。地方财政收入由92万元增加到122万元,增收30万元,增长32.6%,几年财政年年有结余,1986年财政结余高达92.3万元,1983年为94.4万元,1983年财政自给率达到37.4%,1986年32.0%。财政支出由507万元增加到1771万元,增加1264万元,增加249%,年均增长8.8%。划分收支、核定收支,分级包干。

3. 1990年到2000年财政收入由507万元增加到1771万元,增收1264万元,增长249%。地方财政收入由122万元增加到290万元,增收168万元,增长137.7%。以2000年为例,财政自给率只有14.8%,玛多财政从1993年开始出现财政赤字(-29万元)1996年达到123.4万元,还有很多隐性赤字,2000年财政自给率为6.2%。财政支出由1990年的427万元增加到1959万元,增加1532万元,增长358.7%。

4. 2000年财政对教育的投入为222万元,对社会保障的投入为16万元,分别占财政总支出的11.3%和2.3%,财政赤字达188万元,不包括隐性赤字,2002年税改、转移支付。2007年地方收入213万元,财政自给率只有2.25%。财政支出9450万元,比2000年增加7491万元,增长382.3%,财政赤字结余-19万元。财政预算基本实现平衡。2008年财政预算为6977万元,地方收入221万元。2007年对教育和社保的投入分别是1499万元、2221万元,分别占财政总支出的15.8%、23.5%。

上述影响青藏高原农牧民生存权的特有因素,严重影响着区域经济社会的整体发展与生存权水平的提高。因为生存权是一个动态且物质性特征非常明显的法律现象,因此,影响其质量的因子固然非常复杂,但生存权的总体水平除了取决于法律的制度化保障状况之外,其总体水平与正向的发展趋向主要取决于区域的可持续发展能力。有关研究表明,青藏高原区域可持续发展的能力总体是比较低的,在全国可持续发展能力排序中基本处于末位,西藏连续10年排在第31位,青海则徘徊在27~30位之间。这进一步说明,青藏高原地区生存权的总体水平低下与区域发展支持系统指数偏低具有正相关性,青海和西藏的发展支持系统总指数分别为27.52和28.15,发展支持系统排序分别位列全国第29位和第27位,这表明青藏高原区域经济发展支持力较弱。(参见表8)

表8 部分地区发展支持系统指数

地区	发展支持系统			发展支持系统总指数	发展支持系统排序
	区域发展成本	区域发展水平	区域发展质量		
北京	67.22	74.55	60.20	67.33	2
上海	74.01	85.79	66.45	75.42	1
青海	22.84	23.02	36.69	27.52	29
西藏	20.16	13.72	50.58	28.15	27

资料来源:牛文军:《中国可持续发展总论》,科学出版社2007年版,第380页。

显然,这种状况难以对当地的生存支持系统提供相应的物质基础。生存支持系统是指维持人类基本生存需求所必需的物质、能量、环境等各种因素所构成的一个相互支持的集合体。一般而言,构成生存支持系统的各种要素,如生存资源系统、农业投入水平、资源转化效率、生存持续能力等彼此交织、共同作用,影响和制约着系统对现有人口的支撑能力和未来人口的承载能力。但从生存支持系统指数看,青、藏两省区的总指数分别为29.84和36.51,在全国的排序中西藏位列第21位,而青海则位列第28位,说明青藏高原地区是全国生存能力较差和生存潜力最差的地区。无论是生存资源方面,还是农业投入水平、资源转换效率和生存持续能力方面,青藏高原皆处于较低水平,尤其是生存持续能力方面,与其他地区差距较大,处于最低水平。青、藏两省区生存持续能力指数分别为 37.20 和 29.48,远低于同期北京、上海的 80.56 和 82.51,也就是说,青藏高原农业维持生存的持久支撑能力及潜力较低。[①](参见表 9)

表 9 部分地区生存支持系统指数

地区	生存支持系统				生存支持系统总指数	生存支持系统排序
	生存资源系统	农业投入水平	资源转化效率	生存持续能力		
北京	37.60	63.94	47.92	80.56	57.51	2
上海	45.06	49.46	53.65	82.51	57.67	1
青海	34.92	29.77	17.48	37.20	29.84	28
西藏	47.93	28.74	39.90	29.48	36.51	21

资料来源:牛文军:《中国可持续发展总论》,科学出版社 2007 年版,第 379 页。

此外,社会支持系统对区域生存权的进一步发展也具有重要影响。从有关研究来看,青、藏两省区总指数分别为 33.19 和 7.36,排全国最低位,而同期的北京和上海则为 89.13 和 86.10,相比差距巨大。西藏在社会发展水平、社会安全水平、社会进步动力方面都处于全国最低水平。在社会发展指数方面,全国最高的上海为 93.63,西藏为 6.81,不足上海的 1/13;在社会安全指数方面,全国最高的上海为 78.18,西藏是 15.28,仅是上海的 1/5;在区域科技能力指数方面,全国最高的北京是 73.13,西藏是 17.20,不及北京的 1/4。[②]

---

① 刘同德:《青藏高原区域可持续发展研究》,中国经济出版社 2010 年版,第 55~56 页。

② 对此问题的系统分析,详见刘同德:《青藏高原区域可持续发展研究》,中国经济出版社 2010 年版,第 58 页。

四、青藏高原少数民族生存权的实证研究:以农民失地问题为例

如果说出生决定了农牧民生存权的初始,那么土地就成了他们将来的生存依赖。但从现状来看,这种依赖的可信度正在降低。据国土资源部统计,截至 2005 年底,我国耕地面积为 18.31 亿亩,人均 1.4 亩,不足世界平均水平的 40%。又据资料显示,到 2007 年 1.4 亩的人均数将失守。① 而有学者已经认为,现在我国人均土地减少到约 0.8 亩,由于人口分布不均衡,有 1/3 省市人均不足一亩,有 666 个县低于联合国确定的 0.8 亩的警戒线,63 个县低于 0.5 亩的危险线。②

而在农地逐步丧失的过程中,农民作为真正的权利主体,在没有知情权和决定权的情况下,仅仅得到一点微薄的补偿。这种情形,一般认为与农村土地所有权主体虚位化与农民对土地权利认识的模糊性有关。有调查显示,针对"你耕种的土地是谁的"这个问题,60%的农民选择属于国家,27%的农民选择属于村集体,5%的农民选择属于个人,5%的农民选择属于其他人。③ 另有关于土地所有权归属的调查中,被调查农民中,有 41.91%的农民选择"国家",有 29.57%的农民选择"村集体",有 3.56%的农民选择"乡(镇)集体",有 6.23%的农民选择"村小组",但也有 17.62%的农民选择"个人"。不少地方的农民对"所有权"这个词很陌生,以为承包

---

① 王允武等著:《社会主义新农村建设若干法律问题研究》,四川人民出版社 2007 年版,第 33 页。
② 周原:《从著名专家到普通农民的专访》,花城出版社 2004 年版,第 258 页。
③ 陈小君等著:《农村法律土地制度研究——田野调查解读》,中国政法大学出版社 2004 年版,第 5 页。

权就是所有权,对国家所有权与集体所有权混淆不清。①

在高原民族地区,农民耕地的生存保障意义更为明显,由于相关产业不发达,价值文化水平较低,农民失去耕地之后的职业转型非常困难,整体生活水平呈下降趋势。以下关于青海省西宁市D区的调研就证明了这一点。

调研资料(4):1. 基本情况。D区是以少数民族农民为主的区,下辖两个镇、5个涉农办事处,20个行政村,70个生产合作社。1999年,该区共有农户6292户、26211人,劳动力12615人,耕地面积为11220.74亩,人均0.43亩;2003年,有农户7168户、28658人,劳动力15440人,实有耕地面积不到3000亩,人均不足1分地,比1999年减少耕地8000多亩,年均减少1370.12亩。该区的大部分村已无耕地。在减少的耕地中,除少数用于发展村办集体经济、经济作物种植外,大部分土地的征用则是由于西部大开发战略的实施,经济发展速度和城市化进程加快,用于道路建设和城市发展以及国家重点项目建设的需要(如高速公路、西宁经济技术开发区以及铁路客运站、宁湖项目)而征用。今后,随着经济建设的不断发展,土地征用仍然不可避免,农民手中的土地将越来越少,失地农民将越来越多,由此造成的上访、纠纷等问题时有发生。因为,土地是农民的命根子,是农民生活最基本的保障,是农村稳定的基础。如何保护"三无农民"(务农无地、就业无岗、低保无份)的合法权益,解除失地农民的后顾之忧,保证农民安居乐业,把中央一号文件的精神真正落到实处,从根本上解决"三农问题"(农业、农村、农民),是当前我区和社会各界普遍关注的问题。妥善解决好"失地农民"的出路问题,事关全区改革发展稳定的大局。我们曾先后两次结合城东区实际以及外地做法和经验,对如何解决失地农民今后的出路问题进行了调研、探讨,提出了建议和对策。(在三无农民去年人均收入4703元全年最高,今年达到5000元)

2. 农民失地后存在的问题

第一,耕地被征用(或租用),对部分以种田为主业的农民的收入影响

---

① 教育部哲学社会科学研究重大攻关项目"农村土地问题立法研究"课题组:《中国十省调查总报告》。转引自齐文远主编:《新农村建设中的法治建构》,湖北人民出版社2007年版,第207页。

较大。一部分农民一直以来都是以种田为生,没有其他技能,一旦失去土地或者土地减少,收入便骤减,生活陷于困境。如农民蔡某,全家8口人,4个劳动力,原来有10亩地,先后有8.6亩被征用后,人均耕地不足0.1亩地,目前只有一个人种地,其他三个劳动力由于找不到工作而赋闲在家,就连解决日常生活开支都很困难(对蔡某补偿征地款30多万元,具体生活来源是靠一辆农用车维持)。另一方面,耕地被大量征用后,剩下的耕地很少,农民弃之可惜,耕之效益又低。

第二,村民受传统思维模式和观念影响较深,创业意识较差。例如:失地农民"等、靠、要"的思想观念普遍存在,缺乏开拓创新、自我发展、谋求致富之路的意识,一方面他们已丧失完全或部分的土地,需要自谋生活出路,而他们的居住环境和生活习惯仍带有明显的农民色彩;另一方面,他们的思想意识和能力素质又与城市居民有着较大的差异,长期以来形成的自身独有的思维模式、生活方式和价值标准,使他们对现实中出现的新情况、新问题,不知如何应对。在问及农民在失地情况下,如何寻求致富出路,改变当前现状时,村民异口同声希望政府能发挥作用,帮助他们脱贫致富。至于自己要如何办则说不出什么。另外,对于城市开发建设中的土地征用费,很多失地农民并不是把这些钱作为资本用于再增值,而是用于日常生活开支,过两三年这些钱消耗完后,他们的生存又面临新的问题。

第三,失地农民文化程度低,劳动技能差,就业渠道狭窄。目前,有一技之长的农村剩余劳动力大多数早已找到工作,而那些文化低、素质不高及老弱病残的劳动力就业难度大。如西宁市D区X村村民中,从文化程度上看,在小学以下或文盲半文盲的有1370人,占57%;初中895人,占36%;高中和大专文化程度158人,占7%,村民中40岁以上的人主要为初中以下文化程度。从职业上看,村民在失地以前到企业务工和从事三产的仅占到15%左右。从掌握的技能上看,村民大部分技能单一,有一技之长的人很少,而且他们所干的都是劳动技能不高的工种。从年龄层次上看,在失地农民中属于正常劳动力的只占40%左右。从就业上看,由于受文化程度和劳动技能的制约,村民的就业渠道狭窄,村民外出务工也只能从事一些脏、险、重的体力劳动,如在建筑工地、搬运行业、餐饮服务等行业靠出卖体力从事简单劳动,获取较低的劳动报酬,而对劳动技能和素质要求较高、收入报酬相对丰厚的行业只能望洋兴叹。特别是那些一直以来以养殖业为谋生手段的上了年纪的农民,再就业的可塑性很差,失地等于失去了"保命田"。没有了土地,也就没有了用武之地,目前他们正处于"有路没法走,有地难生存"的尴尬境地。同时,伴随着市场经济的发展和体制改革的进一步深化,我市外来务工人员迅速增加,大量城镇国有、集体企业职工下岗,加上大中专毕业生、退伍军人加入就业竞争,从而使村民原本狭窄的就业门路面临更加激烈的竞争。

第四,村民收入来源单一,缺乏发展资金,农民出路狭窄,增收难度较大。多数村民家庭收入主要靠房屋出租,从事客货运输、外出务工、个体经营的村民也只占很少的一部分,收入都很不稳定。村民收入来源单一,增加收入困难较多,部分村民生活贫困,有的村民家庭月收入只有二三百元(其中大部分为村委会每月的定期补助)。部分农民在征地后有意去做小生意或发展养殖业、运输业等,但苦于没有资金。有的人虽然开上了出租车,但大部分人都是在银行贷款购买的。一些农民想养牛但是没有资金,希望能得到一些低息的贷款;想开小卖部,也因缺少资金而搁浅。

第五,村民自身债务负担较重。前几年,村民为了增加收入,纷纷或贷款,或借款,甚至不惜借高利贷,举债盖楼房,背负了较重的债务负担。其中,先进村80%以上的村民都背负着沉重的债务负担,每月的收入还不够还贷还债,根本就谈不上改善生活,致富奔小康。农民中"守着豪宅无生路"的现象屡见不鲜。

第六,农村社会保障体系不健全,村民要求建立生活保障和医疗保险的愿望强烈。由于历史原因和体制原因,农村中没有建立社会保障机制和医疗保险机制,尤其对在城市化建设中失去土地的农民,政府没有将其纳为城镇居民社会保障范围。而对于只注重眼前利益的失地农民来说,考虑更多的是当时能分到多少钱,很少考虑今后的出路问题,因此也没有任何一个农民将土地征地款用于解决社会养老保险问题。从调查中我们得知,农民希望建立长期稳定的社会保险和医疗保险的愿望强烈,但由于农民本身的理财能力和投资能力偏弱,一些农民分到土地征用款后,很快就花光,可见政府给予的土地征用补偿款,即使给得再多也难免坐吃山空。

第七,缺乏对农民的再就业培训机制。随着经济发展,劳动力市场逐步由单纯的体力型向专业型、技能型转变,文化素质和劳动技能偏低的失地农民就业难度增大,部分农民还存在着"高不成低不就"的就业观念障碍,他们中一部分人很快将成为没有土地、没有资金、没有就业岗位、没有生活保障的"流民"。尽快建立农民再就业培训机制,加强对失地农民的再就业培训,是当前农村面临的一个亟须解决的问题。

第八,教育支出大,部分农民不堪重负。调查中,有的家庭同时有两个或以上的子女同时在上学,如果有读中专、大专的开支就更大,农民靠本身的收入很难维持,只有向亲戚朋友借债。另外,虽然教育收费实行"一费制"后学费的确有所下降,但是伙食费、住宿费、补课费等却相应地提高了,总支出没有实质性变化。

就整体而言,农民在失地之后,经济状况呈现恶化趋势。这从2001—2003年城东区先进村集体及2013年村民收入构成分析中可以看出(参见表10)。

表10　×村2001—2003年村集体收入对比表(万元)

年度构成	2001年	所占比例	2002年	所占比例	2003年	所占比例
总收入	1205.99	——	784.39	——	903.68	——
村集体收入	483.39	40%	133.35	17%	136.86	15.1%

截至2003年底,先进村集体企业有停车场2个、修理厂2个、旅社1家、食品厂1家,年企业收入58.34万元。

从表10可以看出,村集体收入呈逐年下降趋势。经分析,原因主要是:由于近几年来,随着城市化步伐的加快,村民赖以生存的土地因开发建设征地而逐年丧失,×村目前无在册可耕地,来自农业的收入逐年萎缩,甚至无农业收入可言。另外,为增加村民收入、改善村民居住环境,2003年底,村委会将所有村办企业全部拆除,腾出土地开发建设13幢村民小康住宅楼,致使村集体收入中来自村办企业的收入也就没有了,目前村上只有村集体土地征用款2000余万元,将用于住宅楼建设。除此之外,村上也就没有其他什么集体收入可言。在入户调查中,村民对村委会拆企业建住宅楼持有不同的意见和看法,有的村民认为这是村委会为村民办的一件好事、实事,但也有村民认为这不仅导致了100多名村民重新失业在家,更是绝了近2~3年集体创收、村民增收的后路。

表11　X村2001—2003年三产收入对比表(万元)

年度	总收入	一产	所占比重	二产	所占比重	三产	所占比重	其他	所占比重
2001年	1205.99	5.43	0.45%	250.97	20.81%	458.28	38%	8.92	0.74%
2002年	784.39	4.08	0.52%	155.3	19.8%	485.38	61.88%	6.28	0.80%
2003年	903.68	3.9	0.43%	107.5	11.9%	646.52	71.5%	8.9	0.98%

从表11可以看出，X村总收入中一产、二产比重逐年下降，而来自于三产的收入比重却逐年上升，而且增长幅度较大。2003年底，村民收入中第一产业所得3.9万元(其中种植业0.8万元，畜牧业3.1万元)，第二产业所得107.5万元，第三产业所得646.52万元，村民外出务工收入70.85万元，村民从集体再收入70万元。由此可见，村民收入的大部分来自于三产，据调查，村民收入中三产主要靠房屋出租、客货运输、外出务工、从事个体经营等。2003年，X村农民人均纯收入达3961.76元。通过统计汇总，村民年人均纯收入500元以下37户，占总户数的6%；500～1000元的45户，占7%；1000～3000元的462户，占73%；3000～5000元的85户，占13%；5000元～10000元的2户，占0.31%，1万元以上的2户，占0.31%。

表12　2003年村民收入构成对比表

收入构成	户数(户)	占总户数比例(%)	月均收入(元)	占月收入比例(%)	年均收入(元)	占年收入比例(%)
房屋出租	600	94.7%	800	66.6%	4600	40%
客货运输	5	12.66%	1000	8.33%	12000	10%
外出务工	109人	—	300	2.5%	3000	2.5%
个体经营	15	2%	—	—	—	—
房地产开发	2	—	—	—	—	—
村集体福利	1557人	100%	50	—	600	—

从表12可以看出，全村现在出租房屋的有600户，占94.7%，其中出租铺面的有40户；从事客货运输的有5户，占12.66%。据统计，全村现有各类客货车辆42辆，其中客运车23辆、货运车9辆、农用车2辆、摩托车8辆；从

事干鲜、水果、蔬菜等个体经营的有15户,占2%;外出务工的村民109人(其中男89人、女20人,出省务工的村民8人);与他人联合搞房地产开发的2户,开出租车行的1户,开旅社的1户,加工盖碗茶的1户。村民中有1577人每年每人可以从村集体收入中享受福利600元。但随着村集体企业停产拆除和小康住宅楼建设造成资金使用负担过重,村委会规定,从2002年底开始只给年满18岁以上的村民每人每月50元生活补助,而贫困户和残疾人每月享受不同金额生活补助的政策在近年内可能将难以长期执行。

农民失地会直接影响其生存权,这已为有关研究所证实。国家统计局农调总队的一项全国性调查结果显示,土地被征用后,46%的农户年人均纯收入下降。其中降幅最大的是以农业收入为主要生活来源的纯农业户。① 甘肃省对100户农户的调查表明,耕地被占用前的年人均纯收入为2139.3元,耕地被占用后的年人均纯收入为2128元,减少11.3元,下降0.5%。土地被征用后,在农民收入来源减少的同时,耕地被占用前的年人均生活消费支出1296.2元,耕地被占用后的年人均生活消费支出1356.3元,增加60.1元,增长4.64%。②

五、青藏高原少数民族地区的生存资源与生存权保障制度的完善

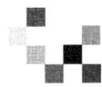

尽管失地使农民的整体利益受到影响,但农村的城镇化是一种不可逆

---

① 汝信等:《2005:中国社会形势分析与预测》,社会科学文献出版社2004年版,第197页。

② 失地对农民生存安全的影响,已严重影响了农村社会的现代转型。以农民工为例,由于他们进城后还算不上真正的市民,在经济领域不能完全独立,也没有完全的社会保障,生活很不稳定,因此必然将土地视为最后的守望。正因为上述原因,农民保留土地的期望正在强化。近期国务院发展研究中心的一项研究表明:"84%的农民工希望进城定居后能保留承包地,67%的农民工希望保留宅基地。"转引自《检察日报》2011年6月20日。

趋势,是社会主义新农村建设中农牧民走向城市化的必由之路。因此,关键是要完善和重构农民对农村土地的权利结构,一要注重征地过程中对农牧民权益的保障;二要认真探究一种可以使高原民族地区土地经营效益最大化的合理模式。

(一)土地征用过程中农民权益保障

1. 土地征用应保证农民的参与权和知情权。关于征地以后土地利益的分配情况、对农牧民权益的补偿方案、补偿的具体操作方法,政府应在事前公告。① 要让农牧民充分享有就自己权益得失的知情权和对自己权益的支配权,同时,补偿标准要充分考虑区域间的公平,否则,利益分配的严重不公可能会引发群体性纠纷。

调研资料(5):2011年4月,青海某地区某县在建设经济区征地过程中,因村民对征地补偿标准不满意,引发群体性纠纷,激动的村民先后采取围攻扣留乡镇领导、封堵区内所有公路、殴打维持秩序和清除路障的民警等过激行为,事后有多名村民被公安机关刑拘。据调查,该事件的起因在于:(1)县内的补偿标准由政府单方面制定,没有征求农民的意见。据政府有关人员介绍,根据省政府26号文的规定,该县的土地补偿标准有四类。镇政府周围土地的补偿标准为每亩3.9万元,其他根据距离镇政府的远近不同,分别补偿3.12万元、1.5万元、1.2万元。而农民认为,土地征用应倾听一下他们的意见。土地对农民的生存保障功能是一样的,不应有如此大的差别。(2)土地补偿的区域标准差距过大,显失公平。村民讲,本村与西宁的朱村土地仅为一垄之隔,就因为辖区不同,朱村的土地被征用时按西宁的标准每亩补偿了8.6万元,而本村的土地补偿仅为3.12万元,不足其一半。

---

① 虽然《土地管理法》第48条规定征地方案应当公告并听取农民的意见,但该规定普遍流于形式,据"中国:综合土地政策改革"课题组的调查:22.4%的农户表示当地政府和村委会的人员召集开会并上门征求过意见,21.5%的农户表示仅仅开会听取过意见,48.1%的农户表示征地前没有听取意见。韩俊:《中国农村土地问题调查》,上海远东出版社2009年版,第117页。

在对农民的土地征用过程中之所以群体性事件频发,就是因为制度缺乏或制度不合理,即在让农民失去了生存依靠时,并没有把农民当作是一个民事主体资格给予必要的尊重,也没有考虑到他们的基本诉愿,更没有做到让利于民,或为他们将来的进一步发展提供必要的生存保障。据国务院发展研究中心农村经济研究所 2005 年所做的调查显示:(农村)土地增值部分的收益分配,有 20%～30% 留在乡下,其中农民的补偿款占 5%～10%;城市政府拿走土地增值的 20%～30%;各类城市房地产公司、开发区、外商投资公司等,拿走土地增值的大头,占 40%～50%。[①] 因此,在征地问题上农民动辄集体上访或发生其他群体性事件,并非是农民不理性、不懂法,根源是其基本的生存利益受损。

2. 土地征用中农民的补偿权。对农牧民来讲,土地被征收后的补偿金,实际上代替了土地原有的生存依靠的作用,同时也是将来进行转型发展的经济基础,所以,在整个征地程序中,补偿权是关键且最重要。但是由于目前我国理论界对土地征收补偿的理论依据,多支持"特别牺牲说",即我国土地补偿以"适当补偿"为原则,只需给以妥当或适当补偿即可,未必补偿其财产之实际价格之全额。[②] 正是基于这种不公平的理论,我国目前法定的征收补偿标准依然是计划经济时代的"产值倍数法",即土地补偿费的标准是按所征地近 3 年平均产值的 6～10 倍,安置补偿费按近 3 年平均产值的 4～6 倍进行补偿,被征土地上的附着物和青苗的补偿标准由省、自治区和直辖市规定。这些不平等的规定,至少造成以下不良后果:一是对农地的低价补偿在事实上造成了对农民财产权益的剥夺;二是低征高出间形成的巨大的价格差导致严重的政府和商业腐败;三是由于利益驱动,政府主导下的违法征地无法制止;四是补偿标准过低及补偿款发放中的挪用、克扣等导致农民抗争和上访。[③] 据国土资源部 2002 年测算,每征一亩地,就造成 1.4 个农民失去土地。据专家估计,至 2030 年我国失地农民将达 1.1 亿,其中有 5000 万为无地无业,动态上这一数字可能达 8000 万。由此可见,土地补偿问题涉及一个巨大的利益群体,因此,设计一个较为合

---

① 王平:《地根政治:全面剖析中国土地制度》,载《中国改革》2005 年第 7 期。
② 方世荣、石佑启:《行政法与行政诉讼法》,北京大学出版社 2005 年版,第 251 页。
③ 齐文远主编:《新农村建设中的法治建构》,湖北人民出版社 2007 年版,第 219 页。

理的补偿制度对化解这一危机具有重要意义。

调研资料(6)：青海省化隆县群科镇向东村是一个位于群科镇东部、黄河沿岸的回族农业村，是化隆县"拉面经济"的发源地。全村约 250 户人家，1300 余口人，有耕地 600 余亩，均为水浇地。其地理位置是化隆县最好的，据说，现有的平整而肥沃的土地是向东村人历经两代人开发出来的。2008 年 6 月，化隆县为了摆脱经济发展的区域限制，打造沿黄旅游带，决定将化隆县县城整体搬迁至群科镇，建设化隆县经济开发区。向东村自然也在开发规划之列，全村耕地加宅基地共计 1000 余亩，全部被征用。整村另划宅基地集中居住。在征收环节，县上开会时，向东村共派了十余名代表去参加，在征求意见时，大家都认为将县城建到群科镇有利于化隆县的发展。但对于补偿，村民们有意见，主要还是因为标准太低，以村民韩某为例，其补偿构成为：

一、每亩承包地 20 年的产量补偿为 2.4 万元，韩某有 6 亩耕地，该项补偿 14.4 万元；

二、经济园共计 5.7 亩，每亩补偿 54360 元，该项补偿 309852 元；

三、宅基地 8 分加上房屋补助，该项补助 10 万元。以上三项总共补偿 553897.6 元。

对一个农民来讲，这一补偿数字看起来挺可观，但韩某讲："这些补偿一点都不多。我家 7 口人，在新划定的地方打好院墙，再在院子里盖上基本的生活用房，加上装潢等初算约要花去 26 万～27 万元，所剩的钱作为将来一家人永远的生活依赖显然不够。"

他还说："这一补偿标准村民的普遍不满意，我们去找政府闹过，也上访过，几经协商，政府最终以红头文件的形式给我们增加了三项补助及优惠，现在我们基本满意。虽然现在还有人去上访，但已属极个别的现象，不代表大多数村民的意思。"

相比之下，国外的土地征收补偿制度则更为合理，如美国的"合理补偿"原则、德国的"相当补偿"原则等，尽管各有特色，但其共性却颇值得我们借鉴：(1)补偿依照完全或充分补偿的准则，对土地被征收者的直接损失和间接损失都予以补偿。(2)这些国家的土地征收实际是一种特殊的、强制性的市场交易行为，并按土地本身的市场均价只进行等价交换，征地补偿相当于就是征收土地的市场价格。① 上述较为成熟的土地征收补偿制度应成为我们构建相应制度的借鉴。

3. 失地农民的后续保障问题。对这一问题,现有专门研究西部农村土地制度的学者提出了西部农村土地经营股份制的思路,很值得思考。其具体思路就是在土地集体所有的前提下,通过把土地按其收益能力折股量化到农民个人,然后农民再以该股份进行股份合作,也可实行土地、资本、技术等要素的股份合作经营,实行土地规模经营,推动农业工业化、产业化的发展,为农村城镇化提供农业剩余。同时允许农村集体经济组织在农村城镇建设中将土地的使用权转让、出租、抵押和作价入股,参与城镇开发。这就为西部地区农村城镇化和发展小城镇提供了一定的资金和土地等物质基础。也为农民的后续发展提供了持久而牢靠的社会保障。土地是农民的命根子,失去土地对农民来说,就意味着失去了可以依靠的最后一道屏障。因此,确保失地农民的生活保障,意义不言而喻。不少地方为了确保失地农民的生活问题,纷纷通过对失地农民的身份进行转换即把农民变成市民,将失地农民也纳入城市最低生活保障范围。这样做,无疑是从制度上确保了失地农民的生活保障,是值得肯定的。但必须看到,最低生活保障对于失地农民来说,虽然必要而迫切,却只是一个基本的问题,并非失地农民的全部,失地农民及其家庭成员的"后续发展"问题并未得到解决。"有恒产才有恒心",相对于城市最低生活保障制度,农村土地股份制并未使农民失去土地(所有权),失去的仅是一段时间的土地使用权。既然城市土地可以在坚持土地所有权国有的前提下,出让一定期限内的土地使用权,且城市土地经营的客体和对象就是土地上所依附的权利群,而非土地本身,那么农村土地权利为什么就不能经营呢?况且在农村土地股份制中,土地使用权出让后,置换的货币资金注入股份化改制后的农村集体经济组织,不但其股利分红起到了最低生活保障制度的效果,而且相对于那些"游离"的失地农民而言,还使农民有组织可依靠,有主人翁感和归属感,并激励其开垦荒地、发展农村工业和第三产业,同时为农村剩余劳动力创

---

① 齐文远主编:《新农村建设中的法治建构》,湖北人民出版社2007年版,第224页。

造了更多就业机会,从而也在一定程度上减轻了城市的就业压力。①

(二)青藏高原民族地区农牧民生存保障制度完善的几个问题

1. 应逐渐提高生存保障各种社会制度的水平

现代意义上的农村生存保障问题,已经不再单纯是物质意义上的吃饭问题,而应是一个生存保障与社会发展并进的问题。对于这一问题制度建构的重视体现着政府的文化立场,其意味着对农村问题的关注应采取平等、主体地位保障、制度化等立场,即便对于日积月累形成的复杂的农村问题,目前在客观上无力一揽子解决时,政府也要体现一种逐步依靠制度解决的立场或倾向,同时暗示有效的制度保证是解决这类问题的理性趋势。

实证调研表明,在农村生存保障的各种政策实施中,制度化与理性价值正在显现。

调研资料(7):青海省海东地区互助县某村村支书:我村现有32户(130人)低保户,评选组织是由两委委员和群众代表组成,评为低保户的是家庭困难者、单亲家庭及二女户家庭中父亲或母亲身体不好不能外出打工的。评选结果要在村内的小学门口的黑板上公示,以往认为评选不公有告状的,现在没有。去年为村里的3户危房户争取到了政府的危房改造款,每户1.7万元;目前60岁以上的老人还有养老金,每人每月55元,从去年10月开始;医疗保险是每人交30元,五保户、低保户是国家交。在县医院、卫生院看病,国家给报70%,在省上医院看病给报40%。这几年国家政策好,单纯靠救济生活的人很少。

在农村进行调研时,农民们较为一致的看法是"目前国家的政策好",这说明对于朴实的农民而言,他们对让利于民的政策都会持肯定态度。但在调研中,我们发现目前在农牧区实行的各种社会保障制度的水平相对很低,有些制度几乎仅有象征意义。如对青海某县塘川镇的调研显示,2010年全镇参加新型合作医疗37569人,参合率为99.8%,共筹集资金10206000元,全年门诊补偿金额573000元,人均补助费用30元……;全镇

---

① 聂华林主编:《中国西部三农问题报告》,中国社会科学出版社2006年版,第373~375页。

低保户、五保户1155户,2010年政府危房改造补助72户,仅占需作危房补助户的0.62%……;60周岁以上新型农村养老保险金制度从2010年10月开始实行,虽然广受农民的欢迎,但每月的补助也仅为55元。

2. 关于农村生存资源保障的各种制度应作合理化调整

基于对农业生产的特殊性、鼓励农牧民对经营土地投资积极性和农民土地权利保障稳定性的考虑,我国《土地承包法》规定耕地的承包期为30年。对此,理论界的精英思考与农民的务实判断差别较大。学者们普遍认为,土地承包期30年太短,理由是30年时间基本上是一代人,这使农民的土地耕作行为很少能考虑到下一代人的利益,土地行为短期化,导致土地的荒漠化、盐碱化严重。而如果将承包期限延长至50年,大概两代人的时间,农牧民在耕作和放牧时就会考虑到下一代人的利益,甚至会认真保护土地。对此,农民的看法如何呢?学者们的实地调查结果表明:73%的农民认为"土地承包30年不变"的规定不合理,而27%的农民认为合理。对于"土地承包30年不变",农民一方面肯定了它的积极效果,即保持了土地承包经营权的长期稳定,提高了投资积极性。另一方面,谈及30年承包期引发的人地数量矛盾的问题,很多农民对此表示十分忧虑。农民们表示,30年的期间里,很多家庭都会增加人口,却分不到新的土地,造成人口数量与土地数量不符,甚至会出现一人分得土地,在30年承包期里要供养3~5人生存的情形。①

我们在青藏地区农牧区的调研显示,虫草等经济资源较为丰富地区的牧民普遍希望对草原的承包期限越长越好,以保证他们能更为持久地享有经济资源所带来的利益,这与从当地资源中获益的成本较低、收益较大的自然属性有关。而在农区,包括经济农业较为发达的地区,农民们并不希望土地承包期太长,尤其是城郊地区,土地被征后的补偿相对较高,临近城市的地缘优势使他们在失地后的现代转型、后续发展等方面较为便利。

3. 司法应恪守理性保障农民生存资源的价值

目前,司法对于农村土地生存资源保障的实践面临着艰难的抉择,一方面,司法以对法律的恪守与尊严的维护为己任;另一方面,又要考虑农村

---

① 王晨光:《农村法制现状》,社会科学文献出版社2006年版,第5~6页。

土地这一生存资源对农民的重要意义，进而要以维护民生的政治高度有意地去维护农民的土地权益，但事实上，这往往难以两全。

调研资料(8)：马某等6人不服某县人民法院(2008)民初字第108号民事判决提请检察院抗诉案

1982年村民马某承包经营本村耕地一块共6亩。1998年后交由他人耕种，后来村上修建学校，占用了马忠等6人耕地，因马某的地被撂荒无人管，村委会商议后分给了他们6人。2008年10月7日，马某以马忠等6人侵占其承包地为由，向某县人民法院起诉，要求6申诉人停止侵权，恢复原状。县法院于2008年11月11日在6申诉人缺席的情况下开庭审理本案，同年12月2日进行缺席宣判。法院认为："农民农村土地承包经营权依法受法律保护，任何单位和个人都不得非法侵犯。根据庭审中原告提供的证据，证实原告在该村十二社的6亩承包耕地现被6被告非法侵占。本案被告既不出庭应诉，亦不按法庭要求提交相关证据，依法应承担败诉风险。故原告的诉讼请求符合本案实际和法律规定，应予支持。……判决如下：被告马忠等于判决生效后，立即停止对原告马某承包地的侵占，恢复原告6亩耕地的原状，并于10日内返还给原告。"6申诉人不服该判决，于2009年12月3日向县人民检察院申诉，认为：

1. 人民法院未经合法传唤6被告即开庭审理本案，存在程序违法。县人民法院审理本案时，未经合法传唤6被告人即开庭审理和进行宣判，违反了《中华人民共和国民事诉讼法》第77条、第79条之规定，属于严重违反法定程序的行为。

2. 主要证据未经庭审质证，即作为定案依据，属违法使用证据。《中华人民共和国民事诉讼法》第66条规定"证据应当在法庭上出示，并由当事人相互质证。"《民事证据规则》第47条第1款规定："证据应当在法庭上出示，由当事人质证。未经质证的证据，不能作为认定案件事实的依据。"根据该条款的规定，人民法院要将当事人提供的证据作为认定案件事实的依据，必须将证据拿到法庭上出示，让当事人互相质证、辩论，这样才能保证证据的真实性和可靠性，避免认定案件事实的证据出现偏差。县人民法院对本案原告提交的新颁《中华人民共和国农村土地承包经营权证》未经庭审质证即作为了认定案件事实的证据，违反了上述规定。

3. 侵犯了申诉人马忠等两位有土地经营权证的人的合法权益。根据申诉人马忠等提供的土地承包经营权证证明,在与对方争议的涉案土地上,他们二人也有各自的1.3亩和1.6亩的土地经营权。

从该案来看,确实有很多问题值得商榷。首先,虽然《土地承包法》第14条规定,发包方承担下列义务:(一)维护承包方的土地承包经营权,不得非法变更、解除承包合同……但土地的原承包人马某长期对承包地"撂荒"的行为,是否属于违反《土地承包法》第17条所规定义务的行为?

其次,如果是,这种情形下村集体经济组织或者村民委员会作为法定的发包方,是否有权调整土地? 如果有权调整,那么本案的情况是否可以适用《土地承包法》第27条的规定:"……承包期内,因自然灾害严重毁损承包地等特殊情形对个别农户之间承包的耕地和草地需要适当调整的,必须经本集体经济组织成员的村民会议三分之二以上成员或者三分之二以上村民代表的同意,并报乡(镇)人民政府和县级人民政府农业等行政主管部门批准……"在这种情况下,是否可以认定为马忠等人已合法取得了对这块土地的合法经营权?

再次,从本案事实来看,马某是事后补办的《农村土地承包经营权证》,而根据《土地承包法》第23条规定:"县级以上地方人民政府应当向承包方颁发土地承包经营权证或者林权证等证书,并登记造册,确认土地承包经营权。"而马某在马忠等人的承包土地已经依法定程序取得并取得承包经营权证的情况下,其补办行为是否对马忠等人的权利有对抗力。

4. 政府为了公共利益的土地征用也应关注农民的生存利益

政府为了公共利益的目的对农民土地征用过程中,由于补偿过低、征用程序不合理及对失地农民的后续保障不足等是造成农民与政府对抗的原因,从实际来看,这一原因是双向的,即政府征用制度的不合理性与农民对补偿利益期望非理性间的博弈。

调研资料(9):如青海海东某县的水库移民矛盾即为这种现象的典型。该县耕地面积有限,约为14万亩。目前境内建成和在建4座水电站,已经和将要淹没而影响6个乡镇,占全县乡镇总数的67%;已经和将要淹没而影响42个村,占全县总村数的27%;已经和将要涉及影响3277户家庭,占全县乡村家庭总户数的16%;已经和将要涉及影响15942人,占全县总人口的13%;已经和将要占用影响耕地10500亩,基本为肥沃的水浇地,占全县耕地总面积的8%。截至2008年7月底,仅安置搬迁移民498户、

1950人，安置任务还比较艰巨。村民认为，目前实行的补偿标准偏低。2007年以前，由于康扬、黄丰电站库区等的移民安置补偿由其业主——三江水电开发股份有限公司直接操办（这样做，业主可以少向政府缴3%的管理费），而其他电站库区的移民安置补偿由支黄办系统办理，导致在全省出现了两个补偿标准，如对同等质量水浇地的年产值补偿，康扬库区等执行的标准是1559.5元/亩，公伯峡库区等执行的标准是841.88元/亩，两个标准相差近一倍；对同等质量温室的构筑物补偿，康扬电站库区等执行的标准是5万元/亩，公伯峡库区等执行的标准是9元/米，折算约为2万元/亩，两个标准相差一倍多……由于标准不一，补偿低的移民群众意见很大。为了解决这一问题，2007年4月，青政办46号文把该区水浇地的年产值补偿标准统一为1040元/亩，温室的补偿标准也分类进行了统一。但部分移民群众"就高不就低"，认为与康扬库区等的补偿标准相比，新标准低了，也没有反映近一年来粮价大幅度上涨的情况。

村民的非理性行为表现为：（1）规划水库淹没区抢开、抢种、抢栽、抢建（即"四抢"）现象严重。据了解，"四抢"基本上都是在省政府颁布了有关禁建公告后进行的，"四抢"行为已经变成一些人发财致富的一个重要方式。形成这种状况的重要原因是没有政府部门站出来对老百姓的违令行为制止和约束，不论是移民安置局还是支黄办，都没有执法权，谁是执法主体不明确，行政成本也比较高，县级政府难以承担。一些农民之所以抢开、抢种、抢栽和抢建，还有一个重要原因就是业主对"四抢"行为的结果进行了补偿，在与政府博弈中他们获得了巨额回报。（2）农村弃耕耕地增多，移民愿要产值补偿而不愿接受耕地种田的现象出现。走访期间，多位农村移民认为：种田不划算，打工划算；种田只能起到一个社会保障作用，致富主要靠经商和打工；一个中青年劳力，一年最多只能种5亩水浇地，除去化肥和运费等，纯收入约为2000元，而打工相对省心，年收入却有3000多元。有些安置点甚至出现了撂荒地，一些移民即使在家也不种田。在新安置的移民中，愿意得到产值补偿而不愿接受耕地的倾向越来越明显。就公伯峡移民安置点来说，在耕地未移交给移民耕种前，水浇地年产值按每亩1040元的标准予以补偿，移交后的土地熟化期，第一年产值补偿标准为50%，第二年为30%，第三年为20%，此后不再补偿。而2007年小麦价格大涨后，每斤约为0.85元，按水浇地平均亩产800斤计，每亩毛收入不过680元，除去化肥75元、种子25元等物化成本后,按每年一季计,每亩纯收入约为580元,这是我们的估算数,而老百姓的估算结果为200元。即便以我们的估算数为根据,与不耕种而得到产值补偿收入相比,耕种收入也要少许多,且需劳心劳力,捆住了人,不能出外打工或休闲。移民是理性的,如果没有外力作用而让其自由选择的话,他们就会有拒绝接受耕地而宁愿得到产值补偿的明显倾向。(3)移民利益诉求越来越高,个别村庄甚至对基层政府采取了"四不"对策。以积石峡电站的施工区——某村为例,该村共搬迁136户、479人,共征用各类土地408亩。截至2008年7月底,已发放各种补偿补助费5000多万元,户均已达40多万元、人均已达11万元多、亩均已达12万元多。目前移民安置机构还在对该村库区淹没线以上的零星树木、耕地特别是移民依赖孟达天池旅游收入等方面的损失调查进行核实,拟给予足额补偿。此外,移民安置机构还投入463.32万元用于该村人饮和提灌工程、投入65万元用于输变电工程、投入65万元用于通信设施建设、投入45万元用于村级活动场所建设等。预计对该村的各种安置总投入(包括补偿补助费)将在7000万元左右。安置投入不可谓不大,已经远远超过了人均安置费较高的公伯峡水库的水平。进入安置点后,我们看到和了解到:60%的移民户盖有二层楼、40%的家庭有小轿车,家电也较多,一派小康气象。与未搬迁前相比,有天壤之别。即便如此,一些移民还对安置结果不满意,个别移民目无法纪,对基层政府采取了"四不"对策,即不配合、不接触、不让进村和不让量地等,甚至发展到在2008年3月2日曾聚集于积石峡电站坝址阻挠施工,幸得各级政府正确处理,才使得矛盾及时化解。走遍全省水库移民点,我们了解到安置标准最低、生活最穷的龙羊峡库区的移民最为安定,老百姓虽普遍生活艰难,但安于现状,理解政府;而安置标准较高、生活水准较高的积石峡、公伯峡库区的移民最不安定,老百姓虽普遍生活较好,但仍不满足,导致政府的压力很大。

5. 青藏高原少数民族生存权的保障应体现民族意识

对于青藏高原少数民族的生存权,我们还应有特殊的民族意识:首先,要充分看到它是一项非宣示性的权利,生存权的首要意义就在于它是一项每一个少数民族主体成员个人应现实享有的具体权利;其次,生存权是一项集体人权,它意味着少数民族世居地成员生存权状况的整体改进,世居地某些个体生存权的改善或某些个体在世居地外生存权的改善都不具有决定意义；再次，由于少数民族本身生存状况的差异，他们之间生存权的不平等是正常现象，因此应在各民族平等的主体的原则下，秉承"一体多元"的理念来保障各少数民族的生存权；最后，也是最为重要的，就是不能将少数民族的生存权简单理解为吃饭穿衣等纯粹生理意义上的权利，不能认为少数民族的生存权等同于温饱问题，要充分认识到，物质意义上的生存权保障仅仅是生存权的一部分或者说是生存权的基础，所谓少数民族生存权实现应与少数民族的社会发展、少数民族民族文化生存、宗教自由等相结合才是对生存权最为完整的理解。

第四章

青藏高原地区的教育特别保障权

社会主义新农村牧区的建设之"新",就是要通过公共财政大幅度向农村倾斜,促进农村牧区的城镇化水平,而众所周知,城镇化是以现代文明为标签和准入条件的,是以现代文化来取代传统文化的一种巨大的社会变迁与转型。社会的现代化,本质在于人,在于必先"化"人。而"化"人的关键在于教育。

一、高原少数民族教育权特别保障的语境意义

权利发生的规律表明,权利的实然化是附条件的。农牧民社会权利人人共享、普遍受益格局的形成,在很大程度上取决于机会平等,而在决定机会平等规则的诸要素中,教育对他们把握机会的能力有着直接的影响。从某种程度上讲,个体的受教育状况直接决定着他们享有权利的机会与可能。因为在本质上,教育是"平等地发展个人潜力"的最为重要也是最为有效的途径。"教育的效力能减少而不是增加……出发地位的差距。从这个意义上讲,教育也起到与转让税相同的作用。"①因此,教育是社会成员获得"共享机会"的必要能力。

---

① [美]布坎南:《自由、市场和国家——20世纪80年代的政治经济学》,第136页。转引自吴忠民:《社会公正论》,山东人民出版社2004年版,第128页。

(一)教育权是一种以必要投资为前提的具有获利预期的权利

教育具有对个体经济能力与区域发展的正相关性作用,可激发高原少数民族地区对教育权的尊重意识,这是高原少数民族生存权、社会发展权等权利体系得以构建的基础。研究表明,就一般情形而言,收入同能力相关,而能力又同教育相关。比如在美国,"没有读完中学的和干全日制工作的人们1984年赚得收入为19000美元;一个男性大学毕业生赚得的大约要多70%,即32000美元。此外,大学毕业生的失业率趋于为受较少教育人群的1/2"。在发展中国家,这种情形更加明显:"那些完成了中等教育和高等教育的人,他们的工资收入超过只受过部分或全部初等教育的工人的资的300%~800%。……如果穷人因为经济和其他的原因实际上被取消了接受中等和高等教育的机会,那么,第三世界国家的教育体制在事实上就保证甚至加剧了不平等"①。进一步的研究显示,穷者的经济、社会和文化权利的实现是不确定的,甚至是困难的。穷者能否充分实现受教育权、就业权、社会保障权、医疗健康权等权利,很大程度上只能取决于自己的经济条件,而不是国家的权利救济。但是,富者由于具有雄厚的经济实力,要实现经济、社会、文化权利自然是不成问题的。美国经济学家萨缪尔森承认:"今天,较低层的或工人阶层的父母常常无法负担把他们的子女送到商学院或医学院就读所需要的费用——这些子女就被排除在整个高薪职业之外。"②

我国的研究也表明,各地义务教育发展非常不平衡决定了经济发展的不平衡。国家教育行政部门根据各省、市、自治区义务教育发展的不同水平,将全国划分为一、二、三片地区。1998年统计的"普及九年义务教育"人口覆盖率表明,"一片地区"包括京、津、沪等沿海省市,达到96.14%;"二片地区"包括晋、冀、豫等中部省市及川、陕、渝等部分西部省市,达到

---

① 转引自吴忠民:《社会公正论》,山东人民出版社2004年版,第177页。
② [美]萨缪尔森:《经济学》,中国发展出版社1992年版,第1252~1253页。

81187％；而"三片地区"包括蒙、贵、滇、藏等西部省区，仅达到42126％。① 这种格局几乎表明地区的富庶程度与受教育权的落实成正相关关系。

同期调查还显示，由于基本教育权落实不够，高原地区人力资源的整体水平严重偏低。根据1998年的调查，西藏和青海不识字的从业人员分别占总从业人员的54.3％、43.5％。这种状况也严重制约了当地的科技发展及科技对社会发展的可能贡献。我国科技部1999年对全国科技进步检测及综合评价的结果表明，西藏和青海分别是31位和29位，居于全国最低水平。科技人员所占比例是，每万人拥有大专以上人数，西藏为12人，青海则有278人，但每万名科技人员发表科技论文篇数，西藏是335篇，而青海仅有169篇，全国同期水平是564篇；每百万人口发明专利批准数，西藏和青海分别是0.79和0.20，全国同期水平是1.33。1998年高新技术产品出口额占工业制成品出口额的比例，全国是11.0％，而西藏和青海均为0。②

(二)高原少数民族教育权是一种显现多元文化特征的特殊权利

由于文化背景不同，高原少数民族比起汉族在教育上存在较大的民族性差异。文化背景是指对人的身心发展和个性形成产生影响的物质文化和精神文化环境。在空间上，文化背景主要分为微观、中观、宏观三个层次，"微观是指少数民族县和县以下行政区域文化背景，中观是指省、自治区区域范围的文化背景，宏观是指整个国家文化大背景。"③研究少数民族

---

① 《半月谈》(内部版)2001年第12期。有关研究报告还证实，农村多种经营的收入，初中以上文化程度的劳动力人均收入257.4元，而文盲人均收入只有160元。另据国家统计局1989年对6700户农民的跟踪调查发现，文化程度的高低与人均收入的多寡关系极大。其中文盲户442.84元，小学户542.06元，初中户616.3元，高中户639.85元，中等技术教育户740.9元；同1985年相比，文盲户人均收入增长率45.6％，小学户是54.9％，初中户是56.1％，高中户是53.9％，中等教育户是68％。李铁映：《大力发展职业技术教育，促进我国经济建设和社会发展》，《光明日报》1991年1月18日，第4版。

② 谈松华主编：《中国教育现代化的区域发展》，广东教育出版社2003年版，第552页。

③ 谈松华主编：《中国教育现代化的区域发展》，广东教育出版社2003年版，第543页。

文化背景的分层,旨在言明,文化背景分层应成为民族教育政策执行的基本取向,即在少数民族的教育权保障中,应以民族教育多元的心态,尊重民族教育中的民族性差异,要确立尊重少数民族教育中的民族性差异是民族教育权不可或缺的组成部分的理念。如在中观文化背景的层面,西藏少数民族人口占全自治区人口的95%以上,这意味着教育的文化背景主要是藏族文化,要求在具体的教育策略的选择上,应肯定藏族文化在学校教育、家庭教育和社会教育方面的应有地位,这不仅关乎少数民族教育权的实现,也关乎少数民族民族文化的保护与传承。

但这一重要问题并没有引起足够的重视,致使少数民族的民族性差异在教育中没有得到应有的尊重。就自治县而言,其所属省的汉族人口一般占绝大多数,少数民族人口比例较低,这些省的区域文化背景主要是以汉族文化为主;就自治区而言,又处于全国范围的汉文化背景中;就散居各地的少数民族而言,也处在主流民族的文化氛围之中,其民族文化成分被汉文化成分所替代。在民族教育中忽视民族性差异的直接后果之一,就是逐渐淡化和消磨了民族的文化个体特征,使民族文化的保护与传承严重缺乏应有的社会基础。

有学者对黄河上游小民族非物质文化遗产的民间研究表明,由于从教育启蒙阶段开始缺乏对民族文化的足够引导,目前黄河上游小民族非物质文化遗产保护面临的最大危机是后继乏人,尤其是缺少青年传承人,缺乏今后创造主体。调查显示,民族地区青少年中不了解民族民间文化、轻视民间文化已成为普遍现象。据调查,目前裕固族中会讲裕固语言的裕固人不到50%,居住在城镇的裕固族少年儿童基本不会讲本民族语言;了解本民族传统习俗活动的不足30%,而参与活动的更是少之又少;会讲裕固族民间故事谚语的只有几位老人,而且还在逐年减少。① 2005年6至7月青海省民委少语办对大通、互助、民和三县的土族语言使用状况的调查也显示,大多数土族不愿意让下一代学习土语。

一些地方开始意识到民族文化传承的重要性,极少数学校已经开始对

---

① 王锡宏:《论少数民族教育文化背景民族差异性》,转引自周忠瑜等著:《少数民族权利保障研究》,中央文献出版社2006年版,第288页。

以本民族文化为主要内容的乡土教材进行开发,把民族民间文化纳入教学内容,开设了民族文化课。民族小学请当地民间艺人做兼职教师,坚持上民间文化课,但总体情况步履维艰。如甘肃省肃南二中从2004年开始编写了《肃南地理》《裕固族文学作品选读》《裕固族历史》《裕固族传统体育与健康》《裕固族民间美术欣赏》等6册乡土教材。2006年该系统教材分别获张掖市第六届基础教育科研成果一等奖,甘肃省第六届基础教育科研成果一等奖。但由于大部分家长对子女学业成就的高期望和升学竞争的客观存在,加上中考、会考无法全面反映和衡量学生的各种素质,学校面临追求升学率和教育评价制度的压力,乡土教材课程教学计划在具体的执行中大打折扣,为乡土教材的教学留下的课时往往成为国家课程教师争夺的对象。乡土教材的教学常常在升学压力的冲击下被淡化,或被压缩为其他科目的补充。①

而作为当代流行趋势之一的多元文化教育的理念则给了我们一些启示。"维持多样性,尊重差异,各民族有权利积极参加社会各方面的活动,而不必放弃自己独特的认同,是多元论者倡导的主旨,也是多元文化教育得以产生、发展的理论基点。"②该理论认为,忽略特殊文化的影响造成的学习形态差异,隐含着对学生所属族群的轻视与偏见,应充分尊重其他民族群体文化也是国家文化构成的事实,实施多元文化教育。多元文化教育旨在多民族的社会中,为满足各少数民族群体或个体在文化、意识、自我评价方面进行教育改革,以帮助所有不同文化的民族群体在多元文化社会中积极和谐地生活,保持群体间教育成就的均衡,以在考虑民族差异的基础上促进相互尊重和宽容。而"在我国,多元文化教育主要被称为多民族文化教育或少数民族教育,主要是从文化背景的大视角来研究民族教育的有关问题"③。可见,在理论的层面,对多元文化教育和民族教育的关系厘定

---

① 钟莉:《裕固族文化濒临失传:该民族口承民间文艺、民族歌舞、风俗习惯将随一些老人的去世而永埋土中》,载《中国文化报》2004年7月15日。
② 马成俊等著:《守望远逝的精神家园——对黄河上游小民族非物质文化遗产的调研报告》,载《西北民族研究》2007年第3期。
③ 转引自周忠瑜等著:《少数民族权利保障研究》,中央文献出版社2006年版,第291页。

得非常清晰,剩余的问题就是如何在具体的民族教育方略中,给多元文化教育以合理的空间和应有的法律地位。

(三)教育是一种促进社会转型的现实权利

教育是促进传统文化向现代化转型最有力的方式。从青藏高原藏民族社会转型的规律来看,少数民族农牧民教育权的逐步树立与社会转型基本属于映照关系。在藏区,传统社会只有寺院教育,而这种教育体系又与世俗民众的关系是非直接的,世俗世界的教育几乎是空白的。1949年以前,甘南州学龄儿童入学率只有1.3%,青海藏族学龄儿童的入学率仅有0.29%。在总体上仍然是藏传佛教的寺院教育。至1949年整个藏族地区学龄儿童入学率不到5%,总人口中的文盲率在92%以上,其中西藏的文盲率竟高达95%。[①] 自此以后所进行的新型教育体制的创建,是藏族传统文化向社会主义新文化转型的标志性工程。现代教育的兴起,意味着知识抛开宗教性的知识体系而独立展开,其核心是引领世俗生活中的人以理性的方式对人的现实生命活动实施改造。特别是针对藏区社会特殊实际而采取的教育政策,为藏族农牧民教育权的充分享有奠定了基础。至1965年西藏自治区成立时,全区小学已发展到1822所,在校生达66781人,适龄儿童入学率达31.3%;中学发展到4所,学生达1059人。[②] 新兴教育在藏区的创立和发展,改变了传统文化的发展方式与流向,且赋予了新的内容与形式并与主流文化得以恰当的结合,有效促进了藏区社会的跨越式发展。

改革开放以后,藏区进入现代化发展时期,此时也是一个规范化的具有藏族特色的现代教育体系初步形成时期。"1990年,藏区各类学校总数已达8270所,在校学生总数为541659人,其中小学7926所,学生448549人,藏族学生为380843人;中学290余所,学生77271人,其中藏族学生

---

① 转引自周忠瑜等著:《少数民族权利保障研究》,中央文献出版社2006年版,第292页。

② 夏铸、刘文璞:《藏族教育的改革与发展》,青海人民出版社1993年版,第116页。

49284人。学校总数比中华人民共和国成立前增长75倍,学生总数增长300多倍"①。正是教育的发展为藏区社会的现代化转型提供了有力的支持,它使普通藏族农牧民成为了藏文化继承、发展和分享的主体,也正是教育的发展,使藏族文化的发展态势发生了实质性的变化,呈现进步与开放的态势。

二、高原少数民族农牧民教育权的状况

上述分析表明,农牧民教育权的贯彻落实,是农牧区的新农村牧区建设和现代化转型最久远、最可靠的支撑,但由于各种原因,农牧区教育还存在较多突出问题,主要表现为以下方面。

1. 农牧区基础教育权保障不足。基础教育在新农村牧区建设中具有全局性、基础性和先导性,但这一战略地位并没有得到应有的重视,突出表现为基础条件差、"普九"目标实现率低、教育资源分布不合理或不充分、弱势群体的教育权被忽视等方面。

基础条件差,主要是政府对农牧区学校的基础建设财政投入不足,特别是过去"农村教育农村办"的不合理政策导致农村教育投入欠账太多。资料显示,2000年全国中小学共有危房约1300万平方米,主要集中在中西部农村,青海中学危房面积占3.16%,小学占4.33%;甘肃积石山保安族东乡族撒拉族自治县小学危房率更是高达28.3%。② 由于投入不足,高原农牧区中小学普遍缺乏图书、教学仪器,甚至没有体育场地,办学条件只能满足教学的基本需要,而离全面推进素质教育的要求相距甚远。

"普九"目标实现率低,主要表现在高原农牧区小学入学率和升学率均低于全国平均水平,小学和初中的辍学率则高于全国平均水平。

---

① 强俄巴·多杰欧珠:《西藏教育的新篇章》,载《中国藏学》1999年第1期。
② 转引自周忠瑜等著:《少数民族权利保障研究》,中央文献出版社2006年版,第295页。

表 13　2000 年青海、西藏、甘肃与全国普九义务教育情况比较　（%）

项目	全国	青海	西藏	甘肃
小学学龄儿童入学率	99.1	94.2	85.8	98.8
小学毕业生升学率	94.9	88.7	55.0	91.0
初中毕业生升学率	55.1	66.4	82.5	33.5

资料来源：《中国西部统计年鉴》(2001)和《中国统计年鉴》(2001)，中国统计出版社。[1]

从表 13 中三个省与全国的比较可以看出，三个地区的小学学龄儿童入学率均低于全国平均水平，最低的西藏比全国平均水平低 13.3 个百分点；小学毕业生升学率也低于全国平均水平，最低的西藏竟然比全国平均水平低近 40 个百分点。基础教育落后，高原农牧民地区的文盲、半文盲比例远远高于全国平均水平。

有学者研究表明，为了改变西藏在教育上的落后状况，长期以来中央和自治区政府对西藏教育制定了许多优惠政策，如规定西藏城镇中小学全部免收学费，提高学生助学金标准，对边境县学生实行"三包"（包吃、包穿、包住）等等。藏北牧区也普遍实行"三包"的免费入学政策。然而调查发现，由于一些现实原因和认识问题，西藏牧区的入学率依然较低，文盲较多。（参见表 14）

表 14　8 岁以上人口文化程度分布情况[2]

文化程度	频次	百分比	累积百分比
扎巴	1	0.5	0.5
文盲	111	58.7	59.3
小学	60	31.7	91.0
初中	12	6.3	97.3
中专	3	1.6	98.9
大专	2	1.1	100.0
合计	189	100.0	

---

[1]　《中国青年报》2000 年 4 月 5 日。
[2]　郝亚明：《西藏那曲调查报告》，载《民族问题研究》2008 年第 4 期。

表15 年龄组与文化程度的交互分类表①

年龄分组	文化程度	频次	百分比	累计百分比
11～20	文盲	14	28.0	28.0
	小学	27	54.0	82.0
	初中及以上	9	18.0	100.0
	合计	50	100.0	
21～30	文盲	37	77.1	77.1
	小学	6	12.5	89.6
	初中及以上	5	10.4	100.0
	合计	48	100.0	
31～40	文盲	19	63.3	63.3
	小学	10	33.3	96.7
	初中及以上	1	3.3	100.0
	合计	30	100.0	
41～50	文盲	11	61.1	61.1
	小学	7	38.9	100.0
	合计	18	100.0	
51～60	文盲	9	69.2	69.2
	小学	2	15.4	84.6
	初中及以上	2	15.4	100.0
	合计	13	100.0	
61～70	文盲	11	91.7	91.7
	小学	1	8.3	100.0
	合计	12	100.0	
70以上	文盲	6	100.0	100.0

① 郝亚明:《西藏那曲调查报告》,载《民族问题研究》2008年第4期。

把年龄分组与文化程度进行交互分类,可以比较各个年龄组中文化程度的分布情况。从表 15 中可以看出,11～20 岁组中文盲率仅为 28%,而 21～30 岁、31～40 岁、41～50 岁这三组中文盲率分别为 77.1%、63.3%、61.1%。而 61 岁以上的两组中文盲更是达到了将近 100%,这两组的 18 人中仅有一人具有小学文化程度,其他的人都是文盲。相对于其他年龄组而言,11～20 岁年龄段的文盲率不足 30%,远远低于其他年龄组,由此可见国家实行的免费三包教育方针和对教育的大力宣传都起到了提高牧区人口文化素质的作用,这种作用在近十年来更是得到了极大的体现。当然这种入学率的提高也可能与牧民对教育认识的改变有关。①(参见表 15)

教育资源分布不合理或不充分,主要表现为农牧区有限教育资源的利用效率较差,师资数量不足。据统计,2002 年对青海 18 个牧业县的调查发现,除玉树县中学规模平均在 423 人以上外,有 14 个县中学校均在 200 人以下,最少的果洛州甘德县校均仅 79 人。寄宿制小学的情况也是如此,据统计,玉树州乡寄宿制小学 56 所,在校生 3488 人,平均每校 62 人。果洛州寄宿制小学 45 所,在校生 3488 人,平均每校 78 人,其中在校生在 80 人以上的有 12 所,在校生在 50～79 人之间的有 16 所,在校生在 50 人以

---

① 转引自聂华林主编:《中国西部三农问题报告》,中国社会科学出版社 2006 年版,第 323 页。实际上,调查显示,青藏高原某些民族贫困地区的这一情况比上述总体分析要严重得多。以青海省大通回族土族自治县塔尔镇为例,该县是国家级贫困县,塔尔镇是一个以回族和藏族为主的纯少数民族乡镇,全镇 16 个行政村,5781 户,总人口 27690 人,2002 年全镇初中毕业生总数 475 人,女 192 人。秋季进入高中学习 115 人,入学率为 24.2%,其中女生 45 人,女生入学率为 23.4%。全县高中平均入学率为 63.2%,相差近 40 个百分点,这还是历年招生中最好的一年。两所民族完全中学的招生更不尽如人意。东峡民族中学 2001 年高中二年级曾出现过断层现象。大通回族女中原来只招收回族女生入学,后来由于生源不足,办学陷入困境,1994 年起开始招收男生入学。近几年,县上加大"两基"工作力度,学生数由原来的 318 名增加到现在的 1292 名,但高中学生只有 166 名。同时,这些地区学生辍学率也较高,由于学生大量流失,班数锐减,到高中毕业时所剩学生没有多少。大通回族土族自治县 1999 年全县秋季高中招生 1524 人,2002 年应届高中毕业生 892 人,参加高考的应届毕业生只有 899 人,三年内辍学 632 人,辍学率为 41.5%,民族中学辍学现象更为严重。大通回族女中 1998 年高一招生 44 人,到 2001 年高中毕业时只剩 16 人,辍学率为 63.6%;1999 年高一招生 52 人,2002 年毕业 28 人,辍学率 46.2%;2000 年高一招生 45 人,20023 高中毕业 26 人,辍学率为 42.2%。虽然这所学校的高考升学率几年来都在 80%以上,但仍然有相当数量的学生放弃高中学业。

下的有 17 所,有的班级只有几名学生。① 四川阿坝藏族羌族自治州的 13 个县,2000 年共有 92559 名小学生,分散在 1410 所学校,平均每校在校学生仅为 65 名。② 由于自然条件艰苦,高原农村牧区中小学师资严重不足。青海省海北藏族自治州刚察县伊克乌兰乡角什科村寄宿学校,教务主任姚南 4 年前刚到这里时,学校只有 30 名学生,现在学生已增加到 90 人,有 5 个年级,只有 7 名教师。姚南现在一人承担一年级的数学课、藏文课,还担任四年级藏文课的教学工作,等于一人干了 3 个人的工作,还不包括自习课和晚间辅导课。他说学校如果要"普六",学生就要达到 150 名,这样教师就更不够了。③

如果就教育权享有的实际状况,按民族来分类,那么高原少数民族农牧民是真正的弱势群体。由于高原少数民族教育面临"办学难"、"师资困难"、"少数民族学生入学难"和"双语教学难"等诸多困难,九年义务教育普及率低,其直接结果就是少数民族中文盲半文盲的比例远远高于汉族,西藏的文盲半文盲人口比例为 61%,青海为 42%,甘肃为 32%。而其中少数民族女性文盲率则更高。

表 16　1996—2005 年全国及青藏高原按性别分 15 岁及 15 岁以上文盲人口比重

单位:%

	1996	1997	1998	1999	2001	2002	2003	2004	2005
全国	17.82	16.36	15.78	15.14	9.08	11.63	10.95	10.32	11.04
男	10.12	9.58	9.01	8.81	4.86	6.43	6.12	5.79	5.86
女	25.54	23.24	22.61	21.56	13.47	16.92	15.85	14.86	16.15

---

① 王振岭:《青海牧区教育发展研究》,青海人民出版社 2004 年版,第 113～114 页。
② 刘美驹:《西部要发展　教育必先行》,载《教育发展研究》2000 年第 11 期。
③ 张目:《关注西部乡村教师》,新华网甘肃、青海、宁夏频道,2005 年 3 月 7 日。转引自聂华林主编:《中国西部三农问题报告》,中国社会科学出版社 2006 年版,第 324～325 页。

续表

	1996	1997	1998	1999	2001	2002	2003	2004	2005
青藏高原	54.14	48.85	51.45	48.35	36.35	34.30	39.16	33.06	34.46
男	40.85	37.88	40.55	38.50	25.04	24.29	29.99	23.51	24.24
女	62.01	59.32	62.18	58.07	48.17	39.01	47.76	42.45	44.47
西藏	61.13	54.08	59.97	66.18	47.25	43.82	54.86	44.03	44.84
男	52.16	44.21	50.09	57.33	34.38	33.80	45.82	33.46	33.48
女	68.98	62.80	69.41	74.60	60.47	52.77	62.63	54.03	55.76
青海	42.14	43.62	42.92	30.52	25.44	24.77	23.45	22.08	24.07
男	29.54	31.54	31.00	19.66	15.69	14.77	14.15	13.55	15.00
女	55.04	55.83	54.95	41.53	35.87	25.25	32.88	30.86	33.18

注：本表"文盲人口"指15岁及15岁以上不识字及识字很少人口。2000年缺数据，没有纳入。

资料来源：《中国统计年鉴2005》和作者计算①

从表16的情况分析来看，男性文盲率，青藏高原为31.65%，全国为7.40%，青藏高原比全国高24.25个百分点；女性文盲率，青藏高原为45.49%，全国为18.91%，青藏高原比全国高26.58个百分点。

(二)农牧区职业教育权被忽略

从城镇化是农牧区步入现代社会必由之路的规律来讲，农牧区的职业教育直接决定着其现代化的进程，但由于历史原因，高原农牧区的职业教育存在诸多问题。

首先，课程设置严重脱离农牧区经济社会发展的客观需求。由于片面追求现代性，模仿城市的职教模式，有的农村职教甚至没有种植、养殖等涉农专业，农牧民对此缺乏积极性。

---

① 转引自李双元：《WTO框架下青藏高原特色农业国际竞争力研究》，青海人民出版社2008年版，第97页。

其次,职业教育的人文基础条件不足。在西部地区,目前职业教育的在校生数大幅下滑,因此职业教育的重点实际是在业的农牧民,然而,农牧民过低的文化素质严重影响了职业教育的实效。但这些问题还没有引起政府足够的重视,他们对农牧民文化教育还停留在"基本识字扫盲"的传统观念上,没有将农牧民的文化教育和职业素质的提高相联系,农牧民的职业素质并没有随着文化教育的开展而提升。据统计,2002年青海省农村劳动力小学及以下文化程度的人数占65.7%,从事二、三产业的劳动力中,高中及以上文化程度的仅占11.4%,初中文化程度的占44%,小学及以下文化程度的占44.6%,农村劳动力中受过专业技能培训的不到3%。①

(三)农牧区教育落后导致农牧民劳动力文化程度低下

高原民族地区教育的整体性落后,必然导致教育资源更为缺乏的农牧区劳动力文化程度低下。从下表可以看出,与藏区有关的西藏、青海、甘肃三省的农牧区劳动力文化程度是很低的。其中劳动力中不识字或很少识字、小学程度、初中程度三项指标不仅远远高于全国水平,在西部地区,三省也是最高的;而大专及以上水平的劳动力指标又是全国较低的。②

---

① 苏宁主编:《青海省人口与发展研究》,中国人口出版社2005年版,第122页。
② 在青海省,这种情况更为明显。如2000年,青海省三次产业就业人口的平均受教育年限是:第一产业4.53年,第二产业9.70年,第三产业10.76年;在受过大专及以上教育的就业人口中,第一产业占2.80%,第二产业占16.18%,第三产业占81.02%;受过高中和中专教育的就业人口中,第一产业占20.49%,第二产业占24.56%,第三产业占54.95%。可见,青海省高学历劳动者多数集聚在第三产业。青海省脑力型职业者平均受教育年限为12.55年,比1990年的11.21年增加1.34年,其中受过大专及以上教育的人数占36.14%,比1990年上升了18.31个百分点。而体力型职业者平均受教育年限为5.35年,比1990年增加了1.06年,增幅低于脑力型职业者;其中受过高中及以上教育的人数仅占8.77%,比1990年上升2.91个百分点。农林牧渔水利业生产人员平均受教育年限仅4.5年,这是导致体力型职业者平均受教育年限较低的主要原因。这种状况,严重制约了农业劳动生产率的提高,阻碍了农村劳动力的转移以及农村城市化的进程。苏宁主编:《青海省人口与发展研究》,中国人口出版社2005年版,第139页。

表17 各地区农村劳动力文化状况

地区	不识字或识字很少	小学程度	初中程度	高中程度	中专程度	大专及大专以上
全国	7.59	30.63	49.33	9.81	2.09	0.56
东部地区	4.34	25.91	52.44	12.26	3.77	1.29
中部地区	5.04	28.91	54.01	9.10	1.88	0.47
西部地区	17.23	35.89	38.05	7.06	1.41	0.35
西藏	58.42	41.00	0.58			
甘肃	19.66	27.90	38.61	11.96	1.25	0.62
青海	32.56	33.07	28.20	5.24	0.78	0.16

数据来源:《农业统计年鉴》(2003年),中国统计出版社2004年版。转引自聂华林等编:《中国西部新农村建设概论》,中国社会科学出版社2007年版,第319页。

 三、保障高原少数民族教育权的重点

(一)培养农牧民尊崇教育的观念

由于高原藏族文化浓郁的地域性特点,无形中滋长了以文化的排他性和自我保护性为内容的区域文化主义倾向;又由于高原藏族农牧民尊崇经典知识的观念,无形中排斥了现代文化的生存空间。所以,要保障少数民族农牧民的教育权,首先要培养他们尊崇现代教育的观念。尽管有学者对藏族价值观的研究表明,藏族对子女教育的关注在所给的11项消费选择中排序第一,选择此项的人占比达71%,远远高于关爱父母、自身素质的提高、生活水平等项的选择。① 但从实证调研来看,实际情况并不乐观。

---

① 赵德兴等著:《社会转型时期西北少数民族居民价值观的嬗变》,人民出版社2007年版,第170页。

调研资料(10):玛沁县昌马河乡是全国贫困乡,非常落后,至今没有实现村村通。2008年8月,我们在该乡调研时,有关领导讲,该乡适龄儿童入学率2006年仅为30%,2007年8月,仅达百分之十几。乡干部认为,儿童入学是当时最重要的工作(当年"两基"考核),我们乡干部都是亲自上门动员,给孩子先发入学通知书,(不按期入学的)后发限时入学通知书,再不行就发强制入学通知书。入学难的主要原因是许多家长认为,孩子七八岁在学校上学无人照顾,上了大学又没有出路,以后既不会放牧又没有工作,而如果不上学,在牧区十二三就可以放牧;另外一个原因是昌马河乡贫困,草场不好,牧民四季走圈放牧,搬家频繁,不具备上学的条件。

玛沁县教育局有关领导讲,让牧区孩子入学很困难,四年前有的家庭甚至让孩子抓阄入学,现虽不存在这种情况,但所有学龄儿童入学实际有困难。如有的人家孩子父母双亡,孩子与爷爷一起生活,还要照顾爷爷,去上学孩子的生活没有着落。20世纪90年代末,玛沁县当洛乡有几个教育钉子户,违反学龄儿童入学的规定,乡镇府诉至法院,法院判决对其司法拘留,牧民害怕,就让孩子来上学。这种做法对周边群众有较大影响,牧民认为"孩子不上学还可以抓走",效果挺好。久治县有一位老爷爷,死活不让孩子去上学,说:"如果带走孙子,不让其放牧,我就自杀。"后派出所将他拘留一天一夜后,他服从了,让孩子去上学。

今年乡干部下去招生时,流动法庭就跟着。

我们(乡干部)下去做工作时,家长说,难道我的孩子我没有权利(决定他们上不上学)吗?我们解释说,你有保护孩子的权利,但孩子也有受教育的权利。牧民说,原来是这么回事。

上述调研资料显示,高原农牧民适龄儿童入学,确有生产、生活方面的困难,但他们普遍不明白受教育是孩子的法定权利,家长有帮助适龄儿童完成学业的义务,更不能明白教育作为一种长效投资对改变他们贫困生活的深远意义。可见,观念落后是教育不被重视的最主要的主观原因。

(二)明确政府对农牧民教育权保障的责任

对基本靠政府投入来运转的农牧区的中小学而言,政府在教育经费保障、教师权益保护、学校建设等方面的作用是至关重要的。从调研来看,凡是近年来因教育政策优化,当地政府对教育比较重视的,农牧民受教育的状况一般都比较好。

调研资料(11):2006年,青海黄南藏族自治州尖扎县按照教育厅有关要求及"一费制"标准将省厅分配的免除学杂费36.7万元、课本费33.27万元、补助贫困生助学金27.2万元以及新增的公用经费22万元,全部拨付到各中小学,要求各中小学对义务教育阶段学生不再收取任何费用。

2005年限预算内教育经费占财政支出比例为36.11%。

2006年上半年开工建设教育基础设施项目8个,总投资564.38万元,改扩建面积6963.67平方米。

至2006年,全县适龄儿童入学率达98.9%、初中阶段入学率98.87%,青壮年非文盲率达98.9%,18周岁及以上人口初级中等教育完成率为88.12%。

2006年有390人参加普通高考,文科上线180名,理科上线93名,上线率为70%,全州名列第一。

而从历史比较可以看出,在取消农业税、农牧区教育实行"两免一补"之前,由于民族地区地方经济困难,政府无力支持教育,农负过重,无力承担过高的教育成本,导致偏远农牧区的农牧民教育呈下降趋势。

玉树藏族自治州是青海最贫困的地区之一,2008年农牧民人均纯收入仅为2202元,经济贫困严重影响了教育事业的发展。调查显示,自联产承包责任制实行以来,民族教育受到很大冲击,最直接的后果是适龄儿童入学率下降。1990年第四次人口普查是实行承包责任制6年后的全国性人口普查,其资料显示,玉树藏族自治州15岁及15岁以上人口数为133525人,其中文盲半文盲为105489人,文盲半文盲占15岁及15岁以上人口的79%,高于全省平均水平的1.97倍。与1982年相比,1996年全州高中、小学在校学生数分别下降了27.03%、6.26%,而12岁及以上人口中文盲和半文盲人口数却增加了32380人。其直接后果是民族的整体素质无法提高,牧民的子女永远是牧民,加之计划生育政策的宽松,致使牧民人口越来越多,人畜矛盾引发的草畜矛盾便越发突出。①

因此,当地政府应落实"以县为主"的农牧区义务教育管理体制,完善保障机制。建立教育资金相对独立的运行机制,杜绝教育经费被挤占、截留、挪用的现象;将教育经费与教育行政经费分开,确保教育经费能真正落实到各级学校,以保证学校基础设施的维护、改造和建设以及正常运转的基本支出需要。② 但由于整个青藏高原地方政府财力有限,因此难以对教育发展提供相应的物质支持。(参见表18)

表18 1996—2004年全国及青藏高原教育经费情况　单位:亿元,%

地区	1996	1997	1998	1999	2000	2001	2002	2003	2004	平均
全国(1)	2262	2532	2949	3349	3849	4638	5480	6208	7243	4319
青藏高原(2)	13	12	16	19	21	26	33	39	46	25
(2)占(1)的比重	0.57	0.47	0.54	0.57	0.55	0.56	0.60	0.63	0.64	0.58
西藏	5	4	6	8	8	10	14	19	23	11
青海	8	8	10	11	13	16	19	20	23	14

资料来源:《中国统计年鉴2005》和作者计算③

(三)保障受教育弱势群体的教育权

在高原农牧区,受教育弱势群体主要由三部分构成:女性、孤儿、生态移民。

落后守旧的观念剥夺了女性的受教育权,尤其是高原少数民族女童的低入学率和高失学率是一个值得关注的问题。据统计,1992年西藏自治

---

① 赵德兴等著:《社会转型时期西北少数民族居民价值观的嬗变》,人民出版社2007年版,第170页。
② 景晖主编:《生态战略思考》,青海省社会科学院2007年版,第237页。
③ 转引自李双元:《WTO框架下青藏高原特色农业国际竞争力研究》,青海人民出版社2008年版,第98页。

区女童入学率为 45.3%,四川的阿坝、凉山、甘孜 3 个自治州 5 个贫困县女童入学率为 26.3%。① 20 世纪 90 年代,青海撒拉族女童入学率仅为 32.4%,女生流失率达 90.9%。② 从现实来看,要改善女性的受教育权状况,除了女性自身受教育意识的自觉之外,政府的努力也是至关重要的。青海省 1994 年在对女童采取实验教育后,"九所民族小学的女童入学率由试验前的 68.8% 提高到 92.4%,提高了 23.6 个百分点;女童巩固率由 78% 提高到 98%,提高了 20 个百分点,女童在校比例由 29% 提高到 42.4%,提高了 13.4 个百分点"。③

由于传统习惯的原因,偏远牧区的孤儿比例较高。在教育权方面,这些人属于被父母亲和社会制度遗忘的群体。因此,通过正常而规范的教育,培养他们的良好人格,淡化他们幼年的不幸经历,对塑造他们的生活信念非常有价值。

调研资料(12):果洛玛沁道扎福利学校是一所专门收留少数民族孤儿的学校。我们在调研时恰逢该校老师借果洛格萨尔艺术节之机带领学生在玛沁县格桑滩参加活动。带队老师讲,该校于 2007 年 8 月 10 日建立,现有 52 个学生,主要是藏族孤儿。所招学生男女不限,但限于本地区。以后计划每年招一个班,30 名学生。学生入校后从小学到大学的学习、医疗等费用,均由德国道扎基金会提供。而且社会儿童还可以收来后先治病、后学习,对他们而言简直是天堂,但这样的学校在果洛只有一所。

学校有两名专职教师,其他都为聘用的,根据计划以后可能能有 8 至 10 名专职老师。学校间断地由外国老师来教学生英语,有的教一个月,有的教的时间较长,现在是德国的一对夫妻在教,他们都是志愿者。

该带队老师以前是藏中的老师,在藏中任教 6 年。毕业于玛多花石峡技校,熟悉基层教育,认为现在的全日制教育比较有优点,因为可以有较多的时间和孩子们在一起,对孩子们的习性较为了解。起初以为孤儿们的心理可能不健康,但从一年以来的情况来看,没有这种感觉,但他们长大以后

---

① 杨芳:《民族教育立法若干问题探讨》,转引自周忠瑜等著:《少数民族权利保障研究》,中央文献出版社 2006 年版,第 296 页。
② 马成俊等著:《沉重的翅膀》,载《青海民族研究》1996 年第 1 期。
③ 王振岭:《青海牧区教育发展研究》,青海人民出版社 2004 年版,第 106 页。

就不知道是否会这样了。这也可能与藏区单亲家庭较多有关。但这些孩子的学习并不积极,对学习的进取心不强,主要看老师的引导。自己虽然是属于藏中的老师,可非常喜欢目前在福利学校的工作,因为孩子们失去亲人,在藏中只是给孩子们教授知识,但在福利学校还会给他们亲情,教他们做人。

现在孩子们一年级读完了,九月份该升二年级了。给他们所开的课程基本是按照藏中的系列,没有针对孤儿的特殊课程。在教育方法上,该老师认为孩子们借格萨尔文化节出来玩非常好,孩子们已在这里玩了几天。本人对封闭教育有看法,非常不希望孩子们被封闭,因为这样非常不利于交流。①

生态移民由于生存环境的改变,应享有可持续发展方面的受教育权和获得保护文化生存方面知识的受教育权。前者是为了农牧民适应城镇生活及观念转型的需要,这方面政府做了大量的努力,如有学者对三江源核心保护区的唐乡进行调研后发现:

2004年,"三江源保护区退牧还草"工程拉开序幕,国家计划对位于三江源核心区的唐乡逐步投入3000万元资金,给草场退化、沙化严重的牧户一定补偿,迁移至别处生活,并最终实现全乡整体移民。移民后由"省政府利用三江源专项经费,培训核心区的青年牧民提高文化素质,加强务农、经商、旅游服务等方面的培训,使他们掌握一些现代科学技术的能力等,为今后生存做好准备"。②

但从实地调研来看,这类培训往往效果不佳。果洛州玛沁县的实际情况显示,各类培训因没有岗位安置,牧民反应冷淡,即使政府组织、提供条件、在吃住方面给予补贴,也没有多少人响应,仅对汽车驾驶有热情,因为汽车驾驶学起来简单,不需要太多的文化技术,而且大部分牧户有汽车,汽车驾驶在牧区很实用。

国家制定政策时,对于通用性原则的注重,在某种程度上忽略了当地

---

① 根据2008年8月4日,在果洛州玛沁县格桑滩格萨尔文化节上,与道扎福利学校的带队老师交流时的口述资料整理而成。

② 刘源:《文化生存与生态保护:以长江源头唐乡为例》,载《广西民族学院学报》2004年第4期。

民族的文化优先选择权,虽然可能带来短期生活水平提高,但从长远观点看,本土民族的文化独特性及民族自尊心、自豪感将面临重大挑战。他们的生活方式和认同常常同具体的地域和地区联系在一起,与特定的生态系统、自然和文化资源联系在一起。当他们丧失对于土地和生计的自主性,当他们的独特文化和认同的环境基础被毁坏,他们的生活方式以及作为人的持续存在就受到了威胁。文化生存、文化多样性与环境保护及生物多样性常常如此铰结在一起,丧失其中任何一种都会导致另两者共同消失。所以,他们有获得关于文化生存知识的权利,这种知识的久远价值还在于昭示,在人与自然之间,不仅是依存和攫取等功用性关系,还存在着通过时间建立的文化默契。生活在特定环境中的人群,以自身千百年绵延的文化理念及行为同当地环境达成协调一致。当这种文化关联被外来文化冲击至岌岌可危甚至断裂时,生态环境的恶化和本土文化的存在危机都将是难以避免的。

同时,由于对移民的后续社会问题考虑不足,尤其是他们的孩子上学就存有较大的问题。调查显示:生态移民离开草原聚居于城镇,不仅他们的子女可以就近上学,而且仍然留在草原上的亲戚、朋友把其子女也托付给生态移民而就近上学,适龄儿童入学率急剧提高,以至出现了教职员工缺编严重(至 2006 年底,玉树藏族自治州教师缺编 1616 人)、教育基础设施不足的现象。为解决这一问题,一些乡镇让出会议室、办公室充当临时教室和学生宿舍。同时从 2004 年起对生态移民地区农牧民子女实行异地办班,到目前为止,异地办班在校学生达到 427 人,其中在乐都一中就读 144 人、乐都七中 275 人、沈阳市绿岛学校 24 人。异地办班使民族地区的学生享受到了高质量的初、高中教育。[①]

(四)义务教育是保证农牧民教育权的关键

根据联合国经济、社会和文化委员会关于促进和保护各缔约国受教育权的一般性意见,理论界认为,义务教育一般应包含三方面的内容:一是国

[①] 景晖主编:《生态战略思考》,青海省社会科学院 2007 年版,第 234 页。

家必须建立起宪法和法律规定的义务教育体系并提供满足该阶段教育所需的学校、教师以及相应的教学设备和设施;二是父母等监护人必须将适龄儿童送往学校接受该阶段的教育;三是社会组织和个人不得使用接受义务教育的适龄儿童做童工。法律不应该且不可能为接受教育者规定接受义务教育的义务,因为处于义务教育阶段的往往是未成年人,他们没有完全的承担法律义务和责任的能力。①

表19 2001年青海青南牧区小学学龄儿童入学率、初中毛入学率与全国平均水平的比较②

单位:%

地区	类别	小 学	初 中
全 国		99.1	88.7
青 海		95.4	74.3
牧区六州	海 南	96.4	57.4
	海 北	94.3	67.4
	海 西	98.6	110.6
	黄 南	92.1	32.1
	玉 树	66.6	14.2
	果 洛	87.9	27.3

义务教育是农牧民享有教育权的起点,就目前而言,这也是减少农牧民文盲半文盲比例,提升农牧民整体文化水平的关键。但从表19可以看出,青南地区在学生入学率、入学巩固率、毕业率等方面度远远低于青海省的平均水平。还要指出的是,上述统计如除去城镇、农村,就90%的广大

---

① 龚向和:《受教育权论》,中国公安大学出版社2004年版。转引自杨成铭:《我国实行城镇义务教育全面免费的法律问题研究》,载《政法论坛》2008年第4期。
② 王振岭:《青海牧区教育发展研究》,青海人民出版社2004年版,第5页。

纯牧业区而言,"三率"更低。① 据抽样调查,青南牧区学生入学率不足50%,至于毕业率、巩固率就更低了。由于"三率"上不去,全省未"普九"的27个县全在牧区,18个未"普六"的县全在纯牧业区。

表20 2001年青海青南牧区人口文化程度与全国平均水平的比较 ②

单位:万人

类别 地区		大学	高中	初中	小学	文盲、半文盲	
						人口数	比率(%)
全 国		361	1115	3396	3570	8507	6.72
青 海		330	1043	2166	3094	93.4	18.03
牧区六州	海 南	195	720	1282	3299	9.6	23.92
	海 北	172	805	1607	3569	5.4	19.59
	海 西	401	1675	2599	2913	3.7	10.13
	黄 南	239	684	777	2969	6.8	30.30
	玉 树	76	385	468	1485	11.8	43.77
	果 洛	133	576	794	1833	4.9	34.81

从表20可以看出,由于基础教育落后,青海民族地区人口文化素质不仅低于全国平均水平,也低于全省平均水平,而文盲、半文盲的比率则高于全国和全省。③

---

① 但从有关资料来看,近年来青海民族教育事业发展较快。2010年全省小学少数民族适龄儿童毛入学率为113.69%,少数民族适龄儿童入学率为98.78%,初中少数民族适龄儿童毛入学率为91.69%。《青海"两基"工作扎实推进结硕果》,载《青海日报》2011年10月8日。

② 王振岭:《青海牧区教育发展研究》,青海人民出版社2004年版,第7页。

③ 王振岭:《青海牧区教育发展研究》,青海人民出版社2004年版,第5~7页。从今年有关资料来看,青海省少数民族高中以上受教育水平有了明显提高。全省高中阶段少数民族青少年毛入学率为70%,全省高等教育少数民族青少年毛入学率为27.42%。同时青海省少数民族在校生56.06万人,超过少数民族人口占全省总人口的比例。青海民族地区人均受教育年限达到8.24年,每万人中拥有大专以上学历的比例明显提高。《青海"两基"工作扎实推进结硕果》,载《青海日报》2011年10月8日。

四、保障高原农牧民教育权的制度思考

对于青藏高原这一教育极度贫弱的地区而言,教育权的特别保障需以立法完善来保证。

从法理上讲,农牧民的受教育权源于它的权利属性。龚向和博士认为,当代有关受教育权的国际文件,无一不在宣告受教育者不可剥夺的受教育权利和各国政府不可推卸的积极义务,受教育既是权利又是义务的观念已引起权利理论的困惑和混乱,并逐渐被否定。①

由此可见,通过立法强化政府对义务教育提供保证符合法理。从我国现有法律的规定来看,对青藏高原这种特殊地区的教育,应在教育基本条件的保障和教育机制方面作出特殊规定。②

首先,要依法完善教育基本条件保障制度。这方面主要是经费保障问题。2005年12月23日国务院常务会议上发出的《国务院关于深化农村义务教育经费保障机制改革的通知》(以下简称"通知")无疑在新中国义务教育发展史上具有划时代的意义。《通知》要求按照"明确各级责任、中央地方共担、加大财政投入、提高保障水平、分步组织实施"的基本原则,将农村义务教育全面纳入公共财政保障范围,建立中央和地方分项目、按比例分担的农村义务教育经费保障机制。主要内容有:(1)从2006年开始,全部免除西部地区农村义务教育阶段学生学杂费,2007年扩大到中部和东

---

① 龚向和:《受教育权论》,中国公安大学出版社2004年版。转引自杨成铭:《我国实行城镇义务教育全面免费的法律问题研究》,载《政法论坛》2008年第4期。

② 这些政策目前已经取得了非常显著的效果,以"两免一补"政策为例,从2006年3月起在西部地区推行以来,中央和地方共落实资金210亿元,惠及40多万所农村中小学、5000多万名农村中小学生,有近20万名农村辍学生返校。免除学杂费后,平均每个小学生年减负140元,初中生年减负180元。其中西藏、青海等地义务教育阶段学生享受"两免一补"政策的范围超过83%,同时国家对西藏农牧区义务教育阶段学生还实行"三包"(包学习、包吃饭、包住宿)。穆殿春等编著:《民族政策概论》,民族出版社2010年版,第228~229页。

部地区;对贫困家庭学生免费提供教科书并补助寄宿生生活费。免学杂费资金由中央和地方按比例分担,对贫困家庭学生免费提供教科书的资金,中西部地区由中央全额承担,补助寄宿生生活费资金由地方承担。①(2)提高农村义务教育阶段中小学生公用经费保障水平。(3)建立农村义务教育阶段中小学校舍维修改造长效机制,校舍维修改选所需资金,中西部地区由中央和地方共同承担;东部地区主要由地方承担,中央适当给予奖励性支持。②(4)巩固和完善农村中小学教师工资保障机制。③《通知》第一次明确了政府在义务教育投入上的责任和原则,确定了在农村义务教育中的中央与地方投入的具体比例和经费省级统筹、管理以县为主的原则。但《通知》毕竟不是法律,从教育发展规律来讲,应根据《通知》精神,对义务教育法作进一步完善:(1)在义务教育法中应明确规定学生在义务教育阶段免除学杂费;(2)在义务教育法中应明确规定各级政府在义务教育阶段所承担的经费比例;(3)在义务教育法中应明确规定农牧区中小学义务教育经费的水平和保障机制;(4)在义务教育法中应明确规定农牧区中小学教师的工资及相应福利待遇的保障机制;(5)在义务教育法中应明确规定农牧区中小学义务教育经费管理主体的监督机制;(6)在义务教育法中应明确规定义务教育是基本国策,义务教育指标完成的状况应作为各级政府政绩考核的主要指标。

其次,在教育机制方面,要努力保证农牧民的基础教育权。针对农牧区义务教育"三率"过低的情况,建议率先在西部农村进行十二年制义务教

---

① 到2008年,国家为青海省农牧区义务教育阶段学生等下达资金7572万元,共有66.5万人领取到免费教科书;寄宿生生活补助金14472.4万元,享受生活补助的寄宿生达16.05万人,取暖补助资金6463.5万元。《青海"两基"工作扎实推进结硕果》,载《青海日报》2011年10月8日。

② 至2008年,青海省共安排校舍维修改造长效机制资金14647万元,累计改造校舍346所,改扩建面积19.52万平方米。同时,农牧区危房改造项目累计投资34841万元,累计改造学校654所;根据"国家贫困地区义务教育工程",建成学校389所;2010年,用财政部、教育部下达的青海省农村义务教育薄弱学校改造计划中央专项资金1.34亿元,建设10个县的20所学校,建筑面积57443平方米。《青海"两基"工作扎实推进结硕果》,载《青海日报》2011年10月8日。

③ 陈至立:《在全国农村义务教育经费保障机制改革工作会议上的讲话(摘要)》,载《中国教育报》2005年12月27日。

育试点。近年来,青藏地区农村基础教育经过"两基"攻坚计划的有效实施,农村(包括牧区)的学龄儿童入学率已达到约95%以上,98%以上的中青年文盲已基本扫除。但是,农村大多数孩子的受教育年限太短、中青年农民文化水平低的事实并未得到根本改变。在一些贫困山区的农村和牧区,完成学业后能够进入高中阶段学习的人只是极少数,占比不到35%。由于多数农牧民家庭难以承担孩子高中阶段的高额学习费用以及农村的职业技术教育资源匮乏等原因,约65%的农村初中毕业生(若将小学和初中阶段辍学的孩子计算在内这一比例还要高),除只有极少数进入农村职业技术学校学习外,大多数农村贫困家庭尚未到法定劳动年龄的孩子,由于尚无一定的劳动技能,要么只能在农村帮助家庭种地当"留守儿童",要么流落到城市的饭馆和建筑工地当童工。

再次,要制定青藏高原地区的教育发展的特别措施。(1)在高原民族地区实行"十二年制义务教育"。提高农民科学文化素质,是破解"三农"问题的关键环节,也是从战略角度解决青藏高原"三农"问题的切入点,因此,建议在青藏高原地区农村实施"十二年制义务教育",是指将现今所实施的"九年制义务教育"扩展到高中阶段,即完成"九年制义务教育"的农村孩子可以进行分流,能够进入高中的孩子继续进入高中学习,由于种种原因不能进入高中学习的孩子可以进入农村职业技术学校学习。而这两种"高中阶段"义务教育的学杂费应由国家和地方政府"埋单",并应带有强制性,使学龄阶段的孩子都能完成学业。(2)由于当前我国大中城市和东中部农村的基础教育资源远远优于西部农村尤其是贫困农村,因此国家应将高原民族地区贫困农村作为"教育优先发展区",进行"十二年制制义务教育"试点。(3)在条件成熟时,将"十二年义务教育"作为一项推进区域社会发展的基本策略写入相关法律。

五、对少数民族农牧民教育权特别保障制度的评价

对于少数民族在教育方面给予优惠措施的政策取向,理论界长期以来

颇有争议,有些观点认为这种措施不仅不能根治民族地区教育落后的局面,反而破坏了基本的教育公平秩序。实际上,我们认为这些观点是较为片面的,因为对一国内的资源弱势者予以特别的政策支持,是当今国际社会的通行做法,如 20 世纪 60 年代,美国政府推行的"肯定性计划"就是旨在消除少数民族和妇女等弱势群体在就业、教育等领域受歧视的多项政策和措施,之后变成了一项补偿性政策,在升学、就业等方面对少数民族和妇女优先,以补偿少数民族和妇女在竞争能力上的不足。① 事实上,我们所讲的教育公平,可以理解为是国家对教育资源进行配置所依据的合理性规范或原则,内容包括:(1)确保人人都享有受教育的权利和义务;(2)提供相对平等的受教育机会和条件;(3)教育成功的机会和教育效果的相对均等。可见,教育公平是在教育权平等的前提下,既要考虑教育资源的合理平等,又要考虑受教育者的个体差异和发展的平衡。正如 21 世纪西方的教育观点"给每一个人平等的机会,并不是指名义上的平等——机会平等,而是肯定每一个人都能受到适当的教育,而且这种教育的进度和方法是适合每个人的特点"。这意味着教育公平要将学生最大限度地获取知识与学生的个体差异所显现的个性相兼顾。

我国对少数民族高等教育招生实行优惠政策,是由我国特殊的国情所决定。优惠政策体现的是一种"差别但平等"的理念,重点在于弥补少数民族学生因地方基础教育薄弱而带来的平等竞争中的平等地位,给少数民族学生拥有一个进步发展的空间和机遇。如果教育公平的内涵分为起点公平、过程公平和结果公平 3 个层次,那么,我国给予少数民族入学的优惠政策主要是指教育入学机会的平等。这一政策以民族划分为标准,以少数民族群体的教育起点机会均等为基础。其取向主要是顾及各少数民族在一定时期内在经济、文化、生产力发展等方面的差异,是为了发展少数民族教育,为培养少数民族优秀人才,努力缩短少数民族地区与发达地区的发展差距,以确保少数民族享有平等的经济、社会权利。②

---

① 刘宝存:《肯定性计划论证与美国少数民族高等教育的未来走向》,载《西北民族研究》2007 年第 3 期。

② 关于少数民族教育与民族地区社会发展的相关性问题的分析,详见都永浩:《我国民族地区和少数民族社会事业发展与民族素质因素》,载《民族问题研究》2008 年第 2 期。

从社会正义论的角度讲,机会平等是获得公正的一个最基本的初步资源。机会,是指社会成员生存与发展的可能性空间和余地。对于每一位社会成员而言,机会是一种资源。而所谓的机会平等,是指社会成员在解决如何拥有作为一种资源的机会问题时应遵循这样的原则。① 一般地说,机会平等的具体含义是生存与发展机会起点的平等。这就是说,凡是具有同样潜能的社会成员应当拥有同样的起点,以便争取同样的前景。"在社会的所有部分,对每个具有相似动机和禀赋的人来说,都应当有大致平等的教育和成就前景。那些具有同样能力和志向的人的期望,不应当受到他们的社会出身的影响"②。但是在理论上,机会平等分为"共享的机会平等"(共享机会)和"有差别的机会平等"两种类型。所谓"共享的机会平等",是指从总体上来说每个社会成员都应当具有大致相同的基本发展机会。而所谓"有差别的机会平等",是指社会成员之间的生存与发展机会不可能是完全相等的,应有着程度不同的差别。③ 而对这种差别进行制度化的调剂,则是对当今社会公正的另一解读。因为人们即便是在机会平等的前提下获得了初次的资源分配,但由于个人的天赋和能力、家庭遗传的影响、不平等的教育、种族歧视等原因,也难以获得对社会发展成果的共享,因此就需要社会调剂规则来加以调整。④ 在青藏地区,虽然在法律规定的教育权平等的框架下享有受教育的初次机会平等,但事实上,少数民族群众在教育权的诸多因子方面,都显著低于全国平均水平。⑤

---

① 吴忠民:《社会公正论》,山东人民出版社2004年版,第6页。
② [美]约翰·罗尔斯:《正义论》,何怀宏等译,中国社会科学出版社1988年版,第69页。
③ 吴忠民:《社会公正论》,山东人民出版社2004年版,第7页。
④ 社会调剂是社会公正的基本规则之一。是指立足于社会的整体利益,对于初次分配之后的社会利益格局进行一些必要的调整,使广大社会成员普遍地不断得到由发展所带来的利益,进而使社会的质量不断地有所上升。社会调剂主要偏重于社会领域。吴忠民:《社会公正论》,山东人民出版社2004年版,第162页。
⑤ 少数民族教育权的落后首先是教育权起点的落后,也就是在普九义务教育、小学初中入学率、区域人口文化程度等方面明显低于全国平均水平。对此问题的系统分析详见王振岭:《青海牧区教育发展研究》,青海人民出版社2004年版,第5、7页。其次是受教育质量较低,文盲半文盲比例较高,民众文化素质偏低。对此问题的系统分析详见李双元:《WTO框架下青藏高原特色农业国际竞争力研究》,青海人民出版社2008年版,第98页。

而现代社会中社会调剂责任的承担者是政府,政府有责任直接为社会弱势群体提供必要的帮助或为他们的发展提供条件。从这一意义上讲,政府对少数民族教育提供的各种优惠条件,仅仅是政府在履行必要的法律职责,对于少数民族受教育者而言,通过政府调剂享受一些优惠则是一种权利。虽然政府调剂的内容包括充分就业、合理的税收、社会福利、普及教育等多方面,但其中普及教育的调剂手段无疑是最为重要的。因为现今教育已开始带有大众化的色彩,一个人如果没有接受过必要的教育,就很难成为一名合格的社会劳动者。所以,教育是每位社会成员之所必需,但由于教育资源的有限,因而并非所有的人都能接受到必要的教育。就一般情形而言,收入同能力相关,而能力又同教育相关。于是,有所差别的教育就在一定程度上加大了社会成员在收入方面的差距。对此问题已在前文做了分析。[①] 正因为如此,社会有责任注重社会成员的教育,应将之视为在整个社会的范围之内消除至少是减缓不公正因素的必要之举。社会成员只有在接受教育的前提之下,方可在最为基本的意义上"平等地进入"社会,进入市场。在教育方面,应当首先有必要在全社会范围内普及义务教育。唯有如此,方可使社会的绝大多数成员具有最为基本的劳动技能和最为基本的竞争能力,以保证在激烈的社会竞争中,不至于出现一个涉面较为广泛的弱势群体。"教育的效力能减少而不是增加……出发地位的差距。从这个意义上讲,教育也起到与转让税相同的作用"[②]。因此,通过大面积的教育,社会成员不但可以获得一种必不可少的"共享机会",同时也可以获得为进入"差距社会"所需要的必要能力和平等起点。

---

① 详见[美]M.P.托达罗:《第三世纪的经济发展》(上),于同申等译,中国人民大学出版社1988年版,第472~473页。转引自吴忠民:《社会公正论》,山东人民出版社2004年版,第177页。

② [美]布坎南:《自由、市场和国家——20世纪80年代的政治经济学》,第136页。转引自吴忠民:《社会公正论》,山东人民出版社2004年版,第177页。

第五章

青藏高原少数民族经济发展权

当今,发展权、经济发展权已从国际人权法领域引入国内法的权利体系。我国作为多民族国家,少数民族作为弱势群体,民族经济发展权应成为他们一项重要的民族权利。[①] 我国《宪法》虽无关于民族经济发展权的明确规定,但其精神却在《宪法》《民族区域自治法》中有所体现,《宪法》第122条第1款规定:"国家从财政、物资、技术等方面帮助少数民族加速发展经济建设和文化建设事业。"《民族区域自治法》第6条规定:"……加速民族自治地方经济、文化的发展……"从政策环境来讲,对民族地区的经济发展,国家基本体现了特殊保护的理念。如2008年国务院34号文件《国务院关于支持青海等省藏区经济社会发展的若干意见》,就是一个专门针对青海等省藏区经济发展的系统性的特殊政策,《意见》指出:"中央加大对青海等省藏区经济社会发展的支持力度,有关省也要强化对本省藏区的支持。""到2012年……城乡居民收入接近或达到西部地区平均水平,基本公共服务能力大幅度提高,与全国差距明显缩小;基础设施建设进一步改善,重点产业和特色经济初具规模。"可见,从国家层面来讲,宏观的制度支持和政策背景相对较为完善。

[①] 有学者明确指出:"在当前,民族问题主要是发展问题,法定的民族自治地方的自治权利也主要是发展的权利。"流惊海、施文正主编:《西部大开发中的民族自治地方自治权研究》,内蒙古人民出版社2003年版,第79页。

一、少数民族农牧民经济发展权的理论界定

关于少数民族农牧民的经济发展权,理论界并无明确定义。① 张晓辉教授认为,民族发展权是"指我国民族享有发展本民族或民族地区经济、文化和其他社会事业,享受发展成果的权利"。② 有学者以概括的方式,指出民族经济发展权是指少数民族自治的选择经济模式、参与经济发展进程、享受经济发展成果以及缩小与主体民族间的经济差距的权利总和。③ 有的学者以中国意识的敏锐视角指出,仅就中国的经验而言,"少数民族和民族地区迫切要求加快发展与自身发展能力不足的矛盾,是当代中国,乃至整个社会主义初级阶段中国民族问题的主要矛盾"④。发展经济,是少数

---

① 目前学术界对发展权内涵的认识存在诸多分歧,主要有四种观点:(1)主体定义法。由于人权价值观的差异,从人权主体出发,有的将发展权视为个人人权,否定国家和民族的集体发展权;有的认为发展权只是一项不可剥夺的国家的权利,不能将它视为是一项抽象的个人权利;有的认为发展权是一项不可分割的权利,不应仅仅解释为是一项个人权利,它也是一项集体权利。(2)代际定义法。认为发展权是不发达群体对国际社会所主张的保障自身发展的"第三代人权"。(3)结构分析法。认为发展权是集体主体所享有的通过消除实现人权的结构障碍和建立国际经济新秩序来满足全人类特别是发展中国家的发展的权利。(4)内涵分析法。认为发展权是国家宏观经济发展和个人需要得以满足与发展的权利。学者汪习根在总结上述成果的基础上,对发展权作了较为系统的界定。他认为,从内在特质看,发展权是作为个体的人和作为人的集体的国家及民族自由地参与并增进经济、社会、文化和政治的全面发展并享受发展利益的一种资格或权能,是全体人类对全面发展的本质要求;从外在特征看,发展权是广泛地存在于国内国际社会的旨在满足人的基本要求的一项基本人权。因此,从抽象意义上讲,发展权是人的个体和人的集体有资格自由地向国内和国际社会主张、参与、促进经济、政治、文化和社会各方面协调、均衡、持续发展并享受发展利益的一项基本人权。简言之,发展权"是关于发展机会均等和发展利益共享的权利"。汪习根:《发展权含义的法哲学分析》,载《现代法学》2004 年第 6 期。
② 吴宗金、张晓辉主编:《中国民族法学》,法律出版社 2004 年版,第 155 页。
③ 翟东堂著:《中国少数民族经济权利法律保障研究》,中央民族大学出版社 2008 年版,第 104 页。
④ 王希恩:《当代中国民族问题解析》,民族出版社 2002 年版,第 10 页。

民族权利保障和实现的基础,是解决民族问题和民族矛盾的关键。经济发展权主要包括经济发展模式的选择权、经济管理权和经济资源的控制权。①

对于少数民族农牧民的经济发展权,除了定义之外,还应明确以下界限。

第一,在内容上讲,少数民族的发展权是一个涵盖经济发展权、文化发展权、社会发展权、政治发展权等的权利体系,但发展首先意味着经济发展,发展权的首要内容是经济发展权。根据这一思路,可以认为少数民族农牧民的经济发展权包括四项权能:经济发展方式的选择权、经济发展进程的参与权、经济发展成果的共享权和经济平等发展的相对实现权。其中,经济发展方式的选择权是民族经济发展权中首要的权利,是民族经济发展权的逻辑起点;经济发展进程的参与权是少数民族作为主体参与经济发展决策、经济发展事务等方面的权利,是民族经济发展权实现的重要保障,参与的过程是权益诉求的重要表达过程;经济发展成果的共享权是民族经济发展权的落脚点,即少数民族经济的发展最终必须使少数民族集体和个人都能够充分享受到经济发展的成果;保障少数民族经济发展权的目标,就是要不断缩小少数民族与主体民族间的经济差距。通过少数民族经济发展权的赋予机制,促进少数民族经济的相对发展,逐步缩小与主体民族的经济差距,理应成为检验少数民族经济发展权是否实现的重要标准。

第二,从权属性质上讲,少数民族农牧民的经济发展权是发展权这一基本人权的重要部分,自然具有发展权作为基本权利的天然特点,因而是一项基本权利,这种权利对于少数民族农牧民是不可缺少的,是少数民族农牧民所固有的,也是不能转让的;少数民族农牧民的经济发展权也是一项特别权利,表明该权利的享有主体只是少数民族个人或集体,并且由于少数民族在经济权利方面的弱势地位,国家往往采取特别的保护措施,使他们足以享有一些特别的权利,如民族经济自治权、民族经济获得帮助权等,但这并不影响他们享有一般性、普遍性的经济权利;此外,少数民族经

---

① 曾宪义:《全面建设小康社会进程中的民族发展权利保障问题》,中国法学会宪法研究会 2005 年年会论文集。

济权还应是少数民族集体权利和少数民族农牧民个人权利的统一,因为这有利于让享有自治权的少数民族和散杂居少数民族都享有经济发展权,有利于消除民族差别导致的民族经济的事实不平等,而且如果只是少数民族整体上和汉族的平等,少数民族整体上得到发展,但少数民族个人的平等和发展得不到实现,那么集体的发展权也就失去了基础。①

第三,从立足点上讲,少数民族农牧民的经济发展权应是以"地方性"和"自主性"为基点的权利。少数民族地区特殊的自然环境和民情决定了经济权利运行中应充分考虑其"地方性"特点与文化,防止将一些大一统的原则不加区别地强行推广而导致的事实上的不平等,如少数民族具有作为民族经济发展权重要内容的自主选择经济发展模式的权利,但如果采用一般意义上的平等原则,则有可能导致关于民族经济发展模式的制定是依照"多数决"来作出,因为忽略了相关少数民族的自主参与,经济发展模式就有可能是强加的。在大多数的情况下,有关经济的法律、决议、决定、命令或指示,是在"多数决"的情况下出台的,并没有考虑到民族地方的实际情况,所以一定要保证少数民族经济立法的自治权,只有发展模式上的"地方性"与制度产生的"自治性"相结合,才能保证民族经济的发展权。

第四,在终极价值上,少数民族农牧民的经济发展权以对秩序与平等价值的追求为目标。民族问题的关键是权力、权利和利益的不公平分配,民族间事实上的不平等,而常态的问题是少数民族权利得不到有效的分配。在秩序价值视角上,这表现为民族经济法律秩序和政治秩序的失序。由于法律规制水平低下,政府保证少数民族经济权利义务的效能非常有限。而在高原民族地区,依法保障少数民族经济权利的状况,与区域的政治稳定有密切关系。区域经济发展的不平衡,给民族分裂主义分子的宣传蛊惑提供了口实,助长了民族分裂主义分子的分裂活动。一些少数民族群众由于不满足于本地区经济文化的落后状态,又不能正确认识这种落后状态产生的复杂原因,因而对民族分裂主义分子的这种蛊惑性言论深信不疑,由此产生了对汉族的敌视心理。进而把本地区经济文化的落后状态归

---

① 上述分析模式参照了翟东堂先生《中国少数民族经济权利法律保障研究》中关于"少数民族经济权利的基本性质"的分析理路,详见翟东堂著:《中国少数民族经济权利法律保障研究》,中央民族大学出版社2008年版,第34~50页。

因于汉族,归因于我国的政治经济制度。这种人为制造的民族之间的问题和矛盾,对该地区的政治和社会稳定造成很大影响。如果实现了民族经济平等权、民族经济发展权、民族经济自治权和民族经济获得帮助权等少数民族经济权利,消除了民族经济事实上的不平等,缩小直至消灭民族经济差别,使少数民族的经济生活水平大为提高,实现少数民族的意愿和诉求,就增强了少数民族的向心力,有助于维护政治稳定和国家统一,形成一个良好的政治秩序。加拿大著名人权学者威尔·金里卡从正反两个方面论证了保障少数群体权利对政治秩序稳定的重要性,这当然包括少数民族经济权利对社会秩序稳定的重要性。一方面,他认为保障少数民族权利会增强秩序稳定,"只要我们接受了少数群体权利维护者的两项关键主张——即主流机构偏向多数群体,这伤害了与个人自主和认同相关的重要利益——那么我们就可以理解为什么少数群体会感到被排斥于'无差别待遇'的主流机构之外,还会感到疏离于政治程序,不信任政治程序。所以我们预言,如果我们清除妨碍少数群体全身心地拥护政治机构的那些障碍和排外机制,那么,承认少数群体的权利事实上会加强团结,促进政治稳定"。另一方面,他同时认为,"我们没有理由事先假定民主和制度的稳定性和少数民族群体权利之间就有矛盾"[①]。

第五,从对社会和谐发展的重要性来讲,少数民族农牧民的经济发展权也是一个少数民族经济和谐的问题,其对少数民族社会的和谐发展有根本性影响。经济和谐指数是由若干反映民族经济和谐状况的具体指标构成的复合性指标。有关研究表明,在考察民族关系和谐度的整个逻辑结构中,经济和谐权重指数为 13,仅次于权重指数为 14 的政治和谐。民族经济和谐是指各民族地区在经济发展水平以及民生状况上的均衡性。一般表现为各民族地区经济发展的差异性以及结构的合理性,归根结底是反映民族地区民生状况的均衡性。在民族社会中,经济和谐居于基础地位,民以食为天,经济的发展是民生的前提。经济权利很大程度上会制约甚至决定其他权利的获得与实现。经济上落后的民族,不可能与经济上发达的民

---

① [加]威尔·金里卡著,邓红风译:《少数的权利》,世纪出版集团上海译文出版社 2005 年版,第 25~27 页。转引自翟东堂著:《中国少数民族经济权利法律保障研究》,中央民族大学出版社 2008 年版,第 71~72 页。

族实现真正意义上的平等。当今是经济高度发达的时代,也是更加重视和关注经济权利的时代。因此,经济和谐是实现其他几个方面和谐的重要基础,它会从经济基础的角度对其他方面的和谐产生重要的乃至根本性的影响。①

民族地区经济社会发展的不和谐有两方面的表现,一是民族地区区域内部的不均衡。如根据《中国人类发展报告2005》发布的数据显示,2003年,西藏全区、城镇、农村人类发展指数在全国31个省份中都位于最后。但从城镇的人类发展指数看,西藏城镇的人类发展指数虽然位于全国最后,可其中GDP指数是全国的第9位,预期寿命指数也高于贵州、云南等6个省份。说明西藏城乡二元结构十分突出,农村人口发展水平远远低于城镇。② 二是全国范围内横向间的不均衡。"3·14"事件以后的有关调查表明"地区差距"已是影响藏区稳定的第一位因素,这对藏区政治稳定具有破坏性影响,且容易为达赖集团所利用。2009年5月12日非政府机构关于西藏问题的《调查报告》也指出,应引导藏区经济结构的合理发展,特别注意引导全体藏人分享、获得充足的机会和发展利益。注意培养本土性的经济实体;扶持中注意改变力度的严重不均,缩小藏区内部城乡贫富差距;将援助范围扩展到西藏以外的藏族自治地方。在劳动力市场方面注意保护藏人充分就业的权利。针对藏区农牧业区域,推进惠及个体的扶助和保障。

 二、高原少数民族农牧民经济发展权现状

目前理论界普遍认为,民族经济发展权是国家整体发展权的一部分,

---

① 阎耀军:《民族关系和谐的逻辑结构和系统分析模型——兼及测度民族关系和谐状况的指标体系设计》,载《民族问题研究》2009年第2期。

② 次顿主编:《推进西藏社会主义新农村建设研究》,西藏藏文古籍出版社2009年版,第145页。

民族经济发展权不能实现,就谈不上国家整体发展权的实现。"如果少数民族发展权——特别是经济发展权不能得以体现,那么很难说我们实现了国家整体的发展权"①。

尽管国家采取了一定的措施,从财政、物资、技术等方面帮助各少数民族地区加速经济发展,取得了显著的成就,②民族经济发展权得到了一定程度的实现。但是,相比而言,目前青藏高原民族经济发展权依然存在较多困难。在直观的层面,主要有以下表现。

第一,区域农牧民收益权水平偏低。正如前文所述,少数民族的发展权是一个涵盖经济发展权、文化发展权、社会发展权、政治发展权等的权利体系,但发展首先意味着经济发展,发展权的首要内容是经济发展权。而对于普通农牧民而言,衡量其享有发展权状况的一个直观标准就是收益权水平。相比而言,高原农牧民的收入表现为绝对数低、与全国平均水平差距大的特点。据统计,2002年全国农民人均纯收入为2475.63元,西部12省、市、自治区农民人均纯收入为1791.73元,其中,最低的西藏只有1462.27元,比全国平均水平低41个百分点。③一项专门针对青海农牧区农牧民收入状况的专项研究则更进一步证实了这一点。2005年,全国农村居民人均纯收入为3255元,青海为2165元,低于全国人均水平1090元,在全国排次为26位。2005年,青海六个藏族自治州农村居民人均纯收入分别为:海北州2083.6元,海南州2442.1元,黄南州1806.1元,果洛州1916.9元,玉树州1793.9元,海西州2302.7元。分别比全国低1171.4元、812.9元、1448.5元、1338.1元、1461.1元、925.3元。如果与北京、上

---

① 胡腾:《我国少数民族的发展权略论》,载《西南民族学院学报》2002年第7期。
② 从1978年到1999年21年间,我国民族自治地方的工农业总产值由367.7亿元增长到8610.4亿元,增长了23.42倍;农业总产值由155.6亿元增长到3160.0亿元,增长了20.31倍。民族地方农村居民人均收入由1980年的176元增长到1999年的1652.5元。参见戴小明:《民族法制问题探索》,民族出版社2002年版,第92页。2005年,民族地区地方财政收入预计超过1300亿元,比2000年增长1.2倍。城镇居民可支配收入达到8868元,比2000年增加3200多元;农村居民人均纯收入2266元,比2000年增加635元。参见葛忠兴主编:《中国少数民族地区发展报告》,民族出版社2006年版,第15页。
③ 聂华林主编:《中国西部三农问题报告》,中国社会科学出版社2006年版,第14页。

海等地区相比,其差距则更大,甚至还不到这些地区农民收入的50%。青海六个藏族自治州农民纯收入不仅与全国及发达地区有很大差距,而且除海南和海西两州外,其他四州农民纯收入也低于青海平均水平。(参见表21)

表21 青海藏族聚居区六州农牧民与全国农村居民收入差距比较

单位:元

年份	海北	海南	黄南	果洛	玉树	海西	全国	青海
2000	1357.4	157.77	1253.3	1387.3	1203.7	1924.8	2253.0	1490.5
2001	1477.8	1784.6	1347.8	1491.2	1335.8	2050.9	2366.4	1610.9
2002	1580.7	1915.9	1434.1	1591.7	1398.8	2189.9	2475.6	1710.8
2003	1705.1	2083.9	1537.9	1697.0	1495.9	1972.0	2531.4	1817.4
2004	1848.9	2258.3	1659.4	1807.9	1662.4	2120.3	2936.4	2004.6
2005	2083.6	2442.1	1806.1	1916.9	1793.9	2302.7	3255.0	2165.1

资料来源:《青海统计年鉴》(2006)[①]

第二,区域经济总量小。藏区经济总量表现为整体性较低,发展水平滞后。2007年,藏区94786亿元的GDP仅占全国和青藏高原5省区GDP总量的0.38%和4.98%;藏区人均GDP为12015元,只有全国平均水平的64.37%。同时,藏区内部地区间差距也十分明显。2007年,阿坝和甘孜两个自治州的GDP达到183.97亿元,占整个藏区GDP总量的20%;而青海果洛和玉树两州地区生产总值仅为27.96亿元,占整个藏区GDP总量的2.95%。第三,资金短缺使区域可持续发展缺乏动力。由于建设资金的长期缺乏,地方财政收入有限,藏区经济发展后劲仍然十分不足。2007年,藏区地方财政收入达到47.79亿元,但只是西藏、青海、四川、甘肃、云南5省区的2.98%,且与2000年相比,比重呈下降趋势,下降了0.65个百分点。无论从财政收入还是增长情况,藏区都远低于同期全国和西部地区的平均水平。与此同时,多数藏区属于"赤字财政"和"吃饭财政",主

---

① 杨虎德:《经济发展与青海藏区社会稳定》,载《青海民族研究》2009年第1期。

要依靠国家补助。如青海果洛州2007年地方财政收入只有0.31亿元,其中90%依靠国家补助,而财政支出高达8.95亿元。(参见表22)

表22 2000—2007年中国藏区地方财政收入情况①

地区	2000年地区财政收入（亿元）	2007年地区财政收入（亿元）	年均递增（%）
西藏、青海、四川、甘肃、云南5省区小计	421.93	1 604.44	21.02
西藏自治区	5.38	20.14	20.75
青海藏区	4.77	7.44	6.65
四川阿坝、甘孜	3.22	15.43	25.09
甘肃甘南及天祝	1.37	2.42	8.47
云南迪庆	0.59	2.36	21.90
藏区小计	15.33	47.79	17.64
藏区占5省区比重(%)	3.63	2.98	

第四,藏区对经济性资源的利用能力明显不足。如农牧区小额贷款是为农牧区低收入居民提供的金融服务,主要包括扶贫项目和农业开发项目。青海农牧区小额信贷项目主要包括扶贫项目和农业开发项目。小额信贷可解决农牧民群众在生产经营活动中资金困难的问题,有力地扶持了农牧民群众的生产经营活动,扩大了生产经营规模,提高了家庭收入。但是,从对青海农牧区小额信贷实施状况的研究来看,农牧户小额信贷覆盖率却很低,2001年只有2.6%的农牧户取得贷款,小额信贷余额占总贷款额的0.28%,平均每户小额信贷额42.61元。至2008年有32.7%的农牧户取得贷款,小额信贷余额仅占总贷款额的2.15%,平均每户小额信贷额仅增加至435.46元。从2001年到2008年贷款户总数增加了14倍,但农牧区总贷款额仅增加了0.55倍,小额信贷余额占比仅增加了1.87个百分点。可见,虽然农牧户小额信贷呈上涨趋势,但增速较慢、覆盖率低、额度

---

① 苏海红、杜青华:《中国藏区反贫困战略研究》,甘肃民族出版社2008年版,第47页。

小,不能充分发挥其支持农牧区经济发展和促进农牧民增收作用。(参见表23)

表23 2001年、2008年青海农牧户小额贷款情况

年度	农牧户总数（万户）	贷款户总数（万户）	贷款户占比（%）	农牧区总贷款额（亿元）	小额信贷余额（亿元）	小额信贷余额占总贷款额比重（%）
2001	70.4	1.8	2.6	108.8	0.3	0.28
2008	82.9	27.1	32.7	168.29	3.61	2.15

注:相关数据根据《青海统计年鉴2002》、《青海统计年鉴2009》及《2008年青海省金融运行报告》测算得出。

而实际上,2008年青海农牧区人口为327.81万人,农牧户总数为82.9万户,每个农牧户平均有4口人。根据下表计算,农牧区年均每户纯收入扣除生活消费支出和生产支出后,出现资金缺口为5093.2元。同时外源融资(如小额信贷)无法全额弥补资金缺口,这就意味着农牧户资金存在硬缺口4652.72元,需要通过其他借贷方式(如民间借贷)予以弥补。(参见表24)

表24 2008年末青海农牧民人均资金缺口

人均纯收入	人均生活消费支出	人均生产支出	人均资金缺口	人均小额信贷额	硬缺口
3061.2	2974.9	1359.6	−1273.3	110.12	−1163.18

资料来源:青海省统计年鉴(2009)①

第五,农牧民的职业结构与经济收入构成极不合理。长期以来,由于历史基础、地理环境等多种因素的影响,青海藏区的产业结构形成了以第一产业为主、第二产业落后、第三产业不发展的状况。6州中25县的主导

---

① 上述资料转引自宋惠:《青海农牧区小额贷款现状与发展对策》,载《青海社会科学》2010年第4期。

产业是畜牧业,第二产业对 GDP 的贡献率很小,第三产业主要是靠行政、事业单位财政、转移性收入和工资支出拉动。据对 2400 户农牧户的调查,按产业收入构成分类,第一、二、三产业分别占家庭经营收入的 88.1%、3.1% 和 8.9%。

青藏地区农牧民职业结构的传统性与经济结构单一的特点,已为学者们的微观实证调研所证实:那曲地区地处西藏北部,位于青海高原腹地,平均海拔在 4500 米以上,是长江、怒江、拉萨河、易贡河等大江大河的源头,青藏公路、青藏铁路横贯境内。这里气候恶劣,含氧量仅为海平面的一半,生态环境脆弱,各种自然灾害频繁,年平均气温在 0℃ 以下,最低极端气温达 -42℃。这里被人们称为"中国西部之西部,世界屋脊之屋脊"。那曲地区是西藏的牧业基地,牧业经济和畜产品产量占全自治区总量的三分之一以上,畜产品资源非常丰富,牲畜主要以牦牛、绵羊、山羊和马为主。

那曲全地区总面积 42 万多平方公里,截至 2004 年底,全地区常住人口 39.32 万人,其中非农业人口 4.27 万人,占 10.86%。藏族人口 38.83 万人,占 98.75%;汉族人口 0.47 万人,占 1.25%;其他少数民族 135 人。全地区共辖 10 个县,1 个特别区,114 个乡镇,11 个居委会,1283 个村民委员会。

那曲县是那曲地区的中心,是西藏草地畜牧业的窗口。它东与嘉黎县、南与拉萨市接壤,西与班戈、北与安多县相连。全县共有 3 镇 9 乡,156 个行政村和居委会,总户数为 11737 户,人口为 6.4 万人。那曲县草地总面积 20.80 万亩,其中可利用草地面积 1872.6 万亩。那曲县是那曲地区典型的草地畜牧业县之一,属于纯牧业县,牧业产值占全县总产值 90% 以上。

那曲镇是那曲地区和那曲县政府所在地,这里是那曲地区的政治、经济与文化中心。全镇共设 3 个办事处,3 个居委会,共有 25 个行政村,169 个自然村。根据 2001 年年报显示:全镇共有 2107 户,10221 人。本次调查选择了那曲镇仁毛办事处的两个村落进行调查,在被选中的村落中以户为单位进行普查。其中色尼村属于那曲镇仁毛办事处第五行政村,从那曲镇出发向东大约 5 公里即至;龙玛村属于仁毛办事处第四行政村,该村位于那曲镇南约 12 公里,要翻越四到五个山头才能到达。这两个村落都是属于纯牧业村落。

表 25　那曲镇就业状况与职业结构

职业种类	频次	百分比	累积百分比
牧业	109	50.5	50.9
运输	1	0.5	50.9
僧尼	3	1.4	52.3
国企事业单位职工	6	2.8	55.1
军人	1	0.5	55.6
手工业者	3	1.4	56.9
退休	3	1.4	58.3
病残	3	1.4	59.7
在读	32	14.8	74.5
家务	3	1.4	75.9
老人或儿童	41	19.0	94.9
打工	10	4.6	99.5
业主	1	0.5	100.0
合计	216	100.0	

从就业情况分布表中可以看出,牧业人口超过了社区总人口的50%。我们将总人口中没有劳动能力的老人或儿童(19.0%)以及正在就读的学生(14.8%)排除在外以后,以牧业为职业者的比例更是增加到76%,也就是说近八成的劳动力人口仍然从事着祖祖辈辈经营着的牧业。这些村民中仅有3人是以手工业为生的,其中两人从事木工行业,另一人兼营木工和画工。值得注意的是,村民中还有10人到那曲镇上打工,虽然他们从事的职业主要是采石、搬运或服务员等低技能要求的职业,然而能够从牧业中分离出一些剩余的劳动力,让他们走出去参与到市场经济大潮中,这是可喜的一步。事实上,牧业并不是劳动力密集型生产活动。根据那曲镇的统计资料,全镇4709名劳动力中实际剩余劳动力人数约为2100人。如果能让更多的剩余劳动力转移出去,必将极大地提高当地居民的家庭收入水平。在访谈中我们也发现,调查点中一些从事牧业的年轻人也渴望能够走出去,获得更好的收入和发展。(参见表25)

三、阻碍青藏高原民族地区经济发展权的深层原因

(一)宗教文化对现代性的消极影响

在青藏高原这一多民族区域,宗教文化作为核心价值体系,对经济发展的影响往往是根本性的。以藏族为例,受佛教文化的影响,其经济价值观就蕴含了某些较为消极的因素,如认为金钱和财富非人生和社会追求的目标;施舍重于消费;习惯于自由放牧,靠天养畜,逐水草而居;以农牧产品的多寡作为判断贫富的标志,因而有一定的惜售心理;竞争意识和商品意识相对薄弱等。这种以佛教为根本价值观的人生态度,在某种意义上阻碍了高原经济社会的发展。

对西北藏族信仰情况的调查显示,藏族群众对"佛教"的选择比例高达69%,而对"社会主义和共产主义"的选择比例为36%。① 藏族群众中有62.8%的人参加宗教活动。② 但当今藏族群众的宗教活动从整体而言趋于淡化,宗教活动次数减少,其特点是中青年人比老年人明显;经济发达地区比落后封闭地区明显;农区比牧区明显;富裕群众比困难群众明显;民族杂居地区比单一民族聚居区明显。③ 宗教观念障碍了对生存环境正常的治理与改善措施。以原始自然观或自然中心主义为祭奠的"不杀生"教义的环境伦理,使信教牧民普遍珍视和爱护生灵与自然,这对于生态环境的

---

① 赵德兴等著:《社会转型期西北少数民族居民价值观的嬗变》,人民出版社2007年版,第194页。
② 赵德兴等著:《社会转型期西北少数民族居民价值观的嬗变》,人民出版社2007年版,第196页。
③ 马文慧、罗士周:《藏传佛教世俗化倾向刍议》,载《青海社会科学》2003年第2期。

保护有着积极的作用。但是这种纯粹的"不杀生"理念,对于环境的失衡则显得苍白无力,特别是成为草原环境治理与商品畜牧业发展中一道不可逾越的思想障碍。他们对于草原鼠虫害的肆虐束手无策,并排斥药物治理。受"不杀生"宗教理念的影响和传统"惜售"思想的束缚,商品畜的出栏率难以随牲畜的增长而相应地提升。①

(二)经济发展社会资本的缺乏

目前,影响经济增长的主导因素正在由传统的"物质资本"逐渐转向如今的"非物质资本"。世界银行也在2001年的一份研究报告中指出:能够对高质量增长起积极作用的力量来自于强化一个国家里的非正式机构,即所谓的社会资本。②

社会资本是以规范、信任和网络化为核心,由各种社会机构、社会成员互动作用产生和发展的具有生产性特征的一种社会网络,具体表现为处于一个共同体之内的个人或组织,通过与内部、外部的对象长期联系、合作互利而逐渐形成的一系列认同关系,以及在这些关系背后沉淀下来的历史传统、价值观念、信仰和行为范式等。③ 社会资本不同于物质资本具有实物形象,它看不见摸不着,往往通过非正式制度的形式表现出来,并潜移默化、约定俗成地影响人们的行动。正如波斯特指出的,社会资本"关注的是社会能力的积极后果——它把这些积极后果放在对资本更广义的讨论框架中,要求人们注意这种非货币形式是如何能够像个人财产和银行存款一样成为权力和影响的重要源泉"④。即它可以利用自身所具备的互惠、合

---

① 农业部畜牧局编:《中国畜牧业统计1949—1989》,中国经济出版社1990年版,第477~555页。
② 赵曦、成卓:《西部少数民族地区社会资本建设研究》,载《民族问题研究》2009年第4期。
③ 吴光芸:《社会资本投资:区域经济发展的新动力》,载《科学社会主义》2007年第5期。
④ 何君安:《社会资本理论若干问题的再探讨》,载《西北大学学报》2007年第4期。

作、信任等文化规范为其拥有者带来"利益"。①

有学者认为,在我国现有国情下,从少数民族角度来定义社会资本,它应当是指这样一种资本形式,即:建立在一定的民族文化、道德伦理、宗族观念及民族和谐基础之上,蕴含于少数民族社会结构之中,并以成员间的信任和规范为保障,与传统物质资本、人力资本和知识资本内涵完全不同的一种资本形式。从某种程度上来说,对少数民族地区社会资本的开发能够通过推动协调的行动来提高经济增长效率,通过非正式制度的约束来维持社会秩序的稳定,通过对传统习俗的保护来实现区域社会生态的平衡。② 这意味着,像青藏高原这样落后的民族地区社会资本建设严重滞后的现状,在社会资本对经济社会发展的良性循环、文化品质和内生素质等至关重要的当下,必然注定会对经济社会发展形成阻碍。

1. 社会资本的非现代性阻隔。虽然现代化的某些元素对青藏高原民族地区的发展产生了不同程度的影响,但并没有从根本上动摇这一区域以传统农业为经济基础的社会资本结构,社会资本的农业性特征并未得到扭转,农牧民目前仍沿袭着刀耕火种、逐水草而居的传统农牧业生产方式。而这种生产方式在缺乏内生冲动和外力涌入的条件下很难突破均衡状态,社会资本中的消极因素长期固化,使得经济增长速度缓慢,生产关系的突进无法得到生产力发展的有力支撑,这便成为高原少数民族地区经济社会发展长期落后于其他地区的重要原因。

下面为果洛州玛沁县大武乡江前村的实证调研情况:

调研资料(13):玛沁县大武乡江前村,位于玛沁县东南部,距县府大武镇 50 公里,是一个纯藏民族聚居的自然村。村驻地境内最高海拔 4800 米,最低海拔 4200 米,属高原大陆性气候。光照充足,日照时间长,阳光辐射强烈,光能源丰富,昼夜温差大,无绝对无霜期,冬冷夏凉,冷季长达 8 个月,暴雨风雪灾害频繁。人畜饮水和草原水源为地表水和地下水。全村草场面积 77 万亩,主要有草甸、灌丛、沼泽三种类型,牧草生长期短、植株低

---

① 李惠斌、杨雪冬:《社会资本与社会发展》,社会科学文献出版社 2000 年版,第 387 页。
② 赵曦、成卓:《西部少数民族地区社会资本建设研究》,载《民族问题研究》2009 年第 4 期。

矮，草场产量低。境内虫草、贝母、秦艽等名贵汉藏药材资源丰富，酥油、曲拉等畜副产品颇受青睐。

　　江村辖四个牧业生产合作社，是一个纯牧业村，有牧户275户，1064人，其中，男性549人，女性515人。有劳动力538人，其中从事畜牧业生产的497人，本地务工28人，外出务工4人。2006年末，全村存栏牲畜32660头（只、匹），其中马488匹、牛12028头、羊20144只，周转快的绵羊母畜比例达62.3%，牲畜总增率、出栏率、商品率分别达30%、30%、25%。家庭经营收入达440万元，畜牧业收入达60万元，其他收入达380万元。人均纯收入达4064元，是玛沁县村民人均收入较高的村。村级寄宿制小学1所，占地15.8亩，校舍1893平方米，现有教职工11名，在校学生138名，其中7～12岁68名，学龄儿童入学率达72.34%，巩固率达100%。牧民平均受教育年限0.48年。村级卫生室2处，面积60平方米，全村现有1名专业医生和4名民间医生。新型合作医疗参合人数873人，参合率为82.05%。目前，该村建设有长为120公里的村级道路，22户牧户已实现村级道路硬化，占全村总户数的8%；安装有线电话的用户有24户，占全村总户的8.73%，移动电话420部，户均1.5部。全村相对集中居住的有13户，占全村总户数的4.73%，分散居住的有262户，占全村总户数的95.27%。牧民拥有砖混结构住房的有19户，占全村总户数的6.91%；拥有砖木结构定居住房的牧户有253户，占总户数的92%；尚无定居房屋，人畜混住的有3户，占总户数的1.09%。截至目前，全村累计投入资金886.6万元（其中国家投资106.4万元，集体投资104.6万元，个人投资675.6万元），建成村寄宿制小学1所，敬老院1所，草场围栏13514块、14万亩，畜圈246个、畜棚133个，24443平方米，圈窝种草868亩。全村牧民中已有9户饮用井水，占总户数的3.27%，尚有252户饮用河水，占总户数的91.64%。有23户已通电视，占总户数的8.36%，有252户牧户尚未通电视。目前，拥有太阳能照明电源的有197户，占全村总户数的71.64%；定居房屋通电的有78户，占全村总户数的28.36%。全村93.45%的牧户仍以牛粪作为生活能源，使用煤炭的只有18户，仅占全村总户数的6.55%。目前江前村有各种车辆272辆，用于货物运输用途的农用车有5辆，摩托车203辆。

　　从调研资料可以看出，江前村自然条件异常艰苦，但独特的地缘却赐予了他们异常丰富的天然资源——虫草,这是他们最重要的经济来源。因此,该村是当地有名的富裕村,人均收入远超过青海省农牧民人均收入水平,高达4064元(当地政府的知情者讲,实际上他们的收入要远远高于这个数字,人均收入应在10000元以上)。但是,较高的经济收入并未扭转社会资本的农业性特征,农牧民目前仍沿袭着刀耕火种、逐水草而居的传统农牧业生产方式。尽管村内有了小学、村卫生室等符合目前新农村建设的硬件设施,但是社会资本的非现代性依然明显,如全村牧民中仅有9户饮用井水,占总户数的3.27%,尚有252户饮用河水,占总户数的91.64%。有23户已通电视,占总户数的8.36%,有252户牧户尚未通电视。定居房屋通电的有78户,占全村总户数的28.36%。全村93.45%的牧户仍以牛粪作为生活能源,使用煤炭的只有18户,仅占全村总户数的6.55%。目前江前村有各种车辆272辆,用于货物运输用途的农用车有5辆,摩托车203辆。

数字显示,经济收入与生活的非现代性间的巨大差距让人难以想象,自然资源的优越与靠天吃饭的心理大大遮蔽了他们进一步追求现代生活的权利欲望。他们普遍对依靠资源为生的不安全性只有困惑,而没有足够的心理准备与应对措施。微观的田野调查也进一步证明了这一点:

调研资料(14):索某,牧委会主任,62岁,家有老伴,4个女儿已出嫁,一个儿子出家当和尚,老两口与二女儿和二女婿共同生活。2006年搬到县上住,自己花15万元买了一处有14间房的院子。现有草场3000亩,羊400余只,牛100余头。有猎豹汽车一辆,价值12万元,还有摩托车一辆。每年牧业收入1万余元,每年在自己的草场上挖虫草,能挖8~12斤不等,收入有20余万元,但2007年仅挖了3~4斤,现虫草越来越少。一家每年的开支10余万,主要是吃饭、看病、穿衣等。

他坦言,作为牧委会主任,已意识到现在虫草在变少、变小,往年自己一人就能挖4斤,而今年只挖了3根,一家4口人也只挖了3斤多。这让他担心将来虫草难以作为牧民的主要经济来源时,牧民的生活受影响,因此每次开会时他都给牧民讲,希望他们将钱存入银行,将来能以经商等方式转变生产方式,但大部分牧民还是意识不到,严峻性认为虫草年年都有收入,所以对虫草收入大肆挥霍者居多。

现在收入高了,一家人虽住在城市,但并没有城里人的感觉,自己一辈子还是牧民,平时交往的还是本队的牧民,牧闲时主要参加一下传统的民族活动,如赛马、拔河等。

电视节目主要看藏语台或一些娱乐节目,其他的都看不懂。自己也想出去旅游,但因不懂汉语,出去不方便,有时连厕所都找不到。

2. 社会资本的地缘性封闭。高原少数民族由于自然地理条件的特殊制约,大都分布在边远的牧区、山区、边境、高原、森林地带,远离政治经济文化中心,远离发达地区,呈现为特有的地缘性封闭状态。区位的边缘分布、交通的闭塞、观念的封闭、经济的贫困,使生活在小生产方式下的少数民族固守稳定、传统、一成不变的社会资本,缺乏与外来文化的交流和互动,使少数民族群众很难与其他外来民族融合,甚至抵制现代文明的启蒙和传播,限制了市场经济的发展和科学技术的引进,使资源优势难以转变为经济优势。这些封闭性的理念作为一种稳定的社会群体意识,既是传统行为模式、传统社会资本得以传承的力量和成因,又是少数民族地区发展缓慢的最大阻滞因素。

学者们对藏北一个村落村民的出生地与居住地的研究表明,居民的对外交流与流动性非常小,严重影响了原有社会资本效率的发挥。

表26 居民的出生地与居住地

出生地	频次	百分比	居住地	频次	百分比
本村	178	82.4	本村	208	96.3
本乡	4	1.9	本县	1	0.5
本县	13	6.0	本地区	2	0.9
本地区	16	7.4	自治区	5	2.3
外省	5	2.3	外省	0	0.0
合计	216	100.0	合计	216	100.0

出生地和居住地的分布情况说明了藏北牧区是一个社会流动性相对较小的社会。从表中我们可以看出:现在调查点内的216名居民中,

82.4%出生于目前居住的村落,仅有17.6%的人出生地不是目前的居住地。在这17.6%的人当中有一家四口是从青海搬迁过来的,其他的大多也是通过婚姻关系来到目前的居住地。从居住地的情况来看,具有当地户口的216个居民中,96.3%的人依然居住在这里,只有8人因为工作、学习或参军的原因居住在其他地区。(参见表26)

该村落的社会流动较小,除了地理条件造成的观念封闭之外,主要还在于缺乏流动的必要工具——语言,汉语能力——这一最基本社会资本的欠缺,在客观上阻却了他们对外流动的愿望。

表27 村民的汉语能力情况

汉语能力	频次	百分比	累加百分比
完全不会	164	75.9	75.9
会一些	41	19.0	94.9
熟练运用口语	6	2.8	97.7
能读能写	5	2.3	100.0
合计	216	100.0	

从表27可以看出,超过四分之三的村民完全不会汉语,会一些汉语的村民能够占到全部人口的五分之一,而在汉语能力方面能够熟练运用口语或能读能写的人仅占5%。我们还发现一个有趣的现象,就是那些出去打工的人往往都是汉语能力稍强的人。这一方面可能是因为汉语能力较强使他们具备了去打工的条件,从另一角度来看,打工的经历可能也使得他们的汉语水平得到提高。由于牧区日常交流语言为藏语,因而汉语能力的获得和提高更多的是在学校接受正规教育过程中获得的,这可以从教育水平与汉语能力之间的相关分析中得到验证。两者的相关系数Gamma高达0.782,显示两者具有很强的正相关关系,表明汉语能力显然与受教育程度紧密相关。而具备汉语读写能力的人比例如此之低,也从侧面说明了

当地文化水平和接受学校教育的程度普遍较低。①

3. 亲缘体系对社会现代性交往的阻滞。在传统的农耕社会中,以血缘、亲缘为纽带的家庭及家族是社会的基本单位,人际交往主要局限在家庭内部,然后逐渐扩大到亲戚邻里。由于西部少数民族地区社会资本的农业性特征并没有得到根本转变,因此亲缘信任体系仍然占主导地位,这在一定程度上有利于民族地区居民的团结和行动的一致性,然而它是一种封闭的、狭隘的信任,阻止了家族成员接受外部环境的有益影响,不仅弱化了社会资本的聚合能力,阻滞了社会资本要素的流动步伐,而且对以尊重法律、崇尚制度、平等自由、追求和谐为支撑的新型社会信任体系的建立产生了严重制约。② 民族地区的发展,就是要利用现代手段推进多种少数民族社会资本交流,打破社会资本的封闭循环,实现优秀文化的互动与整合。在这一目标中,社会稳定与各民族间和谐交往是前提。对于高原民族地区亲缘体系外的社会交往,藏族学者班班多杰认为,多民族地区各民族和睦相处的原则应是"和而不同",其条件为共同地域上的民族杂居、政治上多民族统一的国家、经济上的互补和文化多元。他以青海省为例的研究表明,长期以来,青海各少数民族正是因为遵循"和而不同"的交往理念,汉、藏、回、土、蒙等民族文化间的采借与尊重的文化格局才得以形成。③ 这种格局实际上等于整合了各民族相互认同的那些文化因素,使分散的民族社会资本具有了统合力。青海多民族文化和睦相处经验考察表明,这种格局有利于各民族间的相处与互利,因为它可以利用自身所具备的互惠、合作、

---

① 郝亚明:《西藏牧区调查报告——以藏北那曲牧区为例》,载《民族问题研究》2008年第4期。这里所反映的景象,恰如费孝通先生对中国传统乡土社会的描述:"乡土社会的生活是富于地方性的。地方性是指他们活动范围有地域上的限制,在区域间接触少,生活隔离,各自保持着孤立的社会圈子。""乡土社会在地方性的限制下成了生于斯、死于斯的社会"。费孝通:《乡土中国 生育制度》,北京大学出版社2006年版,第9页。本文的上述分析说明,费孝通先生所言的传统中国社会资本缺乏的状况,在当今的青藏高原的民族地区依然没有大的改变。也说明一个不流动、不对外交往的社会,必然是一个落后于现代的不发达社会。

② 赵曦、成卓:《西部少数民族地区社会资本建设研究》,载《民族问题研究》2009年第4期。

③ 班班多杰:《和而不同:青海多民族文化和睦相处经验考察》,载《民族问题研究》2008年第1期。

信任等文化规范为其拥有者带来"利益"。①

(三)民族地区不稳定因素对经济发展的干扰

高原民族地区由于民族、宗教等多元文化的差异及境外极端民族主义势力的影响,其稳定和谐的文化生态环境较为脆弱,而事实证明,每次此类事件都会对农牧区的经济社会发展产生消极影响。主要有三种表现:

1. 基于民族问题的冲突

调研资料(15):2008年2月21日晚,黄南州同仁地区约两万余名群众在隆务镇观看焰火燃放和元宵节灯展,其间,该事件的一犯罪嫌疑人因故意挑衅他人被执勤民警强行带离,引起现场数千名群众起哄,造成现场公共秩序严重混乱,致使发生一些不法分子趁机使用暴力殴打执法警察,打砸警车、掀翻警车的暴力性犯罪案件。事件共致一名警察轻伤、六名警察轻微伤,打砸警车11辆,经济损失20.9万元。当晚,公安机关共拘留闹事者120余人。2008年2月22日上午11时许至下午5时许同仁地区隆务镇部分群众和隆务寺僧侣在县政府门口聚集,要求政府释放2008年2月21日因参与袭警被抓的僧侣。其间还发生了违法分子无故烧毁群众摩托车的行为。此类案件,没有与"藏独"等政治问题挂钩,但一般认为,由于黄南藏区的特殊地位,该事件可被认为是3·14事件在青海藏区的前兆。

这类事件往往会引起广大主流民族或主流意识对民族地区的误解,分化发达地区与民族地区的民族融合,并可能使彼此产生离心倾向,进而有可能影响到彼此的交往信心或者说是发达地区对民族地区的帮扶力度。

2. 不同民族间基于宗教、历史恩怨及经济利益等方面的纠纷。如在一些民族自治州,近年来常有穆斯林群众与藏族群众间发生煽动民族仇恨、民族歧视或群体斗殴造成伤亡的案件。

不同文化间的冲突是人类社会的必然,但从藏区经济社会发展的客观需求而言,不同文化间的社会合作,即民族多元文化间的文化和谐更能体现主体的需求。因为藏文化不善商务,而伊斯兰文化则提倡尚商善商,因

---

① 李惠斌、杨雪冬:《社会资本与社会发展》,社会科学文献出版社2000年版,第387页。

此两种文化的合作可以有效促进藏区商贸与物流的发展,实现双方共赢。① 文化和谐指数是由若干反映民族文化和谐状况的具体指标构成的复合性指标。研究表明,文化和谐指数权重对民族关系和谐的逻辑结构具有重要意义。民族文化和谐是指民族之间在文化上的相互尊重和认同。文化是一个民族存在的根基,每一个民族之所以作为民族而存在,一个重要的标志,就在于它有自己独特的文化。每个少数民族的文化都是中华民族文化不可分割的重要组成部分,要构建和谐的民族关系,就必须了解和尊重每个少数民族的文化。②

3. 维稳工作对经济社会发展关注度的分解

当下民族地区的社会管理都是稳控导向的,其着眼点并不在于有效回应社会管理对象的治理需求,而在于调用一切正式和非正式的力量、技术和手段,来应对一切可能危及社会稳定的因素。近年来随着青藏民族地区"藏独"、"全能神教"、"自焚"等不稳定因素增多,"稳定压倒一切"已从口号演化为行动指针,在某些维稳压力较大的区域,维稳已成为第一政治要务,甚至提出一切经济社会事宜为维稳让路的观点,工作重心的转移,极大地分解了对经济社会发展的关注度。

---

① 藏学专家班班多杰就认为,以"和而不同"的理念构筑青海多民族文化和睦相处的关系,实现文化的多重认同在理论与实践上皆有历史经验可鉴,青藏高原藏族与各少数民族之间,有非常好的互助友谊的历史基础。青海各民族的民族杂居、经济上的互补、文化因子可能带来的文化涵化等条件都会促成各民族文化的和睦相处。班班多杰:《和而不同:青海多民族文化和睦相处经验考察》,载《民族问题研究》2008年第1期。从社会学的原理来讲,民族地区各民族间的和睦相处是必需的,因为随着社会的发展,人的需要的实现间接化、社会化了,由关注自身的需要转向关注社会的需要。人们认识到,只有为社会生产,满足社会的需要,才能全面满足个体自身的需要。人们逐渐在主观上认可了社会的"有机联系",这成为社会合作的另一个重要前提。因为任何主体都是社会的主体,处在某种社会关系之中,为了满足各自的需要,人们必须联合起来用劳动去创造共同的利益,这就产生了互利。在社会关系中,任何一种社会关系都是双边的、双向的;所以,人们在进行行为选择时,在认识到社会的有机联系时就为社会合作提供了认识的条件。

② 阎耀军:《民族关系和谐的逻辑结构和系统分析模型——兼及测度民族关系和谐状况的指标体系设计》,载《民族问题研究》2009年第2期。

调研资料(16)：

2012 至 2013 年青海某民族地区基层机关参与当地维稳情况的主要工作

时间	性质	内容	人数
2012 年 11 月 19 日	该县一村民到某寺自焚	驻寺维稳	20 余人
2012 年	指导、督导维稳工作	每月到联点寺院张沙寺4～5次，宣传法律法规，了解寺院稳定情况	每次 2～3 人
2013 年至今	指导、督导维稳工作	每月到重点寺院中库寺 4 次，了解寺院稳定情况	每次 2～3 人
2012 年 3.14 开始至今	各联点单位的维稳工作	1. 到联点寺院检查稳定情况；2. 到联点乡镇了解社会稳定与民生等情况；3. 到联点学校掌握师生的思想动态；4. 到联点村主要掌握反自焚工作政策落实情况	干部轮流，人数不定
2012 年 11 月 8 日党的十八大召开前后	反自焚专项工作重点地区维稳巡逻	干警分为 4 个组，每组 5～6 人乘警车在指定的约一平方公里的区域巡逻、负责两辆宣传车的 24 小时看护	全体干部

另据了解，该机关干部参与库区移民搬迁、电站移民搬迁、制止农村抢栽抢建、中央一号文件宣讲、党政军企共建、助农搬家、挑战赛和农民运动会安保等县域中心工作多项。

正因为区域稳定安全对青藏地区经济社会发展的重要性，有学者认为，在传统上表示一定区域人口、资源、环境和经济发展之间相互作用的复合统一体，即 PRED 系统应进行修正。即将原系统中的人口系统修正为复杂的社会系统，将原来的人口系统包含其中，加上社会稳定系统和本土知识系统，共同组成修正后的 SRED，认为这种修正丰富了原系统的内容且更符合青藏高原的实际情况。①

上述因素集中在一起，同时体现为青藏高原经济社会发展的区位劣势特征和经济社会发展的高成本性，这种状况必然使高原少数民族的经济发

---

① 对此问题的系统分析详见刘同德：《青藏高原区域可持续发展研究》，中国经济出版社 2010 年版，第 42～43 页。

展权受到极大的制约。①

区位是空间位置关系对于区域开发的可适性总和,通常表达了该区域的吸引度、通达度、潜势度所共同产生的空间推挽力效应的净结果。区位指数不是简单地用一个地方所处的位置、方向和高度等纯地理因素去表达,决定区位指数的是由一个地区的自然因素、经济要素、社会要素三大方面的作用共同决定的。

区位指数的优劣与发展成本高低有着极为密切的关系。两者虽然并不呈现线性关系,但是明显的非线性下降是可以肯定的。一般情况是:随着区位指数变优,区域发展成本快速下降,当区位指数的优势达到一定程度后,区域发展成本下降速度变缓。根据区位指数优劣排序,在各省、自治区、直辖市的区位条件和质量的分类中,青海和西藏在优、良、中、差的排序中排在差的行列,区位指数值分别为 6.4 和 0.8,分别处在全国第 29 位和第 31 位。也就是说,青藏高原在对人力、资本、技术、市场的吸引度方面总体来看是最低的,通达度是最低的,潜势度也是最弱的。因此,发展成本必然较高。(参见表 28)

---

① 民族自治地方的重要任务是维护边疆稳定。这一特殊的要求使民族地区经济社会的发展居于次位,再加之地理区位的影响,民族自治地方的财政自给能力较差,财政支出和财政收入不平衡,并且差额越来越大。有学者对造成民族自治地方经济自治权不佳的原因及表现作了非常系统的分析,认为具体原因主要有以下几点:(1)民族自治地方大多地广人稀,交通不便,造成财政供养人员相对较多,政府运转成本高;(2)民族自治地方一般自然环境较差,多处高寒地区或山区,人员经费和公用经费支出高;(3)特殊的民族构成相应增加了教育、文化、宣传等费用;(4)民族、宗教因素形成特殊财政支出;(5)民族自治地方大多是边疆地区,巩固边防和边境建设任务较重。翟东堂著:《中国少数民族经济权利法律保障机制研究》,中央民族大学出版社 2008 年版,第 126 页。由于这些因素的影响,民族自治地方要达到均等化的公共服务水平,人均所需要的财政支出比一般地区要高得多.而地方财政收入只能满足支出的 30%。葛忠兴主编:《中国少数民族地区发展报告》,民族出版社 2004 年版,第 20 页。如 1990 年,民族自治地方财政收入 166.74 亿元,财政支出 304.37 亿元,差额为 137.63 亿元.而到了 1997 年,收支差额高达 419.31 亿元。国家民族事务委员会经济发展司、国家统计局国民经济综合统计司:《中国民族统计年鉴》,民族出版社 1998 年版,第 479 页。

表28　不同地区区位指数

地区	区位指数
北京	44.0
上海	64.5
青海	6.4
西藏	0.8

从青藏高原实际情况来看,其平均发展成本要大大高出全国平均成本,这同其平均海拔高度大大高于内地沿海地区有关。一项基本规则告诉我们,地球表面高度每升高1000米,气温下降6.5℃,而且空气密度也会相应下降。这给人们的生产和生活都增加了额外的附加成本。根据"生态应力"指数,在世界大陆平均海拔高度的基础上,每增加100米的海拔高度,区域开发成本即进行基础设施建设的成本将在原来的基础上高出3.2%～3.4%。从青海和西藏的海拔高度看,其建设成本都将大大提高。①

表29　不同地区的发展成本

地区	区域经济基础指标	区域自然基础指标	区域社会基础指标	区域发展成本评分	区域发展成本难度系数
北京	71.72	61.11	96.45	76.43	1.00
上海	96.41	94.49	97.67	96.19	1.00
青海	12.8	31.49	64.75	36.35	1.84
西藏	1.25	17.95	53.55	24.25	2.06

资料来源:牛文元:《中国可持续发展总论》,科学出版社2007年版,第86页。

从表29可以看出,青藏高原地区无论从区域经济基础指标、区域自然基础指标,还是从区域社会基础指标来看都比较低,从而区域发展成本评

---

① 牛文元:《中国可持续发展总论》,科学出版社2007年版,第70页。

分比较低,与东部相比差距较大。① 如果设定北京、上海的平均发展成本为1,那么青海和西藏区域发展成本的难度系数则分别为1.84和2.06。中国藏学研究中心的一项研究成果表明,西藏自治区总体物价水平通常要比全国平均水平高50%以上,经济发展成本要比全国平均水平高70%以上。也就是说,在中国内地1元人民币能办成的同样一件事情、能买到的同一种商品,在西藏至少要1.7元和1.5元。②

地理区位因素对少数民族经济发展权的影响,被相关的实证研究所印证。

调研资料(17):关于青海海北州海晏县地理区位对地方经济社会发展制约的分析

基本县情:海晏县位于青海省东北部,著名的青海湖北畔,隶属于海北藏族自治州,是黄河重要支流——湟水河的发源地。青新公路(国道315线)、青藏铁路横贯全境,交通十分便利,县政府驻三角城镇,距离省会西宁89公里,是距省会最近的一个藏区牧业县。海晏县是一个以牧业为主兼营小块农业的多民族聚居地区,全县总面积4853平方公里,现有耕地总面积3.97万亩,可利用草场面积410万亩,存栏各类牲畜51.29万头(只)。县辖4乡2镇29个行政村。总人口3.41万人,其中:农牧业人口2.1万人,占全县总人口的61.6%;少数民族人口1.61万人,占总人口的47.1%。2008年,全县完成地区生产总值3.83亿元,同比增长24.1%。其中:第一产业完成0.87亿元,同比增长4%;第二产业完成1.63亿元,同比增长57.6%;第三产业完成1.321亿元,同比增长8%。全县共完成地方一般预算收入1100万元,比上年增长30.9%。全县一般预算支出18390万元,收支相抵,年末滚存结余为-244万元,结转下年支出36万元,当年收支净结余为-280万元,当年消化赤字89万元,消化率26.7%。可见,虽然2008年当年完成地方一般预算收入1100万元,比上年增长30.9%,完成预算的119.2%,首次突破千万元大关,但依然不足以发放全县两个月的工资(该县月工资总额600万元)。由于县域经济困难,因此公职人员待遇较低,多年来没有享受过差旅补助。

---

① 牛文元:《中国可持续发展总论》,科学出版社2007年版,第70页。
② 《西藏经济社会发展报告》,中国网,http://china.com.cn,2009年4月1日。

我们在调研时,据当地政府介绍,海晏县经济极度困难的原因与其他民族地区相比有相似性,如作为牧业县,以往收入主要靠农牧业税,取消农牧业税后税源枯竭;个体经济发展缓慢,对地方经济的贡献率低;二产支柱企业国家收取增值税,对地方财政贡献极小等。但我们在调研时发现,地理区位的特殊性是影响海晏县民族经济自治能力的重要原因:

首先,海晏县地理区位的特殊性在于其区内保密单位多。一方面,1990年以前,由于受二二一厂封闭保护措施及其他军工单位保密要求的影响,县境内的矿产资源没有作过任何普查,情况不明,如今区内矿产资源基于需要保密的原因仍不能勘探、开发,这明显抑制了县域经济的收入来源,同时也是由于保密原因,区内虽有诸多良好的旅游资源,但由于对外国游客不开放,严重影响了旅游收入;另一方面,保密单位的体制转型也对当地经济有重要影响,如1988年决定,国营二二一厂征收的工商税收划转该县纳入预算管理,省财政相应扣减该县的定额补助20万元(划转基数为40万元),虽然对全县整体财力影响不大,但从收入来源的渠道看,相对增加了地方本级的收入。但从1991年以后该厂根据国家建设的需要,全厂调整撤销,随之税收急剧减少。实施"分税制"体制以后,由于脱离实际,中央收入基数征得过高,加之地区经济萎缩、效益滑坡,造成税源下降、财政减收,致使地方财政困难状况日趋加剧。1996年至1999年间财政特别困难,自有总财力无法满足工资发放和机关运转的需要。经过努力,2000年,得到省财政的过期转移支付补助资金300万元,2000年至2008年,累计争取到省州转移支付补助资金4458万元(含原体制和激励性转移支付),使县财政困难状况得到初步缓解。

其次,海晏县地理区位的特殊性还在于该县交通十分便利,距省会城市近。青新公路(国道315线)、青藏铁路横贯全境。县政府驻三角城镇,距离省会西宁89公里,是距省会最近的一个藏区牧业县。这些在通常看起来是发展地域经济必备条件的因素,反而成了制约县域经济的不利因素。因为交通便利,距省会城市较近,所以区内主要的消费项目,如住房、采购、教育等活动都选择在省会城市进行,致使县域经济的内需拉动缺乏足够的支持。正由于内需严重不足,县内注册的个体工商户560户中达到起征点的仅为10%左右。

四、促进高原少数民族农牧民经济发展权的政策分析

在我国少数民族地区的经济发展权保障中,国家政策起着非常重要的作用。因为国家要想使基于社会权力的影响力渗透到社会生活的各个领域,就必须要统一思想和行为,如果一个社会不在政治取向上获得最低限度的一致,那么它的良性运作与正常发展便是根本不可能的。从这一意义上讲,具有灵活、具体、适用且富于应对性等特点的政策就成了最可靠的资源。同时要看到,客观上我国有关经济社会发展的法律本身的功能性缺陷也需要政策的优势弥补。正因为法律本身的缺陷,事实上"在中国的法律制度内,存在并活跃着一大堆具有各种名号的不称为法律的法律"。比如道德、政策、习惯等,它们不具备法律规则的形式,却在法律无法调整的社会领域发挥着实际指引、评价、约束等法的功能。

(一)国家层面的宏观政策分析

在上述因素的综合作用下,高原民族地区经济社会事业发展的水平整体性落后,现代化指数低。现代化指数主要反映现代化在经济、社会和知识等三个领域的综合水平,也是衡量社会事业发展状况的重要指标。其不仅包括经济、社会和知识领域的变化,也包括政治和文化等各个领域的变化。现代化指数包括世界第一次现代化、第二次现代化和综合现代化水平指数。第一次现代化是以工业化、城市化和民主化为典型特征的经典现代化。第二次现代化是以知识化、绿色化和全球化为典型特征的新现代化,更能体现社会事业的发展水平。综合现代化是以两次现代化协调发展为主要特征的新型现代化。从这三种现代化的实现程度来看,民族地区处于较落后的地位。

表30 2005年民族地区现代化水平

民族地区和全国	2005年第一次现代化		2004年第二次现代化		2004年综合现代化	
	实现程度	全国排名	指数	排名	指数	排名
内蒙古	86%	15	34	18	33	16
广西	76%	28	28	28	29	27
西藏	69%	29	27	30	27	29
宁夏	84%	17	36	15	31	21
新疆	79%	22	32	20	32	1
全国	87%		39		35	

资料来源：中国现代化战略研究课题组，中国科学院中国现代化研究中心：《中国现代化报告2007——生态现代化研究》，北京大学出版社2007年版，第435页。[1]

在表30中，内蒙古的综合现代化水平在5个民族自治区中最高，排在16位，最低的西藏排在29位。5个自治区的第一次现代化水平实现程度、第二次和综合现代化指数均低于全国平均水平。2007年7月13日，中国人民大学发布了2006年度中国31个省区市创新能力指数，包含创新资源、攻关能力、技术实现、价值实现、人才实现、辐射能力、持续创新和网络能力8个要素方面，下设39个具体指标。所有的民族自治区和人口比例较大省均列入创新能力显著不足行列，云南、内蒙古、新疆、广西、贵州、宁夏、西藏、青海分列24、25、26、27、28、29、30、31位。[2]

上述罗列了大量看似烦琐枯燥的数据，意在更清晰地了解民族地区和少数民族社会事业发展状况，使我们更深刻地理解加快发展少数民族社会事业发展的紧迫性和意义。

针对上述问题，近年来国家积极出台了诸多相关政策措施，以促进少数民族地区经济社会事业的发展。2007年2月27日，国务院办公厅印发

---

[1] 都永浩：《我国民族地区和少数民族社会事业发展与民族素质因素》，载《民族问题研究》2008年第2期。

[2] 都永浩：《我国民族地区和少数民族社会事业发展与民族素质因素》，载《民族问题研究》2008年第2期。

了《少数民族事业"十一五"规划》(以下简称《规划》),这是我国政府未来5年甚至更长时期内发展少数民族社会事业的总体规划。这个规划至2010年主要预期实现的少数民族社会事业发展指标是:民族自治地方"普九"人口覆盖率达到95%以上,实现全面普及九年义务教育的目标;少数民族婴儿死亡率比2005年下降5‰;少数民族文字出版物种数比2005年增长20%,少数民族文字出版物印数比2005年增长25%;少数民族各类人才占在业人口比重比2005年提高0.5%,基本接近少数民族人口占全国总人口的比重;民族自治地方城镇化率比2005年提高5%。在这个预期指标中,未将2004年我国少数民族社会事业发展的真实指标公布出来,也未对2004年少数民族社会事业情况进行全面的普查,所以,要验证这次指标的真正实现情况是十分困难的。

  《规划》从五个方面提出了在"十一五"期间发展少数民族社会事业,即提高少数民族教育科技水平;推进少数民族医疗卫生事业;发展少数民族文化事业;提升少数民族社会福利水平;加强少数民族人才队伍建设。《规划》涉及少数民族社会事业发展的重点工程包括:民族基础教育帮扶工程;民族高等院校建设工程;少数民族传统医药发展工程;少数民族文化发展工程;少数民族人才队伍培养等。可见,《规划》涵盖经济、政治、文化、社会等诸多领域,其中,涉及少数民族社会事业的内容比重最大,其内涵有新的拓展,特别是将社会事业发展的核心教育和文化放在了突出的位置。《规划》如果顺利实现,对少数民族和民族地区加快发展、科学发展将起到重要作用,奠定坚实基础,也将促进我国的和谐社会建设。

  问题在于,虽然这是个非常好的规划,但在具体实施措施上乏善可陈,且与全国的《规划》比较并没有特殊之处。我国的少数民族存在明显的历史发展、文化、自然环境,特别是价值观的多样性,少数民族之间差异很大,少数民族与汉族、少数民族地区与汉族地区的差异更为明显,所以,一个没有具体针对性的《规划》是很难顺利实施的,其效率和效果也值得怀疑。制定一个有针对性的实施细则可以弥补这方面的缺陷。更重要的是,有效实施一个规划,必须有可操作的硬性的实施计划,不仅包括资金的投入,还包括一系列的政府治理手段,而这方面正是我们最不完善之处。《民族区域自治法》在执行过程中就存在这方面的问题。①

(二)区域性特殊政策分析

基于青藏地区在经济社会发展方面处于极其落后的客观现状,又由于青海等省藏区在中国的特殊战略地位,国务院于2008年11月7日出台了《国务院关于支持青海等省藏区经济社会发展的若干意见》(以下简称《意见》)。《意见》指出:青海等省藏区是我国重要的生态屏障,生态地位极其重要;这一地区是民族宗教工作的重点区域,承担着维护社会稳定和国家安全的重任;这一地区资源丰富,综合利用潜力较大。但由于这一地区地处高寒缺氧地带,生态环境脆弱;自然灾害频繁,生存条件严酷,贫困面广量大程度深;基础设施薄弱,公共服务能力不足;产业发展约束条件严格,自我发展能力不强;反分裂斗争形势严峻,维护社会稳定任务艰巨。因此,必须清楚认识到促进青海等省藏区发展的特殊重要性和紧迫性,采取强有力的政策措施,推动经济社会又快又好地发展,为长治久安奠定坚实基础。《意见》从九个方面,对藏区的生态保护、农牧业发展、公共事业建设、基础设施建设等36项具体内容规定了具体的政策措施。

对民族地区经济社会的发展来讲,如果不形成有较强指导性的政策,区域发展就缺少了思想动力。另外,政策灵活性的最大优点就是环境适应能力强,易随环境的变化而作相应的调整。这对于调整复杂多变的青藏民族地区经济社会的发展而言是必需的。但是,与政策的灵活性相伴生的则是其随意性。同时,在民族地区的经济社会发展中过分依赖政策的思维会造成重政策、轻法律的现象。虽然政策在我国享有历史性的威望,但浓厚的政策意识会遮蔽法律权威,使法律始终无法跳出政策的泥沼,人们也习惯于以政策的思维去思考法律问题。当法律形同虚设时,法治必然会被人治所替代,法治精神亦无法转换为中华民族的整体精神。正是由于这种社会环境,塑成了民众固定的、惯性的行为准则、思维方式和价值取向,过分

---

① 都永浩:《我国民族地区和少数民族社会事业发展与民族素质因素》,载《民族问题研究》2008年第2期。

热衷于政策而对法律却较为漠视。因此,我们认为在民族地区的经济社会发展中应加强法律建设,通过高质量的法律来压倒政策优势。要注重完善立法,从提高立法质量上下功夫,不能仅仅依靠增加立法数量。要抛开"先以政策积累经验,后以法律推行"的旧的立法思想,尽快使社会各个领域都有法可依。在立法技术上要注意明确、简洁、逻辑严密、便于操作和执行,以使民族地区经济社会的发展步入制度化、规范化的轨道。

(三)现有政策的利用效能分析

作为农牧业地区,充分合理地把握、利用相关政策,将政策能量用好用足,是民族地区经济社会发展的关键因素之一。对以农牧业为底色的青藏高原而言,相关农牧业政策的理解与把握,对其发展权具有重要的支持作用。例如,根据《WTO农业规则》,成员国可在框架许可范围内对本国农业采取补贴政策。而农业补贴是世界各国进入"工业反哺农业"阶段后普遍实施的保护、支持农业发展的法律制度,其最典型的特征即是国家财政资金依照法律规定的特定标准与方式向法定主体的现实的转移支付。①但这一政策在高原民族地区的利用是非常不充分的,李双元教授经研究指出,在青海省,虽然财政对农业支持补贴总量逐年有所增长,1996—2002年对农业支持补贴分别为 3.33 亿元、3.28 亿元、4.55 亿元、6.13 亿元、8.67 亿元、15.73 亿元,年均增长为 36%,但是农业支持占同期财政总支出的比重波动幅度较大。2002 年财政对农业补贴数额为 15.73 亿元,占同期财政总支出比重为13.25%,比 1996 年的 10.18%上升了 3.07 个百分点。

1996—2002 年期间,青海省符合"绿箱政策"支持农业的财政补贴共计 66.37 亿元,年均支持 9.48 亿元,占同期财政总支出的 13.62%。同一时期,青海省属"黄箱政策"支持的农业补贴总数为 2.87 亿元,占同期财政总支出的 0.63%。各年度的"黄箱"政策支持补贴总量在逐年减少,呈较

---

① 黄河、李军波:《修改与完善农业法若干法律制度的思考》,载《河北法学》2007 年第 2 期。

大的下降趋势,2000年时出现负值为-0.22亿元。1996—2002年属"黄箱"政策的财政补贴支出平均保持在0.41亿元左右,占同期财政总支出的比重分别为3.03%、2.08%、1.68%、1.40%、-0.33%、0.09%、0.08%。

根据我国入世谈判的结果,将现行基期定为1996—1998年3年平均农业总产值的8.5%。WTO规则规定国内"黄箱政策"支持总额不超过其基期支持总量,就无须削减国内"黄箱政策"支持量。1996—1998年青海的农业总产值分别为56.16亿元、59.01亿元、60.79亿元,3年平均值为58.65亿元,乘以8.5%,AMS值为4.99亿元。由此可知,黄箱政策远远没有用足。

表31 青海省"黄箱政策"利用空间

单位:亿元

年　份	1999年	2000年	2001年	2002年
"黄箱政策"的实际支持量(1)	0.77	-0.22	0.10	-0.26
"黄箱政策"承诺的最大支持量(2)	4.99	4.99	4.99	4.99
还可利用的"黄箱政策"空间	4.22	5.21	4.89	5.26

政策利用效能的相对低下,致使农业国内支持对青藏高原特色农业国际竞争力未能带来足够的正面促进。以"绿箱政策"而言,青藏高原"绿箱政策"支持总量上呈上升趋势,但现有支持结构不尽合理。第一,支援农业支出中事业费所占比重较大,1999—2002年事业费支出平均占支持农业支出的65.4%;第二,国内学者黄季焜的研究表明:20世纪80年代全球110个国家财政对农业科研投资的强度(简单平均)为1.12%,其中30个最低收入国家为0.65%,28个低收入国家为1.00%,16个高收入国家为2.37%,北美为3.27%。[①] 中国目前公共部门对农业科研的投资强度仅占农业GDP的0.35%左右。青藏高原农业科技三项费用呈下降趋势,1999—2002年农业科技三项费用支出平均占农业国内生产总值的0.19%,不足20世纪80年代30个最低收入国家农业科研投资强度

---

① 黄季焜:《农业科技投资体制与模式:现状及国际比较》,载《管理世界》2000年第5期。

(0.65%)的 1/3。由于"绿箱政策"结构不合理,农业科研、推广与培训投资不足,市场基础设施建设滞后,农产品的卫生检疫、市场信息服务体系不健全,致使特色农业生产条件没有得到较好的改善,青藏高原农业农产品价格和质量竞争力受到影响,进而导致青藏高原特色农业国际竞争力不强并呈现下降趋势。再以"黄箱政策"而论,青藏高原地区经济发展水平整体不高,农业生产率较低。2005年青藏高原GDP总量为794.53亿元,全国GDP总量为183084.8亿元,青藏高原占全国的0.43%。限于经济实力和发展水平,青藏高原"黄箱政策"没有用足,致使青藏高原特色农业在发展的初级阶段不能得到政府的有效保护,特色农业发展缺乏良好的经济环境,从而导致特色农业国际竞争力没有得到有效提高。①

 五、高原少数民族的发展权与利益分享:青海黄河谷地综合开发问题分析

从权利行使来看,发展权是主体参与、促进和享受发展的统一。② 严格地讲,只有当主体真正地投入发展实践并占有实践活动的成果,才谈得上已经实际享有了发展权。因此,对主体发展权实现状况的考察,应当以"参与度"作为参照系来衡量是否切实赋予主体以发展权或主体享有发展权程度的高低。在分析主体享有发展权状况时,至少要考虑三个方面的因素:(1)主体是否真正参与了发展权的实践活动;(2)主体以何种方式,在何种限度内参与了权利实现活动;(3)主体是否占有了实践活动的成果。③ 从这一意义上讲,对高原少数民族农牧民而言,发展权的实质就是要享受

---

① 李双元:《WTO框架下青藏高原特色农业国际竞争力研究》,青海人民出版社2008年版,第134~140页。
② 汪习根:《发展权法理探析》,载《法学研究》1999年第4期。
③ 郎维伟、王允武等著:《中国民族政策与少数民族人权保护》,四川人民出版社2006年版,第319页。

和参与利益分享。这方面卓有成效的保障农牧民发展权的实践举措就是区域重大综合项目的开发。

黄河谷地综合开发,是青海在建设社会主义新农村、构建和谐社会的新形势下,以黄河上游水电开发为契机,实施黄河谷地综合开发,使黄河流域成为并行于湟水流域的新的经济增长条带和新农村建设重点区域,以加快全省脱贫致富奔小康进程,促进民族和谐、宗教和谐、区域和谐、人与自然和谐。

调研资料(18):

一、黄河谷地基本情况

黄河在青海境内径流长1959公里,年平均径流量232亿立方米,占黄河流域水资源总量的49%。其流域以阿尼玛卿山脉为界,分为黄河源区和东部农业区两大部分。其中,黄河源区主要是以牧业为主的果洛藏族自治州,东部农业区即黄河上游谷地,是指龙羊峡水库以下至民和县寺沟峡口之间的320公里的黄河沿岸地区,地跨海南州的共和、贵南、贵德,黄南州的尖扎、同仁,海东地区的循化、化隆、民和8县,是青海省内仅次于湟水流域的第二大人口密集区,区内国土面积3.77万平方公里,约占全省总面积的1/20;人口117.66万人,占全省总人口的22%。这一区域海拔在1650～2600米之间,地势较低,土壤肥沃,气候温和,年平均气温在2.5℃～8.7℃,年日照时数2370～2600小时,年积温2926℃～3176℃,作物生长期200～260天,年降雨量300～400毫米,是全省农业区中光热水土条件匹配最好的地区。黄河谷地多民族聚居,既是多元文化的交汇点,也是民族纠纷、宗教纠纷等事件多发点。沿黄8个县都是少数民族自治地区,我省藏、回、土、撒拉等世居少数民族主要聚居于此,少数民族人口占总人口的72.22%。这里是黄土高原伸向青藏高原的最北端,是两大高原的交汇地带,地形复杂,交通不便,经济发展水平相对滞后于湟水流域。这一区域也是黄河上游水土流失最为严重的区域之一。由于黄河两岸浅山植被稀疏,山体裸露,年水土流失量为3160万～7900万吨,属强烈及中等水土流失区,是黄河上游主要泥沙来源之一。

该区域是青海省享受区域发展权成果最不成比例的地区。2005年全区生产总值68.65亿元,占全省生产总值的13%;农牧民人均纯收入2011元,仅为全省平均水平的93%,全国平均水平的60.37%,除共和、贵德、贵南县外,其余各县农牧民人均纯收入均低于全省平均水平,其中最低的尖扎县仅为全省平均水平的 74%。这一区域是全省贫困人口的集中分布区域,沿黄 8 个县中有 4 个国定贫困县,1 个省定贫困县,贫困人口 28.05 万人,占全省贫困人口的 23%,占当地农牧民总数的 31.5%。

二、黄河上游水电开发及主要问题

龙羊峡至寺沟峡河段地形地质条件良好,落差地段集中,水力资源丰富,对外交通方便,技术经济指标优越,是闻名全国的水电富矿。河段自上而下分布有龙羊峡、拉西瓦、尼那、山坪、李家峡、直岗拉卡、康扬、公伯峡、苏只、黄丰、积石峡、大河家、寺沟峡(装机容量 25 万千瓦,甘肃省建设)共 13 座梯级水电站,总利用落差 833.6 米,总装机容量 1168.1 万千瓦,总投资预计达 500 亿元。已建、在建 8 座水电站装机容量 944.1 万千瓦,多年平均发电量 153.7 亿千瓦时,占该河段可开发容量的 80.8%。龙羊峡、李家峡、尼那 3 座水电站建成,装机容量 304 万千瓦,年发电量 127.4 亿千瓦时。拉西瓦、直岗拉卡、康扬、公伯峡、苏只 5 座水电站在建,公伯峡水电站 4 台 30 万千瓦机组已建成发电,计划 2008 年全部建成;拉西瓦水电站装机容量 420 万千瓦,2006 年正式开工,计划 2010 年全部机组发电;苏只水电站首台机组发电,康扬水电站 2006 年计划 4 台机组发电。积石峡、黄丰水电站建前工程开工。正在开展前期工作的大河家、山坪水电站,计划在"十一五"期间开工建设。

黄河上游龙羊峡至寺沟峡河段水电富矿已基本得到开发,但在单一水电开发模式下,缺乏区域统筹性,导致这一区域在大规模水电开发的同时,形成了优越的自然条件与现实的贫穷落后状况、早期的开发规划与建设社会主义新农村和构建和谐社会的需求之间的巨大反差。

一是优越的自然条件与当地经济社会发展落后现状的矛盾。黄河谷地农业优势突出。这里土壤肥沃、气候温和,是省内农业区自然条件最好的地区,是全省主要的耕地集中区和农产品产地,适于种植小麦、玉米、油菜、豆类、瓜菜等多种作物,可套种、复种,早熟作物可种植两季,是省内可进行复种的最佳区域。黄河谷地旅游资源丰富。峡谷切割、群山环绕,山清水秀,境内梯级电站的建成,高峡平湖又为美景添彩;坎布拉丹霞地貌、世界著名的人类灾难遗址——官亭喇家遗址等旅游资源独具特色;区域性全民信教及多民族杂居,使藏传佛教、伊斯兰教等宗教文化和民俗文化别具一格。黄河谷地区位优势明显。毗邻省内经济文化中心西宁,与经济发达的湟水地区平行,平均距离在百公里以内,与旅游胜地青海湖、塔尔寺联结便利,东、南分别与甘肃回族、青南藏族聚居区相连,是多元民族文化交汇区。黄河谷地优越的自然条件,使这一区域成为我省最早进入农耕文明的地区之一,自古以来就是多民族杂居、融合和生产交换的重要地带,历史上的屯田和茶马互市创造了名噪一时的繁荣景象。但由于近代以来对这一区域的开发不足,交通闭塞,导致长期封闭落后,经济社会发展水平远低于湟水流域。这一区域是黄河在省内最大的径流区,但区域内现有灌溉面积 76 万亩,只占耕地总面积的 32%,其中实灌面积只有 38.24 万亩,用水 6.22 亿立方米,仅占黄河在省内径流量的 2.7%。落后的水利设施成了制约经济社会发展的重要因素。近年来,随着资源开发步伐的加快和国家放宽民族地区城镇的建制标准,黄河谷地的城镇数量有了较快增长,目前全区已有 28 个城镇,其中县城 8 个,城镇人口 20.9 万人。但由于区域经济发展水平低,投入能力不足,城镇基础设施建设滞后,功能不齐,带动能力弱,大部分城镇人口不足万人,多数乡镇人口在 2000 人以下,区域人口城镇化率只有 19%,不足全省平均水平的一半。农牧民人均收入水平低,贫困问题突出。

二是单项开发规划与新形势下多种需求之间的矛盾。目前的水电开发是依据几十年前的规划实施的,很大程度上是计划经济体制下的单一性开发模式,对区域经济社会发展缺乏统筹考虑,从一定意义上讲,对国家项目建设重视程度较高,而对群众利益考虑不足,甚至为了支持国家项目建设而牺牲当地群众的利益,使当地群众在为水电站建设作出牺牲后没有得到相应的利益补偿,水电开发对当地经济社会发展也未起到应有的带动和促进作用。早期电站水库未留灌溉引入口,李家峡、公伯峡、苏只、积石峡水电站虽预留了引水口,但缺乏配套投资,干渠建设还未落实,现有灌区水利设施多为规模小而分散的提灌站及少量沿黄河两岸沟道分布的自流引水渠,自流、提灌及新老灌溉渠系交错纵横,除部分灌区渠系配套设施较好外,多数渠系为土渠,衬砌渠道较少;灌区缺乏统一管理,技术手段落后,田间灌溉方式以大水漫灌为主,水资源利用率较低。对被征用土地的补偿标准偏低,失地农民无生活保障,农民得到的补偿耕地由自流灌溉变为提灌,负担加重;补偿安置模式单一,不征求、不尊重群众的意愿和多种选择,以土地安置为主的方式使农民被禁锢在土地上,有愿望、有能力的农民失去了进城转产的机会,也与城镇化发展的规律相背离。目前该区域已安置库区移民5.33万人,大都以土地置换的方式靠后安置。水库水位上涨,许多移民又不得不进行二次搬迁,导致越搬越穷。与水电建设日新月异的兴旺景象相对照,当地群众却陷入"三望三叹"的尴尬境地:一为望水兴叹。沿黄很多地区人畜饮水困难,看着黄河水,却只能吃窖水——在雨季将天然降水集于水窖中,或将河水引入水窖储存。河谷地带有少量打水井,但多系山谷地表水渗透、矿化度高、水质差,用水安全得不到保障。二为望电兴叹。当地群众在为电站建设失去了数万亩良田后,并没有在用电上享受任何优惠,甚至还有部分无电村。三为望库兴叹。电站现代化的大坝、厂房等建筑物和水电建设运营职工的高收入,与当地落后的农村、破败的农舍、贫困的农民形成鲜明的反差,大量闲置的库区水面也因水权问题而无法利用。

三、黄河上游谷地综合开发的积极效应

作为青海两大最适宜人类居住和活动的地区,湟水流域以占全省2.5%的国土面积,集中了全省60%的人口、56%的耕地和50%以上的国内生产总值,已没有大的土地开发潜力。而黄河谷地的水土资源尚未充分开发利用,随着城镇化、工业化进程的加快,黄河谷地势必成为省内最具潜力且不可多得的开发区域。

黄河谷地综合开发的积极效应除水电建设的成果外,突出体现在水、土两个方面。在规划建设的13座大中型电站中有100米以上的高坝5座,正常蓄水位从1856米到2600米不等,分别抬高水位100~245米。利用各电站水库大坝抬高的黄河水位,自流引水,进行浅山区的水土资源开发和生态治理,不仅可增加和改善水浇地面积、节省电力资源、减少入黄泥沙,而且可改善当地的生态条件,促进农业的可持续发展,提高群众生活水平。根据已完成的尼那、李家峡、公伯峡等灌区的前期工作成果,龙羊峡以下电站水库灌区可开发利用的灌溉面积为81.59万亩,其中自流灌溉面积由32.01万亩增加到71.15万亩,提灌面积由20.07万亩减少到10.44万亩,共增加灌溉面积29.51万亩,相当于全省现有农田灌溉面积的十分之一,此外还改善灌溉面积52.08万亩。

黄河谷地综合开发的积极效应:

一是为解决东部地区的贫困问题拓展出路。黄河谷地是全省自然条件最好的地区，但谷地两侧的浅脑山是全省最贫困的地区之一，虽经多年扶贫，仍无法从根本上解决问题，主要原因在于当地人多地少，人均耕地面积不足 2 亩，且多为山旱地，环境承载力低，许多地方缺乏基本生存条件。而经过几年的异地搬迁安置，省内几个国有农场的接纳能力已经饱和，向省外移民因受多种因素制约也无太大可能。黄河谷地开发新增的土地，除一部分用于安置当地库区移民外，按每人 2 亩水地计算，可容纳安置近 8 万人，用于解决沿黄流域干旱山区约三分之一贫困人口的异地扶贫问题，既能有效解决迁出贫困人口的脱贫致富问题，又能有效缓解原迁出地的生态压力，达到迁出 1 人、宽松 2 人、脱贫 3 人的目的。从某种意义上来说，黄河谷地的开发，可以为我省实施异地扶贫提供为数不多、环境最为理想的安置地，而且可就近在本民族生活区域内安置，节省跨行政区域安置的行政成本，也可避免不必要的民族纠纷，有利于维护社会稳定。

二是可有效促进水资源的综合利用。黄河发源于青海，但在青海境内黄河水资源的利用程度很低，人畜饮水和农业灌溉都存在很多困难。通过综合开发，配套实施相应的人畜饮水工程，保障沿黄群众吃上洁净水。在农业灌溉方面，目前黄河谷地有提灌站 319 座，其中一级提灌站 267 座，二级及以上提灌站 52 座，每亩提灌成本在 60~120 元之间（其中 50 米扬程的 3、4 级提灌费用可达 120~150 元），弃灌撂荒地占有效灌溉面积的 5%。水库蓄水后库区水位抬高，通过引水口配套干渠，可增加自流灌溉面积，高位耕地也可减少提灌级次，节约生产成本。如果配合建设节水灌溉工程系统，改造沿黄现有的提水漫灌系统，推行高位输水、管道入户、温棚和果园滴灌、大田喷灌等节水措施，灌溉水利用率系数将达到 0.6，规划用水 5.47 亿立方米，在扩大灌溉面积 29 万多亩后，灌溉用水可比原有用水量节约 0.75 亿立方米，可避免因灌溉面积扩大导致从黄河取水的大量增加，实现水资源的综合、高效利用。

三是以水电资源造福当地群众。目前，黄河谷地尚有无电村 52 个，无电农户近万户。实施农网改造后，农村平均到户电价已下降到 0.424 元，但由于群众收入水平低，多数家庭仅能维持照明等基本生活用电。沿黄流域农牧民年用电量为 2673 万千瓦时，年户均用电量为 150 千瓦时，低于全省农牧民平均用电量。在省内电力富余（2006 年富余电量可达 44 亿度，

2007年将达80亿度以上)、外输电价过低的情况下,必须实施工业反哺农业、水电造福百姓的措施,通过超发电量限价销售以及政府补助等方式,对农民群众实行优惠电价,解决电力提灌、电炊用电等问题,鼓励、支持农牧民家庭多用电,促进农村电气化,推动社会主义新农村建设步伐,同时也从根本上杜绝农牧民因燃料短缺而毁林取材的现象,保护生态植被,减少水土流失,从而保证电站的长期、安全运行。

四是"旅游扶贫"。随着交通条件的改善,特别是沿黄旅游公路的建成和青藏铁路通车,黄河谷地旅游业开发的条件日趋成熟。应充分利用黄河谷地独特的自然景观和人文景观,构建"黄河水上明珠旅游线"。主要规划项目有:龙羊峡至寺沟峡库区水上游项目,沿黄河库岩观光、水上娱乐及运动项目开发;贵德县梨花节、温泉疗养、农家乐、黄河水上游等项目;尖扎县依托坎布拉国家森林公园、宗教文化、丹霞地貌等旅游资源,开展水上旅游、探险、科考等项目;循化县重点开发高山湖泊观光(孟达天池)、撒拉族历史神话传说及民族风情游览、十世班禅故居参观等旅游项目;同仁县突出热贡艺术,开发以隆务寺、隆务河、麦秀原始森林观光为中心的藏族宗教文化旅游、民族风情观光项目。旅游资源的充分利用,必然会增加农牧民的经济收入,极大地提升当地农牧民脱贫致富的水平。

作为社会生活的基础,利益是社会生活中唯一、普遍起作用的社会发展动力和社会矛盾根源。作为长期处于经济权利贫困和政治权力弱势的农牧民而言,他们对利益最大化的极端追求以期摆脱传统沿袭的经济困境的欲望是非常强烈的。

黄河水电开发存在的主要问题:

1. 对征地农民的土地补偿问题。一是耕地产值补偿标准不统一。公伯峡水电站库区尖扎县夏藏滩移民区的耕地产值补偿标准只有841.9元/亩,而邻近的康杨、直岗拉卡水电站耕地产值补偿标准却为1559.5元/亩,这就带来了新的不平衡,引起大范围的攀比,既使政府工作陷入被动,又影响了新建水电站的顺利进行,同时也会引起社会的不稳定;①二是移民群众生产生活仍然十分困难。如 2007 年龙羊峡库区移民人均纯收入 2068.01 元(包括每年每人 600 元的后期扶持基金补助),与全州农牧民人均纯收入 2904 元相差 835.99 元,全州水库移民区现有生活困难人口 9696 人,还没有超过搬迁前或达到当地非移民群众的生活水平。特别是 2005 年水库水位上涨,造成 645 户、3514 人口粮短缺,23 户、106 人断粮,给本来就比较贫穷的移民群众又造成了生产生活上新的困难。

2. 移民安置规划问题。针对我省大中型水电站建设移民安置工作中出现的一些新问题和困难,应协调各方,借鉴外省经验,结合我省实际,合理制定安置方案。如,凡是土地资源比较充足,大部分移民愿意接受的,提倡以土地安置方式为主,配置基本口粮田,结合二、三产业复合发展模式;对征地数量少、人均耕地资源量损失不大的移民,或自愿与子女、亲属居住及长期在外经商办企业的移民,则可以货币补偿安置为主,供其发展第三产业;有些地区可以采取以土地使用权入股参与水电站收益分配的方式来进行安置。此外,应充分考虑被安置移民的社会保障问题,加大政策支持,消除移民的后顾之忧,确保社会稳定,为新建水电站创造良好的社会环境。

耕地是农民的保命地,保命地被淹没了,就应从水电站的效益中给农民一份"保命钱"。还可考虑改征地为租赁,按年租赁,年租金额由双方协商,按市价确定,签订协议后,按年度支付租金给移民。

也可从电站上缴地方政府的税费中,划出一定的比例,作为长期扶持库区经济发展的基金,每年按项目择优投放,优先建设与电站配套的开发项目,推进当地产业的发展。长期的投入必将带来当地经济的繁荣,为库区和周边农民提供日益充分的就业机会,增加他们的经济收入,使当地各民族得以共享自然资源开发的利益,实现共同富裕。

---

① 实际上,这种情况出现的原因还是由于政府对农民土地没有按等价交换的原则给予赔偿,给民族地区的移民造成了物质上的损失。根据学者所作的调查,在水电开发的土地补偿问题上,按淹没前 3 年平均每亩年产值,水田补偿 9 倍、旱地补偿 8 倍,广西、贵州两省区耕地平均每亩水田补偿 8406 元,常耕旱地每亩补偿 4756 元。然而,这种赔偿标准的计算方法还具有浓厚的计划经济色彩,即用行政手段定价而不是由市场决定价格。李甫春:《西部地区自然资源开发模式探讨》,载《民族研究》2005 年第 5 期。农民之所以有意见,主要是因为这样的补偿标准仍然无法让农民在迁入地购得面积和质量类似的地块。

3. 建立移民与水电资源开发者的利益共享机制。一是制定库区移民生产生活用电优惠政策。参照四川省二滩水电站对移民生产生活用电实行每年核定电量进行长期无偿供应的做法,给予移民生产生活用电优惠。二是切实落实每度电提取7厘钱支付地方的政策,由州县政府安排移民的生产生活和发展经济的项目。三是积极探索能够让移民按一定的比例参与分红的有效途径,以增强移民发展生产的后劲和持续性,使移民也能从水电开发中得到一定的实惠。

第六章

自然资源保护与青藏高原少数民族经济权

自然资源是指存在于自然界中一定的经济技术条件下,可以被用来改善生产和生活状态的物质和能量。① 自然资源在我国民族地区存量较大。如西藏,受青藏高原自然地理气候的影响,植物区系和多样性非常丰富。西藏的植物种类非常丰富,据《西藏植物志 1983—1987 年》记载,全区共有维管束植物 208 科、1258 属、5766 种。近几十年来,又有不少新发现。仅昆明植物研究所组织的对墨脱地区的越冬考察,就发现 2 个新记载的科、40 种新记载的属及 140 个在我国也是新记载的种。现在西藏维管束植物已达 212 科、1298 属,已超过 5900 种,我国维管束植物有 398 科、3421 属、约 32000 种。西藏的科、属、种数别占全国的 53.3%、38%、18%,其种类之丰富,在我国除华南、西南一些省外,其余大部分省区均有所不及。已有 300 余种植物被列入国家重点保护野生植物目录和《濒危野生动植物种国际贸易公约》(CITES)附录内。②

民族地区的各种植物资源,并不仅仅是一种科学研究和文化价值的存在,其同时对少数民族地区的生存权、经济发展权等具有重要的影响。因此,虽然关于自然资源的权属,根据宪法规定属于全民、集体所有,但我们还是应当在"加强保护、积极发展、合理利用"的框架下,承认少数民族民众有依赖这些资源获得生存保障和经济发展的权利。

---

① 金瑞林主编:《环境与资源保护法学》,高等教育出版社 2003 年版,第 178 页。
② 金世洵主编:《回顾与展望——西藏经济体制改革和对外开放 30 周年》,西藏人民出版社 2008 年版,第 361 页。

一、民族地区少数民族获得自然资源利益权的依据

从民族地区对自然资源开发利用自治的原理来讲,高原少数民族农牧民对其权属范围内的自然资源有利用、收益的权利。某些特殊资源对民族地区农牧民经济权利具有特殊性的意义,但对其权利的具体属性,在现有的法律理论中梳理得并不清晰。如以青藏高原名贵植物资源冬虫夏草为例,我们认为,由于其存在区域的特殊性,该植物存在的民族地区对它的权利关系如下:

(一)对冬虫夏草拥有的采集、获利的权利是民族自治地方依法享有的自然资源开发自治的一种具体性权利

我国现有法律明确规定了民族自治地方对自然资源优先合理开发和管理保护的权利。如《民族区域自治法》第28条规定:"民族自治地方的自治机关依照法律规定,管理和保护本地方的自然资源。民族自治地方的自治机关依照法律规定和国家的统一规划,对可以由本地方开发的自然资源,优先合理开发利用。"一般认为,目前民族自治地区自然资源的优势并没有得以体现,反而出现资源越丰富、区域越贫困的现象。但我们的调研表明,在虫草产区,却是虫草资源越丰富、区域民众越富裕。[①] 为了保持区域民众自然资源获利权的可持续性,民族自治地方应强化对自然资源的保护,努力延伸自然资源的市场附加值,逐步实现产区民众从对自然资源的

---

① 当然就总体来讲,由于体制原因,民族自治地方存在着资源越丰富、地区越贫困的现象,尤其是在西部民族地区这种情况尤为明显。详见葛忠兴主编:《中国少数民族地区发展报告》,民族出版社2005年版,第70页。

生存性依赖向收入的多元化转型。①

(二)对冬虫夏草拥有的采集、获利的权利是一种习惯权利

冬虫夏草俗称藏虫草,为素有"百药之王"美誉的名贵药用真菌,与人参、鹿茸并称中国三大名贵滋补中药。冬虫夏草生长于高寒山区和高山雪线附近,常见于海拔 4000 米以上的高山上。最适合生长的海拔高度为 4200~4600 米,下限是 3000 米,上限是 5100 米。生长的最适温度为7℃~12℃,最适空气湿度为 80%~90%,最适土壤湿度为 40%~60%。② 主要分布于青海、西藏、四川、甘肃和云南的高山灌丛和草甸区,其中以青海玉树、西藏那曲的最有名。大量的研究表明,冬虫夏草可作用于人体免疫、循环、呼吸等多个系统,具有镇静、扩张气管、止血、降压、改善心肌供血、抗衰老、调节人体免疫、抗器官移植免疫排斥反应、雄性激素样作用,以及对肝肾损伤的保护等多种药理作用,在抗肺癌、淋巴癌和肝癌等肿瘤和治疗肾功能衰竭等方面也有较好的应用前景。

我们认为,农牧民对冬虫夏草拥有习惯性的采集、收益权。习惯性权利是一种在长期的社会生活中形成的或从先前的社会传承下来的,表现为群体性、重复性自由行动的一种权利。③ 在冬虫夏草存在的高原少数民族地区,少数民族群众习惯性的采集冬虫夏草获利的行为,仅仅是传统的沿

---

① 目前青藏高原民族地区对自然资源的生存性依赖程度很高,如青海三江源区牧民畜产品生产和采集中药材收入占人均纯收入的 75%~80%,各县财政收入的 80%~85% 来源于农业税收入和沙金开采收入。国家实施三江源保护工程,采取禁牧、禁止采集药材和沙金措施后,地方财政收入和农牧民收入下降。详见葛忠兴主编:《中国少数民族地区发展报告》,民族出版社 2005 年版,第 70 页。

② 罗玉秀:《冬虫夏草的研究现状》,载《青海大学学报(自然科学版)》2003 年第 2 期;陈仕江等:《中国西藏那曲冬虫夏草的生态调查》,载《西南农业大学学报》2001 年第 4 期。转引自鲁肃元:《青藏高原冬虫夏草资源开发问题的理性分析》,载《青海社会科学》2009 年第4期。

③ 张文显主编:《法理学》,高等教育出版社、北京大学出版社 2006 年版,第 113 页。

第六章 自然资源保护与青藏高原少数民族经济权

袭,并非是法定权利。① 因此,即便是农牧民在自己承包的草原上,按照法理,也不具有当然的采集权。② 同时根据有关规定,冬虫夏草的采集、收购、销售都要经政府主管部门批准。③

(三)对冬虫夏草拥有的采集、获利的权利是一种生存依靠性的经济权利

以前,我国冬虫夏草资源主要用于中藏药材配料之一,进行无偿采挖,其总产量基本维持在每年100吨左右。近年来,冬虫夏中以其良好的治疗和保健效果,吸引了国内外广大消费者的更大关注,其开发量已上升到每年200吨左右,从冬虫夏草衍生出来的产品越来越多,所联动的行业增多,正在形成一个大的产业。

因此,在青藏农牧区,采挖冬虫夏草是产区牧民增收、提升生存能力的主要渠道。20世纪90年代,随着冬虫夏草药用功能进一步被发现和渲染,不断有非产区农牧民进入青藏高原冬虫夏草产区采挖,因其带来了丰

---

① 其依据为:《中华人民共和国宪法》第9条:"矿藏、水流、森林、山岭、草原、荒地、滩涂等自然资源,都属于国家所有,即全民所有;由法律规定属于集体所有的森林和山岭、草原、荒地、滩涂除外。"《中华人民共和国野生植物保护条例》第16条第2款:"采集国家二级保护野生植物的,必须经采集地的县级人民政府野生植物行政主管部门签署意见后,向省、自治区、直辖市人民政府野生植物行政主管部门或者其授权的机构申请采集证。"(冬虫夏草属于1999年颁布的国家重点保护野生植物中的国家二级保护野生植物。)

② 如《青海省冬虫夏草采集管理暂行办法》第12条规定:"草原承包者在其依法承包经营的草原范围内,享有优先采集虫草的权利。"

③ 详见《中华人民共和国野生植物保护条例》第16条、第17条、第18条、第19条、第20条、第21条之规定。冬虫夏草产区的地方性法规对此作了更为明确的规定,《青海省冬虫夏草采集管理暂行办法》第10条规定:"采集虫草必须取得采集证。采集证应当载明持证人、虫草采集区域和地点、有效期限和资源保护措施等内容。采集证不得伪造、倒卖、转让。"《西藏自治区冬虫夏草采集管理暂行办法》第11条规定:"采集虫草应当取得采集证。采集证的发放对象为虫草产区县域范围内当地群众,因历史传统跨县域采集虫草的,由相邻县级人民政府协商解决。采集证应当载明持证人及其相关身份资料、采集区域和地点、有效期限和环境保护措施等内容。"《西藏自治区冬虫夏草交易管理暂行办法》第7条规定:"虫草收购实行许可制度。"第14条规定:"销售虫草的,应当具有固定的经营场所,并取得所在地工商行政管理部门核发的营业执照后,方可销售。"

厚利润遂,一度成为农牧民致富的捷径。近几年,冬虫夏草价格一路飙升,加之"禁挖"措施得力,产区牧民成为最大受益者。① 据调查,西藏1/3的农牧民(超过75万人)的主要收入及冬虫夏草产区农牧民收入的60%、人均纯收入的1/3来自虫草。其中,2004年西藏3个国家级贫困县中的嘉黎县和察雅县,其冬虫夏草收入分别占其农牧民总收入的70.55%和82.36%。正是由于冬虫夏草资源的开发,使西藏贫困人口分布格局发生了十分明显的改变。② 我们对青海产区的粗略估算,有80%的牧民靠冬虫夏草挣钱,冬虫夏草收入占到牧民总收入的50%~80%,"冬虫夏草业"成为除牧业外牧民主要甚至唯一的收入来源。如按每公斤2.5万元计,玉树州2005年采挖冬虫夏草的收入就达3亿元左右,农牧民人均虫草收入达800元,占农牧民全年人均收入的一半以上。2003年,海南州兴海县桑当乡切卜藏村采挖冬虫夏草收入最高的牧户就达到2万多元,户均达到6000多元,当年有85%的牧户脱贫③;河卡镇2005年牧户冬虫夏草收入每户最少的有5万元,平均达10万~20万元。部分牧人(包括个别冬虫夏草经纪人)借助冬虫夏草,使生活达到了小康水平。

正因为冬虫夏草对当地农牧民经济利益的重要性,虫草产区的地方性法规对他们的采集权和获利权明确予以保护性规定,《青海省冬虫夏草采集管理暂行办法》第12条规定:"草原承包者在其依法承包经营的草原范围内,享有优先采集虫草的权利。"第13条规定:"允许虫草资源地的州、县人民政府与农区、无虫草资源地区的州、县级人民政府,按照互助、互利的

---

① 据有关资料统计,20世纪80年代国内市场虫草平均价格(主要指3500条级虫草的价格)为每公斤1000元左右,之后,虫草价格呈缓慢上升趋势,1995—1999年间,虫草平均价格在每公斤1.4万元左右;2000—2004年间,虫草平均价格达到每公斤4万元左右;从2006年起,虫草价格开始快速升高,到2007年已上升至每公斤12万元左右的历史性高价位;之后虫草价格虽然有所回落,但总体来看,仍表现出明显上涨的趋势。杜青华:《冬虫夏草价格形成机理和长期走势探析》,载《青海社会科学》2009年第4期。

② 罗绒战堆、达娃次仁:《西藏虫草资源的可持续利用及其对农牧民收入影响的研究报告》,载《中国藏学》2006年第2期。转引自鲁肃元:《青藏高原冬虫夏草资源开发问题的理性分析》,载《青海社会科学》2009年第4期。

③ 鲁肃元:《青藏高原冬虫夏草资源开发问题的理性分析》,载《青海社会科学》2009年第4期。

原则,签订虫草采集协议,以组织劳务输出的方式安排农牧民采集虫草。"《西藏自治区冬虫夏草采集管理暂行办法》第 11 条也规定:"采集虫草应当取得采集证。采集证的发放对象为虫草产区县域范围内当地群众,因历史传统跨县域采集虫草的,由相邻县级人民政府协商解决。"《西藏自治区冬虫夏草交易管理暂行办法》第 10 条规定:"虫草收购者应当到县(市、区)、乡(镇)人民政府指定的交易点收购虫草,并服从当地政府的管理。"第 11 条规定:"收购虫草的,收购者应当主动向出售者出示虫草收购许可证明。出售者应当要求收购者出示虫草收购许可证明,并不得向无虫草收购许可证明的收购者出售虫草。虫草收购者应当及时结清虫草交易款项,不得拖欠虫草收购款。"

(四)对冬虫夏草拥有的采集、获利的权利是区域经济社会发展的基础性经济权利

通过农牧业获得经济利益是青藏高原地区实现经济权利的基本形式,其中冬虫夏草业的收益在其经济权利的格局中占有重要的地位。如青海省果洛藏族自治州,位于青藏高原的腹地,是黄河、长江的发源地,全州冬虫夏草资源主产区主要分布在海拔 3700 米以上的生态脆弱区,大约有 2939.60 万亩的草地上不同程度地孕育着冬虫夏草资源。目前,全州冬虫夏草非产区共有 4 县、9 个乡镇、44 个牧委会、55 个生产合作社,牧民 4699 户、19449 人,可组织能够采挖虫草的劳力 9651 人;冬虫夏草产区共有 5 县、35 个乡镇、138 个牧委会、494 个合作社,共有牧民 24712 户、102286 人,可组织能够采挖虫草的劳力 46192 人,拥有草地面积 5820.46 万亩。全州农牧业总产值 44263.74 万元(当年价),其中畜牧业产值为 35843.8 万元,占总产值的 80.98%;人均纯收入 2161.51 元,其中冬虫夏草采挖收入 620 元,占人均纯收入的 28.68%。2002 年以来,果洛州各级政府将依法加强将冬虫夏草资源保护管理工作作为生态环境保护和建设的重要举措,全州冬虫夏草资源保护管理工作逐渐规范化、法制化,不仅有效保护了草原生态环境,而且维护了群众利益,大幅度提高了牧民群众收入,取得了比

较显著的生态效益、经济效益和社会效益。①

　　同时,虫草产业对高原民族地区的社会事业又具有关键性影响。如冬虫夏草的开发利用事关生态移民的成败。生态移民是解决生态脆弱的青藏高原草畜矛盾、人地关系恶化问题的根本途径。举世瞩目的三江源自然保护区生态移民工程于2003年开始实施,截至2008年已有6000多户、3万多牧民从其世代居住的草原搬到城镇。根据规划,到2010年项目结束,实施搬迁的牧民将达到5万多人。已搬迁的牧民中有一半以上曾深刻体会了严峻的草场生态压力,甚至有不少属于"生态难民"。他们缺乏适应城镇经济社会文化条件的生存技能和谋生手段,其比较稳定的收入来源是政府给予每户6000元或3000元的"饲料补助款"。仅靠此收入,他们中大多数人的生活仍然难以为继。因实行了移民对原草场的承包权不变的政策,多数移民仍可以回到其原承包草场采挖冬虫夏草。冬虫夏草业已成为生态移民的首要副业。冬虫夏草价格的波动、资源量的增减等,都会严重影响缺乏生产技能和就业出路的生态移民的基本生存。三江源区贫困人口达25.4万,占当地农牧民总人口的63%,被普遍认为是青海省贫困人口最集中、贫困程度最深重、脱贫任务最艰巨的地区。若冬虫夏草资源存危,不但贫困人口生存会出现严重危机,而且经多年努力得以脱贫的人口也会返贫。一个显著的例子是,玉树州2005年开始实施跨县禁采措施,次年全州约有1.4万户、6万多非冬虫夏草产区群众收入降低5000～15000元(搬迁牧户尤甚,个别牧户已出现返贫)。

　　正因为虫草资源对当地经济社会的重要意义,因此有关地方性法规特别重视对这一珍贵资源的制度保护,以利于当地经济实现可持续发展。《青海省冬虫夏草采集管理暂行办法》第15条规定:"虫草采集人员有保护草原生态环境和草原建设设施的义务,并应当遵守下列规定:

　　(一)尊重虫草采集地的民族风俗习惯;

　　(二)不得采用破坏草原植被的方式设立居住点;

　　(三)采集虫草对草皮随挖随填;

---

① 杨英、丁忠兵:《青海依法保护冬虫夏草资源的回顾与思考——以果洛州为例》,载《青海社会科学》2009年第4期。

（四）不得使用对草原植被破坏性大的工具采集虫草或者毁坏草原、畜牧业建设设施；

（五）不得砍挖灌木、挖草皮、掘壕沟、采挖其他野生珍稀植物、防风固沙植物；

（六）不得捕杀依法受保护的野生动物；

（七）遵守采集地人民政府的有关规定。"

第16条规定："虫草采集实行补偿制度。"第19条规定："虫草采集地的乡（镇）人民政府和村牧民委员会有权对虫草采集人员的采集行为进行监督，制止违规采集虫草和破坏草原生态环境的行为。草原承包者、使用者有权制止违规或无证采集虫草、破坏草原生态环境和草原建设及畜牧业设施的行为。"《西藏自治区冬虫夏草采集管理暂行办法》第16条也规定："虫草采集人员应当保护草原生态环境和草原建设设施，并遵守下列规定：

（一）尊重虫草采集地的风俗习惯；

（二）设立居住点不得破坏草原植被；

（三）采集虫草对草皮随挖随填；

（四）不得使用对草原植被具有破坏性的虫草采集工具；

（五）不得毁坏草原、畜牧业建设设施；

（六）不得砍挖灌木、挖草皮、掘壕沟、采挖其他野生珍稀植物、防风固沙植物；

（七）不得非法猎捕野生动物；

（八）做好生活垃圾的及时处理；

（九）遵守虫草产区县（市、区）人民政府的有关规定。"

有关地方性法规还规定了严格的处罚责任，如《西藏自治区冬虫夏草采集管理暂行办法》第24条规定："违反本办法规定，造成草原植被或者生态环境破坏的，由发证机关吊销其采集证，并由虫草产区县（市、区）农牧行政主管部门责令其停止违法行为，限期恢复植被，没收非法财物和违法所得。逾期拒不恢复植被的，指定有关单位和个人代为恢复植被，所花费用由责任人承担，可以并处违法所得1倍以上3倍以下的罚款，但最高不得超过2万元。没有违法所得的，处以1000元以上5000元以下的罚款。给草原所有者或者使用者造成损失的，依法承担赔偿责任。"

二、地方政府对生存资源的制度性保护措施:青海省果洛州玛沁县冬虫夏草保护的调研报告

调研资料(19):玛沁县地处青海省南部,果洛藏族自治州东北部,三江源生态保护核心区,东部连接黄南州河南县,南部与甘肃省玛曲县为邻,西部与本州甘德、达日、玛多3县接壤,北部与海南州兴海、同德两县相连。县辖7乡两镇;总面积1.337万平方公里,平均海拔在4100米以上,是一个藏族聚居的纯牧业县。全县总人口40432人,其中农牧业人口25478人,占总人口的63.01%。畜牧业是玛沁国民经济的基础,全县草场面积1763.62万亩,可利用草场面积1628.01万亩,占总草场面积的92.3%,畜牧业资源的开发潜力较大。2006年末全县农牧区共存栏牲畜50.78万头(只、匹),农牧业总产值达到5422万元。玛沁县境内有丰富的冬虫夏草、贝母、秦艽、当归、雪莲等名贵中藏药材。尤以冬虫夏草资源最为丰富,2007年全县虫草产量约4500公斤,人均采挖虫草0.11公斤,人均虫草收入3100元,较上年增长300~500元。

玛沁县非常重视对冬虫夏草资源的保护与管理,近年来每年都制定年度虫草资源保护管理工作实施方案,以实现对虫草资源管理的规范化、制度化。2007年虫草资源保护管理工作实施方案的基本内容如下:

一、虫草禁采工作的政策法规依据

虫草禁采工作的政策法规依据是:《中华人民共和国草原法》、《中华人民共和国自然保护区条例》《野生药材资源保护管理条例》《中华人民共和国森林法》《中华人民共和国野生植物保护条例》《甘草和麻黄采集管理办法》《青海省草原承包办法》《青海省实施〈中华人民共和国草原法〉细则》《果洛州虫草资源管理办法》及相关法律、法规和规章制度的有关规定。

二、2007年虫草禁采工作的原则和要求

加强生态环境保护,有利于促进经济结构调整和增长方式转变,实现更快更好发展,有利于提高全社会的环境保护意识,促进社会主义新牧区

建设,有利于维护广大牧民群众的长远利益,为子孙后代留下良好的生存和发展空间。因此,在虫草禁采工作中必须坚持以下原则和要求:

1. 坚持统筹人与自然和谐发展,构建和谐社会的原则;
2. 坚持生态保护和农牧民增收相结合的原则;
3. 坚持源头严格控制和属地化管理的原则;
4. 坚持依法保护、科学规划、合理采集、永续利用的原则;
5. 坚持产区群众就地采集,严禁外县人员来我县采集原则;
6. 坚持坚决禁止以山、沟、滩等形式出售、出租承包虫草采集权的原则。

为促进县域内生态、经济、社会协调稳定持续发展,以科学管理、有序采集、群众增收、地区稳定为目的。决定2007年全县继续实施虫草禁采工作。具体做法为:继续采取稳定第一、禁外限内、源头控制的虫草禁采措施,由牧民自己管理自己的草场。牧民可以在自己承包的草场上采挖虫草;生态移民和家庭困难的本县牧民,与虫草产区政府协商后,在合理开发、科学利用、团结协作、保持生态植被的前提下,允许以乡(社区)为单位有计划、有组织地进行虫草采挖;严禁州县所有的城镇居民、干部职工(家属及其子女)、退休人员、下岗、待业、失业、从商、个体经商户、低保户、非虫草产区学生等人员采挖虫草。

三、虫草资源保护管理工作的具体措施和工作任务

第一,进一步规范虫草交易市场

根据《中华人民共和国野生植物保护条例》第18条"出售、收购国家二级保护野生植物的,必须经省、自治区、直辖市人民政府野生植物行政主管部门或者其授权的机构批准"和第24条"违反本条例规定,出售、收购国家重点保护野生植物的,由工商行政管理部门或者野生植物行政主管部门按照职责分工没收野生植物和违法所得,可以并处违法所得10倍以下的罚款"之规定,收购虫草活动必须获得政府主管部门的批准并取得许可证,同时必须取得工商行政部门的经营许可证并在其指定市场内进行交易。我县虫草交易市场地点确定在大武体育场、黄河路市场后院及拉加镇。严禁虫草收购人员进入虫草产区进行虫草交易,在虫草产区收购虫草的,查处后按外来人员对待,并进行处罚。在职国家公务员、企事业单位职工不准申请办理虫草收购许可证,不得从事虫草交易活动。

第二,进一步明确虫草资源的管理权

在虫草资源采集管理权限问题上,要充分尊重产区群众意愿,以牧委会或牧民小组为单位来管理虫草资源采集活动,具体管理办法按产区绝大多数群众的意见来确定。原则上由牧民群众自己管理自己承包的草原,以达到从源头上控制的目的。禁止任何人在县、乡、村之间,牧民之间有草原使用权争议的地区采挖虫草。

第三,因地制宜,结合实际,制定虫草采集管理方案

在虫草资源管理上,坚持"属地管理"和尊重产区大部分群众意愿的原则,实行源头控制和群众自我管理的工作机制,采取县上宏观调控、乡级实际操作、村级具体管理的办法,做好协调服务和监督检查工作,将虫草资源的管理工作交给村、社负责,确定以牧委会或生产合作社为管理单位,租织当地群众开展虫草采集活动,让村、社基层组织有充分自主权。各乡镇和相关单位要在调查研究、征求意见的基础上,依据本《实施方案》,尽快制定符合实际的管理办法,报县中藏药材资源管理工作领导小组。

第四,虫草资源补偿费的制定和管理

虫草采集补偿费的收费标准由村民代表大会讨论,收取草原补偿费的90%返还给产区群众,其余10%的资金按合作社7%、牧委会3%的比例用于村、社组织在虫草采集期间的管理费和日常草原管护费。实行"村财乡管村用"的办法,加强集体财务的管理。草原补偿费的使用情况由县审计部门审计,并将审计情况报县中藏药材资源管理工作领导小组办公室和县政府。一旦发现截留、挪用等违纪违规现象,县政府将追究有关负责人的责任。2005年和2006年的草原补偿费审计情况务必于2007年4月1日前报州中藏药材资源管理工作领导小组办公室和县政府。

第五,工作要求和保障措施

虫草禁采工作是一项政策性强、牵扯面广的复杂工作,全县各乡镇、各部门要引起高度重视,严格实行政府"一把手"负责制,按照"县抓到乡,乡抓到村,村抓到户"的原则,严格明确工作职责。同时在虫草采挖期间,成立县、乡虫草禁采工作现场指挥部,一级抓一级,一级对一级负责。

(一)加强宣传

从2007年4月10日开始,要在拉加、下大武、原昌麻河乡、大武乡等地区的边界和主要路口设立生态保护宣传点。宣传点由县中藏药材资源管理工作领导小组抽调公安、交通、环保、农牧等部门人员和虫草产区牧委

会民主推举的牧民群众代表(在此工作期间,由县中藏药材资源管理工作领导小组给予一定经济补助)组成,做到各部门分工负责,相互密切协调、配合,互相监督,切实履行"把好门、管好人、理好事、保稳定、促增收"的工作职责。宣传点工作人员出现违规违纪现象的一经查处后即移交县虫草资源管理违纪违规处理领导小组负责处理。擅自进入我县采挖虫草的人员,劝返等矿发生的相关费用和后果一律自负。

在4月"全州生态环境保护宣传月"期间,县上组织农牧林业、环保、公安、工商、交通、草原执法等有关成员单位,大张旗鼓地开展宣传教育活动,制作藏汉两种文字的宣传材料,充分利用广播电视、流动宣传车、标语、横幅等宣传工具,使保护虫草资源的重要性家喻户晓、人人皆知。

同时,在虫草采挖时节之前,县政府领导同相关部门负责人赴西宁、海东等外来民工相对集中的地区,宣传我县虫草禁采政策,通过刊登、张贴、散发《通知》等形式,通过广播电视等新闻媒体向省内外宣传政策。同时,加强与兴海、甘肃、阿坝等毗邻地区政府的协调、联系,请求他们配合支持我县的虫草禁采管理工作,从源头上得到有效控制。

(二)明确责任,建立目标责任制

虫草禁采工作要实行分片包干制,即:县级干部包村,乡级干部包社,县乡一般干部和村社干部包社、包户、包重点地区的办法,要自始至终负责联系点的虫草禁采工作,县直机关各部门也要包村、社,禁采工作人员必须入户,蹲点开展工作。哪个乡村出现问题,就由哪个乡村的工作人员负责;制定包干制度和责任追究制,并严格兑现奖惩,县、乡、村牧户之间层层签订责任书,纳入年度目标考核之中,采取评比检查的方法,奖优罚劣。各乡(镇)及县直机关各单位必须对县虫草资源管理领导小组提交书面禁采工作承诺书,各基层组织也要向乡(镇)政府进行承诺。

(三)加强协调、分工负责,共同做好虫草禁采工作

各乡镇、牧委会可在所管辖的乡村道路上增设生态保护宣传点;劝阻外来人员返回原籍;同时,各乡(镇)牧委会、牧户必须在4月15日前对以帮工帮牧名义进入我县境内的外来人员进行登记并彻底清退,对进入虫草产区的施工队和经商人员要进行详细登记,不是重点项目的一律停止,待虫草采集期过后再进行施工,重点施工项目的施工队应出具相关证明到县虫草资源管理领导小组办公室提出申请,经批准,施工队领导和虫草产区

乡政府签订责任书后方可进入,要严格加强对施工人员的管理,如发现施工人员上山采挖虫草,按当地相关规定对施工队进行处罚;加强对经商人员监管,收购虫草必须在指定的交易场所进行,不准进入虫草产区,否则按非法采集论处。各乡镇、牧委会要组织基层干部、党员、民兵组成检查组,对本地区的草场进行巡查,确保各家各户没有滞留的外来人员。

大武镇人民政府和辖区派出所及县工商局要加强对大武地区出租房的管理,禁止将房屋出租给外来虫草采挖人员。如果将房屋出租给外来虫草采挖人员,按房屋租赁管理办法严肃处理出租人。

(四)强化车辆的管理,确保交通运输安全

一是从4月15日到6月15日,县虫草资源管理领导小组责成县交管部门在虫草产区的道路上进行为期两个月的交通管制。二是车辆管理部门要严厉打击无证驾驶、私车参与客运、超载超限行驶等违规违法行为。严防突发事件的发生,一旦发生交通事故,所有损失由当事人承担;各类机动车辆(包括摩托车)不准私自拉运民工,一经发现可将车辆扣留,由交管部门处理。

(五)密切配合,切实做好虫草禁采期间的社会稳定工作

一是加强对矛盾纠纷的排查工作,定期排查和调处矛盾;二是建立完善各类群体性事件处置预案,确保对突发性事件能及时果断处置;三是县人大、政协和监察、审计部门要充分发挥监督作用,共同做好合理利用资源的监督管理工作;四是县中藏药材资源保护管理工作领导小组要在虫草采集期间与虫草资源乡政府签订虫草资源管理安全责任书,各虫草资源乡要按属地管理、分级负责的原则,确保社会稳定。

(六)虫草资源管理的奖罚措施

在虫草管理工作中,设立举报箱、建立监督举报制度,对于举报情况一经查实,根据《中华人民共和国草原法》《中华人民共和国野生植物保护条例》《中华人民共和国森林法》《中华人民共和国自然保护区条例》《野生药材资源保护管理条例》《甘草和麻黄采集管理办法》《青海省实施〈中华人民共和国草原法〉细则》《青海省草原承包办法》《果洛州虫草资源管理办法》等法律法规的有关条款对责任人给予处罚,对举报人按有关规定给予奖励。

1. 对于私自招揽外来民工的草场承包者:每招揽一人,由乡政府或牧委会(发包方)在没收其非法所得的同时,并处非法所得10倍以下的罚款。

情节严重的,应根据《青海省草原承包办法》第 24 条第 2 款之规定"承包方非法开垦草原或从事不利于草原保护的生产经营活动的",发包方收回草场的使用权。

2. 对于那些置政府虫草禁采政策于不顾,已经将承包草场以山、沟、滩等形式承包、租赁给个体老板的乡、村、社干部及牧户,所达成的协议一律视为无效,均属欺诈行为;在市场上招揽虫草采集人员的现象也属欺诈行为,若经举报查实后,视情节给予行政处罚、经济处罚;违反本条前款规定的,并处收回草场使用权。构成犯罪的,移交司法机关依法处罚。

3. 国家干部、职工及其家属、子女不得采挖虫草,更不允许招揽外来人员采挖虫草,一经发现视情节给予免职、降职等行政处分和经济处罚。离退休人员招揽外来人员采挖虫草的,除停发全年工资外,并根据有关法规和规章给予处罚。凡拉运、介绍外来人员进入三江源自然保护区采挖虫草的,依据《中华人民共和国自然保护区条例》第 34 条第 2 款、第 35 条之规定视情节不同给予 100 元以上 10000 元以下的罚款。

4. 负责虫草禁采管理工作的人员滥用职权、玩忽职守、徇私舞弊,视情节依法给予行政处分,构成犯罪的移交司法机关追究刑事责任。

5. 对在历年全县虫草禁采工作中查出的违反规定和扰乱秩序的单位和个人未执行处罚的,由乡政府牵头并和县违纪违规领导小组一起负责,加大执行力度,务必在 4 月底完成清欠工作,做到应罚尽罚,绝不姑息。

6. 在虫草禁采期间所收缴的罚没款一律上缴县财政,切实做到收支两条线。

7. 在草原上挖草皮、掘壕沟、烧草灰、砍挖灌木及其他固沙植物的,按《草原法》、《森林法》从严从重处罚;严禁一切破坏草原基础设施的行为发生。

8. 偷猎野生动物的,按《野生动物保护法》的规定进行处理。

9. 严禁携带管制刀具,一经发现,当场没收,并移送司法机关依法处罚。

10. 禁止野外用火,加强对生活垃圾的处理,尤其是塑料制品和玻璃制品,要由使用者负责烧毁或深埋处理。

11. 各虫草资源乡(镇)政府要在 4 月 15 日前逐村召开群众大会,并经集体协商,要将虫草资源保护管理的奖罚措施、办法,补充到乡(村)规民约当中加以贯彻实施。

12. 建立健全举报制度,县乡都要设立举报箱、举报电话,以便随时掌握虫草采集期间的违法乱纪行为。收到举报后,县乡有关部门应及时调查核实,一经查实,按有关规定给予处理,对举报人给予一定数额的奖金,并为举报人保密。

(七)虫草采集工作结束后,县上要召开总结会,总结一年来的虫草禁采工作,对在虫草资源管理工作中成绩突出的地区和个人给予表彰奖励;对组织管理差的地区和个人进行通报批评,给予一定数额的经济处罚,并在年终考核时扣减相应的考核分。对在虫草采集期间发生重特大安全事故、群体性事件,造成人员伤亡和财产损失的地区要实行一票否决制,同时追究党政干部的行政等责任,对个别干部群众无视政策法规,在虫草禁采工作中,明知进人不制止、不管不问、不处罚或搞上有政策、下有对策,做表面文章的要严肃处理,该撤职的撤职、该罚款的罚款,决不姑息迁就。

在我们调研时,当地政府对虫草禁采工作取得的成绩还是较为满意的。县政府主管部门在总结时认为,近年来虫草禁采工作的成绩主要有以下几方面。

首先,几年的虫草禁采工作促成了虫草禁采与虫草资源生态保护的制度规范体系。玛沁县在总结以往虫草限采工作的经验教训、广泛征求意见的基础上,先后5次召开专题会议讨论研究,经多次修改制定了《玛沁县2007年至2010年虫草资源保护管理工作实施意见》,交县人代会讨论通过后形成决议;根据《果洛州违反虫草资源管理办法责任追究(暂行)办法》,制定了玛沁县《贯彻〈果洛州违反虫草资源管理办法责任追究(暂行)办法〉》、《玛沁县处置虫草采挖期间群体性治安事件(不良事件)应急预案》,出台了《玛沁县2007年禁采期间出租房屋管理办法》,为今后几年开展虫草资源保护管理工作提供了制度保证。同时,召集法律工作者进行研究讨论,将有关保护生态的政策法规内容充实到方案当中,编制了《虫草禁采相关法律法规节录》,作为依法规范和管理虫草禁采工作的法律依据。

其次,制定了若干适应于当地生态保护的本土性制度。一是取消了采集证的办理制度,推行了禁外限内的禁采政策。规定除牧民群众可以在自己承包的草场上有计划地进行虫草采集外,其他人员一律不得采挖。同时还规定了对严重违反虫草禁采政策的牧户,草场承包方将依法收回草场使用权,并将其拥有的不动产由价格评估中心统一作价后列入全县生态移民户进行管理,从生态移民户中选出一户愿意从事畜牧业生产、生态保护意识强且善于经营的牧户,把草场使用权转包给他,让他进行保护管理,通过科学经营、合理保护和开发,增加牧民收入。

二是推行长效工作制,将虫草禁采上升至应对紧急状态的级别。各乡(镇)也根据州县要求成立了相应组织机构,完善了工作机制,结合实际制定了切实可行的管理办法,将虫草禁采的内容充实到乡(村)规民约中,为确保虫草禁采、保护生态建立了一个长效的管理机制。为使禁采工作措施落到实处,抓出成效,县中藏药材资源保护管理领导小组制定并出台了《玛沁县2007年禁采期间出租房屋管理办法》;县与乡、乡与村、村与牧户之间层层签订了虫草资源管理目标责任书和禁采工作期间社会治安综合治理目标责任书,层层落实责任,实行一票否决制。针对禁采工作复杂性较强的实际,县政府专门研究并下发了全县进入紧急状态的决定。确定19名县级联点包乡领导干部,建立了机关单位包牧委会的工作机制,并从州、县、乡各单位抽调干部职工121名,形成县级干部包村、县乡一般干部和村社干部包社、包户、包重点地区的联动工作格局。为进一步规范并制约工作人员在虫草禁采管理工作中的不作为,县中藏药材资源保护管理工作领导小组立足实际,制定了《县级干部联点工作制度》《生态保护宣传点工作制度》及单位分片包干等制度,确保了各项措施落到实处。为有效应对虫草禁采期间可能发生的各种突发事件,县中藏药材资源保护管理领导小组研究制定了《玛沁县处置虫草采挖期间群体性治安事件(不良事件)应急预案》,做到了防患于未然,使虫草资源管理工作逐步趋于科学化。县政府还严格实行准入审批制。

三是实行特定时期的入域审批制与巡查制。为避免外来民工借工程施工等名义涌入我县,县政府专门研究并下发了加强生态保护宣传点工作的通知,对所有进入我县的施工人员实行了一支笔审批制,严格控制外来人员盲目涌入我县境内。同时严格落实24小时值班制。针对外来人员流窜采挖现象较为严重的问题,县中藏药材资源保护管理领导小组组织县直机关各单位轮流在大武地区开展虫草禁采巡逻工作,各单位组织本单位留守人员从每晚20时至次日早8时在大武地区及附近道路上开展巡逻检查,对流窜采挖虫草人员起到了一定的震慑作用。各乡镇也针对本地实际,采取有效措施开展工作,保证了虫草禁采工作的顺利开展。坚持稳定压倒一切的方针,按照分级负责、谁主管谁负责的原则,讲求工作的方式方法,认真落实社会治安管理措施,严格实行了一票否决制,由于措施到位、认识明确,虫草采挖期间各类刑事案件的发案率有了明显的下降,没有发生重大案件。

四是严格落实举报制。以设立举报箱、举报电话等形式,采取奖励措施鼓励群众提供线索,从而全面掌握采集期间的违法乱纪行为,其间共接到举报35例,查实29例,发放奖金2万元。

最后,生态保护理念的广泛宣传具有了辐射意义。在禁采期间,全县各级政府共组织召开动员大会10次,再动员会议6次,召开群众大会17次,走访群众960户,动员面达到92%以上。在生态宣传活动月期间,组织农牧、林业、环保水务、公安、工商、交通、草原执法等有关单位,在大武镇、拉加镇开展了丰富多样的宣传教育活动,充分利用流动宣传车、张贴标语、悬挂横幅、制作发放宣传材料等宣传手段,结合部门的实际,广泛宣传了我县禁采政策和保护中藏药材的重要性,使宣传内容深入人心,人人皆知。其间,共张贴藏汉两种文字的《玛沁县人民政府关于加强虫草资源管理的通告》、《禁止外来人员到我县境内采挖虫草的通知》和《关于禁止将房屋出租给外来人员的通告》3000余份;在果洛电视台滚动播放藏汉两种语言的《通告》;发放宣传材料8400余份,制作横幅25条;县政法部门主动印制《告农民工书》、《告牧民的一封信》并广为散发,从法律角度解释虫草禁采的重要性和相关法律责任。同时充分发挥了生态保护宣传点的政策宣传和清退劝返作用,加强对我县禁采政策的宣传,劝阻外来人员进入我县境内,把好虫草禁采工作的第一关。各宣传点先后共清查车辆1300多台次,劝返外来人员4200余人次;为使外来人员涌入我县的势头从源头上得到有效控制,玛沁县政府向邻近的20余个县政府发出《关于劝阻贵县群众不要进入我县境内采挖虫草的函》,并组织由县级领导干部牵头的三个工作组,共15人分赴外省、州、县虫草采挖人员相对集中的地区,积极协调,取得了当地政府的理解、支持和帮助,在当地电视台播放了我县的禁采通告,广泛宣传我县的虫草禁采政策。其间,发放宣传材料10000余份,在省广播电台藏语台播放禁采通告20余天。同时在《青海藏文报》、《青海法制报》、《西海农民报》刊登了禁采通告,扩大宣传覆盖面。通过有效的宣传措施,干部群众对禁采工作有了一个全新的认识,明确了自己的责任和义务,在全县范围内营造了人人提倡禁采、人人参与禁采、人人开展禁采的良好氛围。

再次,牧民群众保护虫草资源主体意识的确立提升了保护措施的效果。政府按照"谁的草场谁管理"的要求,把自主权交给群众,让牧民自己管理自己的草场,使群众成为禁采工作的主体,进而使禁采工作由政府强制性禁采转变为群众自觉禁采,从源头上得到有效控制。由于思想认识统一,群众积极性高,全县虫草资源乡86%以上牧民自觉参与禁采工作,特别是虫草产区的牧户以家庭或家族为单位自行组织清退了流窜的外来人员1700人次;针对玛沁县边界线长、入境渠道复杂,给禁采工作带来了相当大的难度的实际,县上除统一组织人员在拉加镇、下大武乡、昌麻河乡、大武乡、东青沟川乡等主要交通路口设立了11个生态保护宣传点和8个流动宣传组外,各乡(镇)根据需要在主要边界线成立巡查小组,让群众代表和基层各类组织成员参与生态保护宣传点和巡查小组的工作,认真落实各重点环节的工作,县禁采领导小组定期或不定期地进行督促检查,坚决杜绝外来人员进入虫草产区,严把第一关口;同时根据青海省人民政府办公厅《关于加强虫草采集人员和车辆管理等有关工作的通知》精神,在进入虫草产区的主要道路上设立生态保护宣传点,对过往的外来群众及司乘人员宣讲虫草禁采政策,劝其返乡。县交管部门从2007年4月15日到6月15日在全县虫草产区的道路上进行交通管制,严防交通违规行为,确保交通安全。并协调省上相关部门取消发往三江源地区的加班车,有效控制外来人员入境。其间共查处违规车辆143台次,查处违规拉运外来虫草采挖人员83人次;县委、县政府还抽调全县干部职工137人,分成若干个小组,赴全县各虫草资源乡采取设流动宣传点、夜晚巡视、定期不定期检查、突袭检查等形式对进入我县虫草产区的外来人员进行集中清退,大张旗鼓地营造清退氛围,形成震慑力,迫使外来民工认清形势,主动返乡。同时,抽调人员对重点地区、重点人员进行重点清查,组织大武镇干部职工及县机关干部职工对大武地区的出租房屋和外来人员临时居住的场所进行彻底清查,对查处的外来人员及时调运班车遣送出境。针对阿坝、黄南等地的一些外来人员强行在我县境内采挖虫草的实际情况,县上专门成立了由农牧、林业、公安牵头,各部门及武警、消防等单位配合的机动组,有针对性地开展清退工作,取得了较好的效果。在整个虫草禁采期间,共开展清查活动30次,参加人员累计达2800人次,抽调车辆累计达600台次,前后清退外来人员4300余人次,前后共调运遣送外来人员的班车240台次。由于清查活动的规模大且活动频繁,约有5000名外来人员认清形势,自愿返乡。通过清查活动,使本地牧民招揽、拉运、藏匿外来民工的现象得到有效遏制。从2007年3月份开始,为严肃纪律,确保政令畅通,县违纪违规处理领导小组,对2004年以来虫草禁采工作中遗留的13起执行难度大的违纪违规行为逐件进行了查办,清欠罚款25万元;今年的虫草禁采工作中,县禁采领导小组继续加大查处和监督检查的力度,本着从重、从快、从严的方针,按照查处一例、执行一例、公示一例的要求,严肃处理了违反州、县虫草资源保护管理政策,私自滞留并出租房屋给外来虫草采挖人员和拉运外来民工的严重违纪事件。同时,县中藏药材资源管理违规违纪案件处理领导小组针对党政主要领导对承诺书履行情况疏于监督、对干部管理不严的情况,在全县范围内进行通报批评。其间,共查处各类违规人员60人,其中干部职工3人,牧民11人,其他闲散人员46人;对两名严重违反禁采有关规定的干部职工给予了开除公职的处分,对违纪牧民处罚目前正在整理证据,并力求在近期按禁采规定执行,前后共收缴罚款429330元,依法没收车辆5辆,其中摩托车2辆。所有的罚没款都上缴了县财政,并严格做到了收支两条线。

但是实地调研发现,在政府对虫草禁采工作取得了一些成绩的同时,普通虫草禁采执法者却对此发表了一些不同的看法:

调研资料(20):杨某,藏族,40岁,玛沁县公务员。

根据政府关于虫草禁采的通知,每年3～6月,全县50%的干部要下帐(在草原上扎帐房),进行禁挖虫草的宣传、教育、动员工作,然后设卡,将进入草山挖虫草的民工劝回,大部分能回,但也有一部分公然对抗,对这些人只能由政府统一组织公安、武警强行送回。但这些人很不讲理,有的公然动刀子。这些人也不交草皮费,以往由政府租车将他们送回西宁,但有的送回后又来,有的甚至往返五六次。今年政府财力不能支撑,就只能组织民工遣返,但费用自理。

目前对虫草禁采工作,虽然政府作了最大的努力,但效果不佳,原因是源头上控制不了。当我们宣传时,牧民表面上支持国家政策,但背后却违背,所以尽管我们设有卡子,但牧民地形熟,他们可以带采挖虫草的民工避开设的卡子,因此设的卡子一般控制不了(他们)。2006年玛沁的虫草大乡大武、雪山、东青沟乡三乡共约五六万人采挖虫草,对草原植被影响很大。

2002年以前虫草采挖不限,2002年以后限采,2007年开始全面禁采,仅限于草场的承包户、退耕休牧的搬迁户可以采,但实际上对玛多、昌马河的移民①,草原承包者是不让挖的,因为他们(搬迁户)不交草皮费。而承包者之所以愿意让外来民工挖,是因为他们愿意交草皮费,而自己可以不劳而获,凭这种收入,有些虫草(资源)丰富的承包者每年可以收入100多万,少的也可能有20万~30万。在如此大的利益的驱动下,牧民就会将生态保护置之脑后。

虽然政府规定公务人员如参与组织民工采挖虫草要开除公职(今年玛沁县开除了2名、果洛州开除了1名),牧民如允许5名以上的外地民工采挖虫草,将收回其草场,但仍然无济于事,漫山遍野仍是采挖者。所以具体落实(情况)有点雷声大、雨点小的感觉。有时发现草场上(有)采挖者,但牧主不承认是自己让来的,反问工作组有何证据证明是他们组织的,民工也不承认有人组织,只承认是自己来的。他们和工作组在山上捉迷藏。

我认为其根本原因还是政府的执法力度不够。一方面,现虫草处于年年在退化(变小、变少)的状况之中,虽然年年在禁,有一定成效,但效果不大。另一方面,若要禁采有效,除非虫草没有价值,但这对农牧民是不公平的,因为他们没有其他致富手段,而挖虫草确能让一部分人富起来。

三、青藏高原资源保护的地方立法:以对冬虫夏草的保护为例

从立法特点上讲,地方环境资源立法具有三个特点,即地方性、针对性和较强的可操作性。地方环境资源立法的必要性在于,完备的地方环境资

---

① 允许生态搬迁户在当地的草原上无偿挖虫草,这是三江源区地方政府为促使他们搬迁的许诺,政府原期望借此优惠措施增加他们的收入,缓解搬迁户的生活拮据之忧,但由于相关政策不配套,草原承包户的利益补偿问题没有解决,这一优惠措施普遍受到农牧民的抵触,同时也招致搬迁户的普遍不满。

源立法是建立和完善我国环境法体系、完善环境法制的需要。我国环境法体系是一个具有多层次、统一有序的整体,这个整体的各个组成部分从不同的侧面为了保护我国的自然环境和资源、防治污染和其他公害发挥着积极的作用。地方环境资源法规是我国环境法体系不可缺少的一个组成部分,因此完备的地方环境立法是完善我国环境法体系和实现环境法治的一个基础和前提。同时,地方性环境资源立法是弥补国家环境立法在某些方面的暂时不足、及时地解决地方急需解决的环境问题的需要。①

近年来,为弥补国家法在民族地区资源保护方面的立法不足,有针对性的地方资源保护立法取得了长足的进步。在青藏高原特有资源冬虫夏草的保护、管理领域,目前有多项地方性法规。②

---

① 王礼嫱等:《中国自然保护立法基本问题》,中国环境科学出版社1992年版,第244页。

② 对虫草资源采取依法管理的措施是非常必要的。据有关研究,目前,由于地域和管理条件影响,西藏产区冬虫夏草资源总体状况尚好,而青海三江源地区已经成了"重灾区"。具体表现在:一是对生物多样性的破坏。乱采滥挖必然会使冬虫夏草这一青藏高原独有的物种濒危甚至走向枯竭,从而扰乱高原生态平衡,影响其生态恢复。近年来,由于草地受到破坏,冬虫夏草菌的寄生昆虫(蝙蝠蛾幼虫)的食料头花蓼、珠芽蓼、小大黄等植物锐减,产量呈大幅度下降趋势,而且冬虫夏草的个体变小、质量下降,分布区域也在逐年缩小。20世纪60年代,在海拔3500米以上的大部分地区都有冬虫夏草分布,仅过了40多年,就只有在4500米以上的局部地区才有分布。叶海年等:《虫草经济与三江源生态》,载《中国气象报》2005年7月11日。25年前,生长密集区每平方米就有冬虫夏草20至46根,而现今仅存1至5根。《冬虫夏草之"殇"》,载《青海日报》2007年9月7日。可再生的冬虫夏草面临着不可再生的危险。二是不当采挖破坏高原草甸。冬虫夏草的采挖季节正是高原草甸的恢复生长期,其不当采挖对草甸的恢复有很大影响。据观察,若不采取有效的随挖随填措施,每采集一根冬虫夏草至少会破坏30平方厘米草皮。吴伟生等主编:《学习·借鉴·创新》,青海人民出版社2007年版,第239页。按冬虫夏草采挖期50天、每人每天平均采挖30根计,一个采挖者一年就会破坏草皮数十平方米。加上与鼠害、大风等的相互作用,裸露泥土极容易引发水土流失、草场退化甚至沙化。三是采挖人员对环境的污染。采挖者通常在草甸上搭帐篷住宿、砍伐灌木生火做饭,必然会对脆弱的高原环境造成破坏和污染。据林业专家估算,10万人砍挖灌木做燃料,一天就会毁坏灌木林地100公顷左右。加之采挖时的践踏、车辆碾压以及扎帐篷、取水、生火、做饭等活动造成的植被破坏,一名采挖者一年就要破坏数千平方米的草地。蒙景辉:《青海冬虫夏草面临空前劫难》,载《环境教育》2004年第9期。

(一)青藏高原冬虫夏草资源保护地方立法的主要内容

1.《青海省冬虫夏草采集管理暂行办法》(以下简称《青海暂行办法》),2004年10月8日通过,2005年1月1日起施行。共分为总则、虫草资源保护规划和采集计划、虫草采集管理、监督检查、法律责任、附则等6章,29条。该《青海暂行办法》规定,其立法目的是"为规范冬虫夏草(以下简称'虫草')采集活动,保护和合理利用虫草资源"。基于此,该《青海暂行办法》力求将虫草资源的保护、采集管理与生态保护结合起来,第4条规定:"虫草采集地州、县、乡(镇)人民政府应当建立虫草资源保护和采集管理责任制。有关县、乡(镇)人民政府应当加强虫草采集管理、虫草资源保护的宣传教育,提高虫草采集人员保护草原生态环境和虫草资源的意识。"虫草保护的重点是科学规划,《青海暂行办法》第7条规定:"虫草资源保护规划应当明确虫草资源分布的区域、面积和适宜采集区域;生态环境脆弱的草原应确定为虫草禁采区,实施禁采措施,保护草原生态环境和虫草资源。"第8条规定:"虫草采集年度计划应当科学、合理地确定虫草采集区域、采集面积、采集人员数量、采集期限以及禁采区域。"从《青海暂行办法》的规定来看,将虫草采集的行为视为是行政许可,第10条规定:"采集虫草必须取得采集证。采集证应当载明持证人、虫草采集区域和地点、有效期限和资源保护措施等内容。"第14条规定:"虫草采集人员应当按采集证规定的时间、区域、地点等采集虫草。禁止无证或在禁采区采集虫草。"由于虫草资源对高原少数民族农牧民的生存具有重要意义,因此在每年的采集期,各产地都会发生不同程度的因争夺虫草采集权而引发的群体性冲突,鉴于此,《青海暂行办法》法律责任部分第25条规定:"虫草采集地的人民政府或有关部门和机构违反本办法规定,违规发放采集证、不落实突发性公共事件处置预案或不采取有效措施及时、依法处置突发性公共事件,造成后果的,由上级人民政府予以通报批评、责令改正或追究其主要负责人的行政责任。"第26条规定:"虫草采集人员户籍所在地的人民政府在接到虫草采集地的人民政府关于突发性公共事件通报后,不及时组织有关部门和人员赶赴现场,协助虫草采集地的人民政府处置突发性公共事件的,由上级人民政府予以通报批评、责令改正或追究其主要负责人的行政责任。"

2.《西藏自治区冬虫夏草采集管理暂行办法》(以下简称《西藏采集管理暂行办法》),于 2006 年 1 月 6 日通过,自 2006 年 4 月 1 日起施行。共分为总则、虫草资源管理、采集管理、监督检查、法律责任、附则 6 章,共 29 条。《西藏采集管理暂行办法》特别强调在虫草管理方面经济效益、社会效益与生态效应的统一,《西藏采集管理暂行办法》第 3 条规定:"县级以上人民政府及有关部门应当按照依法保护、科学规划、合理利用、规范采集和促进农牧民增收的原则,对虫草采集活动实施管理,实现经济效益、环境效益和社会效益的统一。"关于虫草的采集管理,《西藏采集管理暂行办法》的确定性更强,权利主体与责任主体更明确,第 11 条规定:"采集虫草应当取得采集证。采集证的发放对象为虫草产区县域范围内当地群众,因历史传统跨县域采集虫草的,由相邻县级人民政府协商解决。采集证应当载明持证人及其相关身份资料、采集区域和地点、有效期限和环境保护措施等内容。"第 12 条规定:"虫草采集实行一人一证。采集证由虫草产区县(市、区)农牧行政主管部门委托乡(镇)人民政府发放。"《西藏采集管理暂行办法》还重点对虫草采集中科的群体性事件的防范作了规定,第 6 条规定:"各地(市)、县(市、区)人民政府应当按照注重现实、尊重历史的原则,妥善处理相邻省(区)、县(市、区)、乡(镇)群众采挖虫草过程中发生的矛盾,维护好社会秩序,促进经济发展和社会稳定。"第 18 条规定:"虫草产区地(市)、县(市、区)人民政府应当制定有关突发性公共事件处置预案,及时调解处理虫草采集活动中的纠纷。虫草产区地(市)、县(市、区)公安机关和卫生部门,在虫草采集期应当采取有效措施,加强治安防范和卫生防疫等工作,防止突发性公共事件发生。非虫草产区乡(镇)人民政府应当加强对本行政区域内虫草采集人员的组织管理和教育,协助虫草采集地的乡(镇)人民政府做好突发性公共事件的处置工作。"

3.《西藏自治区冬虫夏草交易管理暂行办法》(以下简称《西藏交易管理暂行办法》),自 2009 年 10 月 1 日起施行。共分为总则、虫草交易、监督管理、法律责任、附则等 6 章,37 条。该《西藏交易管理暂行办法》的重点是规定虫草的交易管理制度,第 7 条规定:"虫草收购实行许可制度。收购虫草的,应当持有工商行政管理部门核发的允许经营虫草项目的营业执照和有效身份证明,到县级农牧行政主管部门办理虫草收购许可证明。农牧行政主管部门应当自收到申请之日起 15 个工作日内,作出是否批准的决定,并通知申请人。经审查不符合条件的,应当书面通知申请人,并说明理由。""农牧民从事虫草收购活动的,应当办理营业执照和虫草收购许可证明。""药品生产、经营企业已经办理《药品生产许可证》《药品经营许可证》的,不再申办虫草收购许可证明。"第14条规定:"销售虫草的,应当具有固定的经营场所,并取得所在地工商行政管理部门核发的营业执照后,方可销售。""农牧民可以凭《虫草采集证》出售个人采挖的虫草。"该《西藏交易管理暂行办法》的另一重点就是为了保护虫草交易者,尤其是农牧民交易者的合法权益。第4条规定:"虫草产区县级以上人民政府应当根据当地实际,为虫草交易活动创造条件,促进农牧民增收。"第5条规定:"虫草产区县级人民政府应当支持和引导当地农牧民成立虫草交易(经营)专业合作组织,维护自身权益。"第11条规定:"收购虫草的,收购者应当主动向出售者出示虫草收购许可证明。出售者应当要求收购者出示虫草收购许可证明,并不得向无虫草收购许可证明的收购者出售虫草。""虫草收购者应当及时结清虫草交易款项,不得拖欠虫草收购款。"

(二)青藏高原冬虫夏草资源保护地方立法的价值评析

青藏高原地区冬虫夏草资源保护的诸项地方立法,对于虫草资源的保护、管理,对与虫草资源相关者的各项权益保障,维护虫草交易秩序等都起到了积极的作用。但是,由于这些地方性立法是在既无明确的宪法依据,又无对应的上位法作为参照状态下的一般性地方立法,因此,也就很难对其的立法质量作出明确的价值判断。按照国内立法学界立法价值判断的一般逻辑,此类立法的以下问题值得关注。

1. 立法的利益倾向。自然资源是一种公共资源,其立法从法理将是对这种公共资源的合理分配与控制,因此在对与自然资源相关的立法中,应遵循公正、民主原则,使这种分配有益于实现全社会的共同利益。如果这一关键点处置不当,则会严重制约青藏高原地区自然资源立法的发展。然而,不适当的立法利益倾向在已有的青藏高原地区自然资源立法中,已有明显反映。一是表现为利益的个体性偏向,如《西藏自治区冬虫夏草采集管理暂行办法》第11条规定:"采集虫草应当取得采集证。采集证的发放对象为虫草产区县域范围内当地群众,因历史传统跨县域采集虫草的,由相邻县级人民政府协商解决。"这种规定将虫草的利益者仅仅界定为"县域范围内当地群众",显然是不公平的,因为自然资源具有系统性与公共性。另外这种利益独享性思维极易导致区域利益冲突,每年在虫草采集期发生的大量纠纷已证明了这一点。二是立法价值倾向的偏狭。从上述青海、西藏两省区的《暂行办法》可以看出,其中居然对虫草资源的管理问题没有专章规定,重资源利用、轻资源保护的传统价值观依然没能得以改变,没能树立自然生态贫弱区生态环境保护优先的理念。

2. 立法的技术水平。青藏高原地区自然资源立法在法律规范的内部结构、立法语言的严谨性、立法的可操作性等方面还处于较低水平。如青海、西藏两省区的《暂行办法》的法律责任一章中,仅仅规定了关于因为虫草采挖而破坏草原生态以后的处罚措施,却都没有规定恢复措施;如《西藏自治区冬虫夏草采集管理暂行办法》第11条规定:"采集虫草应当取得采集证。采集证的发放对象为虫草产区县域范围内当地群众,因历史传统跨县域采集虫草的,由相邻县级人民政府协商解决。"其中"群众"一词就属于政策色彩极浓的模糊性语言,难以确定。第19条规定:"草原承包者、使用者有权对违法采集虫草、破坏草原生态环境和草原畜牧业建设设施的行为进行劝告,并向所在地乡(镇)人民政府报告。"其中"劝告"一词,力度与性质都难以界定,且"并向所在地乡(镇)人民政府报告"的规定显然与农牧民合法权益保护的有关法律规定不一致,会无形中制约农牧民的有效救济权,难以达到保护草原生态和维护个体合法权益的效果。又如《西藏自治区冬虫夏草交易管理暂行办法》第4条规定:"虫草产区县级以上人民政府应当根据当地实际,为虫草交易活动创造条件,促进农牧民增收。"其中"促进农牧民增收"属于明显的政策性语言。

3. 立法的本土特征。地方自然资源立法应以地区性为特点,青藏高原地区的自然条件、生态环境、资源状况、历史情况、民族特征等差异很大,因此各地的立法应因地制宜,制定符合区域经济社会的自然资源立法,做到粗细相宜,增强立法的具体性与可操作性。但实际上,地方为了追求与上位法的一致性,就会仿照甚至照抄国家法,结果地方立法成了国家法的翻版。如《西藏自治区冬虫夏草交易管理暂行办法》第10条规定:"虫草收购者应当到县(市、区)、乡(镇)人民政府指定的交易点收购虫草,并服从当地政府的管理。"第14条规定:"销售虫草的,应当具有固定的经营场所,并取得所在地工商行政管理部门核发的营业执照后,方可销售。"该条规定中地方政府规范虫草交易秩序的初衷非常好,但完全仿照国家法中城市商业管理的模式,来规范非常具有历史传统型的民间交易行为,其合理性与可行性还很值得商榷。再如第 15 条规定:"虫草包装材料和容器,应当符合国家相关规定。不得使用国家禁用或者不合格的虫草包装材料和容器。"第 19 条规定:"市场开办者、柜台经营者和展销会举办者应当建立健全市场管理制度,加强对虫草交易场所经营者的管理和虫草质量的监管,与进场经营者签订质量协议,明确双方责任,推行质量承诺。""市场开办者、柜台经营者和展销会举办者应当对场内经营者经销假冒伪劣虫草的违法行为负责,并承担连带责任。"这种将具有高度现代城市商业文明特征的交易制度,完全套用到并没有多少现代商业交易习惯的民族地区的做法,必然导致法律的"纸面化",这类规定必然会成为"摆设条款"。

4. 立法的民族性特征。青海、西藏两省区的《暂行办法》分别在第 15 条第 1 款、第 16 条第 1 款规定"尊重虫草采集地的风俗习惯",显示了其立法的民族性特征。但在总体上,这种显现并不多,有些方面的规定甚至还是有悖于民族文化的。如《西藏自治区冬虫夏草交易管理暂行办法》关于"农牧民从事虫草收购活动的,应当办理营业执照和虫草收购许可证明"的规定,以及虫草收购与销售都应在固定的场所作为等,显然与长期以来农牧民的虫草交易习惯是不相适应的。另外在自然资源的保护方面,高原少数民族的民间规则有非常独到的价值,因此,适用于民族地区的规范性文件,除了体现对相应的民族文化的尊重外,还应将民族地区已经为全体成员共同确认的适用于一定区域的习惯性行为、习惯性规则,合理地融入立法中来,以增强自然资源保护制度的区域认同与有效性。[①] 但是,已被实践证明行之有效的民间习惯规则竟然在上述的规范性文件中没有任何表现,说明立法者对立法的民族性的理解还是极不到位的。

[①] 关于这一问题的系统分析,详见华热·多杰:《浅谈藏区环保习惯法》,载《青海民族研究》2003 年第 3 期;南文渊:《藏族生态伦理》,民族出版社 2007 年版;拙作《生态习惯法对西部社会法治的可能贡献》,载《甘肃政法学院学报》2007 年第 1 期。

四、自然资源法律规制对藏区社会稳定的意义:争夺虫草资源的区域冲突事件分析

由于巨大的经济利益和农牧民对自然资源的生存依赖,近年来因争夺自然资源而引发的冲突事件不断,其中尤以对虫草资源争夺而引发的冲突最为激烈,每年产区都有类似的事件发生。

调研资料(21):青海省的玉树藏族自治州杂多县是全国虫草产量最高、质量最好的地区,该县苏鲁乡的虫草享誉世界,每年数以万计的虫草大军进入该地区,给当地的生态环境和社会治安带来巨大压力。为了使虫草资源得到合理有序的采挖,该县每年都要在苏鲁乡等主要虫草产区设立关卡,阻止大量人员无序进入。2005年6月初,以囊谦县牧民为主的5000多名外来人员聚居在卡子周围,与杂多县牧民形成对峙的局面,之后冲散卡子并冲击了杂多县苏鲁乡政府,发生性质恶劣的打砸抢行为。此后,杂多县牧民又骑马到县城,驱赶滞留在县城的外来人员并打劫了沿街一些外地人经营的商店。"城门失火,殃及池鱼",时隔不久,邻近的囊谦县城也出现了打砸抢现象。

囊谦县县委领导在接受记者采访时说,这次冲突主要是因利益而起。囊谦县十个乡当中七个乡没有虫草资源,于是,这七个乡的牧民都到其他有虫草的县乡采挖虫草。对于虫草资源的归属问题从政府到牧民都没有明确的认知,再说当时虫草也卖不了几个钱。所以,长期以来形成的惯例是:州内牧民到草原上采挖虫草不交钱,而外来人员也只是象征性地给牧民交几十、几百元不等的草原补偿款。然而,虫草价格从1984年的每公斤两千元左右,猛涨至眼下的每公斤十几万元,翻了几十倍。虫草和畜牧业一样,成了当地牧民的主要经济来源,当地牧民也意识到了这一点,因此,不愿意让周围没有虫草资源的牧民白白挖走自己县乡的虫草。而那些没有虫草资源的牧民又不愿意支付高达几千元的草原补偿款给虫草产区的牧民,于是,虫草产区和非产区的牧民就发生了冲突,一边要强行上山挖虫

草,一边坚决阻止对方进山。

杂多县县委领导在接受记者采访时介绍,在2005年的这场冲突中,苏鲁乡政府遭到打劫,国家投资1200万元建成的光伏电站也被砸毁了,至今没有恢复。此次冲突中,乡政府的损失高达100万元,连一双筷子都没有剩下。吕书记说,为了防止再次发生冲突,2006年杂多县组织力量,在进入草原的关键路段设立卡子并组织干部群众进行一次性清山,没有一个县外人员进入。2007年,该县会继续禁止外来人员进入草原采挖虫草。

2005年的那场冲突发生以后,玉树藏族自治州吸取了教训并加大了对虫草管理的力度,州委州政府责令各县"一把手"负总责:禁止外来人员进入草原采挖虫草;禁止跨县跨界采挖虫草;各县内部可以有序流动,但非产草区人员每人应向产区牧民支付600~1400元的草原补偿款。由于措施得力,到目前为止采挖秩序基本稳定。然而,玉树藏族自治州2005年发生的悲剧,目前,在黄南藏族自治州泽库县仍在上演。该县麦秀镇尕让村二社和六社的虫草资源连续几年被一社、五社、七社的牧民掠夺性采挖。尕让村村民为了争夺草场虫草采挖权,连续4年发生流血冲突,今年已经是第5个年头了。自2003年开始,麦秀镇尕让村第一、第五、第七牧业合作社的牧民每年都到第二、第六牧业合作社承包的草场上采挖虫草,双方因此发生冲突,在几年时间内,已有数十人在冲突中受伤。

麦秀镇的尕让和贡青两个村、13个牧业社的村民原来同属于一个部落,全村共有近2000名村民。1999年,当地牧民签署了一个民间协议,规定村民可以在原部落所属的草场上随意采挖虫草,草场上发现、采挖的一切矿产也属于全体村民共有。当年,泽库县实行了草原承包,把虫草资源丰富的草场承包给了第二、第六牧业社,但这两个社的牧民不同意遵守这份计划经济时期的协议,不允许其他合作社的牧民到自己的草场上采挖虫草,由此发生了冲突。第二、第六牧业社的村民们认为,1999年分包草场时,其他牧业社把距离近、牧草长势好的草场分完了,而把距离远、牧草稀疏的草场给了第二、第六两个社。2003年,由于虫草价格的不断攀升,第一、第五、第七牧业社的村民开始把自己的草场出租给外来的采挖人员,他们自己却来到了第二、第六牧业社的草场上采挖虫草,双方的冲突由此爆发。二社和六社的村民们说,由于他们的草场上本来就没有多少牧草,加上地势险峻,很多牲畜坠崖死亡,所以这两个社的牲畜很少,原来是当地有名的贫困社。虫草价格攀升以后,这两个社牧民们受益不少,采挖虫草成了他们的主要生活来源,可是其他牧业社的村民来到他们的草场以后,不但采挖了大量虫草,还将他们从自己的草场上赶出去,不允许他们采挖。每年春季,这两个社村民们既不能采挖虫草,也不能进行正常的牧业生产,损失很大。二社和六社的草场距离定居点的距离在30公里以上,要在悬崖峭壁和乱石滩间行走五六个小时才能到达。村民们认为,现在的草场是国家承包给他们的,国家也给他们颁发了《草原使用权证》,他们拥有草场的合法使用权,第一、第五、第七牧业社的村民拿着承包以前签订的民间协议到他们的草场上采挖虫草,就是侵犯了他们的权益。

在尕让村发生草场纠纷的过程中,当地政府始终支持第一、第五、第六牧业社的村民到第二、第六牧业社的草场上采挖虫草,为了达到目的,当地政府多次出动公安、司法行政、法院等执法部门的工作人员,为第一、第五、第六牧业社的村民打通阻碍。2006年,第二、第六牧业社的牧民与执法人员发生冲突,公安机关以涉嫌妨害公务罪将8名村民逮捕、拘留,一名抢夺了公安人员枪支的妇女被判处了徒刑。令人匪夷所思的是,在执法部门抓捕的8名村民中,有些人在案发时根本不在现场。62岁的村民达拉说,案发时他在临近的同仁县看病,但也被抓去关了几个月。事后,当地政府成立的工作小组以赔偿损失、支付医疗费用、采挖虫草罚款等名义,让村民缴纳了近9万元。4月9日,记者在尕让村采访时,泽库县司法局副局长才洛带领几名执法人员来到了第二、第六牧业社的定居点,告知村民,在虫草采挖季节,村民们不得将草场租赁给外来人员,但本村人员可以在他们的草场上采挖虫草。在尕让村采访时,记者发现第一、第五、第七牧业社的村民正在进行采挖虫草前的准备工作,而第二、第六牧业社的村民则表示,如果今年第一、第五、第七牧业社的村民再来抢夺草场,这两个社的500多名村民将以死相拼。

有关研究表明,利益冲突给当地社会稳定埋下了较大隐患。虽然现在有些地区依法实行了"源头控管、外禁内限、稳定第一"的采集办法,对采挖时间、地点、范围等作出了具体限定,在有效减少冬虫夏草主产区的采挖人员规模、保护草地生态环境方面成效显著。但在巨大的经济利益面前,产区与非产区群众间的矛盾早已呈日益突出之势,给当地的社会稳定埋下了极大隐患。与此同时,部分地区草场纠纷根源尚未消除,化解矛盾的任务艰巨。换言之,冬虫夏草资源开发势头猛增,使得本已普遍存在的青藏高原区地草场界限之争变得更为敏感而复杂,由冬虫夏草引发的利益纠葛已成为影响牧区社会稳定的一大因素。同时,虫草采集人员大量流动会激化地区和民族间的矛盾。由采挖冬虫夏草引起的人员流动是多民族的社会流动。近几年来,每年都有来自青海东部农业区及四川、重庆、河南、新疆、甘肃、宁夏等地的 10 多万农民到青海产区采挖冬虫夏草。到青海省杂多县采挖冬虫夏草的人员有 3.5 万～4 万人之多,超过了该县总人口数。虽然经过种种措施的限制,采挖人员规模得到一定抑制,但人们为"软黄金"趋之若鹜,采挖大军流动如常,仍然有不少不同民族、不同地区的人"另辟蹊径",以各种方式进入产区采挖。2005 年在政府严控外来人员采挖的情况下,青海果洛州仍有 6 万多外来采挖者;据保守估计,2000 年有 7 万至 8 万人在海南州兴海县采挖虫草,2001 年该县加强了对虫草采集管理后,采挖人员减少为 6.5 万人左右,2002 年下降到 3.5 万人左右。很显然,不同地区、不同民族、不同信仰、不同习俗的人,在一个较短的时段内,进入一个曾经相对封闭的地区,在争夺同一种稀缺资源。如果处理不当,潜在的和显在的矛盾就会被激化,个体或群体之间的利益纠纷和矛盾极容易上升到民族群体层面,从而影响民族关系和谐。近几年在冬虫夏草产区由此发生的多起冲突甚至流血事件,已经敲响了警钟。①

调研发现,对于各类"虫草事件",在司法介入上由于制度短缺,而存在着事实上的能动性不足与实践上介入不能的问题。

根据《农村土地承包法》第 32 条、第 33 条的规定,农牧民有对土地(包括草原)依法流转的权利,目前在牧区主要是对有虫草资源的草场进行出租。根据法理,在流转中出现的问题应属于一般的民事纠纷,法院应依法处理,但事实上,法院对此类问题的处理上能动性不足。

调研资料(22):某藏区虫草产地法律援助部门负责人

目前在我们地区由于虫草资源争夺而发生的纠纷很多。主要是因为牧民将自己有虫草的草山以 50 万～100 万的价格卖出,实际上是将在虫

---

① 鲁肃元:《青藏高原冬虫夏草资源开发问题的理性分析》,载《青海社会科学》2009 年第 4 期。

草采集期的采集权租给他人,承租者又将其转租给别人。承租者往往从私人利益最大化的角度出发,让更多的人进入草场采虫草,他按人头收人头费,但牧民不答应,因为进入的人多会破坏草山,因此会发生冲突;另外,又因为承租者的承租费并不是一次性给出租方的,有时如果虫草资源不佳而收益不好,这时承租者往往会以草山虫草少为由不全部支付剩余的承包费,出租方则认为双方有协议在先,应按协议办理,双方由此发生纠纷。但这类纠纷法院却不受理。

由于上述原因,目前牧区有些关于虫草资源的分配问题多依靠民间约定来解决。如我县对集体组织内的这类问题,即有的人家的草场虫草多,有的人家的草场上虫草少而引起的利益纠纷,主要是虫草少的人家强行到虫草多的人家的草场上挖虫草,但这些人家往往不同意,要收人头费。对由此引发的纠纷,有的集体内部村民约定可以允许每家来一人挖虫草,适当交点补偿费,这种办法挺好,目前我县有一位人大的主要领导专门负责这一问题。

第七章

青藏高原少数民族的特别帮助权

美国正义论大师罗尔斯认为,正义有两个基本原则:第一,平等自由原则;第二,差别原则。即在确立社会和经济的不平等时,应特别对处于最不利地位的人有利,以合乎最少受惠者的最大利益。"合乎最少受惠者的最大利益",反映了罗尔斯的正义论对最少受惠者的偏爱,一种尽力想通过某种补偿或再分配的方式使一个社会的所有成员处于一种平等地位的愿望。① 这一正议论的观点,正是研究高原少数民族获得特别帮助权的理论基点。根据罗尔斯的正义论理论,高原少数民族是典型的经济社会权利的最少受惠者,对他们只有实行差别原则,即赋予特别帮助权,才有可能实现他们与其他社会成员处于一种平等地位的愿望。

在一般的理论语境中,对少数民族地区经济的扶助、帮助及照顾等权利概称为民族经济获得帮助权。② 本书之所以称之为高原少数民族获得特别帮助权,着重强调"特别",正是基于罗尔斯差别原则的启示,青藏高原的少数民族由于所处区域的特殊性、政治功能的重要性及社会经济贫困落后的严重性等特点,是真实的社会经济利益的最少受益者,应当给予"特别"的帮助,以实现他们与其他社会成员处于一种平等地位的愿望。

高原少数民族获得特别帮助权,是指少数民族自身不能获得基本的生活保障、适宜的生存环境及在文化适应性等方面具有自身不能克服的困

---

① [美]约翰·罗尔斯:《正义论》,何怀宏等译,中国社会科学出版社1988年版,第7~8页。

② 有学者认为,民族经济获得帮助权,是指少数民族依照法律规定,享有从国家获得经济帮助的权利。翟东堂著:《中国少数民族经济权利法律保障研究》,中国民族大学出版社2008年版,第141页。

难,成为了一个社会经济利益最少受惠者群体时,依法可获得国家特殊的扶持、帮助及照顾的权利。获得特别帮助权,在本质上属于生存权的范畴,但在少数民族的权利保障体系中,有必要将这一权利相对独立起来。因为就生存权本身的性质而言,并不彰显国家和社会的积极义务,而作为少数民族获得特别帮助权,其鲜明特点就是要重点体现国家的积极义务。

一、青藏高原少数民族获得特别帮助权的依据

(一)客观依据

1. 经济社会发展权权能的区域限制。力主对青藏高原少数民族给予特别帮助权的客观依据,主要是因为青藏高原民族地区最基本的社会特征就是经济层面的极度贫困和社会层面全方位落后,这种区域性特征极大地限制了当地经济社会发展权权能的有效行使。这种特征在民族自治地方的农牧区更为典型。① 如西藏自治区是全国城乡居民收入差距最大的地区,2000 年城乡收入差距为 5.28∶1,2003 年有所下降,但仍为 5.15∶1。② 西藏也因此成了全国农牧民人均收入最低的区域,农村人均纯收入只有城市人均纯收入的 61.4%。③ 虽然近年来西藏的农牧民人均收入上了一个新台阶,连续四年保持两位数增长,但与 2006 年全国农牧民人均收入 3550 元相比仍相差 1115 元,只有全国水平的 68.6%。其他基础设施条

---

① 有学者认为,其根源在于自然环境恶劣、历史原因、教育致贫、地方文化的制约、人口过度增长导致贫困、农民负担沉重及农村制度缺失等。聂华林主编:《中国西部三农问题报告》,中国社会科学出版社 2006 年版,第 212~220 页。

② 聂华林主编:《中国西部三农问题报告》,中国社会科学出版社 2006 年版,第 11 页。

③ 尼玛扎西等主编:《西藏山区可持续发展研究》,西藏人民出版社 2005 年版,第 78 页。

件、教育卫生水平方面的差距更大。就全区而言,各地方、各乡镇的人均收入也有差距。2006 年底全区农牧民人均收入是 2435 元,而人均收入低于 1700 元的低收入人口还有 96.4 万人,其中人均收入低于 1300 元的重点帮扶人口还有 37.3 万人,人均收入低于 1700 元的乡镇还有 200 个。这些乡镇和人口发展的困难还比较大,需要我们通过扶贫开发和定点扶贫予以帮助。①

民族地区社会发展的整体性落后在农村地区最为典型。如西藏,农村人类发展指数全国最低。人类发展指数是联合国国际化开发署自 1990 年以来在全球的人类发展报告中用三个维度评价人类发展的数据,即预期寿命、受教育水平和经济发展水平,用以衡量区域人口发展水平。根据《中国人类发展报告 2005》发布的数据显示,2003 年,西藏农村人类发展指数中三个维度指数度均低于全国其他 30 个省市自治区。

表 32　三省区人口发展水平指数与全国平均水平②

地　区	全国排序	人类发展指数	预期寿命	教育指数	GDP 指数
全　国		0.685	0.743	0.764	0.547
青　海	27	0.614	0.703	0.682	0.456
甘　肃	28	0.603	0.665	0.679	0.467
西　藏	31	0.562	0.656	0.530	0.502

2. 青藏高原民族地区自然灾害频发的区域性特征极大地影响了当地少数民族群众的生存权。如青海省就是一个灾害多发区。全省大致可以划分为东部干旱灾害区、青南高原雪灾区和西北部混合灾害区这三大灾害区。③ 灾害对青海社会经济发展造成了极为严重的影响。新中国成立以

---

①　次顿主编:《推进西藏社会主义新农村研究》,西藏藏文古籍出版社 2009 年版,第 258～259 页。

②　次顿主编:《推进西藏社会主义新农村研究》,西藏藏文古籍出版社 2009 年版,第 145 页。

③　史国枢主编:《青海自然灾害》,青海人民出版社 2003 年版,第 12～13 页。

来,青海省农耕地平均每年发生自然灾害的面积为228万亩,占每年总播种面积的26.9%,平均每年损失粮食8700万公斤,油料750万公斤。51年来共减损粮食44.7亿公斤,油料3.8亿公斤。因灾减产的粮食占青海省1950—1989年40年间从省外调入粮食41.5亿公斤的107.7%。51年来,累计损失牲畜2277万头(只),倒塌房屋10.79万间,自然灾害对农牧业造成的经济损失是惊人的。农牧业自然灾害不仅是青海省农牧业生产稳定持续协调发展的制约因素,也是青海省国民经济发展的制约因素。

以上仅就突发性灾害而言,而全省每年因渐变性或缓发性灾害造成的损失就更大,如地质灾害中的水土流失和泥石流等,毁地,毁房,毁坏公路、渠道并使土地贫瘠化,新中国成立以来造成的损失就达116亿元。其余如滑坡、地下水位上升、土壤盐渍化、沙化沙埋、地面沉陷这5种地质灾害就造成约3亿多元的损失。仅每年从土壤中流失的氮、磷、钾肥折合标准化肥就相当于全省每年施用化肥的两倍以上。

自然灾害严重威胁着人类的生存与发展。特别是进入20世纪80年代以后,各种灾害频频发生,给人类造成的损失是罕见的。青海省在20世纪50年代每年农田受灾面积为94万亩,到90年代每年受灾面积达350万亩,是50年代的3.7倍。50年代平均每年减产粮食0.39亿公斤,到90年代平均每年减产粮食1.53亿公斤,是50年代的3.9倍。[①] 在灾后,这些地区保有民众生存权的主要方式就是通过各类救济给予特别帮助。如2000年青海遭受特大旱灾,并遭受洪水、冰雹、沙尘暴、病虫害等多种灾害,受灾229万人,其中特重灾民138万人。在党中央、国务院的亲切关怀下,中央财政共下达给青海省救灾资金7500万元。在中共青海省委、省人民政府的直接领导和指挥下,各级民政部门全力以赴投入抗灾救灾,并圆

---

① 史国枢主编:《青海自然灾害》,青海人民出版社2003年版,第15～17页。

满完成了救灾任务。①

 ## 二、理论依据

对于社会"最少受惠者"获得特别帮助权,其最合理的理论依据就是社会公正论。根据社会公正理论,一个公正的社会,一定是一个人人共享、普遍受益的社会。从这一意义上讲,人人生活于一个有尊严有平等的社会是一种基本人权。②公正价值之所以成为"最少受惠者"获得特别帮助权的最合理的理论依据,就因为公正是人类社会具有永恒价值的基本理念和基本行为准则。正如罗尔斯所说:"正义是社会制度的首要价值,正像真理是思想体系的首要价值一样。"③吴忠民认为:公正对于一个社会之所以至关重要,主要是因为其一,公正是现代社会的制度设计与安排的基本依据。一个社会的"正常运转"有赖于体系化的规则的存在。一个社会没有规则,就意味着社会秩序的脆弱,意味着社会民众的行为安全、心理安全缺乏基

---

① 史国枢主编:《青海自然灾害》,青海人民出版社 2003 年版,第 456~457 页。每年对各类自然灾害造成损失的救济是青海省巨大的经济负担,见以下统计:

1998—2000 年青海省救灾资金使用及灾民救济工作情况表

单位:万元、万公斤、万人

项目 年份	资金来源						使用发放情况			灾民得到救济情况		
	合计	争取中央财政	中央捐赠款	外援资金	地方捐赠资金	地方财政安排	灾民自筹	直接下达资金	下发救灾粮	其他物资	口粮(万人)	衣被(万人)	医疗(万人)
1998	8266.9	5000	1654	1037.9	102	114	359	4812	1100	2024.9	92	20	41
1999	6641	4700	300	140	390	201	910	4277	1728	116.3	97	10	11
2000	12257.5	7500	0	0	290	487.5	3980	5036	5445	143	112	3	13
合计	27165.4	17200	1954	1177.9	782	802.5	5249	14125	8273	2284.2	301	33	65

② 英国学者米尔恩就认为,人权有 7 种内容,其中就包括公平对待的公正权、获得帮助权。[英]米尔恩:《人的权利与人的多样性——人权哲学》,第 171 页。

③ [美]约翰·罗尔斯:《正义论》,何怀宏等译,中国社会科学出版社 1988 年版,第 3 页。

本的保障;没有规则,就意味着社会成员之间的互动缺乏必要的信任;没有规则,就意味着民众的"长期化行为"缺乏制度层面的支撑。而一个社会中最为重要的规则体系就是制度。就制度的设计与安排而言,需要有基本的价值理念作为其依据。在现代社会,制度设计和安排的基本价值理念依据就是公正。所以,现代社会中的制度设计与安排,必须以公正的基本理念为依据。否则,便会成为一个"不定型"的社会,或是一个畸形化的社会。"一个社会,当它不仅被设计得旨在推进它的成员的利益,而且也有效地受着一种公开的正义观管理时,它就是组织良好的社会。亦即,它是一个这样的社会,在那里:(1)每个人都接受、也知道别人接受同样的正义原则;(2)基本的社会制度普遍地满足、也普遍为人所知地满足这些原则。"① 其二,公正是社会实现安全运行的必要条件。只有遵循公正的规则,社会的各个阶层才能实现良性的互动,才能形成有效的、持续的整合与合作。"没有共同的价值,权力竞争就可能很激烈。""缺乏互惠和公平交换的指南",大量的社会紧张状态就会存在。② 对于一个社会来说,最大的潜在动荡因素是来自社会内部各个阶层之间的隔阂、不信任、抵触和冲突。通过对社会成员基本权利和基本尊严的保证,通过必要的社会调剂,社会各个阶层之间的隔阂能够得以最大限度地消除,至少是缓解,进而可以减少社会潜在的动荡因素。一个社会只要能够提升其公正的程度,那么,社会问题出现的种类与强度均会减少或减小,同时社会也可以提高解决已经出现的社会问题的力度。比如,只要一个社会有效地实施了公正的社会调剂规则,就会使中等收入群体成为社会的主流群体,成为一种维护社会安全运行的强大力量。其三,公正可以保证社会的健康发展。社会的发展应当是以人为本位的发展。这一看法已被广泛认同。这里所说的"人",是指绝大多数社会成员,而不是少数的社会成员。这一观点还可以进一步转换为这样的说法:社会发展的基本宗旨是人人共享、普遍受益。一个社会遵循公正的基本规则,就能够使绝大多数社会成员都受益,从而实现真正意义上的发

---

① [美]约翰·罗尔斯:《正义论》,何怀宏等译,中国社会科学出版社1988年版,第5页。

② [美]乔纳森·H. 特纳:《社会学理论的结构》,吴曲辉等译,浙江人民出版社1987年版,第324页。

展,避免只有少数人受益的"有增长无发展"的情形;遵循公正的基本规则,可以充分激发各个阶层以及绝大多数社会成员的潜能,给每个人他所应得;遵循公正的基本规则,可以实现社会的有效整合和社会的团结。①

在青藏高原这样一个存有较大"最少受惠者"群体的区域,以公正价值构建社会"最少受惠者"的特别社会保障制度,主要是基于以下两点社会学理论。

第一,机会平等理念。机会实际上是指社会成员发展的可能性空间和余地。机会直接影响着未来的分配状况,机会的不同将导致未来发展可能结果的不同,因而从分配的意义上讲,机会的条件是一种事前就有所"安排"的原则。不应低估机会问题对于整个公正体系的重要意义,它是在为每个社会成员的具体发展提供一种统一的规则。布坎南指出:"促使经济—政治比赛公正进行的努力在事先比事后要重要得多。"②机会平等有两个层面的含义:一是共享机会,即从总体上来说每个社会成员都应有大致相同的基本发展机会;二是差别机会,即社会成员之间的发展机会不可能是完全相等的,应有着程度不同的差别。根据平等的理念,每个社会成员应当具有相同的发展权利,因而在发展机会面前,也应是人人平等。从现实的角度来看,就社会成员所面对的最一般的(非复杂的)劳动等机会而言,社会成员有着相似的发展潜能,其能够大致具备基本劳动技能。可见,在属于社会成员共享的发展机会的层面上,应该而且能够实现平等。③

第二,社会调剂规则。其核心内容是立足于社会的整体利益,对于一次分配后的利益格局进行一些必要的调整,使社会成员普遍地不断得到由发展所带来的收益,进而使社会的质量不断地有所提高。这一规则特别强调的是"发展型"或"增长型"的补偿,而不是"维持型"的救援。为了实现有效的社会合作,每个社会成员对于社会整体而言,不仅具有一定的权利,同时也必须负有一定的责任,尽一定的义务。具体到分配方面,社会有责任对在初次分配过程中处在明显不利境地的社会成员进行必要的调剂,以推

---

① 吴忠民:《社会公正论》,山东人民出版社2004年版,第1～3页。
② [美]布坎南:《自由、市场和国家——20世纪80年代的政治经济学》,吴良健等译,北京经济学院出版社1988年版,第141页。
③ 吴忠民:《社会公正论》,山东人民出版社2004年版,第33页。

动社会的整体化发展。公正的调剂规则有着重要的意义。一方面,通过调剂规则,可以使为数众多的已得到保护原则支援的那部分社会成员进一步改善自身的生活环境,增强自身的发展能力,并使社会公共生活领域的范围和质量不断扩大、提高。于是,从全社会的范围来看,社会成员的整体生活与发展水平便会因之普遍得以上升,并使整个社会的发展能力与整个社会机体的质量得以提升,进而实现社会的整体化发展。另一方面,通过调剂规则,社会成员由于初次分配所出现的一些诸如收入方面的差距得以不同程度的缩小,群体与群体之间、阶层与阶层之间由于物质利益引发的抵触和冲突也可以程度不同地得到缓解,有些潜在的抵触与冲突甚至可以被消除从而使整个社会最大限度地降低事故率,实现一种相对稳定的正常运转。①

三、我国关于对少数民族给予特别帮助权的相关立法

关于少数民族获得特别帮助权,从现今立法来看,其主要法律依据为《宪法》、《民族区域自治法》等法律中的有关规定及一些专门性的规范性文件的具体规定。

《宪法》作为我国根本大法,对于特别保障少数民族权益问题作了统领性规定。《宪法》第 122 条规定:"国家从财政、物资、技术等方面帮助各少数民族加速发展经济建设和文化建设事业。国家帮助民族自治地方从当地民族中大量培养各级干部、各种专业人才和技术工人。"此条较为明确地

---

① 吴忠民:《社会公正论》,山东人民出版社 2004 年版,第 35~36 页。

规定了少数民族获得特别帮助的权利。①

对少数民族的特别帮助权问题,《民族区域自治法》相应地作了较具体详尽的规定,其序言中指出:"国家根据国民经济和社会发展计划,努力帮助民族自治地方加速经济和文化的发展。"第 22 条规定:"民族自治地方的自治机关根据社会主义建设的需要,采取各种措施从当地民族中大量培养各级干部,各种科学技术、经营管理等专业人才和技术工人,充分发挥他们的作用,并且注意在少数民族妇女中培养各级干部和各种专业技术人才。民族自治地方的自治机关在录用工作人员时,对实行区域自治的民族和其他少数民族的人员应当给予适当的照顾。民族自治地方的自治机关可以采取特殊措施,优待、鼓励各种专业人员参加自治地方各项建设工作。"第 23 条规定:"民族自治地方的企业、事业单位依照国家规定招收人员时,优先招收少数民族人员,并且可以从农村和牧区少数民族人口中招收。"第 31 条第 3 款规定:"民族自治地方在对外经济贸易活动中,享受国家的优惠政策。"第 32 条第 2 款规定:"民族自治地方在全国统一的财政体制下,通过国家实行的规范的财政转移支付制度,享受上级财政的照顾。"第 37 条第 2 款规定:"民族自治地方的自治机关为少数民族牧区和经济困难、居住分散的少数民族山区,设立以寄宿为主和助学金为主的公办民族小学和民族中学,保障就读学生完成义务教育阶段的学业。办学经费和助学金由当地财政解决,当地财政困难的,上级财政应当给予补助。"第 50 条规定:"民族自治地方的自治机关帮助聚居在本地方的其他少数民族,建立相应的自治地方或者民族乡。民族自治地方的自治机关帮助本地方各民族发

---

① 对此有学者认为,《宪法》第 45 条之规定,由于并不区分民族、种族等,凡中华人民共和国公民皆可在特定原因发生后得请求国家和社会予以物质帮助。因而本条也被认为是少数民族在物质方面所享有的获得帮助和照顾之权利。也有学者将《宪法》第 45 条解释为社会保障权,立法目的主要就是帮助和照顾社会中的弱势群体,进而在认为少数民族是较为普遍之弱势群体的基础上,认为本条对少数民族物质方面的帮助和照顾是显见的。但有学者认为,以该条来进一步论证少数民族获得帮助和照顾权的立法基础或根据尚有价值,而若解释该权利的内涵或者想以此条包容少数民族获得帮助和照顾权,则显然有失妥当。社会保障权、公民的物质帮助权多是指向社会的单个成员,其保障的是个人的权利,所采取的是通过单个救济来实现社会的公平、正义。而少数民族获得帮助和照顾权则应是一项集体性的权利,其所面对以及要解决的是民族间平等协调发展的重大问题。参见周忠瑜等著:《少数民族权利保障研究》,中央文献出版社 2006 年版,第 224 页。

展经济、教育、科学技术、文化、卫生、体育事业。民族自治地方的自治机关照顾本地方散居民族的特点和需要。"第 55 条规定:"上级国家机关应当帮助、指导民族自治地方经济发展战略的研究、制定和实施,从财政、金融、物资、技术和人才等方面,帮助各民族自治地方加速发展经济、教育、科学技术、文化、卫生、体育等事业。国家制定优惠政策,引导和鼓励国内外资金投向民族自治地方。上级国家机关在制定国民经济和社会发展计划的时候,应当照顾民族自治地方的特点和需要。"我们可以明显看出,在《民族区域自治法》中存在大量的确认少数民族获得帮助权的条文,而且该法第六章"上级国家机关的职责"实质上就是对少数民族获得帮助权的确认。

(一)对少数民族地区特殊财政政策的规定

改革开放以来,我国实行的民族自治地方财政管理体制,除对体制上的照顾之外,主要的特殊财政支持有三项,一是少数民族地区补助费;二是少数民族机动金;三是财政预备费高于其他地区。[①] 1980 年国务院《关于实行"划分收支、分级包干"财政管理体制的通知》和 1985 年国务院《关于实行"划分税种、核定收支、分级包干"财政管理体制的通知》中明确规定:在增加对民族地区补助的同时,对于边远地区、少数民族自治地方、老革命根据地和经济基础比较薄弱的地区,设立"支援经济不发达地区发展资金",由中央专案拨款,不列入地方财政包干范围。[②] 从 1980 年起,中央财政对民族地区实行递增补助的财政体制(其他地区不递增),补助额每年以

---

① 中央财政给予民族地区的这三项财政政策,在我国财政史上称为中央财政对民族地区财政的"三项照顾"政策。根据《中华人民共和国民族区域自治法》的有关规定,国家对民族地区的财政实行照顾,主要是对五个自治区和自治州、县给予财政照顾。1980 年以后,根据分级负责的原则并考虑到云南、青海、贵州所辖民族自治地方多,对这三个省比照民族自治区待遇,实行享受民族自治地方财政体制照顾。90 年代以来,鉴于甘肃、四川有类似的问题,在财政上也较多地给予了照顾,但体制上未明确其为民族地区财政体制照顾。

② 到 1994 年中央实行分税制财政体制时,这项资金已达 8 亿元,并已列入地方财政的包干基数。分配范围包括老、少、边、穷地区,民族地区是分配的主要对象。

10%的速度增加。① 1992年,国务院发出了《国务院关于贯彻〈民族区域自治法〉若干问题的通知》,为支持民族地区的经济和社会发展,中央在原"支援经济不发达地区发展资金"的基础上,每年新增6000万元、直到达到3亿元水平,用于民族地区的农、水、路等基础设施建设和农牧产品加工项目。此专项资金采取财政周转金的形式,由财政部和国家民委按项目进行管理。为配合西部大开发战略,国务院从2000年起加大对民族地区(包括民族省区和非民族省区的民族自治州)的转移支付。中央财政在2000年安排民族转移支付资金10亿元的基础上,以后每年按一定比例递增;并将民族地区上缴中央金库的增值税每年以较去年增长部分的80%留给民族地区。② 1999年起提高机关事业单位职工工资后,中央确定对地方转移支付补助系数时,民族地区高于同档次其他地区5个百分点等。从2001年起,建立艰苦边远地区津贴制度,应由财政安排的资金全部由中央财政负担。中央财政还通过专项拨款、国债补助等形式对少数民族地区给予支持。

此外,根据《民族区域自治法》第32条第3款"民族自治地方的财政预算支出,按照国家规定,设机动资金,预备费在预算中所占的比例高于一般地区"的规定,我国在财政预算科目中设置少数民族地区机动金、补助费、预备费,主要用于解决民族地区特殊支出的需要。

(二)对民族地区的扶贫开发采取的特殊政策

《国家"八七"扶贫攻坚计划》实施以来,民族地区扶贫开发工作取得了

---

① 当时中央对5个民族自治区及云南、贵州、青海的定额补助数额每年递增10%。一般地区省内所辖自治地方的定额补助每年递增幅度,由有关省自行规定。过去执行的财政"三项照顾"政策,均纳入包干范围。这一政策执行到1988年,由于中央财政体制变化,在保留了历年递增的财力实际数额后,停止了递增。1994年中央实现分税制财政体制时,对历史形成的民族地区的财力予以保留。

② 以2000年为例,标准支出大于标准收入的民族省区,按照标准收支差额,最低可以得到11.5%、最高可以得到20.5%的补助,而非民族省区只能得到全国统一7%的补助。2000年,8个民族省区按中国统一补助系数计算享受一般性转移支付16.5%,享受民族优惠政策转移支付21.9亿元。也有统计表明,2000年,国务院共安排25亿余元用于此项转移支付。

很大成绩。但是,由于历史、自然、社会等原因,少数民族地区的贫困问题仍然相当突出。1998年8月28日国务院批转的国家民委、国务院贫困地区经济开发领导小组《关于少数民族地区扶贫工作有关政策问题请示的通知》中指出:在国家重点扶持的331个贫困县中,有少数民族贫困县141个,占42.6%,主要分布在内蒙古、新疆、宁夏、广西、贵州、云南、青海等14个省区。少数民族地区不仅贫困地区面大,而且贫困程度较一般地区更为严重。为此,国家对少数民族贫困地区除了享受一般贫困地区的优惠政策外,还采取了一些特殊的扶持优惠政策。

1. 放宽了少数民族贫困县的扶持标准。1986年,国务院确定国家重点扶持贫困县的标准是:一般贫困地区1985年全县农民人均纯收入150元以下,但对革命老区和民族自治地方县放宽到200元(牧区300元)以下。全国通过放宽标准而列入国家重点扶持的贫困县有62个,其中,少数民族自治地方有51个,占82%;1986年首次确定的331个国家重点扶持贫困县中,民族自治地方有141个,占总数的42.6%。1994年国家开始实施《"八七"扶贫攻坚计划》,在确定的592个国家重点扶持贫困县中,民族自治地方有257个,占总数的43.4%。从2001年开始实施的《中国农村扶贫开发纲要》,再次把民族地区确定为重点扶持对象,在新确定的592个国家扶贫开发重点县中,民族自治地方(不含西藏)增加为267个,占重点县总数的45.1%。同时,西藏74个县(市、区)整体被列入国家扶贫开发重点扶持范围。①

2. 在扶贫资金、物资上向少数民族贫困县倾斜。对少数民族贫困地区的银行贷款规模和化肥、柴油、农膜等农用生产资料的安排上优先给予照顾。国家新增加的农业投资、教育基金、以工代赈、温饱工程等扶贫资金

---

① 国务院新闻办公室:《中国的民族区域自治白皮书》,2005-05-27,http://www.gov.cn。

和物资,少数民族贫困地区的分配比例应明显高于其他地区。① 国家对西藏地区在资金上更是给予了特殊的支持。据统计,西藏自治区成立40年间,西藏财政支出共计875.86亿元,其中的94.9%来自中央补贴。近10年来,共计援助资金及物资101.66亿元(不含中央同期对117个援建项目投入的资金)②。

3. 实行优惠政策。放开国家计划外农、林、牧、矿产品的销售;允许少数民族贫困地区积极兴办适合当地资源优势的中小型企业,经审批允许根据当地的特点和优势对国家的产业政策作某些补充;继续减免贫困户的农业税,对没有偿还能力的贫困户所欠的扶贫贷款,适当延长其还款期限,停止逾期罚息,并允许停息挂账;尽量减少贫困县购买国库券任务,对贫困户免国库券;核定贫困县上交税收基数,超收全留等。对民族贸易企业继续实行低息、低税,对民族贸易企业经营的农副产品和少数民族生产生活必需的工业品继续实行价格补贴。扶贫信贷部门对解决群众温饱确有成效的农林牧开发项目,视其生产周期,在还贷期限、自有资金比例等方面放宽贷款条件,尽量简化贷款手续,保证贷款资金随扶贫项目实施进度及时到位。

4. 加强对特殊民族地区的扶贫开发工作。

(1)加强牧区的扶贫工作。我国少数民族自治地方有草原45亿亩,占我国草原总面积的90%以上,占少数民族自治地方总面积的49%,我国的

---

① 据统计,1995—1997年3年间,国家对民族8省区共计安排142亿元扶贫资金,加快了民族地区的脱贫步伐。从1994年到2000年,国家向内蒙古、广西、西藏、宁夏、新疆5个自治区和贵州、云南、青海3个少数民族人口较多的省份共投入扶贫资金432.5亿元,截至1999年,中国少数民族贫困地区的贫困人口从4500万减少到1400万人,少数民族贫困县农民人均年纯收入增加了210%,达到1255.43元。"十五"期间,国家累计安排民族地区以工代赈资金140亿元,约占全国总规模的45%;支付贫困群众劳动报酬22亿多元;为民族地区易地扶贫搬迁试点累计安排资金48亿元,约占全国易地扶贫搬迁试点资金总量的85%,搬迁贫困群众100万人。2006年国家就安排民族地区易地扶贫搬迁试点资金约7亿元,搬迁贫困人口14万人。李忠斌、陈全功:《特殊扶贫开发政策助推少数民族脱贫致富:30年改革回顾》,载《民族问题研究》2009第2期。

② 国务院新闻办公室:《西藏的民族区域自治》,2004-05-24,http://www.xinhuanet.com/.

6 大草原基本上都在少数民族自治地方。同时,国家有关部门也积极扶持牧区建设,①1987 年,国务院召开"全国牧区工作会议",制定了牧区扶贫的有关政策措施,落实了每年 5000 万元的牧区扶贫专项贴息贷款,确定了 27 个重点扶持的牧区贫困县(其中 26 个县是少数民族自治地方),将牧区的扶贫工作纳入到全国扶贫工作的整体规划之中。

(2)对人口较少民族地区进行重点扶贫。我国 55 个少数民族中有 22 个民族人口在 10 万人以下,是人口较少民族,主要分布在 10 个省区中的 86 个县、640 个行政村。到 2005 年,这 640 个行政村中还有 145 个村没有通公路,90 个村没有通电,368 个村没有安全饮用水,355 个村没有卫生室,235 个村没有小学,279 个村没有通电话,274 个村没有通邮。许多村呈整体贫困状态,有 1/4 的人口温饱问题尚未得到解决,其中绝对贫困人口 19 万,占总人口比重近 20%。中央政府从 2000 年起组织实施"兴边富民行动",采取特殊帮扶措施,重点解决边境地区、人口较少民族聚居地区的基础设施建设和贫困群众的温饱问题。2005 年 8 月,国务院审议通过《扶持人口较少民族发展规划(2005—2010 年)》,提出通过 5 年左右的努力,使人口较少民族聚居的行政村基础设施得到明显改善,群众生产生活存在的突出问题得到有效解决,基本解决现有贫困人口温饱问题,经济社会发展基本达到当地中等或以上水平②。

5. 为民族地区安排专项资金。

(1)设立"温饱基金"。针对国家当时重点扶持的 141 个少数民族自治地方贫困县的特殊问题和困难,国家从 1990 年开始设立"少数民族贫困地区温饱基金",由国家民委会同有关部门共同按项目管理。"温饱基金"的设立,极大地改善了少数民族贫困地区的基础设施和基本生产条件,促进

---

① 1986—1993 年,中央和地方仅投放在内蒙古、新疆、青海 3 省区的"防灾基地"建设资金就达 53458 万元,帮助这些地区进行以水、草、料、棚、饲料加工、牧民定居为主要内容的牧区基本条件和基础设施建设。1995—1997 年,国家对牧区草原建设各项补助专款共计 42680 万元,极大地促进了牧区的经济发展。

② 国家民委:《扶持人口较少民族发展》,2007-06-06,http://www.seac.gov.cn。

了当地支柱产业的形成和发展,有效地带动了少数民族贫困群众解决温饱问题。①

(2)中央财政在1992年设立"少数民族发展资金",解决少数民族和民族地区生产生活中的特殊困难和问题。这一专项资金最初实行有偿使用,1998年后改为无偿使用。1998—2006年的9年间累计安排了近40亿元,仅2006年这笔专项资金规模就达到了5.7亿元②。此外,中央财政先后安排了少数民族重点贫困县新增财政扶贫资金、新增发展资金、国家贫困地区义务教育工程、西部地区两基攻坚工程、少数民族语言电影电视译制扶持、西部地区少数民族广播电视工作补助等一系列专项资金,有力地推动了民族地区发展。

(三)关于鼓励发达地区对口支援民族地区方面的政策

对口支援是国家积极履行义务,实现少数民族获得帮助和照顾权的一项重要措施。中央在1979年召开的全国边防工作会议上确定:北京支援内蒙古,河北支援贵州,江苏支援广西、新疆,山东支援青海,上海支援云南、宁夏,全国支援西藏。为了保证这项政策的长期贯彻,有关部门制定了一系列相应政策。1991年12月16日国家民委转发了《全国部分省、自治区、直辖市对口支援工作座谈会纪要》,指出对口支援不同于一般的经济技术协作和横向联合,它是有领导、有组织、有计划、不以营利为目的而以帮助少数民族地区加快发展为己任的一项既有经济意义又有政治意义的工作,应按照"支援为主,互补互济,积极合作,共同繁荣"的原则进行。即对

---

① 自1990年至1993年,共安排温饱基金21286万元,实施扶贫开发性项目221个,这些项目覆盖了141个少数民族贫困县中的117个县,占82%。这些项目的实施,使30万贫困群众解决了温饱问题,有100万贫困群众不同程度地增加了收入,促进了民族地区的扶贫工作。1994年《国家"八七"扶贫攻坚计划》开始实施,"温饱基金"的使用范围从141个少数民族自治地方贫困县增加到257个,资金规模也相应增加,从1990年的4500万元增加到1997年的1亿元,从1990年至1997年,共计安排温饱基金54035万元,实施项目563个。

② 国家民委经济发展司、国家统计局国民经济综合统计司:《中国民族统计年鉴2007》,民族出版社2008年版,第193页。

口支援首先应强调支援性;经济发达省、市发扬风格、多讲贡献,使少数民族地区得到更多的支援和帮助。在此基础上,少数民族地区也应照顾到支援方的利益,也要讲互惠互利,使经济发达省、市在支援过程中自身也得到应有的补偿和发展。1996年,沿海9省市和4个计划单列市对口帮扶西部10个省区,后来在2004年又增加了厦门和珠海对口帮扶重庆市。① 这些对口帮扶地区涵盖了绝大部分少数民族贫困县市。从1996年开展东西扶贫协作到2006年底,东部各省市向西部贫困地区无偿捐资49.7亿元;实施项目6.6万个,投资620.7亿元;为西部省区市有组织地安排劳务输出人员179.2万人次,劳务收入达136.2亿元;帮助西部贫困地区进行各种人才培训28.08万人次;援建学校4131所;各种科技实用技术2138项;修建公路10053.4公里;建设基本农田308.4万亩;兴修人畜饮水工程,帮助解决了212.4万人、760.5万头牲畜的饮水困难。2007年,东部向西部提供财政援助5.47亿元,社会捐款1.21亿元,东西双方共有4091家企业签订合作协议,为解决民族地区贫困人口的温饱问题作出了重大贡献。②

① 东西扶贫协作对口帮扶民族地区关系

东部发达省市(援助方)	西部欠发达省份(受援方)
北京市	内蒙古自治区
天津市	甘肃省
上海市	云南省
辽宁省	青海省
山东省	新疆维吾尔自治区
福建省	宁夏回族自治区
广东省	广西壮族自治区
大连、青岛、深圳、宁波市	贵州省

转引自李忠斌、陈全功:《特殊扶贫开发政策助推少数民族脱贫致富:30年改革回顾》,载《民族问题研究》2009第2期。

② 李忠斌、陈全功:《特殊扶贫开发政策助推少数民族脱贫致富:30年改革回顾》,载《民族问题研究》2009第2期。

(四)有关文化、教育权给予特别保障的规定

根据《民族区域自治法》第 71 条以及其他规范性文件的规定,①我国在少数民族教育方面采取了一系列照顾措施。概括起来主要有:(1)国家重视和帮助少数民族发展教育事业。(2)设立民族教育行政管理机构和召开民族教育工作会议以加强对民族教育事业的领导和支持。(3)赋予和尊重少数民族自治地方自主发展民族教育的权利。(4)重视民族语文教学、双语教学和发扬少数民族优良历史文化传统。(5)加强少数民族师资队伍建设。(6)加强少数民族文字教材建设。(7)在经费上给予特殊照顾。(8)举办民族学院和民族班。(9)举办寄宿制民族中小学校。(10)实行定向招生。(11)在招生中对少数民族学生给予特殊照顾。(12)对少数民族学生的生活给予适当照顾。(13)积极开展内地省、市对民族地区教育的对口支援和协作。(14)全国支援西藏教育事业。1987 年国家教委颁布的《普通高等学校招生暂行条例》规定:(1)边疆、山区、牧区、少数民族聚居地区的少数民族考生,可根据当地的实际情况,适当降低分数,择优录取。对散居于汉族地区的少数民族考生,在与汉族考生同等条件下,优先录取。(2)少数民族班招生,从参加当年高考的边疆、山区、牧区等少数民族聚居地区的少数民族考生中,适当降低分数,择优录取。(3)山区、边远地区、少数民族聚居地区的委托培养,可以划定招生范围,同时明确预备生源,适当降低分数,择优录取。(4)普通中等专业学校和成人高等学校招生时,也执行与普通高等学校相类似的政策。根据《民族区域自治法》关于民族自治

---

① 《民族区域自治法》第 71 条规定:"国家加大对民族自治地方的教育投入,并采取特殊措施,帮助民族自治地方加速普及九年义务教育和发展其他教育事业,提高各民族人民的科学文化水平。国家举办民族高等学校,在高等学校举办民族班、民族预科,专门或者主要招收少数民族学生,并且可以采取定向招生、定向分配的办法。高等学校和中等专业学校招收新生的时候,对少数民族考生适当放宽录取标准和条件,对人口特少的少数民族考生给予特殊照顾。各级人民政府和学校应当采取多种措施帮助家庭经济困难的少数民族学生完成学业。国家在发达地区举办民族中学或者在普通中学开设民族班,招收少数民族学生实施中等教育。国家帮助民族自治地方培养和培训各民族教师。国家组织和鼓励各民族教师和符合任职条件的各民族毕业生到民族自治地方从事教育教学工作,并给予他们相应的优惠待遇。"

地方的自治机关可以决定本地方的招生办法的有关规定,普通高等学校在边疆、山区、牧区、少数民族聚居地区对少数民族考生降低分数的幅度,由各省、自治区、直辖市根据当地的具体情况确定。

四、高原少数民族特别帮助权实现的实证研究:以青海玉树 4·14 震后救助与重建为例

在某些特定情况下,高原少数民族获得帮助权是一种第一性权利,而不仅仅是一种改善性、救济性的第二性权利,其在本质上属于少数民族生存权、发展权的范畴。因此,虽然目前对少数民族地区的一些极端的自然灾害,如地震、泥石流等的灾后帮助缺乏非常明确的法律规定,但是政府应基于对少数民族地区获得帮助权是一种少数民族生存权、发展权的理解,给予少数民族受灾地区及时有效的特别物质帮助。以青海玉树 4·14 震后救助与重建的实践来看,政府在少数民族地区特别帮助权实现方面的努力主要有以下几个层次。

(一)制定给予生存权特别帮助的具体政策

青海玉树藏族自治州位于青藏高原腹地,青海省南部,距省会西宁 800 公里。北与海西蒙古族藏族自治州为邻,东与果洛藏族自治州相通,东南与四川省甘孜藏族自治州毗连,南及西南同西藏自治区的昌都地区和那曲地区交界,西北角与新疆维吾尔自治区的巴音郭楞蒙古自治州接壤。东西长 738 公里,南北宽 406 公里。平均海拔 4000 米以上,最高点 6621 米,是长江落差最大的标志点,气候高寒。玉树于藏族自治州总面积为 26.7 万平方公里,总人口为 30.23 万人(2009 年),其中藏族占 97%,农牧业人口 21.7 万人。自治州首府为玉树县结古镇。

玉树 2010 年 4 月 14 日上午 7:49 分发生了 7.1 级地震。地震使玉树州全州 6 县全都不同程度地受灾。玉树地震给灾区人民的生命财产造成

了重大损失。截至 2010 年 5 月 30 日 18 时,遇难 2698 人,失踪 270 人。另外,地震造成 1.5 万户居民房屋倒塌,有 10 万户灾民需要转移安置,有些村落超过 99% 的房屋倒塌。学校、医院等公共服务设施严重损毁,部分公路沉陷、桥涵坍塌,供电、供水、通信设施遭受破坏。农牧业生产设施受损,牲畜大量死亡,商贸、旅游、金融、加工企业损失严重。山体滑坡崩塌,生态环境受到严重威胁。(详见下表)

表 33　玉树地震受灾户数、人口统计表

地区	总户数	总人数	4·14玉树地震受灾情况			5·29玉树强余震受灾情况			合计受灾		
			户数	人口	人口所占比例	户数	人口	人口所占比例	户数	人口	人口所占比例
全　州	105895	357267	68201	223176	62.47%	18751	67808	18.98%	86952	290984	81.45%
玉树县	34835	95353	45792	152798	100%	5790	17273	18.11%	51582	170071	100%
称多县	12518	50104	10154	33610	67.08%	1765	7061	14.09%	11919	40671	81.17%
囊谦县	23165	71144	6359	11460	16.11%	3764	19924	28.01%	10123	31384	41.11%
杂多县	15431	458163	1938	9440	20.58%	2534	9851	21.48%	4472	19291	42.06%
治多县	10119	29391	2223	8894	30.26%	1635	4549	15.48%	3858	13443	45.74%
曲麻莱县	9827	28306	1735	6974	24.64%	3263	9150	32.33%	4998	16124	56.96%

灾前玉树县总户数为 34835 户,总人数的 95353 人。4·14 受灾户数为 45792 户,总人数为 152798 人,其中:本县受灾 30084 户,107033 人(含僧侣 5900 人),本州五县搬迁至结古镇的为 10101 户,37107 人,邻藏区在结古镇住户为 1628 户,4281 人,流动人口 3979 户,4377 人。

针对以上受灾状况,青海省政府主要制定了以下对灾区生存权予以特别帮助的相关政策。

1.《青海玉树地震灾区困难群众补助款物发放管理办法》。《办法》共 10 条,规定:为加强玉树地震灾区困难群众补助款物发放管理工作,做到有序发放、规范管理,特制定本办法。困难群众补助款物的发放对象是在 4·14 特大地震灾害发生后,因灾造成无房可住、无生产资料和无收入来源的困难群众。困难群众生活补助标准为每人每天 10 元补助金和 1 斤成品粮,补助从地震发生之日起算,时间为 3 个月。补助款物的发放不得附加任何条件,不得降低发放标准,不得发放给非"三无"人员。补助款物发放情况要及时汇总,定期向社会公布。

2.《青海玉树地震灾区遇难人员抚慰金发放管理办法》。《办法》共10条,规定:为加强玉树地震灾区遇难人员抚慰金发放管理工作,做到有序发放、规范管理,特制定本办法。遇难人员指的是在4·14特大地震灾害发生后,因灾直接死亡,或因受震灾影响受伤、因治疗无效而死亡的人员。遇难人员身份的认定,由受灾乡镇人民政府会同各村(牧)委会、社区居委会进行详细认真的排查,在此基础上,由公安部门进行最终认定,并出具死亡证明书。抚慰金的发放标准为每位遇难人员8000元,其中中央财政补助5000元,地方财政补助3000元。抚慰金的发放不得附加任何条件,不得降低发放标准,不得发放给非遇难人员。遇难人员抚慰金发放情况要及时汇总,定期向社会公布。

3.《青海玉树地震灾区紧急转移补助金发放管理办法》。《办法》共10条,规定:为加强玉树地震灾区紧急转移补助金发放管理工作,做到有序发放、规范管理,特制定本办法。紧急转移补助金是指在4·14特大地震灾害发生后,对受震灾影响范围内的农牧民,因紧急转移而产生的相关费用的补助资金。补助金的发放对象由灾区乡镇政府会同村(牧)委会、社区居委会进行详细认真的排查,在此基础上,编制花名册,报县人民政府批准后发放。转移补助金的发放标准为每名受灾农牧民150元,对党政机关事业单位转移的人员每人发放100元。转移补助金的发放不得附加任何条件,不得降低发放标准,不得发放给非受灾转移人员。转移补助金发放情况要及时汇总,定期向社会公布。

4.《青海玉树地震灾区"三孤"人员生活补助金发放管理办法》。《办法》共10条,规定:为加强玉树地震灾区"三孤"人员生活补助金的发放管理工作,做到有序发放、规范管理,根据民发2010年49号文件精神,特制定本办法。"三孤"人员指的是在4·14特大地震灾害发生后,因灾造成的孤儿、孤老和孤残人员,以及遭受此次地震灾害的原有孤儿、孤老和孤残人员。"三孤"人员的确定由受灾乡镇人民政府会同村(牧)委会、社区居委会进行详细认真的排查,在此基础上,编制花名册,报县人民政府批准后发放。"三孤"人员生活补助金标准为每人每月1000元(受灾的原"三孤"人员补足到每人每月1000元,其中中央财政补助800元,地方财政补助200元),补助时间为3个月(从地震发生之日起算起)。补助金的发放不得附加任何条件,不得降低发放标准,不得发放给非"三孤"人员。补助资金发放情况要及时汇总,定期向社会公布。根据以上政策规定,玉树州具体发放上述"四金"情况见表34。

表34 玉树州发放"四金"情况

单位	遇难人员抚慰金		困难群众生活补助金		"三孤"人员补助金		紧急转移补助金		总金额
	人数	资金	人数	资金	人数	资金	人数	资金	
玉树县	2450	19600000	121566	109668600	1331	3408600	129349	19066750	151743950
称多县	138	1104000	39825	35842500	36	108000	39825	5973750	43028250
囊谦县	754	6032000	33101	29790900	304	912000	33101	4851600	41586500
杂多县	183	1464000	16679	10007400	76	228000	16679	2351850	14051250
治多县	36	288000	10193	9173700	1261	3783000	10492	1566000	14810700
曲麻莱县	27	216000	7913	7121700	3	9000	8043	1199950	8546650
合计	3588	28704000	229277	201604800	3011	8448600	237489	35009900	273767300

玉树县困难群众生活补助人数超 5875 人、紧急转移补助人数超 13658 人,曲麻莱县困难群众生活补助人数超 480 人、紧急转移补助人数超 610 人。

(二)制定给予发展权特别帮助的具体政策

为支持和帮助玉树地震灾区恢复重建,统筹和引导社会各方面力量,又好又快地重建新校园、新家园,建设社会主义新玉树,保证用3年时间基本完成恢复重建主要任务,使灾区基本生产生活条件和经济社会发展全面恢复并超过灾前水平,青海省制定了《玉树地震灾后恢复重建总体规划》(以下简称《规划》)。根据《规划》,通过重建,全面完成城乡居民住房恢复重建,使灾区群众早日住上安全、实用、省地、节俭的放心房。灾区教育、卫生等基本公共服务水平明显提高;生态迈上新台阶。林草植被覆盖度和环境质量得到有效保护,防灾减灾能力明显增强,三江源地区生态建设和环境保护迈上一个新台阶;交通、水利、能源、通信等基础设施及市场服务体系功能全面恢复,服务和保障能力显著提高。《规划》要求,重建后,重点城镇市政功能完备,公用设施配套,农牧区水电路等设施得到恢复提高,城乡风貌特色鲜明,群众生产生活条件明显改善。

《规划》共分10章,包括灾区概况和重建基础、总体要求和重建目标、重建分区和城乡布局、城乡居民住房、公共服务设施、基础设施、生态环境、特色产业和服务业、和谐家园、支持政策和保障措施。《规划》由玉树地震灾后恢复重建组编制,编制组长单位为国家发展和改革委员会,副组长单位为住房和城乡建设部、财政部、国务院国有资产监督管理委员会、审计署、青海省人民政府,成员单位包括四川省人民政府、教育部等37个部门。《规划》范围包括极重灾区、重灾区的各项恢复重建内容,以及一般灾区中受损居民住房和学校、医院等公用设施,涉及青海省玉树藏族自治州玉树、称多、治多、杂多、囊谦、曲麻莱县和四川省甘孜藏族自治州石渠县等7个县的27个乡镇,受灾面积35862平方公里,受灾人口246842人。

(三)制定民族教育恢复与保障的基本政策

灾区重建的基本前提之一就是要恢复基本秩序,以使少数民族基本权利初步得到保证。在玉树灾区,教育秩序是最先得到恢复的。青海省玉树州共有各级各类学校192所,在校生68014人,受灾严重的玉树县共有学校63所,在校生22019人。[1] 其中重灾区结古镇11所学校遭受了严重的财产损失,大量人员伤亡,学校基本上变成了一片废墟。玉树4·14大地震造成全州192所学校中的173所学校全面停课。玉树地震中有103名学生和12名教师死亡,另有684名师生受伤,73名师生失踪或仍被压埋。[2] 青海省教育厅22日在玉树抗震救灾指挥部新闻发布会上表示,截至4月21日下午6时,地震已造成玉树州207名学生遇难,但64.7%遇难者是在校外罹难;在震区,未坍塌校舍占校舍总面积六成以上。[3]

震后,恢复与保障少数民族教育权的主要措施是教育基本设施恢复与重建。其中,在震后接受各类捐助,是灾区实现特别帮助权的最直接有效的手段。对教育投入本身不足,又被地震几乎毁灭殆尽的玉树教育基本设施而言,现有的经验证明,通过社会捐助,帮助教育基本设施恢复与重建,

---

[1] 2010/4/22,新华网。
[2] 2010/4/22,海南企业新闻网。
[3] 2010/4/23,新华网。

是重构灾区少数民族教育权保障体系的有效途径。① 4·14大地震后,对玉树灾区教育领域的社会捐助非常踊跃。尤其是社会各界采取了多种形式积极向灾区捐款捐物,如西藏大学师生员工共计向灾区捐款289452.40元,捐献御寒衣物、棉被等500余套,糌粑等食品50余公斤,砖茶50余条。学校还组织了50余名青年志愿者,圆满完成了西藏自治区红十字会赈灾物质的装卸任务。截至2001年5月7日,西藏大学农牧学院师生员工捐款322405.20元;西藏藏医学院师生员工捐献爱心款67254.40元及价值5000元的赈灾物资;西藏民族学院师生员工捐款386273.80元;西藏警官高等专科学校师生员工捐款53744.30元;西藏职业技术学院干部职工捐款54800元;拉萨师范高等专科学校师生员工捐款68100.00元;拉萨市教育局机关、市直学校及2所民办学校共计捐款783729.70元;山南地区教育体育局机关及直属学校捐款346121.10元;日喀则地区教育系统捐款1233903.10元;昌都地区教育局机关及直属学校捐款276132.00元;林芝地区教育系统捐款321426.90元;阿里地区教育系统捐款142350.80元;那曲地区教育系统共计捐款113094.00元。西藏教育厅机关及直属单位

---

① 据了解,玉树灾区实现教育秩序恢复的基本设施都来源于各类捐助。4月17日,地震发生后第4天,玉树州孤儿学校率先复课;18日,玉树县第一民族中学也已复课。21日下午,玉树灾区高考帐篷学校正式开课,首批复课的高三学生有60名。帐篷学校有16顶帐篷、12个教室、180套桌椅、80套被褥,并配备了厨房、发电机、电视、黑板等教学和生活用具,还设有医疗室、男生女生宿舍。据悉,为支持玉树灾区学校复课,教育部已紧急筹集首批教学物资于4月22日移交给青海省,并于当日发往灾区。该批物资包括100套教具、500个书包、20000册藏汉双语心理辅导读本和4套教具箱。随后,教育部还将视玉树灾区需求,继续筹集相关物资,帮助灾区学生尽快恢复上课。2010/4/23,中国教育新闻网。截至4月30日12时,抗震救灾部队已在玉树地震灾区搭建起28所帐篷学校,使万余名学生重返课堂,实现了确保五一前灾区学生全部复课的目标。2010/5/4,新华网。4月21日,中国青基会表示,经青海省抗震救灾指挥部同意,中国青基会、共青团青海省委、青海省青基会在玉树成立"全国希望工程紧急救灾助学行动"总指挥部,统一协调希望工程的劝募和资助活动。捐款4万元人民币,就可援建一间"抗震希望教室",包括55平方米教室、45套桌椅、1块黑板。一所"抗震希望学校"由若干间"抗震希望教室"组成。援建一所"抗震希望学校",将按照受灾学校实际需要板房间数确定捐款数额。捐款援建"抗震希望教室"或"抗震希望学校"均以捐赠人指定名称命名。中国青基会同时呼吁社会各界捐款资助震区学生,将按照每人1000元的标准对震区学生予以资助。2010/4/22,海南企业新闻网。

干部职工捐款156700.00元(含西藏职业技术学院)。同时,西藏高校还采取各种有效措施关心来自灾区的学生,切实做好帮扶工作。西藏藏医学院积极做好玉树籍家庭受灾学生的救助帮扶和思想安抚工作。西藏藏医学院共有39名玉树籍学生,其中38名学生家庭受到地震影响,35名学生家中房屋完全倒塌,学生的家庭成员中有18位遇难,36位不同程度受伤,136位亲属遇难,16位亲属失踪。学院专门召开玉树籍学生座谈会,正面引导学生,同时采取一对一的心理辅导方式,对学生进行心理疏导,帮助学生减轻焦虑情绪,克服恐慌心理,树立积极面对学习和生活的信心。学院按照学生家庭受灾程度,分别给予200元和500元的临时生活补贴,同时将因家庭受灾导致经济困难的玉树籍学生纳入奖学金资助、学费减免、优先发放助学贷款的范畴,并优先安排勤工助学工作岗位。①

有些基金会通过协议方式,在积极捐款捐物的同时,为使捐助的效应对灾区最大化,对捐助的对象、捐助数额、监督部门等具体的权利义务问题作出了明确的规定,如迄今为止对玉树灾区最大的一笔基金会捐助的"陈廷骅基金会重建青海省玉树藏族自治州民族中学捐赠"就是这类捐助的典范。

《陈廷骅基金会重建青海省玉树藏族自治州民族中学捐赠协议书》

甲方:陈廷骅基金会(The D. H. Chen Foundation)

乙方:中国人民政治协商会议青海省委员会

丙方:青海省人民政府教育厅

丁方:青海省人民政府财政厅

2010年4月14日发生的青海省玉树藏族自治州玉树县7.1级强烈地震,给玉树地区造成了严重的人员伤亡和财产损失。为帮助玉树同胞重建家园,甲方自愿对玉树州民族中学重建项目定向捐赠3700万元港币,并委托乙方对捐赠资金的使用和重建项目的实施就近代行监管。根据《中华人民共和国合同法》《中华人民共和国公益事业捐赠法》等法律的规定,经甲、乙、丙三方(甲、乙、丙、丁四方)协商一致,特签订捐赠协议书如下:

一、捐赠金额

甲方"陈廷骅基金会"(The D. H. Chen Foundation,1970年6月16日

---

① 2010/5/7,中国教育新闻网。

成立于香港,是中华人民共和国香港特别行政区政府根据香港《税务条例》第88条豁免缴税的属公共性质的慈善信托组织)自愿无偿捐赠3700万港元(大写:叁仟柒佰万港元),定向用于玉树州民族中学重建。此项捐赠是闭口捐赠,丙方承诺:重建资金不足的部分,由丙方自行筹资解决,或由丙方报请青海省人民政府筹措解决。

二、捐款用途

玉树州民族中学是寄宿制完全中学,其重建分二期实施(第二期完成后,学生人数将达2700人,共60个教学班)。第一期建设估算金额为人民币4650.93万元,甲方的捐赠资金将全部用于第一期建设,不足部分由丙方自行筹资解决,或由丙方报请青海省人民政府筹措解决。

……

当然从实地调研来看,震后援助也存在较多问题。

调研资料(23):2010年7月30日,玉树县某完小,校负责人。

玉树县某完小位于玉树扎曲河畔,有3130名学生,164名教职工,99.8%的学生来自农牧区,学校有29年的小学民族教育历史。我校在地震中人员伤亡87人,财产损失1750余万。4月24日在帐房复课,主要是进行心理辅导以稳定孩子们的情绪。除伤亡学生、重伤在治学生和外县借读生外,其他学生2887人已返校。现有板房教室64间,是北京仁爱慈善基金会捐助的。我认为就我们学校来讲,主要有以下问题:

首先是关于捐助问题。主要是一些捐助的意向性是很明确的,有的甚至有协议,就是给学生或贫困生的,但都被政府统筹了,学校拿不到。我们建议对学生一帮一捐助,由我们选出贫困生,贴上照片确定身份,签订协议给予捐助。我们不希望再给学生捐物,因为我校学生主要是农牧民子女,大都是生态移民,干部和本校教师的子女全校仅有7人,所以希望以一对一的方式帮助他们完成学业。

其次是教师的公平待遇问题。我校有164名教职工,65名代课教师,还有部分特岗教师。他们从4·14地震那天起直到5月20日没有休息一天,天天在学校救援,但在发放救援物资时,我们在编教师只有一点,而代课教师却没有。现在其他学校的教师都住板房,但我校老师却没有地方住,教师有的住在亲戚家,有的住在学校的帐房里。物质条件差,我们能克服,但因物资发放等造成的教师队伍的不稳定,给工作带来了较大的困难,现在对教职工的关爱明显不够。现在老师成了最困难的群体,因为物价高,生活负担重,但又不允许老师挖虫草增加点收入。另外,住房虽然被震塌,但每月银行的贷款却照样得还。

再次是目前的基本教育条件问题。目前学校的教师够用,但辅助用房主要是计算机房等还差20余间。我现在最担心的是玉树的天气就要变冷了,这里煤很贵,但即便是有煤,现在的板房教室冬天也不能生炉子,同时电力资源匮乏,又没有条件安装空调。另外就是还有些学生的过冬衣物也成问题,虽有爱心人士答应给一些捐助,但依然难以全部满足。

第八章

青藏高原少数民族文化权

少数民族文化是指少数民族在长期的社会实践中创造和发展起来的，由历史上流传下来的，保持在每一个民族中，具有自己的形式和特点的文化，是每个民族的固有文化和传承文化，包括物质文化和精神文化。[①] 从人类学的角度讲，对文化的研究，实际上就是对人在社会中的身份与"角色"的界定。在社会当中，人要占有一个身份，必须要扮演与此相关的"角色"，角色是身份的行为期待，角色所包含的内涵就是文化。它告诉人们应该怎样，而不应该怎样，文化其实是人行为选择的标准体系。[②] 少数民族在社会生活中所扮演的角色主要依托于其特有的民族文化，这种文化是民族区分的主要标志，如果一个少数民族没有固有、稳定的文化，该少数民族就难以形成并长期存在。因此，民族文化的保护与民族文化权利保障，是一个民族存在的必要制度选择。从这一意义上讲，当今从"少数民族传统文化保护"层面到"少数民族文化权利"的理论提升与制度建构意义重大，有人认为："实践证明，'少数民族传统文化保护'是'少数民族文化权利保障'的铺垫，'少数民族文化权利保障'是'少数民族传统文化保护'的实质性进展。"[③]

关于少数民族的文化权利，学者们从不同的层面作了阐述。曲学武认为，少数民族文化权利是指少数民族享用自己文化的权利，是多民族国家

---

① 吴宗金、张晓辉：《中国民族法学》，法律出版社 2004 年第 2 版，第 346～348 页。
② 徐万邦、祁庆富：《中国少数民族文化通论》，中央民族大学出版社 1996 年版，第 13～14 页。
③ 田艳：《中国少数民族基本文化权利法律保障研究》，中央民族大学出版社 2008 年版，第 38～39 页。

或国际社会通过国内立法或国际条约形式确认和保障少数民族权利主体,按照自己的民族文化方式生活、学习、工作的权利。① 翟东堂认为,少数民族文化权利是少数民族人权中最重要的内容之一,是自然的、不可让渡的权利。② 张钧认为,文化权首先是文化自决权,是指一个少数民族按照族内大多数人的愿望并不受其他民族意志的左右,选择保持、改革或革除其风俗习惯、宗教信仰等文化因子的权利。③ 肖泽晟则提出了"集体文化权利主要是少数民族的集体文化权利"的观点,认为对集体文化权利加以保障的重点,应当是尊重少数民族及边缘化群体成员,同他们群体的其他成员一样,共同享有自己的文化、信奉和实行自己的宗教或使用自己的语言的权利,并积极采取措施防止这些群体的文化因民族一体化的推进而消失,因为即使没有国家的干预,即使没有存在毁灭他们的恶意,现代社会的权利关系结构、经济制度、大众传媒的影响及一般的教育政策,少数民族文化也非常容易在无形中被蚕食和侵吞。④ 学者田艳在其著作《中国少数民族基本文化权利法律保障研究》中认为,根据我国《宪法》、《经济、社会和文化权利国际公约》及《公民权利和政治权利国际公约》规定,少数民族的文化权利包括少数民族个人的文化权利和少数民族的集体文化权利。并从"基本文化权利"的角度认为,少数民族基本文化权利,主要指中国内部的各少数民族集体保持其传统生活方式的权利,这是因为生活方式在人们的整个文化中居于核心地位。少数民族文化的其他方面都是以此为前提而展开的,它也是一种集体文化权利,是个人文化权利的前提和基础。⑤

---

① 曲学武:《简论少数民族的文化权利》,载《理论与改革》1994年第6期。
② 翟东堂:《略论中国少数民族文化权利的保护》,载《华北水利水电学院学报》,2005年第4期,第95页。
③ 张钧:《文化权法律保护研究——少数民族旅游开发中的文化权利》,载《思想战线》2005年第4期,第29页。
④ 张千帆:《宪法学》,法律出版社2004年版,第236~237页。
⑤ 田艳:《中国少数民族基本文化权利法律保障研究》,中央民族大学出版社2008年版,第32~34页。

一、青藏高原少数民族文化权利的基本分析

(一)青藏高原少数民族文化的特殊因子

基于学者们上述关于民族文化权利的理论界定,我们认为,在研究青藏高原少数民族文化权利——这一特殊的民族文化权利类型时,对以下几个文化因子应予以重视,即文化传统、文化生态、文化的集体性、文化空间及文化价值的利益共享。

第一,传统性是少数民族文化的源与根,少数民族文化的当今状态不过是其在历史演变中的一种表现与成果。传统性是少数民族文化形成与延续的历史记忆,传统性的强弱,表达着文化主体维持文化、语言和宗教的能力,而他们保持自己的传统就是其参与文化活动和开展文化创造的一个重要前提,也是享受自己文化成果的一种方式。如遗存于青海黄南藏族自治州同仁县年都乎村的"於菟",据考证就源于古羌时期。每年农历十二月二十日,年都乎村都要举行这种较大规模驱邪逐魔的祭祀活动,即跳"於菟"。从跳於菟的过程中,可以较为清晰地看出土族早期图腾崇拜及原始宗教的烙印。从其舞蹈形态来看,它是原始的拟兽舞,是原始舞蹈中最常见、最具代表性的舞蹈形式。可见,它是原始人类在万物有灵观念的支配下,崇敬虎神萨满艺术的遗迹。①

第二,生态性是民族文化存在的环境系统。文化生态学非常强调文化与其环境之间相互作用的关系,"文化生态理论的实质是指文化与环

---

① 正因为传统性对于民族文化的重要性,联合国《非物质文化遗产保护公约》和我国相应的规定都以传统性为保护对象。

境——包括技术、资源和劳动——之间存在一种动态的富有创造力的关系。"①文化不再作为孤立的事象而存在,它和周围环境一同构成了复杂的文化生态系统。一方面它接受环境方方面面的影响,另一方面它又会反作用于环境,程度不一地影响着周边环境,文化的生存、发展、特性都与其周围环境有着复杂动态的密切联系,文化和环境完全是一个统一整体,研究文化必须要关注此种文化生存、发展的环境。这同时反向说明,文化生态系统的改变会改变原有文化的基本特征,青海黄南州河南县蒙古族的藏文化汉化就是典型例证。青海省黄南藏族自治州河南蒙古族自治县地处青海南部,北临本州泽库县、南依四川省阿坝藏族羌族自治州、东靠甘肃省甘南藏族自治州,处在藏族文化的包围圈中。据 2000 年的相关统计,该县蒙古族人口占全县总人口的 89.55%,是青海省唯一的蒙古族自治县。这里的蒙古族人群是不同蒙古部落在不同年代迁入后形成的。其祖先主要是厄鲁特部中的和硕特部、土尔扈特部和漠南蒙古土默特部中的达吾尔部与火落赤部的蒙古人。其中最早进入的时间在 13 世纪的南宋时期。由于处在藏族文化的氛围之中,经过长期与藏民族的交流、融合,他们在信仰观念、价值取向、思维方式、审美情趣、风俗习惯、语言文字等方面已向藏文化深度涵化。他们讲一口优美、标准的安多牧区藏语,并且皈依藏传佛教。②

第三,集体性是少数民族文化保持的连带性因素,少数民族在共同生活中彼此在文化上的示范性使文化得以延续。如青海的卓仓藏族地处河湟地区,深受汉文化的影响。他们在语言中大量吸收汉语成分、取汉姓、学习汉族的生活技术。但他们同时又有着较好的文化集体意识,以坚守自己藏文化的根基。(1)坚持使用藏语文。(2)全民信仰藏传佛教,遵从手持念珠、烧香拜佛等藏传佛教的宗教仪轨。(3)保持自己的风俗习惯、传统价值观。(4)极为重视藏族血统的纯正。坚持族群内通婚。所谓内婚制也就是血缘骨系制,即凡是卓仓七条沟里的藏族人都必须在这七条沟的藏族人中选择配偶,因为这七条沟里的藏族是他们能够明确作出判断的血统纯正的

---

① 转引自赵艳喜:《论文化生态保护区中物质文化遗产与非物质文化遗产的关系》,载《青海民族研究》2009 年第 2 期。

② 班班多杰:《和而不同:青海多民族文化和睦相处经验考察》,载《青海民族研究》2008 年第 1 期。

藏族人,而其他地区藏族的血统是否纯正则无法判断,所以他们不愿与七条沟外的藏族结亲。现在,这一观念对其群体成员还具有很大的约束力,并用以指导、支配他们的婚姻行为。这一地区外出读书、当国家干部的人很多。他们的配偶几乎都是从自己的家乡按照优、中、劣的骨系来选择的。即便没有依家乡骨系找配偶,也必须在藏族中找。否则,其父母会进行干涉。①

第四,空间性是少数民族文化表现与延续的物理场域。"文化空间"是联合国教科文组织在保护非物质文化遗产时使用的一个专有名词,其对"文化空间"的界定是:"一个集中了民间和传统文化活动的地点,但也被确定为一般以某一周期(周期、季节、同程表等)或是以一时间为特点的一段时间。这段时间和这一地点的存在取决于按传统方式进行的文化活动本身的存在。"我国根据国情将之解释为:"即定期举行传统文化活动或集中展现传统文化表现形式的场所,兼具空间性和时间性。"向云驹先生据此指出:"文化空间从其自然属性而言,必须是一个独在的文化场,即具有一定的物理、地理空间或场所,这个场所有时具有文化景观遗产那样的景观价值,有时只是普通的场所,有时是神圣的场所,有时甚至是不固定的场所,但是由固定的时间和随意的场所相结合。"②可以说,"文化空间"得以存在的重要条件之一即是需要有物理场所,它可以是文化广场、宗教场所、古村落、集镇中心、庙宇寺观教堂等人文地点,也可以是神山、圣山、湖泊等各种自然环境。如青海土族的"纳顿节",就是青海民和三川地区这一土族农耕文化特有场域的传统节日和民俗活动,其活动范围达方圆数十里。纳顿节开始于夏粮归仓之后,从农历七月十二日至九月十五日,前后持续63天,堪称世界上最长的狂欢节。其首先开始于夏收最早的民和中川乡宋家村,主要分布于民和县官亭镇、中川乡、峡口乡等七个乡镇。③

---

① 班班多杰:《和而不同:青海多民族文化和睦相处经验考察》,载《青海民族研究》2008年第1期。

② 向云驹:《论"文化空间"》,载《中央民族大学学报》(哲学社会科学版)2008年第3期。转引自赵艳喜:《论文化生态保护区中物质文化遗产与非物质文化遗产的关系》,载《青海民族研究》2009年第2期。

③ 对此问题的系统分析,详见曹亚丽主编:《土族文化艺术》,中国戏剧出版社2004年版,第121页以下。

第五，文化价值的利益共享是民族文化得以传承的物质动力。尽管目前我国并没有建立民族文化产权制度，①也没有建立少数民族地区因文化保护而牺牲自我发展应获得的文化补偿权。② 但这并不应当影响少数民族对自己创立的文化产品获得利益的权利。从理论上讲，政府应当制定合理的利益共享机制，引导少数民族地区合理利用民族文化资源的利益价值，以利于民族文化的良性发展。而从调研来看，正是民族文化的利益性特点，极大地促进了某些民族文化的发展。如青海黄南州的热贡文化，目前有热贡艺术品公司 14 家，从业人数达 3000 余人，2009 年热贡艺术品等销售收入达 5000 余万元，已成为这些地区农牧民的主要收入来源。其中，由于唐卡艺术的市场利益收益高，占据了全州文化产品市场的 60%，而同为热贡艺术的堆绣占 25%，雕塑、刺绣、木刻等仅占 15%。③

上述关于少数民族文化特性的初步分析旨在表明，对少数民族文化的保护首先要明确传统性是其文化的根脉，不能抱有"传统等于落后"的思维定式，文化保护就是保护"传统"的思维是民族文化保护的基础性观念；文化的生态性说明，任何一种文化的形成或变迁都是文化的整体生态系统作用的结果，民族文化的保护不应是孤立的就文化而言的保护，而应该是文化生态系统的保护；文化的集体性是民族文化得以延续的行为要素，集体生活的相互依赖使其文化主体具有了文化应当延续的连带性意识，因此，创造少数民族得以集体生活的适宜社会结构是少数民族文化具有生命力

---

① 详见田艳：《中国少数民族基本文化权利法律保障研究》，中央民族大学出版社 2008 年版，第 249 页。实际上，确立少数民族的文化产权的意义并不仅仅在于保护少数民族的应有利益，更在于要求政府在经济发展与文化保护相冲突时对文化保护的关注，也可对文化的市场经营者随意利用民族文化资源的行为乃至篡改民族文化的行为能有所约束。

② 有学者认为，少数民族的基本文化权是一种习惯权利，根据国际惯例应对这种权利的受影响主体予以补偿。政府应寻求经济发展与文化权利保护间的平衡，其具体方法就是以利益共享的方式对少数民族给予补偿。详见田艳：《中国少数民族基本文化权利法律保障研究》，中央民族大学出版社 2008 年版，第 241～253 页。但从我们的调研来看，在青藏地区，政府主要是以给予各种优惠的扶持政策、打造文化品牌等非直接的方式促进民族文化产业的发展。

③ 2010 年青海省政协《关于热贡文化生态试验区建设进展情况的调研报告》，第 36 页。

的保证;文化空间的表述本身就表明,文化与空间是不可分的,空间是文化存活的沃土。没有特定的文化空间和文化场域,文化的独特性价值就很难理解。这说明,近几年以生态保护为目的的民族地区生态移民的策略,从民族文化保护的角度讲,对文化空间的破坏可能是难以修复的。①

(二)青藏高原少数民族文化权利的范围

少数民族传统文化的内涵非常丰富,这无疑给少数民族文化权利的范围界定及制度设计带来了极大的困难。有学者认为,少数民族传统文包括有形文化财产和无形文化财产两大部分。从有关国际公约的规定来看,其保护范围相当于有形文化财产。但作为少数民族文化权利客体的不是少数民族传统文化的全部,有形文化遗产可以从中排除,尤其是列入中国《文物保护法》第2条规定范围内的文物,这些文物属于国有。这些有形文化财产,不管是可移动的还是不可移动的,都应该从少数民族文化权利的客体中排除,只有无形文化财产才可以成为少数民族文化权利的客体,即"非物质文化遗产"。② 我们认为这种观点至少是不全面的,这会限制少数民族享受自有文化的权利,同时物质文化如没有民众的参与而形成文化得以存在和延续的生命力,则会形成文化的木乃伊现象。因为我国民族地区的具有历史、科学、艺术等价值的各类文化财产,都是融物质文化遗产和非物质文化遗产为一体的双重遗产。大量群体性的非物质文化遗产一直被人们以综合的形式在千年寺庙、古建筑、古村落中进行着呈现和传承,很多物质文化遗产同时也是集中展现传统文化表现形式的场所,这些物质文化遗产提供的空间和其中呈现的非物质文化遗产是相依相存、浑然一体的,不能截然分开。显然,这种情境下的物质文化遗产已经和其中的非物质文化遗产活动一起构成了一种新的非物质文化遗产样式——"文化空间",发生在物质文化遗产中的"文化空间"堪称物质文化遗产和非物质文化遗产的

---

① 对文化生存与生态移民关系的研究,详见刘源:《文化生存与生态保护:以长江源头唐乡为例》,载《广西民族学院学报》(哲学社会科学版)2004年第4期。

② 田艳:《中国少数民族基本文化权利法律保障研究》,中央民族大学出版社2008年版,第63页。

双重遗产。如青海玉树结古镇新寨的玛尼堆,位于嘉娜玛尼石经城,俗称嘉娜玛尼,是世界上最大的玛尼石堆,预计约有25亿块玛尼石,大约花了200余年形成。在这里,当地少数民族群众通过向玛尼石堆添放刻有六字真言的玛尼石、默念六字真言转玛尼石堆、磕长头膜拜等方式来表达他们的宗教信仰。这里是当地藏族群众期求的精神世界的安宁与获得心理满足的神圣之所。可见,没有少数民族群众的参与,这一世界上最大的玛尼石堆就不可能形成,即便形成,如果当地藏族群众不能通过宗教这种载体从中得到精神享受,它也会因为缺乏足够的文化生态而不能体现其作为"玉树玛尼文化景观"[①]的价值意义。

因此,我们认为如果目前少数民族文化可以简单分为物质文化与非物质文化两类,我们赞成向云驹先生的观点:保护"文化空间"需要遵循完整性、真实性、生态性、生活性原则,采取动静结合、物质文化遗产与非物质文化遗产相结合,生态保护与人文保护相结合、对一种文化品类的保护与对各种文化品类的保护相结合等措施。这些原则和措施也完全适用于文化生态保护区的建设。建设好文化生态保护区,需要保护好物质文化遗产,也要保护好非物质文化遗产,保护好自然生态,更要保护好人文生态。从而实现保护区内自然与人文生态的双和谐。[②]

但同时要明确,物质文化特别是已列入国家文物保护的物质文化,其保护责任主体是国家,但不应影响少数民族享用的权利,因为如上所述,事实上这种民间享用会有效促进其活化。从少数民族的文化利益来讲,对少数民族具有利用和享受价值的文化权利,主要是非物质文化。

从这一意义上讲,少数民族文化权利的客体主要是非物质文化。关于非物质文化,联合国教科文组织《保护非物质文化遗产国际公约》对非物质

---

① 实际上,青海"玉树玛尼文化景观",包括新寨嘉娜玛尼—通天河晒经台—勒八沟—勒钦嘎央神山—文成公主庙—贝纳沟—巴塘草原。此范围内,文化遗产与自然环境紧密结合在一起,以玛尼石刻为核心的景观还包括了经幡、天葬台、寺庙(有红、黄、白、花各教派)、佛塔、风马等丰富的民间宗教文化载体。同类的玛尼文化景观在西藏和四川等地也有分布,与四川甘孜和西藏昌都的玛尼城、玛尼石墙相比,目前认为,"玉树玛尼文化景观"规模更大、历史更久,类型也更丰富,所以具有典型的代表性。

② 转引自赵艳喜:《论文化生态保护区中物质文化遗产与非物质文化遗产的关系》,载《青海民族研究》2009年第2期。

文化遗产的定义是:非物质文化遗产指被各群体、团体或有时为个人视为其文化遗产的各种实践、表演、表现形式、知识和技能及有关的工具、实物、工艺品和文化场所。其范围包括:(1)口头传统和表现形式,包括作为非物质文化遗产媒介的语言;(2)表演艺术;(3)社会风俗、礼仪、节庆;(4)有关自然界和宇宙的知识和实践;(5)传统手工艺。[①] 根据《关于加强我国非物质文化遗产保护工作的意见》,我国对非物质文化遗产的定义是:非物质文化遗产指"各族人民世代相承、与群众生活密切相关的各种传统文化表现形式(如民俗活动、表演艺术、传统知识和技能,以及与之相关的器具、实物、手工制品等)和文化空间"。其范围包括:(1)口头传统,包括作为文化载体的语言;(2)传统表演艺术;(3)民俗活动、礼仪、节庆;(4)有关自然界和宇宙的民间传统知识及实践;(5)传统手工艺技能;(6)与上述表现形式相关的文化空间。目前国内外学者沿用较多的概念是国际方面对非物质文化遗产的界定。

此外,对于那些鬼神信仰、图腾崇拜、神秘游戏、巫术等蒙昧精神文化部分,或散落于民间的其他非物质文化遗产,由于各个国家意识形态、人权观念、传统文化等方面的差异,关于是否应该把这部分精神文化纳入非物质文化遗产的范围,各个国家存在不同的认识。联合国教科文组织对于非物质文化遗产保护的相关规定通常只涉及各个成员国达成共识,对于这些特殊的、无法取得统一的意见和建议只能是存而不论,因此,这一部分精神文化内容没有被明确列入《保护非物质文化遗产公约》的保护名单之中。但是,从我国具体的非物质文化遗产情况来说,虽然不能以这些特殊的精神文化去申请世界非物质文化遗产代表作,但是对于其中有较高的文化价值并能够较好地反映我国传统文化的内容,仍然应该鼓励国家级、省级、市级、县级等各级政府来保护这类弥足珍贵的非物质文化遗产,应该把这类精神文化内容纳入非物质文化遗产的范围之中,并允许这类文化遗产申请国家级的非物质文化遗产代表作。[②]

---

① 王文章:《非物质文化遗产概论》,文化艺术出版社2006年版,第446页。
② 朱祥贵:《文化遗产保护法研究——生态法范式的视角》,法律出版社2007年版,第14页。

(三)青藏高原少数民族文化权利意识

少数民族文化权利的内容主要包括精神性权利与物质性权利两大部分,其中精神性权利包括署名权、文化尊严权、文化发展权。① 我们基本同意这一观点。按照这一划分框架我们对青藏高原少数民族文化权利意识作了实证研究。

1. 关于署名权,即法律意义上的产权保护意识,在高原民族地区处于传统知识与现代制度相对断裂的状态。一般认为,署名权是精神性权利最重要的内涵之一。在实践中,署名权既是将自己的作品与别人的作品相区别并防止被别人冒用的一种手段,也是保护自己的某种民族文化为其独有而不被别人同化的一种方法。但同时我们要看到,"署名权"这一国家法语境中的专有名词所表达的意义,即署名权代表着作品的精神性权利。但署名权缺乏即意味着作品精神权利缺乏的判断在青藏高原民族地区并不很全面,因为在某种程度上表现为另外一种情形,少数民族在自己的作品中如不能有效享有署名权,并不意味着该少数民族文化权利主体就丧失了对其文化的应有价值。对此,他们有自己的"地方性知识"。

调研资料(24):青海黄南藏族自治州同仁县下吾屯村,桑某,唐卡画师。青海黄南藏族自治州同仁县年都乎村,夏某,堆绣制作匠人;桓某,堆绣作坊老板。

问:您画的唐卡盖自己的图章吗?

桑某:自己画的一般不习惯盖章。有些盖章的人都是自己画得不好,盖有些大师的章子以次充好,或有些大师自己不画,让别人在自己的画上盖上大师的章获利,我不愿意这样做。

问:你们做的堆绣有没有特有记号?

夏某:没有,但自己做的东西一眼就能认出,主要是用肉眼辨析。

问:您的堆绣工艺品有记号、标记吗?

---

① 田艳:《中国少数民族基本文化权利法律保障研究》,中央民族大学出版社 2008 年版,第 70~75 页。

桓某：以前有人要求盖上自己的章子，但堆绣(的艺术题材)一般是佛像，如果按汉人的习惯盖上章子，很不合适，无论是从宗教上还是从艺术效果上来讲都不好，盖在(堆绣)后面也不合适。所以，除非有特殊要求，一般不盖。也有过关于(申请)商标这方面的考虑，但不知如何去做。

另外，文化局有关人员介绍说，唐卡这种民间艺术在画技上分为几个派别，各派区别很大，所以不存在知识产权纠纷。

2. 关于文化尊严权，即保持自己民族文化的原创性、完整性，以防止文化贬低与文化同化的权利。如对民间艺术品进行有悖于原创目的的展示，宗教神物的商品化、宗教仪式世俗化，为商业目的对少数民族传统文化分层收费等。在青藏高原地区的民族文化尊严权的保护方面，呈现着官方的正式行为与民间的非正式行为并存的状态，而民间的非正式保护行为又是非理性的、注重实惠的一种认知。

调研资料(25)：青海黄南藏族自治州同仁县年都乎村，桓某，堆绣作坊老板；青海黄南藏族自治州同仁县文化局。

问：您的堆绣技术会教给别人吗？

桓某：一般不传给外人，只限于本村的。自己家里母亲、爱人都会，老大孩子是女儿，现在上中专学画画，以后也准备传给她堆绣技术。

问：不传给外村是以前老人留下的传统，还是现在的意识？

桓某：历史上的事不太清楚，目前主要是家里面的共识，不往外村传，主要是担心外传后影响本村的利益。

问：目前有保护你们工艺的专门部门吗？

桓某：现在县上有一个鉴定中心，主要是防止伪劣产品流向外面，但老百姓没有正确的认识，认为(艺术品)只要卖出就行，去鉴定还要掏钱。但目前政府送到外地的，都要鉴定、盖章。

文化局：2001年同仁热贡艺术协会与文化局成立黄南热贡艺术品质含量鉴定领导小组，对送往外面(地)的艺术品进行鉴定，鉴定后盖上两个章子，一个是等级章，一个是协会章，两个章子同时具备才视为是合格艺术品(章子盖在佛像的背面)。2007年同仁热贡艺术协会作为非营利的民营企业独立运行，但艺人们很少拿自己的艺术品前去鉴定。我们于2004年就开始了对热贡艺术品进行商标注册，就唐卡的布类、纸类进行了申报。最近我们正在做热贡艺术原产地地理标志产品保护申请。

目前在保护热贡艺术的完整性、原创性方面存在的困难有:(1)缺乏资金;(2)由于现代技术的应用,传统艺术有可能失传;(3)唐卡的原料,传统上是用矿物品,现有的用广告色,不能保持唐卡经久不掉色的独有品质;(4)艺术品的创新不够,热贡艺术主要取材于宗教,以后要尽量生活化。

今年(2008年)我们从2000多人中选了80户,作为"艺人之家"挂牌,表示质量可靠,产品为原创。通过这种方法,近年用电脑喷绘等方式(做唐卡)的已经没有了。

3. 文化发展权,是少数民族促进文化进步与发扬光大的权利。其发展有两层含义:一是对自有文化的选择权与对自有文化的保持权;二是文化的变迁应适应少数民族文化发展的自然规律。少数民族的文化发展权,实际上是实现文化多元化的格局的重要步骤。其一方面有利于本民族文化的发展,另一方面可为整个国家民族文化的多元化提供有力的支持。文化多样性不仅是文化自身可持续发展的基本条件,也是加强民族团结、维护和平与安全的重要保障。① 但正是由于自身生存的原因,高原少数民族文化主体对文化发展的追求主要是功利性的,从而缺乏文化的自觉意识与创新意识。

调研资料(26):青海黄南藏族自治州同仁县下吾屯村,桑某,唐卡画师。

桑某:自己正式作画30余年。本村约有七八位画师,传统上都是传男不传女。我女儿卓玛小学毕业后,当时13岁就跟我学画,今年21岁,已学了8年。村里的传统是女人不能画画,但女儿不上学就得当小工。后来我去问赤干活佛,活佛说,女人画画更安静、更好。我就让女儿跟我学,从目前学的情况来看,女儿到我的年龄时,画技会超过我,她是村里二三十个学画的孩子中唯一一个天天坚持的人。我想至今我们这里没有女画师,我想把她培养成第一位好的女画师。卓玛每年画画有1万~2万元的收入,记得她刚画画的时候,有人说闲话,认为女儿要嫁人,学画没用,我说,即使出嫁了,掌握点手艺还是比较好。小女儿卓吉19岁,今年考得不好,如能上学就上学,等回来后再让她画画。

---

① 张耕:《民间文学艺术的知识产权保护研究》,法律出版社2007年版,第95页。

(四)少数民族文化权利的价值

对高原少数民族而言,享有少数民族文化权利的价值内涵非常丰富,包括精神价值、物质价值、美学价值、宗教价值等,本文仅就其精神价值与物质价值作重点分析。

基于民间理性的精神娱乐价值。对高原少数民族而言,其保有的各种文化遗产,无论是精英层面还是民间群体,都具有很高的精神享受价值。尤其是那些关于鬼神信仰、图腾崇拜、神秘游戏、巫术等蒙昧精神文化部分,或散落于民间的其他非物质文化遗产,更具有普遍的参与性、娱乐性与持久性。

如青海土族三川地区"纳顿"最后的程序跳"法拉",就集中反映了当地土族群众通过这种鬼神信仰的方式,求得来年人们人寿年丰、国泰民安、六畜兴旺、五谷丰登的精神追求。"法拉"又谓神汉,为人与神之间的媒介,在人神之间传递信息,可代表神说话下圣意,土族人视法拉为二郎神弟子。"法拉"上场,焚香跪拜,口中喃喃而语,之后突然摇着法器跃到挂着"钱粮"的木杆前,将一条条"钱粮"(纸剪的幢幡)扯下缠成团,拿到帐房前大香炉旁点燃祭天。此刻,法拉在两腮插上两把长20厘米、宽1厘米的钢刀,而有些村庄的法拉表演时则在鼻孔、双耳、双肩、双乳、舌头上插十二支钢钎,称"十二钢钎"。法拉手执法器,身着法衣,而官亭镇纳顿会上的法拉却袒胸露臂,前胸后背插上钢钎,鄂家村的法拉却衣冠楚楚,一副儒雅之相,绕场又舞又跳。土族人认为,法拉进入迷狂状态后,口吐白沫,目光呆滞,已被神灵附体。法拉跳神向神献祭,使神欢悦,神即驱鬼逐疫。多数村庄,法拉在被神附体后,手执神刀,跪在幢幡前将宝盖钱粮及帐前供祭品用刀指点,随即有人将点击物取撤,焚于帐前。法拉即刻向众人宣示神谕:"今天某村某家'纳顿'设下神坛请我来,我心里喜欢,钱粮都已收下。今后你们要诚心崇奉神灵,我去禀报玉皇,保佑你们村子年年风调雨顺,五谷丰登,人畜平安!"此刻,人们呼号应和,以示领受神谕,感谢神灵保佑。至此,该村的纳顿会正式宣告结束。大小牌头派人拜送二郎神出村,抬起其他神轿绕场一周回庙各归其位。邻村的大小牌头用八抬大轿将二郎神迎请回村,准备第二天本村的纳顿会。此时,凡参加纳顿的人都可分得一个大馒头,人们虔诚地相信,吃了纳顿会上的馍馍,可以免灾消病,因而都带回去与家人分享。傍晚,村里各家各户的男人们都忙着去上坟祭祖先,妇女们准备茶饭佳肴,第二天还要去邻村走亲访友,观看纳顿盛会。

可以看出,三川土族的"法拉"跳神和祖先崇拜方面仍保留着浓厚的萨满教遗风。从跳法拉的整个过程来看,它是原始宗教文化在土族纳顿中的具体表现,土族跳法拉与萨满文化有着一定的内在联系。例如在纳顿会前,土族男人每晚去上坟祭祖先,反映出萨满教祖先崇拜的基本特点,与汉族祭祖先有明显的区别。巫傩与萨满都是人与神之间的中介,是人与神灵世界沟通的桥梁。在纳顿跳法拉中,法拉口插钢钎,手持神刀,处于迷狂状态下驱赶鬼祟,最后给村民宣示神谕。此类萨满教特征,在青海安多地区的藏族祭祀中也有类似的遗风。如同仁浪加玛廓村的"拉哇"[1](法师)设坛进行惊心动魄的"开红山"巫术时(是一种原始由"人"祭演绎为"血"祭的仪式),"拉哇"待神灵附体后在迷狂状态下口叼五寸藏刀,抱龙树(桅杆)攀至顶端,从口中抽出藏刀向额头砍三刀,霎时血流满面。在早期的开红山仪式中,拉哇还要用刀子戳腹部、在嘴中翻绞,这种惊险的原始巫术随着社会的进步已经明显淡化,血祭仪式是萨满教不能缺少的"滴血敬神"手段。"拉哇"完成法事后站在神轿上也要替神宣示神谕。从研究资料来看,萨满教演变至今的特点,在邀神、悦神时,不利用面具或头套、假形,不装扮神灵,而是在急促的鼓点声和形象的舞蹈中,利用"狂迷状态"使自己昏然迷之,以示神灵附体,并以神灵的姿态和口气与人对话,传达神谕,以满足人们的祈求和愿望。[2]

再如"六月会"是青海黄南藏族自治州隆务河流域藏族、土族人民最为盛大的民间传统宗教节日,也是该地区历史最为悠久、参加范围最广的全民性节日。届时,隆务河两岸以村子为单位,依次举行各种祭神、娱乐的庆典,参加节庆的村子达50多个。六月歌会主要以祭祀驱傩为主,又称六月傩祭。综观"六月会"民俗舞蹈仪式的原生形态,不难看出其中巫术仪式和巫舞占有重要比重。"巫"是在人类发生分工之后而被保留了神性的特

---

[1] 藏语,意为神人、巫师。
[2] 根据曹娅丽主编的《土族文化艺术》一书中第五章第三节的内容整理而成。原始资料详见曹娅丽主编:《土族文化艺术》,中国戏剧出版社2004年版,第131~133页。

殊人物，是在人们的想象中能上天入地、交通人神的媒介。而神巫是能通过舞蹈祭祀等活动与神交流、给人指点迷津，也给人带来幸福，是人们心目中美的化身。热贡地区民俗舞蹈中的"拉哇"均有高大的身躯、庄严神圣的表情，手中握物、双足或颈部戴镯装饰，或兽面纹饰，带领近百人的舞队手舞足蹈。"拉哇"便是与神交流的神巫。"拉哇"不同于村民，他前顶剃光，后脑有着一条长长的发辫（多为假辫），如同清朝时的发式。身着藏袍，用一红绸系于腰间，手持一个绘有苍龙或宝伞、金轮等八宝祥徽的羊皮鼓，也有手持树枝的。作法时，目光呆滞、浑身颤抖、口中念念有词，神情迷离。他们大都是非职业性的，只在村社祭祀时喃喃。这就是这些巫师不同寻常的身份。

"拉哇"是祭祀仪式中的核心人物，实际上充当着领祭人的角色。青海汉族称之为"法拉"或"法师"，也就是巫师，他能与当地山神或地方保护神相通，使神灵附体。由他带领村民到山神庙里请神、祭神、为神诵经、送神。也由他领着村民跳各种祭祀舞、巫舞向神献祭，以及为村民主持插钢钎、开红山、桑烟祭、风马祭等祭祀仪式，甚至有时也扮演导演的角色，指挥众人跳舞。头戴面具或手持动物图腾面具的舞蹈形式，驱鬼逐疫，一般被称作"傩舞"，这种舞蹈在热贡六月会中与"巫舞"相融相蓄而出现。如"勒什则"舞中手持蛤蟆头和蛇头面具的表演，可以把这些理解为巫师上演驱鬼"傩舞"的道具，并非完全单一的"傩舞"。因为，六月巫风舞祭，主要是祈求山神、龙神、二郎神及其他地方保护神。为使这一地区风调雨顺、农业丰收、人畜兴旺、地方平安，而驱魔、逐瘟、还愿方面的内容，不同于古代乡人傩头戴假面、出方相氏，蒙熊皮，玄衣朱裳，执戈扬盾，用威慑、镇压、胁迫、驱赶的方法驱鬼逐疫。

"六月会"具有突出的民族性与地域性特点。虽然同仁地区民族成分较为复杂，但它是一个以藏族为主体的多民族地区。除藏族外，还有土族、蒙古族、汉族等。六月会是藏族和土族参加的节日，其他民族并不参加。他们崇拜二郎神，也崇拜山神、天神，是多种崇拜的宗教庆典活动。"六月会"的表现形式具有地域性，在青海整个藏族地区或土族地区，很少见到这样时间长、地域广、参加人数众多的大型宗教庆典活动。唯同仁藏族、土族有这样的庆典节日，并且表现出的原始宗教色彩最浓厚，内容最为丰富，可以说，六月会中苯教和萨满教占主体地位。然而，这种原始宗教因民族地域的独特性,其具体形式不同于其他藏区和土族地区,它总是带有不同民族、地区甚至时代的特点,时至今日,热贡地区的"六月会"仪式,依然保持着原有的面貌"屡次进行"着"重现了传奇般的过去",并且充满着生命力。①

在国家法的权利语境与思维中,上述节庆的娱乐文化显然是非理性的。但是如果没有了这种非理性文化的因子,这些民族的个体特征与多元文化性就没有了基本载体,进而使得保障少数民族文化权利与促进少数民族文化多样性的政策也就变得异常空洞。从实践理性来讲,正是这种文化的神性及人神可以互通的蒙昧意识,是这种文化能使民众普遍参与并得以传承的心理动因,也正因为这种民间蒙昧文化的诱致,使得民众无意间扮演了作为文化的享受者与文化的保护传承者的双重角色。这表明,在非物质文化的保护意识中,对蒙昧文化的宽容态度,对于民族文化的文化生态保护与文化正统性的保持具有重要意义。

作为民族文化发展动力的物质利益价值。对利益的期望是人们获取权利的基本动因,就少数民族文化的发展而言,实证研究表明,文化现象的利益含量与少数民族文化发展的态势呈正相关性,少数民族获得的利益量与少数民族文化权的充分程度呈正相关性。如青海省黄南藏族自治州同仁县的"热贡艺术"使得同仁县成为"民族文化艺术之乡",热贡艺术成了国家级非物质文化遗产,进而跻身于世界非物质文化遗产。"热贡艺术"实际是历经数百年逐渐形成了以地处隆务河中游的吴屯上下庄、年都乎、郭麻日、尕撒日等数个自然村为中心的文化带,逐渐确立了在整个藏区多元文化中的统领地位。热贡文化是世居热贡地区的各族人民在历史进程中创造并传承发展的极具雪域特色的文化形式,包含了传统工艺美术、古建筑艺术、民间民俗、民间歌舞、民间说唱和藏传佛教文化影响下的民间艺术,主要表现形式有唐卡绘画、雕塑、堆绣、图案、建筑彩绘、石雕、木雕等。热贡文化所涵盖的文化形态还有隆务河谷岸以保安古城堡为标志的屯堡式村落堡寨,以隆务寺为标志的藏传佛教寺庙建筑、大量的宗教典籍、民间民

---

① 根据曹亚丽主编的《土族文化艺术》一书中第六章第三节的内容整理而成。原始资料详见曹亚丽主编:《土族文化艺术》,中国戏剧出版社2004年版,第155～159页。

俗活动六月会、土族於菟、热贡艺术、黄南藏戏等。截至2010年,全州各类热贡文化企业发展到90余家,以上规模企业10家,"公司＋农户"经营模式的热贡艺术品公司14家,从业人数达到3000余人。据不完全统计,2009年热贡艺术品销售收入达到4415万元,占同仁地区农牧民总收入的7%,全州GDP总收入的4.94%。热贡文化旅游吸引了全省近三分之一的游客,发展势头强劲,2009年共接待游客103.60万人次,全州旅游总收入达到7834.3万元;其中同仁接待游客45.11万人次,旅游收入达4068.2万元;尖扎县接待游客56.08万人次,旅游收入达3369.1万元;泽库县接待游客0.4735万人次,旅游收入达16.23万元;河南县接待游客0.9571万人次,旅游收入达44.92万元。

2006年8月,热贡文化生态保护实验区正式挂牌成立。这是由文化部批准命名设立的继我国福建闽南文化和安徽徽州文化之后的第三个国家级文化生态保护实验区,也是我国藏区唯一的一个文化生态区。实验区的设立,是保持热贡文化多样性、文化生态空间完整性、文化资源丰富性和抢救保护传承民族文化最为有效的手段,对于民族团结与政治稳定、传承与弘扬民族文化、加快民族地区经济社会发展具有重要的意义。

从2007年起,黄南州先后筛选、申报、公布了首批12大类70项州级非遗项目名单,"热贡艺术"填补了青海无世界非遗项目的空白。目前,实验区已获得国家级文化旅游名称近20个,如国家历史文化名城、历史文化名村,国家级民族民间唐卡艺术之乡、堆绣艺术之乡、国家级AAAA级旅游景区、重点文物保护单位、文化产业示范基地,国家森林公园、地质公园、水利风景区,中国民族传统射箭之乡,国家高原水上训练基地等。拥有6位国家级非遗传承人、5位国家级工艺美术大师、17位省级工艺美术大师,是我国西部地区拥有国家级文化旅游命名、艺术大师、非遗传承人最多的地区之一,也是我省世界级、国家级非遗项目最为富集的地区。如今,全州列入国家级非物质文化遗产名录的有5项,其中传统戏剧类1项、民间美术类2项、民间舞蹈类1项、民俗类1项,主要分布在热贡地区及其辐射地区。民族民间文化节庆和民俗活动更加丰富,少数民族大型传统民俗文化活动有上百个,规模较大的有数十个。①

我们对少数民族群众的个体调查,则进一步说明了文化权利与物质利益的相关性。

调研资料(27):青海黄南藏族自治州同仁县年都乎村,夏某,堆绣制作匠人;尕某,青海黄南藏族自治州同仁县吾屯下村村委会主编;旅游局。

夏某:本村有从事热贡艺术的老板 40 余家,干活的艺人有 400~500 人,人均收入近 2 万元。

尕某:本村有 276 户近 2000 人,农业村,农产品收入人均 2000 余元,仅够维持基本生活。本村儿童小学毕业后就开始学画画,全村有 80% 的人卖唐卡,人均收入主要是卖唐卡所得。今年由于特殊情况(指 3·14 事件造成的藏区不稳定影响使旅游者大为减少)来买的人少,所以收入就减少很多。那些没有卖唐卡的人家,收入就少,主要靠打工。

旅游局:在吾屯分为上下两村共有 1880 人从事热贡艺术,人均收入 1.2 万元。2008 年全同仁县热贡艺术产值 2230 多万。热贡艺术取得的收入占农牧民人均收入的 85%。

二、青藏高原民族文化权利保护的地方立法:以青海省非物质文化遗产保护为例

(一)青海民族文化权利保护的地方立法简况

关于民族地区文化权利保护的地方立法方面,部分民族地区的立法机关就民族传统文化的保护进行了专项立法,给我们提供了良好的范本与有

---

① 根据 2010 年青海省政协《关于热贡文化生态试验区建设进展情况的调研报告》中相关资料整理而成。详见 2010 年青海省政协《关于热贡文化生态试验区建设进展情况的调研报告》,第 36 页。

益的经验,如《云南省民族民间传统文化保护条例》(2000年)、《云南省丽江纳西族自治县东巴文化保护条例》(2001年)、《贵州省民族传统文化保护条例》(2002年)、《福建省民族民间文化保护条例》(2004年)、《广西壮族自治区民族—民间传统文化保护条例》(2005年)等。

青海省在保护民族文化权利方面,也对保护本地方各民族文化遗产进行了有益的探索,制定和出台了一些相关的地方性行政法规、重要法律文件和相关保护制度。如2000年5月青海省人大常委会批准《海西蒙古族藏族自治州文物保护管理条例》;2002年,青海省启动了民族民间文化保护工程,建立了民族民间文化保护工作领导小组,全面开展了民族民间文化保护工作;根据国务院《关于加强文化遗产保护的通知》(国发[2005]42号)精神,结合我省实际,提出积极推进非物质文化遗产保护的意见;2006年12月,省政府制定出台了《青海省人民政府办公厅关于加强青海省文化遗产保护的实施意见》(青政办[2006]185号);2007年,成立了青海省非物质文化遗产保护中心、专家委员会和评审领导小组,建立了青海省非物质文化遗产保护联席会议制度,工作机构得到进一步加强;同时,制定出台了《青海省非物质文化遗产名录评审规则(试行)》和《省级非物质文化遗产代表作申报评定暂行办法》,大大推动了文化遗产保护工作的制度化、规范化建设。2006年11月24日,青海省政府公布《青海省人民政府关于公布青海省第一批省级非物质文化遗产代表作名录的通知》(青政[2006]86号);2007年5月25日,青海省政府公布《青海省人民政府关于公布青海省第二批省级非物质文化遗产代表作名录的通知》(青政[2007]34号);2009年9月25日,青海省政府公布《青海省人民政府关于公布青海省第三批省级非物质文化遗产代表作名录的通知》(青政[2009]57号)。2008年12月,青海省政府公布《青海省第一批省级非物质文化遗产项目代表性传承人名单》;2008年11月,文化部办公厅《文化部办公厅关于推荐第三批国家级非物质文化遗产项目代表性传承人的通知》;在2005年至2009年普查工作的基础上,青海省正逐步建立国家、省、市(州)和县四级非物质遗产代表作名录体系。

(二)青海省非物质文化遗产保护的成就

根据青海非物质文化权利保护方面的有关制度规定与精神,近年来,青海省非物质文化遗产保护工作取得了一些成就。

1. 非物质文化遗产静态抢救与保护成就显著

为少数民族农牧民喜闻乐见或与少数民族群众生产生活联系密切的文化遗产保护工作取得了巨大进展。中国民间文艺研究会青海分会1979年、1980年编印了《青海民族民间文学资料·土族文学专辑》(一)、(二)、(三),马光星搜集整理出了《青海民间文学资料·民和官亭地区土族婚礼歌》(中国民间文艺研究会青海分会1982年3月编印),王殿搜集整理了《土族民间故事选》(1982年),席元麟等编著了《土族撒拉族民间故事选》(1992年),李克郁翻译整理了《土族格赛尔》(1994年),青海省文联、省文化厅等部门组织整理了《中国民间歌曲集成·青海卷》、《中国舞蹈集成·青海卷》,王继光、王国明、赵永寿、乔生华、徐秀福、乔志良等人分别挖掘、整理出了《格萨尔文库》第三卷《土族〈格萨尔〉》上中册、《财宝神》、《福羊之歌》、《三川土族礼仪歌》等蕴藏着很高文化研究价值的民间文学资料,王国明《土族格萨尔语言研究》(2004年);研究土族民间艺术的论著有:马光星、赵清阳、徐秀福撰写的《人神狂欢——黄河上游民间傩》(2003年),马成俊《热贡艺术》(2005年),曹亚丽主编的《土族文化艺术》(2004年),马占山编著的《土族音乐文化实录》(2006年)。撒拉族:林莲云编著的《撒拉语简志》(1985年),循化县三套集成办出版的《撒拉族民间故事》(1、2集)、《撒拉族民间歌谣》、《撒拉族民间谚语》,郝苏民主编的《甘青特有民族文化形态研究》(1999年),韩建业《撒拉族语言文化论》(2005年),冯敏《循化撒拉族自治县文化资源开发研究》(2000年),马成俊主编《百年撒拉族研究集成》(2005年)等。

2. 对文化空间和民间传承人的保护日益受到重视

(1)文化空间保护日益得到加强

建立文化生态保护(区),举办各种文化艺术节,是保护活态民族文化的普遍做法。甘青地区通过举办各种文化艺术节、旅游节、赛马节等丰富多彩的特色文化活动,将当地优秀的民族民间文化艺术推向全国,乃至世界;开展了"一县一品"、"一乡一品"的创建特色文化艺术之县、乡活动,涌现出刺绣、剪纸、唐卡、雕刻等一批特色文化艺术之县和文化艺术之乡。截至2006年,青海省同仁县、大通回族土族自治县、互助土族自治县的8个乡,先后被文化部命名为"中国民间艺术之乡"。通过命名表彰,很多流传久远、分布在偏僻地区、不为人们所熟悉、表演难度较大的民间艺术得以弘扬,僻壤上的民族服饰、刺绣、唐卡、土族花儿、轮子秋、堆绣、藏族拉伊等艺术形式,焕发出传统艺术的魅力。

(2)传承人开始受到重视

非物质文化遗产的传承多是由民间艺人来实现的,民间艺人是非物质文化遗产传承与保护的载体。部分地区已逐渐意识到培养民族民间文化传承人的重要性,将民族民间传统技艺的持有者和民间艺人纳入政府保护和扶持的范围,鼓励和扶持民间艺人致力于民族民间文化的传承和发展,对民间艺人的创业活动通过舆论宣传等形式给予充分肯定和鼓励。还通过开展民间工艺美术大师的认定和民间艺人的职称评定工作等方式资助代表性传承人授徒传艺,并提供必要的传习活动场所,切实保障民间艺人的合法权益。如2006年经过个人申报、组织推荐、公示、专家评审等程序,青海省评出39名"民间艺术大师"。与此同时,青海省互助、同仁等县也开展了优秀民间艺人的选拔、表彰命名工作。目前,青海省登记种类保护项目传承人979人。青海省已有40位民间艺人被授予国家级非物质文化遗产项目代表性传承人称号,其中少数民族艺人有35人,西合道、启加、斗尕、更登达吉4位大师还被国家授予了第五届中国工艺美术大师的荣誉称号。此外,以剪纸、刺绣、堆绣、农民画、热贡艺术、民间曲艺、民族歌舞等内容为主的培训,更是培养了一批来自民间的传承人。在近年来我省历次组团参加的全国非物质文化遗产展、文化产业博览会、工艺美术品展等活动中,艺人们亲临现场表演,不仅将青海非物质文化遗产资源展现在世人面前,同时也赢得了良好的经济效益和社会效益。但我们认为,在我国关于传承人产生的规范程序、赋予"传承人"荣誉后的资格保障、产生后的法定权利和义务等应通过立法予以明确。①

3. 遗产保护意识增强

2002年2月,由中国民协主持的"中国民间文化遗产抢救工程"正式启动。2003年,文化部启动了"中国民族民间文化保护工程"。《中国民族民间文化保护工程实施方案》明确提出,"保护工程"的总体目标是"通过

---

① 在这方面,日本的"人间国宝"制度很值得我们借鉴。1950年5月日本政府颁布了《文化财保护法》,建立了保护"重要无形文化财技能保持者"制度,即所谓的"人间国宝"制度。根据规定,"人间国宝"由文部科学大臣最终批准并颁发认定书。被认定的"人间国宝"由文化厅长官负责监督,而且人间国宝在传承绝技时,要进行记录、保存并公开,使他们实现艺术价值。"人间国宝"每年可以从政府那里得到200万日元补助金,以鼓励他们不断提高技艺和悉心培养后继传承者,但须向政府报告该款项的用途。同时,文化厅还对技能保持者(人间国宝)所属团体或技能保持团体培养后继传承的事业,也进行资金补贴。被指定为国家的重要无形文化遗产保持者(人间国宝)或保持团体不仅享有很高的荣誉,而且也必须承担相应的法定责任和义务。如:不得对"技能"采取秘不授人的态度,有责任和义务积极地公开自己的绝活和成果;与此同时,政府也有权对他们就公开其技能与作品或公开有关记录等提出"劝告",也有权就他们从事的文化遗产保存与传承活动进行必要的"建议"和"劝告"。在日本,至今"人间国宝"这一荣誉称号很少被滥用,其一直以来均有良好的公信力,其权威性也得到了全社会的认可。对这一问题缺乏明确的相关规定似乎是中国非物质文化保护立法的特点,如云南虽在1997至1998年就组织有关单位对全省的民族民间美术及艺人进行了大规模的调查,在调查的基础上命名了166位云南民族民间高级美术师、民族民间美术师和民族民间美术艺人。2001至2002年,又命名了295位云南民族民间音乐舞蹈艺人,同时为已命名的461位民间艺人建立了档案,提高了民间艺人的知名度,改善了其生存条件,为其传统技艺的保存传授、延续奠定了物质基础。而且在2000年就制定了《云南省民族民间传统文化保护条例》,但对传承人产生的规范程序、赋予"传承人"荣誉后的资格保障、产生后的法定权利和义务等在该《条例》中没有规定,而对其他问题的规定却较明确,如第25条就规定:"省人民政府设立民族民间传统文化保护专项经费,专项经费由省人民政府拨款、社会筹集和接受国内外捐赠等构成。"这样,用法律形式确定了保护工作资金的多种构成渠道,而且省人民政府拨款是排在第一位的,这显然使保护工作所需资金列入了省人民政府的专款经费,加之多种渠道筹集,较好地解决了保护资金问题。同时,该《条例》也明确规定了民族民间保护专项经费的使用范围,主要用于补助:"(一)民族民间传统文化重大项目的保护与研究;(二)征集收购民间传统文化珍品、珍贵资料和实物;(三)贫困地区民族民间传统文化的保护工作;(四)民族民间传统文化传承人的命名表彰。"同时,第26条规定:"县级以上人民政府对于国家设立的民族民间传统文化研究、保护机构在研究、保护工作中必要的经费,应当予以保障。对于有重大历史、文化、艺术价值的民族民间传统文化的搜集、整理、保护、研究项目,应当给予专项拨款。"

'保护工程'建设,到2020年,使我国珍贵、濒危并具有历史、文化和科学价值的民族民间文化得到有效的保护,初步建立起比较完备的中国民族民间文化的意识,基本实现民族民间文化保护工作的科学化、规范化、网络化、法制化"。青海地区特有民族口头文学和民间传说的历史文化价值、濒危程度和过去所做的保护工作已经得到相关部门和专家的肯定、认可。申报工作本身既是挖掘、抢救和保护,同时也是宣传,它能使文化遗产保护的理念深入人心。这也使一些地方开始认识到申报各级文化遗产的好处,积极开展申报工作。2006年,国务院公布的第一批518个国家非物质文化遗产名录中,涉及土族、撒拉族、保安族等民族的非物质文化遗产种类近20个。

4. 全面开展普查备案工作

从2004年起,青海开展了非物质文化遗产资源普查和分类工作。通过普查,成功申报了一批中国非物质文化遗产保护工程国家级试点项目。2006年青海在全省部署开展了非物质文化遗产普查工作。各级文化部门在普查中根据每个项目的不同特点、不同类别,制定了合适的标准,妥善保存了实物资料,建立了档案和数据库,通过普查,全面了解和掌握了青海非物质文化遗产资源的种类、数量、分布状况、生存环境、保护现状及存在的问题,并将普查的结果及时向社会予以公布。2009年12月17日,青海省非物质文化遗产集中普查工作结束。据调查,此次普查工作遍及全省六州两市一地53县(区),历时6个月,行程10余万公里。共普查登记了民间文学、美术、音乐、舞蹈、手工技艺等10个大类、16个小项的非遗项目2777项。其中,在拟定的339项国家级非遗项目中部分项目濒临消亡,急需抢救。

5. 建立代表作名录体系

青海省初步认定了国家、省、(州)市和县四级非物质文化遗产代表作名录体系。青海基本建立了非物质文化遗产代表作申报制度,每一批省级非物质文化遗产保护名录都要通过非物质文化遗产保护工作专家委员会、省非物质文化遗产评审委员会和省级非物质文化遗产联席会议的筛选、论证、初审、复审和终审,最后由省级政府公布认定。力图使每个项目均具有鲜明的民族、地方特色,在同一类型中极具代表性,具有较高的历史、文化、科学价值,在其传承区域内极具影响力且处于濒危状态,可称之为凝聚人类智慧的"活化石"。截至目前,国务院2006年5月至2008年6月公布的青海省第一、二批国家级非物质文化遗产名录(含扩展名录),共计57项。

国务院2006年11月2日至2009年公布的青海省第一、二、三批省级非物质文化遗产名录,共计150项,其中少数民族项目有109项。2009年10月,我国申报的22个入选项目中,由青海省申报的"热贡艺术"榜上有名,它填补了青海省在"人类非物质文化遗产代表作名录"的空白。作为我省非物质文化遗产相对集中的地区,热贡成为继徽州、闽南之后国家批准的第三个文化生态保护实验区。自此,我国成为入选联合国教科文组织非物质文化遗产名录项目最多的国家,这也表明了国际社会对我国以及青海省非物质文化遗产保护工作的充分肯定。但我们认为,建立文化遗产名录体系的目的并不是仅仅将其作为静态的保护,而应充分发挥这种文化的示范、引领和宣扬作用,引导全社会树立起对非物质文化遗产的保护意识。①

(三)青海省非物质文化遗产法律保护存在的不足

青海省非物质文化遗产法律保护从整体上来看,存在如下问题:

1. 对非物质文化遗产保护法律意识淡薄,政府经费投入的制度性保障严重不足,全社会保护非物质文化遗产法制意识尚未形成。

2. 在保护方式上,受国家整体上关于非物质文化遗产法律保护理论定位不清晰原因的影响,无法界定是采用行政保护、民事保护或知识产权保护方式。更为关键的是,如上述调研所示,关于民间非物质文化的保护,除政府行政性推进的保护外,民间社会包括权利主体们都没有保护自己权利的自觉意识。

3. 非物质文化遗产的传承教育严重滞后

目前关于非物质文化遗产保护的普遍性现象是非物质文化遗产的传承教育形势非常严峻,教育领域对非物质文化遗产缺乏重视和价值认知,

---

① 1996年,日本国会通过的经新一轮修改的《文化财保护法》,主要引入了欧美等国保护物质文化遗产和非物质文化遗产登录制度的保护方式,就是将物质文化遗产和非物质文化遗产进行注册、登记,通过登录认定物质文化遗产和非物质文化遗产的资格,确定它们的历史文化价值,用一定的法律法规的条例加以约束,并通过大众媒体公布于众,进行舆论宣传,提高大众的保护意识,推动物质文化遗产和非物质文化遗产的保护工作。日本正在积极推进"文化财登录制度"。日本文化厅说,通过这种新的"文化财登录制度",它有"保护10万件历史遗产"的决心。

传承教育和非物质文化遗产的保护严重脱节,这也是造成传承和保护人才缺乏、非物质文化遗产面临年久失传危险的主要原因。一方面,目前非物质文化的展示方式单调,不具有形象性与直观性,非物质文化对那些可能的传承人缺乏足够的吸引力,造成传承的断代;另一方面,利益的诱惑使原有的非物质文化人离开原来的非物质文化生态环境,他们的艺术才能既无展现、发展之处,也失去了对那些潜在的传承人率先垂范的机会,这等于是民间社会基本丧失了通过口耳相传来传承教育民间文化的主要途径。①

 三、世居村落意识与社会功能思维:
　　青藏地区少数民族民间文化
　　法律保护的基本维度

(一)问题与困境

民族文化是一个民族赖以保持其民族特征的生活方式以及知识和信

---

① 在这方面法国设立的"文化遗产日"制度对非物质文化宣传的作用值得我们借鉴。"文化遗产日"由法国人首创,时间定于每年9月的第三个周末。目前,法国有1.8万多个文化协会保护和展示历史文化遗产。全法国已划定了91个历史文化遗产保护区,保护区内的历史文化遗产达4万多处,有80万居民生活在其中。现在大约有20多个城市正在向法国政府申请在市内确立历史文化遗产保护区,法国政府每年批准2至3个保护区。历史文化遗产保护区的确立并不意味着将其封闭保护。法国政府采取了让历史文化遗产保护区敞开大门的方式,使之成为人们了解民族历史与文化的窗口。每逢"文化遗产日",所有博物馆向公众敞开大门,公立博物馆免门票,像卢浮宫、凯旋门等著名博物馆和历史古迹也在免费开放之列。私立博物馆门票减价,它们可以得到税收优惠。"文化遗产日"的前几天,法国文化部和各省的文化机构都会向公众推荐参观名录,全国的参观点达1万多个。"文化遗产日"那天,人们朝圣般地参观珍贵的历史文化遗产,增强了法国民众保护历史文化遗产的意识。顾军:《法国文化遗产保护运动的理论与实践》,载《江西社会科学》2005年第3期。

仰体系。倘若一个民族的文化被破坏而致毁灭,这个民族也将走向消亡。在区域开发中保护各民族的文化既是民族自治地方的权利,也是国家的责任。特别是在民族民间文化资源较为丰富的民族自治地方,自治机关应当以民族区域自治法为依据,努力避免经济开发对民族文化的破坏,积极探索在经济开发中进一步发掘、利用和保护民族文化的有效途径,使民族文化成为经济开发中一种不可替代或放弃的资源。①

我国青藏地区民族民间文化的形式与内容非常多,从一些地方立法来看,民族民间文化包含着有形的物质文化,但更多地体现在无形的精神文化方面,并在价值观、生活方式、风俗习惯、心理特征、审美情趣等方面表现得尤为鲜明。② 进入现代社会后,传统文化作为历史的积淀仍在各民族中不同程度地保留着。传统文化负载着一个民族的价值取向,影响着一个民族的生活方式,聚拢着一个民族自我认同的凝聚力。但今天仍然有许多少数民族都面临着传统文化的发展艰难问题。地域的相对闭塞,信息的相对落后,科技的相对薄弱等等的现实阻碍着传统文化发展,更有一些优秀的传统文化面临着灭绝的危险。③

文化消失的严重性主要在于其很难再造,甚至可以说无法恢复或具有不可逆性。对于任何民族来说,特别是对于那些弱势民族来说,失去了自己民族文化的特性,就等于失去了自己的民族,也失去了自己的根。近年来对黄河上游小民族非物质文化遗产的调研表明,裕固族自15、16世纪东迁到祁连山地区后,曾使用过的回鹘文和蒙古文早已失传。土族、撒拉族、裕固族等原本要几天完成的婚礼仪式被压缩在一天内结束,流传几百年的

---

① 张晓辉著:《论民族自治地方在西部大开发中的法律地位》,载《云南大学人文社会科学学报》2001年第1期。

② 具体内容详见有关地方立法,如《云南省民族民间传统文化保护条例》、《广西壮族自治区民族民间传统文化保护条例》等都把具有代表性的民族民间文学艺术、民族节日和庆典活动、传统体育和游艺活动,反映各民族生产和生活习俗的民居、服饰和器皿、民族特色建筑和设施,具有学术和艺术价值的手稿、经卷、典籍、文献、谱牒、碑碣、楹联和口传文化,民族文化传承人及其掌握的知识和技艺、民族工艺技术和珍品等,都纳入了法律保护范围。

③ 诚如著名作家、中国民间文艺家协会主席冯骥才所言"少数民族文化的个性模糊,甚至在消失,如不加紧抢救、保护,就是对历史的犯罪,对文化遗产的犯罪"。

各民族民间文学中的精华部分、经典的婚礼祝词已残缺不全。土族民间一些体育游艺活动在现代主流文化的冲击下,处于消失的边缘。撒拉族婚礼中的许多仪式如代表撒拉族历史记忆的"堆委奥依纳"(骆驼戏),最具撒拉族特色的饮食文化"抬羊背子",基本处于消亡的边缘。物质文化的不复存在,它所负载的非物质文化也将跟着消失。特别是与信仰有关的祭祀活动和民间礼仪,因为人们生活方式的改变而不复存在。如建房礼仪,因为土族多数地区不再修木房,所以上梁、安中宫等仪式也随之消失。①

大多数民族使用本民族语言传承的口传文学已处于濒危状态。如保安族所讲的保安语里汉语借词已达40.40%,其音位系统已发生变化;汉藏语虚词大量借用的结果,也已影响了保安语语法结构。词汇、构词、语音、语法各方面都出现了越来越多的变化。② 2003年7月—8月由云南大学牵头组织的包括黄河上游特有少数民族在内全国少数民族典型村寨的调查数据显示:裕固族人口占87%、保留裕固族传统说唱文化最好的村落之一的大草滩村45岁以下能唱几首古代裕固族民歌和能说几段颂词片断的只有一人。45岁以上能完整地讲述传说故事、能唱传统的裕固族民歌的人也不到15人。③

作为民族文化最重要符号的语言文字的传承也处于严重的结构性断裂状态之中。据调查,目前裕固族中会讲裕固语言的裕固人不到50%,居住在城镇的裕固族少年儿童基本不会讲本民族语言;了解本民族传统习俗活动的不足30%,而参与活动的少之又少;会讲裕固族民间故事谚语的只有几位老人,而且还在逐年减少。④ 2005年6至7月青海省民委少语办对大通、互助、民和三县的土族语言使用状况的调查也显示,大多数土族不愿

---

① 马成俊等著:《守望远逝的精神家园——对黄河上游小民族非物质文化遗产的调研报告》,载《西北民族研究》2007年第3期。
② 郝苏民:《无形文化遗产保护与语言问题的讨论——从甘青"小民族语言"说起》,载《甘肃社会科学》2004第5期。
③ 郑筱筠、高子厚主编:《中国民族村寨调查丛书——裕固族·甘肃肃南县大草滩村调查》,云南大学出版社2004年版,第235页。
④ 钟莉:《裕固族文化濒临失传:该民族口承民间文艺、民族歌舞、风俗习惯将随一些老人的去世而永埋土中》,载《中国文化报》,2004年7月15日。

意让下一代学习土语。①

少数民族拥有使本民族步入现代化的发展权,但现代化往往有可能使民族传统文化变异或消失。这个问题在人口较少的民族中尤为突出。随着对外开放的深入,相当多的少数民族地区以旅游业作为其重要产业,甚至是支柱产业,少数民族传统文化也得到了广泛的传播,少数民族的民间文学艺术等被利用的情况日益增多。但这种利用并未给源生这些艺术作品的民族带来等同程度的经济利益,或者反而为他人盗取而获利或者在某种程度上使作品遭到歪曲和割裂。换言之,这种利用实质上是典型的版权侵犯行为,它在侵犯少数民族精神权利和财产权利的同时,还可能伤害民族感情,更可能导致对少数民族优秀传统文化的毁灭性破坏。② 因此在促进民族地区经济发展的同时,应当更加关注民族地区经济化过程中对民族传统文化的破坏和影响。③

---

① 马成俊等著:《守望远逝的精神家园——对黄河上游小民族非物质文化遗产的调研报告》,载《西北民族研究》2007 年第 3 期。

② 在西部民族地区,这种现象时有发生。如在土族旅游文化较为集中的青海省互助县小庄村,当地土族就有除佛事活动外不得敲鼓的禁忌,由于一些外来的非土族旅游经营者并不能真正理解土族的民族禁忌与习惯,在 2006 年 5 月 4 日,一违反此禁忌在旅游表演中敲了鼓的旅游经营点就与小庄村村民发生了较为激烈的冲突,致使双方财产受损毁。这类冲突实际上说明了当地民族文化拥有者对本民族文化在旅游经营中被擅自篡改、曲解行为的不满,虽然他们可能并不能知晓这是一种版权侵犯,因此也不可能从法律上去追究,但这种不满的加剧肯定会进一步伤害他们的民族感情,影响到民族地区的民族团结。

③ 近年来,不断发生少数民族民间文化艺术被滥用的情况。某些服装制作企业将少数民族服饰中的图案运用到本企业的产品中;电台、电视台为制作广播电视节目,到民族地区拍摄民族歌舞、民族风俗等;有的地方建立民族村或民族园,将某些区域或某个民族的民居集中建造,表演民族歌舞,从事经营活动。他们从事这些活动前,并未征得相关民族的同意,在获得可观的经济收益后也并未向相关的民族支付报酬。少数民族民间文学艺术遭外国掠夺和盗取的事例也多有发生。2001 年一个日本旅游团到四川甘孜羌族聚居区私自招募了 200 名学生,把当地少数民族的民歌、神话传说、服饰、生活场景全部描摹下来,将其以观光资料的名义带走;泸沽湖畔的摩梭人有一种只在重要礼仪场合才表演的舞蹈,被当作旅游项目为游客表演,并允许拍照、摄像。回族的刺绣、藏族的服饰等具有代表性的民族民间文学艺术大量流向海外。可参见韩小兵:《少数民族传统文化版权法保护意义探究》,载 http://www.myipr.net/n2669c34.chtm. 我们在调研中也发现,土族民间文化也在大量流向国外。1999 年一个日本人以 300 元人民币的代价,用一月的时间就将多首土族敬酒曲学会并带往日本。

目前在西部少数民族文化保护的制度体系中,其制度资源主要有自治州自治条例、自治县自治条例、自治地方单行条例、自治地方执行法律的变通规定和补充规定等,上述制度有效保障了对少数民族文化遗产的搜集、整理、翻译和出版,保护了少数民族的名胜古迹、珍贵文物和其他重要历史文化遗产,并对少数民族地区文化设施建设、文艺人才培养、对外文化交流、文物保护等给予了特殊的优惠政策。同时,国家投入专项资金用于少数民族地区的文物保护,对省内一些少数民族文物进行了维修。[1] 西部民族地区有着丰富的历史文化遗产,但在重要历史文化遗产的法律保护上,立法显得极为薄弱,有些省至今没有关于少数民族文化保护的立法。[2]

而且,目前已有的相关立法的视点主要在于民族民间文化的表面现象与外部特征,而对其内涵文化的生成规律与文化得以延续的社会机理缺乏理性深究,这必然就使得法律保护的模式选择存有较大的功能性与价值取向的缺陷,主要表现在一是民族民间文化保护的民族世居村落意识缺位;二是对民族民间文化的社会功能在文化传承中的意义关注不足。

(二)世居村落:民族民间文化保护的空间意识

关于民族文化保护法律思考的视域中,文化形成空间的保护是一个基本对象。因为少数民族文化的形成都与其特定的世居性和村落空间有关,正是民族的世居性和特定空间,构筑了丰富的民族文化。所以布迪厄讲:"只有把文化产品置于特定的社会空间特别是文化生产场中,其独创性才能得到更为充分的解释。"[3]

在空间的视角上,西部少数民族地区属于费孝通先生认为的乡土社

---

[1] 具体举措及取得实效可参见青海民族学院民族研究所编:《青海民族宗教工作》,青海人民出版社1994年版,第8章~第9章。

[2] 如"丹麻土族花儿会"是土族最具影响力的群众性传统集会,具有浓厚的宗教文化色彩,至今已有400余年历史。2005年与"盘绣"一起被文化部确定为"国家级非物质文化遗产保护项目"。但这一至高的荣誉由于缺乏制度支持,其应有的保护功能并不能为民众所关注,反而成了人们进行旅游经营的金字招牌,这种不注意对其进行文化保护,只关注商业开发的行为,必然影响到它们的文化意蕴及其艺术的真实性和纯粹性。

[3] 朱国华:《布迪厄:文化与权力》,中国文化研究网。

会,"乡土社会是重土安迁的,生于斯、长于斯、死于斯的社会。"①这一特点较恰当地概括了民族地区的世居性。世居是农耕文明的必然,因为世居,他们不愿轻易改变自己的生活和居住地,故每一个或聚族而居或分散杂处的村子都具有极端的封闭性,表现为一个民族的定居点与外部世界少有常规性的联系。但在一特定的世居地这一文化系统中,他们共享生存空间,共有民间信仰的对象与仪式,具有自我封闭的交流体系、知识系统和资源分配方式,这是民族文化产生、传承的基础。可以认为,世居村落产生了民族民间文化。

人类学对青海河南县蒙古族文化涵化②现象的考察向我们展示了世局村落对民族文化的变迁和重构意义。河南蒙古族自清初移居黄河河曲以来,在300多年的时间里,长期"孤悬"在河曲藏族中间,形成主体族群与非主体族群社会交往互动的特殊族群结构格局,逐渐使得河南蒙古族在文化上融入了一个以藏族文化和藏传佛教为中心的文化圈。主要表现为:在宗教上普遍认同、信仰藏传佛教;藏语藏文作为主要的交流工具并已内化为本民族的文化符号;着藏服;使用藏族姓名。据调查,现如今大部分人已不知自己是蒙古族,通常以藏族自居,都认为藏语使用方便,蒙语文得不到推广,藏语文教育水平极高。河南蒙古族文化模式变迁的现象说明,族群的地理分布和世居格局会促进文化变迁并能重构文化模式。③

在西部地区,世居的民族村落大多是具有丰富物质与非物质民族文化的典型空间。在土族社会,村落的空间结构实际上是当地居民生活与文化背景的具体展现,以及空间结构与文化、生活方式相互呼应的外在表现。④在这里,村落及以村落为核心的跨村落的活动是民族文化的基本展现地带,所以"村落在具体的时空条件下创造着自己的祭祀制度,同时也借助意

---

① 费孝通:《乡土社会 生育制度》,北京大学出版社1998年版,第50页。
② "涵化",是文化变迁理论的重要概念,主要是指不同文化群体间发生持续的文化接触,而导致的一方或双方文化模式的变迁现象。也指在社会接触中,较强大的社会逼迫较弱小的社会接受其文化要素的现象。
③ 对这一问题的系统研究,详见索端智:《文化涵化与族群认同——青海河南蒙古族文化涵化问题研究》,载《青海民族研究》2008年第1期。
④ 文忠祥:《土族村落的空间结构及土族的空间观》,载《青海民族研究》2007年第1期。

识的象征意蕴,以神或祭祀作为超越宗教的地域认同的核心,使仪式具有超村落的意义"。① 正是这种世居的空间结构,生成了特殊的土族宗教文化。首先,土族的世居以宗族的沿袭为分布特征,虽然"一旦一个神灵在一个村落安身立命,它就成为该村落最重要的象征符号之一,与该村落个性和村民的日常生活密切相关,是村民生活空间的重要组成部分。因此,对村落神灵的侵犯就是对该村的侵犯。"② 但同一宗族在神灵信仰与祭祀文化方面总有历史性的联系,如民和中川土族辛家与前河涉岱沟辛家之间虽相距较远,但都认为过去是一家,因此在村庙的祭祀活动中仍然保持着相互焚化钱粮的传统。其次,世居的村落地界是地方神信仰的心理边界。因此,每个村落周围安置的雷台、鄂博、煞桩等是明确的村落之间边界的一种类似于"界桩"的民间信仰的符号。每一个"界桩"内部就是一个一般意义上的微观的民族文化圈。再次,世居使聚族而居的村落地缘文化成为可能。居于特定空间内的宗族间的心理界线使相互间的博弈变得不可避免,博弈的结果是宗族的聚居区特定化,即巨姓大族占据富于发展空间的有利地形,小姓弱族被边缘化。③

世居与民族的民间信仰文化具有密切关系。土族的民间信仰内容主要有自然崇拜、祖先崇拜和家神崇拜、地方神信仰、神箭崇拜。自然崇拜的对象往往是世居地村落生存所依赖之万物,主要表达了土族民众长期凝炼成的对日月星辰、天地、山川水火等的崇敬与感恩之情;祖先崇拜与家神崇拜的是家族的保护神,主要有白马天将、羊头护法、牛头护法、骡子天王丹煎护法、黑虎大神等,这是世居家族的具有血缘凝聚色彩的信仰文化;而地方神信仰和神箭崇拜则更是土族世居村落的民间信仰文化。

世居保留和传承了民族的古老文化。在青海黄南藏族自治州同仁县境内的隆务河畔,有一个 343 户、1800 人的土族自然村——年都乎村,年都乎村每年农历十一月二十日都要举行一种由 7 名土族男青年装扮成虎的模样、以驱邪逐魔为内容的原始民间舞蹈——跳"於菟"。据研究,跳"於菟"

---

① 刘晓春:《仪式与象征的秩序》,商务印书馆 2003 年版,第 25~26 页。
② 岳永逸:《乡村庙会传说与村落生活年月》,载《宁夏社会科学》2003 年第 4 期。
③ 文忠祥:《土族村落的空间结构及土族的空间观》,载《青海民族研究》2007 年第 1 期。

已有五六百年的历史,当这种民间舞蹈被发现并公之于众后,国内外学者惊呼它是古代舞蹈的当代遗存,是人类艺术史的"活化石",也是研究土族族源、宗教、文化的"活化石"。① 民和三川地区的"纳顿"会,被认为是青海土族唯一的社会生活容量大、思想内涵丰富、规模宏大的文化载体。"纳顿"即"娱乐和玩耍"之意,举行于每年的农历七月至九月十五,活动由"跳会手"、"跳面具舞"、"跳法拉"等内容组成,活动范围达方圆数十里,有"世界上最长的狂欢节"的美誉。

西部民族地区的世居村落,也是诸多民族文化遗产的原生地。如青海"玉树玛尼文化景观",就形成在新寨嘉娜玛尼—通天河晒经台—勒八沟—勒钦嘎央神山—文成公主庙—贝纳沟—巴塘草原。此范围内,文化遗产与自然环境紧密结合在一起,以玛尼石刻为核心的景观还包括了经幡、天葬台、寺庙(有红、黄、白、花各教派)、佛塔、风马等丰富的民间宗教文化载体。

"玉树玛尼文化景观"不同于其他宫殿、陵墓、石窟、寺庙等类型,作为文化景观独树一帜。藏区现有一项世界遗产——布达拉宫(及大昭寺和罗布尔卡),它是社会统治阶层文化的代表,而"玉树玛尼文化景观"则是民间丰富文化的表征,蕴含着更广泛的文化现象,两者相辅相成、相得益彰。同类的玛尼文化景观在西藏和四川等地也有分布,与四川甘孜和西藏昌都的玛尼城、玛尼石墙相比,目前认为,"玉树玛尼文化景观"规模更大、历史更久,类型也更丰富,所以具有最典型的代表性。

村落特别是古村落的保护是我国非物质文化遗产保护的重点,而一些违背人类学规律的民族迁移行为对世居民族的文化生存可能会带来影响。在解放初期,象征着从"原始"跨入"现代"的鄂温克族下山定居,为配合农业开发对裕固族的民族进行的"经济移民",当前由于生态环境恶化开展"生态移民"等,无论出自政治意义、经济转型还是生态保护的目的,移民都成为了重要手段之一。经多年实践证明,国家开展移民的美好初衷往往收不到相应的效果,有的甚至影响到移民后的文化生存。② 因此,民族村落所承载的文化大多是非物质文化,它是依附于个体的人、群体或特定区域

---

① 曹娅丽:《土族文化艺术》,中国戏剧出版社,2004年版第294~295页。
② 刘源:《文化生存与生态保护:以长江源头唐乡为例》,载《广西民族学院学报》2004年第4期。

或空间而存在的,是一种"活态"的文化,对它的保护与传承就要有主体思维与本土意识。也就是对这种文化的保护,不能仅由国家来建构,而是要充分考虑本土民族的文化生存和当地民族的主体性。如三江源地区,为了生态保护而采取的生态移民政策,对民族世居文化的破坏已经显现。因为主流观点将三江源区仅看作是一个生态区域,而忽略了其作为一个民族世居地的文化意义。因而在具体的举措中仅将此作为一种物质改善,而不尊重地方性知识和不注重当地人参与的做法,自然会威胁到本土人群的文化生存。①

从生态的维度而言,也许移民是善策,但就文化生存而言,则移民就是灾难,因为民可移而文化的各种世居性要素是不可移的,即世居文化是不可迁移的。因西部社会的诸多文化是由特定的主体与特定的自然现象共生的,主体与文化对象的剥离将意味着文化的最终消亡。如在西部藏区,各地都有地方神守护体系,泛称为"域拉意德",意为地方神或地域守护神。在热贡藏区,守护神有三种:一为"意卜德",即"土主或地域守护神";二是"域拉",意为"地方神",是不同地域空间的守护者;三为"木洪",是守护一方水土免受邪恶势力的滋扰和破坏的战神。地域守护神是藏文化中一个重要的文化象征现象,在功能上它们是藏区大小不同的地理区域和地域社会的守护者,一方水土的神圣主人。

在藏区,地方守护神与一定的地域有着紧密的相互映照关系,村落范围内的最高山峰被精神化构建为村落地域的神圣主人,守护着村落的领地;小区范围内的最高山系是小区的守护神,同样道理,超出小区范围的安多藏区的守护神自然也是该地域范围内的众山至尊。②可见在藏区的文化结构是村落、群众、民间信仰的三位一体,它们是一个共生的文化共同体,而这一切都依赖与其特定的世居空间与村落地域。如果缺乏这一共识,任何关于文化保护的构想将变得毫无意义。

目前关于民族文化法律保护的内容主要有:民族古文字;民族民间传

---

① 对此的文化人类学的实证分析,详见刘源:《文化生存与生态保护:以长江源头唐乡为例》,载《广西民族学院学报》2004年第4期。

② 索端智:《从民间信仰层面透视高原藏族的生态伦理——以青海黄南藏区的田野研究为例》,载《青海民族研究》2007年第1期。

统生产、制作工艺;民族民间文学艺术;民族民俗文化活动;集中反映民族民间传统文化的自然场所;集中反映民族民间传统文化的代表性建筑、设施、标志、服饰、器物、工艺制品。上述内容都发源、存在、发展、传承于特定的民族世居空间与村落地域,所以,冯骥才先生关于文化保护提出的古村落保护思路值得借鉴,他认为目前关于古村落保护有以下几种方式:分区式、居民博物馆式、生态式、景观式、景点式,具体形式视村落的具体情况而定。但他断言,将文化遗产简单地划分为物质和非物质有不合理的一面,会带来新问题。比如古村落,都是非物质和物质文化遗产的总合,相互依存,不能切割开来。对文化遗产只重视物质部分而不重视非物质部分,文化将失去生命与灵魂。①

将民族的世居空间与村落作为民族文化保护的起点,其价值远远大于诸如将民族文化集中的地方命名为"民族民间文化之乡"之类的举措。因为这种命名行动常常是政府主导的,命名的意图是为了获得更大的功利效应,而不是民族民间文化保护。另外,如前分析,民族民间文化的原生地一般是自然村落,而不是更大范围的乡。即便是同一民族,由于世居村落的不同,其原生文化也会迥然相异,所以,"於菟"文化只能是同仁年都乎村的民族民间文化,但不能是民和三川土族村落的民族民间文化,"纳顿"是民和三川土族村落的民族民间文化,却没有成为一山之隔的互助土族村落的民族民间文化。民族民间文化的个性特征往往存在于村落,对民族民间文化地域的泛化,同样会导致民族文化的变异或消失。②

我们认为,世居村落蕴含着民族民间文化的各种要素,记忆着民族民间文化的生成、变迁与重构的历史轨迹,作为静态文化,法律保护应着眼于保存。保存,意味着政府作为责任主体,必须积极地做好民间文化的性质

---

① 冯骥才:《文化遗产日的意义》,载《新华文摘》2007 年第 7 期。
② 这样的例子很多。如青海互助土族自治县因土族文化保留较为完整而被命名为"彩虹之乡",以土族婚礼、歌舞、轮子秋、特色饮食等为内容的旅游业兴盛,以土族风情园为名的旅游景点遍及互助县城周围乃至西宁,犹以地理位置优越的互助小庄最为兴旺,而作为土族风情旅游发源地的互助东沟村,本是土族文化保留较好的村落,但由于地理位置不佳而被边缘化,这使其他地方的土族民族民间文化无法保持原貌,加之在景点民居建筑风格、歌舞内容、饮食结构等方面趋于都市化,歌者舞者也非土族民众,而已被人称为"伪民俗"。

评定、创设规范性文件及具体的管护措施等工作。因为保存,这种文化才能具有特定的载体,才能拥有适宜而永续的生存空间。

当然,保护作为民族民间文化原生地的民族世居村落的实践预期是未知的,因为从立法的层面来讲,如何使决策者在基于民族文化保护的文化遗产观与基于新农村建设的科学发展观之间构建平衡?又如何使百姓在得以享受现代生活与保护古老文化中进行理性取舍?民众是文化的主人,如何依法来培养他们的文化遗产保护意识?这将是民族民间文化保护立法的难点,直接决定着以民族世居村落为起点的民族民间文化遗产保护策略的选取及成败。

(三)社会功能:民族文化传承的思维向度

空间意识仅仅是解决了民族文化的生成环境与基础问题,但空间意识并不能自动保护民族文化,或者说,民族文化自身并不具备先天性的"抗体",可使自己免遭消亡。

对民族文化的保护,首要的意义是"保存"。但"保存"并不仅限于物质形态的延续,《保护非物质文化遗产公约》就将物质保存与非物质的文化传承结合在一起,其内容可归结为三方面,即整理建档、保存展示、传承弘扬。对民族民间文化而言,在某种意义上,保存是为了传承弘扬。

但在我国已有的制度性资源中,对民族文化的保护与传承弘扬目前只限于理论的探讨阶段。在法律界,对民族民间文化传统的保护方式,主要有两种理论,即民事保护论和行政保护论。但两种理论在实践中都有较大的缺陷。首先依靠民事保护知识的实现要有两个基本特点:一是依赖于著作权人权利的确认和对权利的主张;二是著作权得以保护的动力源于其市场价值。正因为如此,民事法律手段在民族传统文化的保护中存有较大的障碍:一是大多非物质文化遗产的权利主体难以确认;二是大部分的非物质文化遗产没有或基本上没有市场价值。如果单靠民事法律手段的保护,其结果就会导致大量缺乏市场价值,却有着珍贵文化价值的非物质文化遗产因得不到法律的救助而自生自灭。

其次是行政保护。这是世界知识产权组织所提倡的并已基本成为世界共识的一种方法,但在我国采用这种方法,也存有巨大的障碍。主要是因为受官方的主流价值等因素的影响,政府在采取行政保护措施时,往往无法抱有宽容的态度对非物质文化作出中立的价值判断,只能是筛选式地给非物质文化遗产打上优秀或落后、精华或糟粕的标签。这种人为对非物质文化遗产的褒扬或贬弃的态度,显然不符合联合国教科文组织《保护非物质文化遗产公约》的基本宗旨,即"'保护'指确保非物质文化遗产生命力的各项措施,包括这种遗产各个方面的确认、立档、研究、保存、保护、宣传、弘扬、传承(特别是通过正规和非正规教育)和振兴"。

我们认为,关于民族文化的保护和传承,首先要考虑文化的生态规律,即文化的传承在很大程度上取决于文化本身的社会功能,即民族文化源生、存活并在特定社会空间发挥作用的规律及对特定社会空间相关主体所具有的规范、指引、示范、禁止、娱乐等功能的社会属性。这种社会属性是民间文化得以存在、延续的民间理由,从民族文化生成发展的历史规律来看,社会功能性特征是民族民间文化得以传承的最积极、最持久的资源。历史证明,除此之外的任何人为之力,都不足以决定一种民族文化的存在或消亡。目前知识产权界有学者提出的"权利弱化与利益分享理论",这种观点之所以被民族民间文化保护的理论研究者们所关注,就是因为其能"使知识产权从'权限加禁止权'那样的强势权利转化为一种弱化权利,使知识产权所有人的利益与智慧创作物使用者的利益和社会整体利益相结合,让知识产权变为一种温和性权利"。[①] 这种理论对民族民间文化保护的启示在于,对民族民间文化的权利保护是重要的,但是民族民间文化所表现出的社会功能是更为重要的,尤其是民族民间文化,必须要将文化保护与社会相结合。因为如果将民族民间文化作为一种极端的强势权利,非经权利人的许可不得使用,等于是将民族民间文化束之高阁,使其远离赋予它活态与生命的社会,那么这种保护显然不符合民族文化保护的本意,实质就等于是在扼杀民间文化的生命力,因为民族民间文化的生命力是通过孕育它的民间社会社会功能的发挥而得到传承的。民族民间文化权利与一般的知识产权的最大不同,就是它的效益与存在价值并不取决于权利

[①] 曹新明、梅术文:《民族民间传统文化保护的法哲学考察——以知识产权基本理论为研究范式》,载《法制与社会发展》2005年第2期。

本身，而在于其社会功能，所以"文化是包括一套工具及一套风俗——人体的或心灵的习惯，它们可直接或间接地满足人类的需要。一切文化要素，若是我们的看法是对的，一定都是在活动着，发生作用，而且是有效的"。①

但是我们发现，目前对民族民间文化保护的范围，以青海为例，主要局限于民歌、民间舞蹈、地方戏曲和曲艺、民间美术和工艺美术、民间文学、民俗节日等，②这种分类主要强调民族文化的仪式性、艺术性、娱乐性、经济性，而民族民间文化的社会功能没有得到应有的凸显。

从我们的视域来看，在民族文化保护中的社会功能思维，应成为民族民间文化保护的意识向度，因为一些至今能在民间得到自然传承的民族民间文化，都体现了其极强的社会功能。如土族婚礼，至今依然保留着传统婚礼的繁复程序，从男方备"馍酒礼"提亲开始，要经定亲、认亲、定彩礼、择吉日、吃头道筵席、"告户"等迎亲前的准备工作；然后是嫁礼仪式，包括"添箱"贺仪（即女方家的亲戚带贺礼前来贺喜）、"拦门"仪式、"哭嫁与嘶果③"仪式、"梳头和冠戴"仪式；再后是"娶礼"仪式，包括接"红仁齐"（土族语，意为喜客）、拜天地、摆"针线"仪式和"谢媒"仪式、"告别"仪式、入"洞房"仪式。在嫁与娶的整个婚礼仪式周期中，每个阶段还伴有相应的歌舞。结婚仪式异常繁复，但土族人对此一直具有信仰般的情怀，说明了婚姻对土族人具有极高的社会意义，因为"大凡人类的礼仪活动，其仪式本身的烦琐程度总是与人们对该仪式的重视程度成正比的。仪式越烦琐，说明人们对仪式所涉及的事物愈是重视。"④更为重要的是，烦琐的婚礼仪式所表达的社会价值与土族人关于婚姻的价值认同是高度契合的：首先，这一约定俗成、严格规范的系列仪式，感召着土族人对婚姻所保证的家道盛荣、人丁兴旺的人生愿望的趋同与归属，传达了一个民族对婚姻的基本态度；其次，"媒

---

① ［英］马林诺斯基：《文化论》，费孝通译，华夏出版社2001年版，第15页。
② 分类参见青海省艺术研究所编：《青海民族民间文化》，陕西旅游出版社2004年版。
③ "嘶果"，土族语即"骂"。在土族的嫁礼仪式上，要骂"娶亲人"和"骂媒"，顺带还要骂男方的父母兄嫂。据说是释迦佛爷留下来的，在仪式上姑娘骂得越厉害，嫁过去以后就越有地位。
④ 稀慧民：《西蒙古族的独特社会历史及其民族特性——西蒙古族歌谣内容的考察研究》，载《西北民院学报》1990年第4期。

人"是土族婚姻仪式中的重要角色。世居性农耕社会的封闭性,使"媒妁之言"既是婚姻伦理,又是婚姻的形成条件,所以土族社会敬媒的传统,既是对媒人"成人之美"品德的褒奖,又是对土族人一生中要促成三桩婚事算功德圆满这一民俗的肯定。媒的存在,在土族婚礼中兼具婚姻的道德标准评判与婚姻合法评价的双重社会功能。再次,婚姻仪式传递着土族的民间信仰意向,如通过验证男女的生辰八字来决定双方是否适合婚配,就带有明显的神意判断的性质;而神圣的婚礼仪式则表达了婚姻的天作地合、拜神求子的观念,并与天地不合、万物不生的古代哲学理念相关联。最后,婚礼仪式契合土族人的审美需求,婚礼将礼俗与歌舞艺术达到高度的和谐统一,表达了土族人以礼为美、以美成礼的审美模式。①

当一种文化能满足一个民族的婚姻态度、婚姻伦理、民间信仰与审美需求等社会功能时,这个社会就将是这一文化坚强的主人、自觉的传承者与守望者。于是,这种文化的传承,社会民众都是传承人,根本不需要传承人保护制度。试想,即便有非常完整的国家建构下的"传承人保护制度",但如果文化没有了乡土本色、没有了村落的社会性需求,即使有再优秀的民族民间文化、再好的传承人,文化也难以可持续传承。这种经验表明,作为民族精英在选择文化保护策略时,一定要考虑民间的社会需求,否则会造成各级政府与民间精英在保护传统文化方面所作的努力总是和一般民众对传统文化的不自觉丢弃形成极大的对比,使得已有的一些民族文化复兴现象多与民间社会生活相脱节,在表面的繁荣下面隐藏着一股衰退的潜流。②

中国民间社会传统的解纷文化的衰落就是其典型例子。在中国的民间社会,存在着诸多民间解纷方式,如瑶族的"请老"、佤族的寨老调解、景颇族的张老调解、白族的伙头调解、独龙族的组长调解、赫哲族的"哈拉莫昆"制、藏族的头人调解制、土族的老人调解等。作为一种文化,调解的盛行与农业文明有关,农业社会决定了绝大多数人被附着在土地上,终身难以远徙,他们生活在熟识的人际网络之中。在这一个个的社会小圈子内,

---

① 关于土族婚礼的程序及所蕴含的艺术意蕴与社会价值,详见曹娅丽:《土族文化艺术》,中国戏剧出版社2004年版,第84~107页。
② 王希恩:《论中国少数民族传统文化现状及其走向》,载《民族研究》2000年第6期。

以打官司为耻成为大家的共识,谁为了区区小利而去见告于官,不但等于和被告方撕破了"面子",也会遭到邻里乡亲的耻笑,成为孤立无援的异类。① 而调解之所以为人们所选择,是因为调解符合双方的利益最大化;因为他们拥有共同的地域和文化空间,分享着共同的舆论评价体系,遵循着共同的交往逻辑和解纷思维,同时也因调解符合民间伦理而对民间秩序的维护具有某种正当性。② 但是目前,带有明显政府建构价值的规范化的调解制度,由于游离于下层生活的客观需求之外,并不能为民众选择作为解纷资源,因此,政府精心设计的调解制度不仅不能解决纠纷以维护民间秩序,相反还解构了原生的传统解纷文化,导致古老而有效的调解文化的衰落乃至消亡。鉴于此,有理论认为,在一些民间调解较为成功的民族地区,村调解小组和村老协,依据法律法规、乡规民约和传统美德对民事纠纷进行调解,效果较好。村规民约作为一种传统美德,有利于促进民众自律,作为一种珍贵的精神财富,应受到法律的保护。③

我们同样认为,社会功能表达着民族民间文化的行动意义,作为文化的动态部分,法律保护应致力于使其在民间交往中延续。如果只强调保存,而忽视其动态的社会功能,任何文化都会僵死。对于动态中的民间文化,政府除了保护之外,对其中的某些文化现象,如社会风俗、礼仪、节庆等,更多的是要以文化的理念予以宽容,要明知文化的分类仅仅是因文化的影响力、濒危程度等而采取保护措施的依据,并非是对文化是与非的判断。

---

① 龙大轩:《道与中国法律文化》,山东人民出版社 2004 年版,第 228 页。
② 实际上,这种正当性具有世界性,目前为世界所倡导的、被称为司法/正义"第三次浪潮"的"替代性纠纷解决机制",提倡纠纷解决的非诉讼化,鼓励多元化纠纷解决机制,期望借此达到防止法律一元化思维和保障公民纠纷解决权的目的。这无形中说明民间调解作为一种多样化解纷机制具有广阔的发展前景。
③ 方慧等:《云南少数民族传统文化的法律保护》,民族出版社 2002 年版,第 29 页。我们认为,我国关于文化保护的制度体系中,完全依照国际社会的规定,将我国民间社会中最能表现文化"活态"特征的民间规则,如解纷机制、维护小区稳定机制、保护公共利益机制等,排除出文化的法律保护体系,同样会造成文化的消失。而这种文化的民俗价值、社会功利价值、民族标志价值,绝不亚于其他的已纳入保护范围的非物质文化。

（四）结语

提倡民族文化保护应特别关注世居村落空间与民族文化的社会功能，就是对民族民间传统文化保护的法律制度设计的"文化真实性"充满期待。真实性就是文化的原始性和地方性原貌，其以关于民族文化的有关地方性知识的全面获得为依据。

民族文化的保护离不开下层的、它的原生土壤上的文化创造者的支持，因此，这种立法必须要对应于民众的审美情趣、信仰意向及民间仪式，即法的"真实"与民众生活的"真实"相一致，而不是以一部让民众陌生的法去刻意改变民众的文化传统，也就是让民众在自在的文化生活中去体味文化保护法的意蕴，以达至民族文化生活与法律规制的和谐。[①]

民族文化，作为一种多元的地方性知识，本身必然暗含着保护策略的选取及保护对象的次序，都应符合民族文化的特点与地方性。但事实上并非如此，如《国家级非物质文化遗产代表作申报评定暂行办法》第3条第2款对非物质文化遗产的范围规定，就将"文化空间"的保护列为最后一项，但鉴于"文化空间"对民族文化的决定意义，即没有了"文化空间"则文化的一切将不能生存，我们认为"文化空间"是首先应受到保护的。同时，对一些能特别反映民间文化的社会规范价值的现象，如民族习惯法，理应作为非物质文化遗产受到保护，但许多人认为对这类低级落后的文化予以保护是在浪费法制资源。一些富含原生态、表达民众心理依归的传统文化现象，如图腾崇拜、自然崇拜，尽管具有显著的社会价值，但也以被认为愚昧低俗的理由排斥于文化保护之外。在此，我们有必要重申，"不能将文化进行人为的野蛮与文明、先进与落后、高雅与低俗等的区分。"这种理念有助于民族文化的原生态与多元性。

少数民族传统文化都以民俗现象为载体，因此，关于少数民族传统文

[①] 本人以为，由于民族民间文化保护法律对应于民众的审美情趣、信仰意向及民间仪式，这样的法律设计最符合法美学的理念，而一部具有法美学价值的民族民间保护法最有可能使民众信仰，有利于民众对文化保护的广泛参与。相关论述可参阅拙作：《西部社会民族法律文化研究》，中国民主法制出版社2006版，第174页。

化的保护策略中强调民族文化的社会功能,仅仅是以民族文化本身所具有的特点而作的分析与判断,强调民族文化的民间社会功能,并不否认官方态度的重要性,相反官方的态度是极为重要的。因为虽然"某种民俗事象一旦形成,就具有很强的规范性,在不断的重复中,俗民会形成自觉维护习俗惯例的力量"。但在"同一时期,当两者(官方与民间)的方向一致时,合力最大,表现出来就是习俗的兴盛"。① 正是由于传统社会中官方力量与民间力量在维护民俗事象方面的一致性,才促成了民间文化的传承和兴盛。目前一些学者提出将一些重要的传统节日作为法定节日,正是因为他们看到了官方干预对民族文化的重要作用。官方对此的干预不仅体现了对传统文化价值的肯定,而且也会给那些视传统为落后的人们的洗脑,会起到一个因官方或精英人物有目的的自觉改变而实现"有意识的重构"。

实际上知识精英对民间文化保护的共识已基本形成并已转变为行为,剩下的问题则取决于官方的支持与关注的力度。②

---

① 张勃:《论官方与民间合力对寒食习俗的影响》,载《齐鲁学刊》2004 年第 2 期。
② 这些问题表现于诸如文化村落的调查认定、民族民间文化保护的系统化、设立民族民间文化抢救基金、保护对象的文化价值与旅游效应关系的理性设定、保护项目申请中的政绩思维的避免、全民文化遗产保护理念的培植等。

第九章

青藏高原少数民族的法律援助权

一般认为,法律援助起源于500多年前的英国,最初是私人或宗教团体出于良知而同情社会中的经济困难者,为他们免费、减少费用提供法律服务。因此,早期的法律援助,更为经常地表述为"法律救助"、"法律救济"。在当代资本主义国家,法律援助作为一种政治权利,已经实现了其从单纯的社会福利向国家责任的转化。当代中国,法律援助体系分为政府主导型法律援助与民间补充型法律援助两类。[①] 本文主要是基于依法保障公民享有法律援助的权利是一种国家法律责任的视角,研究在政府主导下对少数民族农牧民的法律援助权的享有及保障问题。

法律援助作为一种请求权,是以主体的主动性诉求为发生起因的。因此,这一权利的获得是一种主动性的现代意识,其取决于主体对法律援助的价值认知、法律援助资源的可及性及法律援助本身制度设计的合理性。

---

① 关于这一问题的系统分析,详见赵小锁主编:《民族地区司法制度中的少数民族权益保障》,中央民族大学出版社2009年版,第236~239页。

一、青藏高原少数民族地区少数民族农牧民享有法律援助权的基本分析

(一)青藏高原少数民族地区农牧民对法律援助的价值评价

青藏高原少数民族地区对法律当代价值的认知是非常局限的。我们近年来在农村牧区的实证调研也证实了这一点。如我们在调研时设问:①"当您有家庭或邻里纠纷时,您首先选择的方法是?"②"当您的宅基地权、土地(林地)承包等合法权益受到损害时,您首先采取的方法是?"有65%和67%的农户首选由"村委解决",而选择"法院"的仅分别占17%和19%,甚至低于"找亲戚或邻里老人解决"和"找上级政府部门解决",处于最末一位,这深刻地反映了中国农民"息讼"、"以和为贵"的传统诉讼文化心理。上述调查结论与有关学者在前几年进行的调查结论相似,都反映了中国人的"息讼"观念,其调查的设问是:"当你自己或他人权利受到侵害时,你想起诉吗?"回答是:①"立即想"的407人,占28.30%;②"有时想"的703人,占48.89%;③"不太想"的214人,占18.88%;④其他114人,占7.89%。"立即想"的人不足3成,虽然想法很强烈,但尚未变成实际行动,想法与实际之间还有相当的距离;"有时想"的也不足半数,"不太想"或"根本不想"的在2成以上。国外动辄诉讼虽不足取,但我国诉讼利用率低,有回避诉讼的倾向也是存在的。① 我们在调查时,农民反映"官司是买的,不是打的"、认为"打官司最后法院赢"等,反映出当今司法环境不甚理想,诉讼结果难以理性预期的现状。从有关调研来看,这种情况至今没有根本性变化。一项关于"发生纠纷时,村民首先选择的解决途径"的调查显

---

① 董踔舆:《当今中国人的法律意识结构——抽样调查结果与分析》,载《法理学、法史学》2001年第6期。

示,43.3%的农民会首先选择自行协商解决;其他为23.1%;6.7%选择请其他村民调解;2.2%选择乡镇政府解决;2.2%选择请法院调解。① 农牧民打官司,常因成本过高而对法院望而却步,更因农民不了解诉讼的基本规则,常常在诉讼中利益受损而对诉讼信心不足。他们往往会认为,法所宣示的正义公平的价值关怀中,没有农民的地位,这也自然会消解他们对法律的好感,肯定会有"衙门口朝南开,有理无钱莫进来"、"穷死别做贼,冤死不告状"的结论。

我们调查时还发现,农牧民对法律资源的依赖与信心不足,缺乏法是现代生活支撑的理想。我们设问:①"当你要打官司时,你首先想到过找律师咨询或聘请律师吗?为什么不聘请律师?"②"你觉得法律有用吗?你了解法律的方式是?"在第①个设问中,有63%的人选择了想咨询律师和想聘请律师,这显然与本村的司法经验有关。据村委会主任介绍,本村有多次打官司的经历,而且在2001年还专门聘请了律师作为本村的法律顾问,表明他们对律师的法律经验、法律知识有相当的认识。在该设问中,另有40%以上的农户选择了"律师费太高"作为不聘请律师的原因。(这与我在西宁、平安、大通等地的调查结果相吻合。调查发现,即使是一个再"小"的案件,只要请了律师,该案的诉讼成本也会远远超过一个农民一年的纯收入,达2000元~3000元。)在第②个设问中,有61%的农户选择了"法律很有用",也有36%的农户选择了"法律偶尔有用",约有13%的农户选择了"法律无用"。在调查中我们还发现,农民对法的"用处"的理解依然比较原始,如认为对犯罪分子必须"法办"、对贪官应"整"、应守"王法"等,都暗含着对现代法律的认识还限于法即刑(法)的惩罚制裁思维和法即义务等意识,他们不了解法的多维功能,这主要是因我国固有的城市农村在户籍上的二元结构,使农民很少有城市人那样的市场参与机会,自然也就缺乏实践法律的可能,致使法律制度资源对农牧民的边缘化。

---

① 邬佩怡、黄倩:《"中国乡村法治调查"读懂乡村法治》,载《检察日报》2013年6月5日。

(二)法律观念与法律行为的基本取向

法治的现代演进历程表明,现代法治的确立是一个从身份到契约的转型过程,也即法律的发展是一个从以人身为中心向以契约为媒介的财产为中心的变迁过程,从人身到财产,不仅意味着法律重心的变化,更意味着法律行为的进步性演进。而从对资料分析来看,青藏高原少数民族地区少数民族的法律意识与法律行为的传统性非常突出。如 2005 年果洛某县法院共受理民事案件 84 件,其中以本地藏族农牧民为原告的民事案件 27 件,占 32.1%。其中损害赔偿 7 件,抚养费纠纷 6 件,离婚 6 件,解除非法同居关系 3 件,合同纠纷 2 件,其他 3 件。在以本地藏族农牧民为原告的 27 件民事案件中,属于非人身性法律行为的案件仅为 7 件,占 25.9%。2006 年果洛某县法院共受理民事案件 67 件,其中以本地藏族农牧民为原告的民事案件 14 件,占 20.9%。其中离婚 4 件,财产纠纷 4 件,抚养费纠纷 2 件,名誉侵权 2 件,其他 2 件。在以本地藏族农牧民为原告的 14 件民事案件中,属于非人身性法律行为的案件为 5 件,占 35.7%。2007 年果洛某县法院共受理民事案件 68 件(统计截至 2007 年 9 月),在以本地藏族农牧民为原告的 6 件民事案件,占 0.88%。其中离婚 4 件,其他 2 件。其中以本地藏族农牧民为原告的民事案件 6 件中,属于非人身性法律行为的案件仅为 1 件,仅占 16.7%。(见表 35、表 36、表 37)

表 35　果洛某县法院 2005 年法院民事案件受案情况(民事部分)

序号	收案日期	案由	姓名	性别	民族	职业	现在住址	处理结果
1	2004 年 11 月 25 日	抚养费纠纷	才某	男	藏	牧民		撤诉
2	2004 年 11 月 29 日	抚养费纠纷	杨某	女	藏	牧民	东青沟乡大五小队	调解
3	2004 年 12 月 6 日	离婚	华某	女	藏	牧民	当前牧委会	调解
4	2004 年 12 月 21 日	人身损害赔偿	多某	女	藏	牧民	雪山乡二大队一小队	判决

续表

序号	收案日期	案由	姓名	性别	民族	职业	现在住址	处理结果
5	2005年3月7日	离婚	达某	男	藏	牧民	下贡麻乡人	判决
6	2005年3月28日	追索土地使用权纠纷	久某	男	藏	牧民	哈隆牧委会	撤诉
7	2005年3月30日	离婚	赛某	男	藏	牧民	玛沁县拉学镇	调解
8	2005年4月8日	离婚	内某	女	藏	牧民	玛沁县拉学镇	撤诉
9	2005年4月22日	人身损害赔偿	雅某	男	藏	牧民	优列乡四大队一小队	撤诉
10	2005年4月22日	损害赔偿	智某	男	藏	牧民	大武乡大队一小队	调解
11	2005年4月28日	交通损害赔偿	阿某	男	藏	牧民	大武乡四大队	调解
12	2005年7月6日	买卖合同纠纷	王某	男	藏	牧民	拉加镇三大队二小队	调解
13	2005年7月8日	离婚	内某	男	藏	牧民	拉加镇台西一社	调解
14	2005年7月27日	买卖合同纠纷	旦某	男	藏	牧民	下大武乡	判决
15	2005年7月27日	解除非法同居	左某	男	藏	牧民	玛沁县党项乡	撤诉
16	2005年8月1日	损害赔偿	加某	男	藏	牧民	雪山乡	撤诉
17	2005年9月12日	抚养费纠纷	索某	男	藏	牧民	优列乡四大队二小队	调解
18	2005年9月26日	解除非法同居	华某	男	藏	牧民	玛沁县优云乡	调解
19	2005年9月26日	抚养费纠纷	尕某	男	藏	牧民	玛沁县优云乡	调解
20	2005年9月26日	抚养费纠纷	昂某	男	藏	牧民	玛沁县优云乡	调解
21	2005年10月28日	抚养费纠纷	桑某	男	藏	牧民	玛沁县优云乡三大队三小队	调解

续表

序号	收案日期	案由	姓名	性别	民族	职业	现在住址	处理结果
22	2005年11月3日	离婚	玛某	女	藏	牧民		撤诉
23	2005年11月3日	人身损害赔偿	才某	男	藏	牧民	东青东柯河牧委会	调解
24	2005年11月3日	解除非法同居	改某	男	藏	牧民	玛沁下大武乡	判决
25	2005年11月30日	欠款纠纷	俄某	男	藏	牧民	玛沁雪山乡人	判决
26	2005年11月13日	财产损害赔偿	克某	男	藏	牧民	拉加镇	判决
27	2005年12月14日	不当得利	尕某	男	藏	牧民	甘德江前乡人	判决

注：只统计以本地藏族农牧民为原告的民事案件。

表36　果洛某县法院2006年法院民事案件受案情况（民事部分）

序号	收案日期	案由	姓名	性别	民族	职业	现在住址	处理结果
1	2006年4月14日	离婚	更某	女	藏	牧民	大武乡牧委会	判决
2	2006年3月30日	解除同居关系	卓某	女	藏	牧民	拉加镇台西牧委会	判决
3	2006年3月31日	抚养费纠纷	尼某	女	藏	牧民	拉加镇哈夏牧委会	撤诉
4	2006年4月3日	抚养费纠纷	西某	男	藏	牧民	优云乡五大队四小队	调解
5	2006年5月2日	离婚	才某	女	藏	牧民	拉加镇加萨牧委会	判决
6	2006年9月11日	离婚	才某	男	藏	牧民	东青沟乡二大队八小队	撤诉
7	2006年10月11日	交通人身损害	扎某	男	藏	牧民	拉加镇三大队四小队	判决
8	2006年10月17日	保管纠纷	贡某	男	藏	牧民	甘德土清乡二大队二小队	判决

续表

序号	收案日期	案由	姓名	性别	民族	职业	现在住址	处理结果
9	2006年10月18日	名誉侵权	智某	男	藏	牧民	雪山乡一大队二小队	撤诉
10	2006年10月18日	买卖合同	正某	男	藏	牧民	大武乡二大队一小队	调解
11	2006年10月26日	名誉侵权	郭某	男	藏	牧民	拉加镇赛十托牧委会	判决
12	2006年10月26日	离婚	万某	女	藏	牧民	大武乡格多牧委会	判决
13	2006年10月13日	追索劳动报酬	才某	女	藏	牧民	东青沟乡当前村二社	撤诉
14	2006年11月23日	财产纠纷	扎某	女	藏	牧民		判决

注:只统计以本地藏族农牧民为原告的民事案件。

表37 果洛某县法院2007年法院民事案件受案情况(民事部分)

序号	收案日期	案由	姓名	性别	民族	职业	现在住址	处理结果
1	2007年4月5日	离婚	更某	男	藏	牧民	拉加镇台西牧委会	判决
2	2007年4月17日	房屋所有权纠纷	华某	男	藏	牧民	昌麻河乡三大队三小队	撤诉
3	2007年4月17日	离婚	东某	男	藏	牧民	优云乡优曲牧委会	判决
4	2007年4月20日	离婚	桑某	男	藏	牧民	玛多县东青沟三大队	判决
5	2007年4月23日	解除同居关系	拉某	男	藏	牧民	拉加镇洋玉牧委会	判决
6	2007年4月26日	离婚	岗某	男	藏	牧民	大武乡二大队一小队	判决

注:统计截止日期为2007年9月。只统计以本地藏族农牧民为原告的民事案件。

上述分析表明,当今高原民族地区的经济社会虽然有了较大的发展,但是法律意识与法律行为并没有随着经济社会的发展而呈现相应的同步性构建,法律行为的传统型格局依然如故。

(三)法律受益资源的供给状况

在高原少数民族地区,少数民族的法律受益资源是非常有限的。据我们调查,少数民族农牧民在法律活动中据以受益的法律资源非常缺乏。据2002年青海省青南民族地区某县法院统计,1999年以农(牧)民为当事人的案件为87件,2000年为91件,2001年为98件。其中1999年的87件案件中请律师的只有11件,约占案件总数的13%;2000年91件案件中请律师的只有9件,约占案件总数的10%;2001年98件案件中请律师的只有13件,约占案件总数的13%。而到了2010年,这种状况并未改变。据青海果洛某县法院提供的数字,近4年来该法院少数民族农牧民在司法案件中借助各类法律资源受益的比例依然非常低。其中在民事案件中请律师的2007年为5件,2008年为4件,2009年为6件,2010年这一比例有较大幅度的提高,为33件。在民事案件中获得司法援助的,2007年为缓交诉讼费2件,2008年缓交诉讼费3件,2009年缓交诉讼费4件,2010年缓交诉讼费5件。这使我们深切感悟到法律下乡对农牧民法律活动的重要性。但法律下乡,目前存在两个矛盾:一是资源不足。比如,律师在一些偏远地带是一种较为稀缺的资源,"中国现有的律师事务所、公证处,都设在市区和县城,而且人员普遍不足,任务繁重,很难主动地深入基层,为乡镇企业和群众提供法律服务,农村群众请律师难、办公证难、寻求法律服务难的矛盾十分突出。"①一些关心此类问题的学者研究表明,中国农村对法律服务确有巨大的需求。甚至有学者认为,中国的法治能否建立,一个重要的方面就是农民的这种服务能否得到满足。② 二是农牧民付不起法律服务费。在很多事关农牧民问题的诉讼中,农牧民大多不请律师,他们一般不愿为一些小案子承担律师费用。笔者在乡村调研时了解到,一起普通的有关土地承包经营权的民事案件的律师诉讼和其他费用如下:

调研资料(28):(1)诉讼费:一审150元,二审50元,材料费20元,共

---

① 当代中国:《当代中国的司法行政工作》,当代中国出版社1995年版,第463~464页。从我们的调研来看,法律资源的稀缺性在整个青藏民族地区都是普遍现象。如甘南藏族自治州现只有执业律师8人,每万人中律师只占十万分之一强;执业律师主要为汉族律师,占75%,少数民族律师只占25%;执业律师中只有2名女律师,只占25%。笔者进一步调查显示,8名执业律师中通过律师或者司法考试取得执业证的只有2人,只占25%;其他6人均为以前司法行政机关任命的律师。

甘南藏族自治州律师队伍县(市)分布以及基本状况

县(市) \ 项目	民族				学历				性别	
	汉族	藏族	回族	其他	大专	本科	硕士	其他	男	女
夏河县	1									1
临潭县		1							1	
卓尼县										
玛曲县										
碌曲县										
舟曲县	1								1	
迭部县	1								1	
合作市	3		1						3	1
合计	6	1	1		5	1	1	1	6	2
比例(%)	75.0	12.5	12.5	0.0	62.5	12.5	12.5	12.5	75.0	25.0

注:数据来源于甘南州司法局办公室2009年统计资料。从表中可以看出,执业律师主要集中在合作市,甘南州所辖七县一市中,玛曲、碌曲、卓尼三县没有执业律师。

② 强世功编:《调解、法制与现代性:中国调解制度研究》,中国法制出版社2001年版,第510页。

计220元;

（2）律师费：一审1000元，二审1000元，共计2000元。几次开庭招待律师便餐共4次，每次平均60元，共240元；律师来当事人所在村子调查2次，每次招待费用100元，共计200元。

（3）交通费700元（有凭证可查）。

（4）电话费170多元（有据可查）。

（5）材料复印费：数额较大的共3次，共计96元（许多小额的当事人已记不清，但据称数额远不止于此）。

（以上五项为有据可查部分。我目睹了为此官司他们17户户主先后3次出资的名单，每次300元、150元、300元不等。据他们之中管账的人讲，大家出资的5250元已无剩余。）

（6）误工损失：自2001年4月12日第一次传唤至2002年1月31日判决书送达，两位代表人除双休日外，天天都去法院等候，误工200多日，每次开庭，每户约有2~3人去参加，误工200多天，各项共计400多天。每日按当地劳动力最低收入10元计，共计误工损失4000余元。

正式法律资源在民族地区的缺乏，对民族地区的法治进程造成了很大的阻碍，就是乡土权威在解纷中的作用被强化，民间非正式制度在解纷中被习惯化甚至制度化。

作为前者，既是中国基层社会民间权威参与地方治理传统的沿袭，也是正式法律资源短缺的情况下基层民众一种经济算度的选择。我在民族地区基层法庭调研时，恰逢一基层法庭在处理一起少数民族间的名誉侵权案。当审理进入调解阶段时，在法庭就座的村委会主任发表了决定性的意见。

调研资料（29）：（一起民事案件审理到最后阶段时）村长：我现在可以谈谈我的意见。原告说是造成了1500元的损失，被告提出有1800元的损失，对你们双方来说，损失是有的，至于有多少都没有发票或证据证明。现我的意见是被告给付原告400元损失赔偿。但作为原告酒后对被告的弟弟阿贝耍酒疯，其中200元作为给阿贝的道歉款，由原告给予阿贝（在该民族地区，村子里德高望重的人对精神损害有权责令侵权人予以赔偿）。我的意见就是这个，看原告是否同意。

被告：同意。

原告：同意。

法院：经原告和被告协商后，自行和解。现原告要求撤诉，本院准许，并当场给予原告损失赔偿 200 元。

在本案的运行过程及最终的"案件制作术"（强世功语）中，至少有以下问题让我疑惑：一是村长的角色。在这个正常的程序中，村长不应属于任何一方的诉讼参加人，他的出现至少可以说是一种程序违法。但是，村长不仅合法参与，而且还有某种权力，如裁断双方的损失无发票或证据证明。事后法官对这一现象的解释是，村长的参加有利于问题的解决，当事人信他并听从他。在这里，国家法遭到了村长的"地方性知识"的挑战并最终被"地方性知识"取代，甚至可以讲，村长取代法官讲了作为法官不便讲的话，或者说替法官解决了一个难题，一个在解决问题的标准、后果等方面对法官来讲都不可预知的难题。二是被告的弟弟阿贝的角色。从实体正义上讲他可能应得到赔偿，但从程序正义的角度讲，且不考虑他的获利有无根据，主要因他不是本案当事人，无权从本案获得利益。三是赔偿的标准。我不知被告给原告 400 元的赔偿，让原告承担 200 元的道歉款，在法院这一正规的司法场域中，其所依据的根据和标准是什么，因为根据我国目前的法律规定，这种赔偿方式是无依据的。① 但这些都得到了法官的默认，似乎是法官对村长帮助解决难题的一种"回报"。四是当事人的态度。尽管在此之前双方讨价还价激烈，但村长所作的带有最终判决式的结论，平息了所有的争论，双方很愉快地接受了村长的意见。最关键的是，其最终获得了法官的认可，法院也正是利用村长的作用，以"协商""和解""撤诉""履行"等司法技术，顺利达到了结案的目的。

在乡村社会的法律运行中，村干部之所以愿为这种角色，是因为这是一种劳有所获的利益交换，是中国传统社会固有的"权力与互惠"意识的反

---

① 2001 年 2 月 26 日最高人民法院《关于确定民事侵权精神损害赔偿责任问题解释》第 8 条规定：因侵权致人精神损害但未造成严重后果，受害人请求赔偿精神损害的，一般不予支持。人民法院可根据情形判令侵权人停止侵害、恢复名誉、消除影响、赔礼道歉。可见，"道歉款"的认定是无法律依据的，而且"道歉款"一词本身很难讲是一个规范的法律用语。同时第 9 条规定，精神抚慰金包括以下方式：（一）致人残疾的，为残废赔偿金；（二）致人死亡的，为死亡赔偿金；（三）其他损害情形的精神抚慰金。

映。在这种结构中,村长为法官提供了地方性知识,协助并强化了法官所代表的国家权力。所以,作为"互惠",法官也总要给村干部的行为留点面子。在上述的调解中,村长就敢不同法官商量,自作主张"判决"被告给原告400元,其中200元由原告给被告的弟弟作为道歉款。而法庭不仅未予反驳,竟然也就默许了。这种情况,如果让一位不了解中国的西方法学家或法官看见,即使不是当场晕过去,至少也会目瞪口呆。但是,村干部并非无偿地提供地方性知识,村干部实际上也利用其知识获得了一种象征性利益。因为,至少在这一乡民的面前,他"露了脸",连镇上的干部(村民们并不区分法官或政府官员,这种区分对他们目前意义不大)都要给他面子。因此,他在乡民中的威望会更高,而且,无论该村干部的内心是如何想的,至少在外观上他是在替当事人着想,他们因此或多或少地会对他心存感激。这些情况都对这位村干部行使权力更为有利。村干部在这里实际上处于一个相当有利的中间人的地位。一方面他可以借助国家权力对乡民行使权力,同时借助国家权力强化自己的地位;而另一方面由于他拥有的地方性的具体知识,他可以影响国家权力的行使,借助乡民的权力来强化自己在国家权力中的地位。

二、青海省农牧民法律援助状况的调研

调研资料(30):

(一)法律援助工作现状

目前,全省共有省、州(地、市)、县(市、区、行委)、社会团体法律援助中心56家,政府设立的55家,非政府性质的1家。其中,省法律援助中心1家;州(地、市)法律援助中心8家;县(市、区、行委)法律援助中心46家;青海民族学院法律援助中心1家。建立乡镇、街道、社会团体等部门法律援助工作站360个,其中工会、共青团、妇联、残联、老龄委、监狱、劳教等部门设立法律援助工作站160个;乡、镇、街道建立法律援助工作站180个。同时,在村委会、居民社区设立了法律援助联系点。一个横向到边、纵向到底、组织有序、覆盖全省的法律援助网络体系基本形成。全省现有从事法律援助工作的人员132人(专职工作人员44名,兼职工作人员88名)。其中省法律援助中心6人,州(地、市)法律援助中心20人,县(市、区、行委)法律援助中心106人,另外还有法律援助志愿者18名。

青海省法律援助工作起始于1997年,西宁市成立第一家法律援助中心。1998年经省编委批准成立了"青海省法律援助中心"。此后,根据司法部的要求和省司法厅的统一部署,各地相继成立了法律援助中心。截至2005年底,覆盖全省的法律援助机构基本建成。通过近10年的发展,取得了显著的成绩。特别是近年来,在司法部、省委省政府的正确领导和大力支持下,全省法律援助工作有了较大发展。

1. 建立健全工作制度,使法律援助工作有法可依、有章可循。2001年省人大常委会通过了《青海省法律援助条例》。省法律援助中心根据《条例》和工作需要,先后制定了青海省《法律援助若干规定》、《妇女法律援助工作办法》、《未成年人法律援助工作办法》、《残疾人法律援助工作办法》、《老年人法律援助工作办法》以及《法律援助工作站管理办法》、《法律援助经费管理办法》、《非诉讼法律援助办理规则》、《法律援助机构规范化建设标准指导意见》等16项规范性文件。对青海省法律援助事业发展过程中涉及的机构建设、队伍建设、经费使用管理以及案件受理、审查、指派、质量评查等作出了明确规定,有效地促进了法律援助工作的开展,规范了法律援助工作,使我省的法律援助工作有了制度保障。

2. 建立经费保障机制。2003年,省政府下发174号文件,要求法律援助经费按总人口人均0.20元的标准列入财政预算。2007年,省政府批转下发省司法厅、省财政厅《关于调整法律援助经费标准的意见》,《意见》要求,"从2007年起,省级财政承担的法律援助经费在人均0.05元的基础上分3年逐渐提高到0.10元/人、0.15元/人、0.20元/人;州(地、市)财政承担的法律援助经费在人均0.15元的基础上分3年逐渐提高到0.20元/人、0.25元/人、0.30元/人;县级财政承担的法律援助经费在人均0.15元的基础上分3年逐渐提高到0.20元/人、0.25元/人、0.30元/人。"各地在执行过程中,由于地方财政拮据,实际落实法律援助经费108万元,争取中央专项资金115万元,共计223万元。经费机制的初步建立,有效促进了法律援助工作的开展。

3. 提高法律援助办案数量和质量。2006年全省办理法律援助案件2300余件;2007年达到3700余件,增长了61%。近年来,各级法律援助机构共办理法律援助案件18000余件,代写法律文书9754份,接待咨询群众60305人次,为受援人挽回损失1300余万元。

4. 加强法律援助宣传。一是全省法律援助机构每年通过各种媒体发表宣传文章200余篇(条),在广播、电视《法治时空》、《以案说法》等栏目制作专题十多期,通过开展法律援助"宣传月"、"助残日"、"12·4法制宣传日"等活动,每年印发各类宣传材料十多万份,接待咨询群众近万人次。二是降低法律援助门槛,将经济困难标准由城镇低保户、农牧区贫困人口放宽到城镇人均月收入不足300元,农村人均年收入不足1000元,牧区人均年收入不足1200元,覆盖了更多的低收入困难群众,使其能够申请到法律援助。

(二)对农民工提供法律援助的情况

1. 基本情况。2005年我省农民工外出务工89万人次,人均年收入2300元。其中:海东六县农民工外出务工43万人次(赴外省市务工15.3万人次,赴境外务工94人次)。2006年我省农民工外出务工93.77万人次,输入地主要为广东、江苏、福建等省区,人均年收入2700元。其中:海东六县农民工输出46.68万人次(赴外省务工19.38万人次,出境务工148人次)。据海东劳动保障部门提供的数据:2005年外出农民工中107人发生工伤事故,2006年外出农民工210人发生工伤事故。2005年青海省接纳的省内外农民工大约为33万人次,2006年接纳的农民工大约为32.3万人次,其中大多为四川、重庆、湖北等省市的农民工;自2003年起全省共拖欠农民工工资3.2亿元,截至2007年2月底已清欠3.1亿元,尚有956万元未清欠。

我省毗邻新疆维吾尔自治区及生产建设兵团产棉区,每年8月下旬至10月下旬我省农区大约有15万青壮年前往新疆集中采摘棉花,按斤论价,获取报酬。由于我省农区各县政府在采棉期到来前积极与产棉区劳动和社会保障部门密切配合,提前发布用工信息,并与铁路部门协调增开棉农专列,派专人护送,均未出现较大的工伤事故和欠薪事件,是我省最成功的密集型劳务输出实例。

自国家实施西部大开发和青藏铁路开工建设以来,截至2007年外省各建筑施工企业共有 70 余家入驻青海。这些企业在为青海建设做贡献的同时,有一些情况不容忽视。外地驻青企业注册地通常在外省市,但劳务施工却发生在青海省,这些施工企业大量雇用全国各地的农民工,一些不良施工企业恶意拖欠农民工工资后,出现了仲裁难、诉讼难的情况,特别是工伤、待遇问题更加棘手。根据国务院《工伤保险条例》规定,认定工伤地为工伤基金统筹地,即企业注册地。农民工在青海省内造成工伤却需要到企业注册地去认定工伤,而这些不良施工单位又没有为这些农民工缴纳工伤保险金,他们能拖就拖,能赖就赖。按照国务院(国发[2006]5号)文件《国务院关于解决农民工工资的若干意见》精神,各地法律援助中心应免费为农民工的工资、工伤问题提供法律援助。这类问题,单凭提供援助的法律援助中心的能力难以全部解决,各地法律援助机构的协作办案就显得尤为迫切。

我省的青南牧区地处三江源地区,省政府为了保护三江源退牧还草,将三江源头的全部牧民整体跨州市进行搬迁。如果洛州玛多县的四百余户牧民整体搬往海南州的同德县城周围,但他们的户口却没有变动,这些搬迁牧民中产生诉讼案件管辖地为玛多县法院,但开庭却要到同德去,当事人申请法律援助也要到玛多县,两地相距数百公里,这些也给法律援助跨州协作提出了新问题。

针对我省农民工输入输出情况,我省自 2004 年先后出台了《关于开展清理建筑企业拖欠农民工工资的紧急通知》(青政办[2004]1号)、《关于切实解决建设领域拖欠工程款问题的实施意见》(青政办[2004]4号)、2005年《青海省人民政府办公厅关于贯彻落实国务院办公厅进一步做好改善农民工进城就业环境工作通知的实施意见》(青政办[2005]23号)、2006年《青海省贯彻落实农民工"平安计划"加快推进农民工参加工伤保险实施方案》、《青海省人民政府关于解决农民工问题的实施意见》(青政[2006]59号)、《青海省建设领域农民工工资支付保证金制度实施办法》(青政办[2006]143号)、《关于进一步推进农民工参加工伤保险工作的指导意见》(青政办[2006]148号)、《关于农民工参加医疗保险的指导意见》(青政办[2006]149号)。上述政策的出台为我省农民工在工资报酬、工伤待遇、医疗保险等方面发挥了积极的作用。但由于政策的原则性、指导性及司法实践中具体案件适用法律的具体性、针对性,使上述政策在执行过程中,特别是在司法实践中也出现了诸多操作应用上的困难。

2. 我省农民工法律援助开展情况及开展省际协作情况。青海省人民政府于2005年2月23日下发通知,要求省司法厅做好农民工的法律咨询、法律援助工作,分管厅长专门负责,首先畅通农民工法律援助渠道,组织实施了法律援助宣传月活动,组织和引导法律援助律师在农民工较为集中的区域不定期开展农民工法律援助义务咨询,配合省总工会在市区广场开展农民工法律援助宣传咨询,在农民工集中返乡之际,利用广播、电视开展农民工法律知识培训,结合治省办"法律七进"活动,深入农牧区进行法律援助宣传,为农民工应如何签订劳动合同,积极预防和减少侵犯农民工合法权益事件的发生。《国务院关于解决农民工问题的若干意见》(国发[2006]5号)以及司法部下发《关于进一步做好农民工工作的通知》后,我省积极争取省政府工作支持,在2006年法律援助经费的基础上加大了对法律援助经费的投入力度,首先确保了为农民工法律援助的经费保障,并且在各级法律援助中心开辟农民工绿色通道,免审查优先援助,创新服务形式,采取代书、诉讼指引、非诉讼调解等形式,特别是采用非诉讼调解更方便、快捷地解决了工资拖欠、工伤待遇等方面的纠纷,也深受农民工好评。2007年6月18日青海省人民政府办公厅转发省司法厅、财政厅《关于调整法律援助经费标准意见的通知》(青政办[2007]91号)文件中就明确指出了"农民工法律援助案件增幅较大,为了进一步做好农民工法律援助工作,结合我省实际,调整法律援助经费保障标准"。青海省法律援助经费分3年大幅度提高:从2007年起,分3年逐步提高法律援助专项经费标准,并分别列入各级财政预算。省级3年逐渐提高到0.10元/人、0.15元/人、0.20元/人;州、地、市级3年逐渐提高到0.20元/人、0.25元/人、0.30元/人;县级分3年逐渐提高到0.20元/人、0.25元/人、0.30元/人。

2005年我省农民工的法律援助案件为150余件,2006年农民工的法律援助案件达到600余件。从2003年至2007年2月底我省各级法律援助中心会同省建设厅、交通厅、水利厅、劳动和社会保障厅、省总工会、各级法院共为农民工追讨拖欠工资总额3.1亿元,较好地维护了农民工的合法权益。

目前,我省法律援助中心与宁夏回族自治区法律援助中心签订了《宁夏、青海农民工法律援助合作协议》,甘肃省法律援助中心与我省格尔木市法律援助中心建立了协作机制,并在格尔木市设立了甘肃省驻格尔木农民工法律援助工作站,于2007年4月11日正式挂牌。在实际办理农民工法律援助案件中,我省法律援助中心分别于2007年5月29日和2007年6月11日致函甘肃省法律援助中心和宁夏回族自治区法律援助中心,请求两省级法律援助中心给予协助办案,协助工作非常富有成效。一起是我省法律援助中心和互助县法律援助中心请求甘肃省法律援助中心、酒泉市法律援助中心、阿克塞县法律援助中心协助办案。另一起是我省法律援助中心和海东地区法律援助中心、乐都县法律援助中心请求宁夏回族自治区法律援助中心、灵武市法律援助中心协助办案。

(三)民族地区农牧民受灾时的法律援助

2010年玉树4·14地震后,根据玉树抗震救灾工作和恢复重建中法律服务工作的需求,青海省律公处联合省律师协会从西宁市、海东地区抽调15名公证员和15名律师组成法律服务团奔赴玉树地震灾区开展对当地农牧民的法律服务工作。

在灾后第15天组织第一批服务团成员赴玉树开展咨询、法律宣传和资料发放等活动。先后组织多批服务团成员陆续赴玉树。服务团平均每个工作日接待了5人次,主要涉及的问题是:震前房屋转让、土地转让与变更、继承、房屋租赁合同、土地使用权补偿、民工工资等。法律服务团先后多批次赴玉树服务,共为灾区群众提供法律咨询510余次,4600余人次,其中涉及继承58起、房屋租赁186起、房屋买卖53起、买卖合同147起、农民工工资36起、婚姻29起、委托公证1起,调解各类纠纷32起、审查各类合同40余份。参与咨询的服务团成员严格按照省厅和工作纪律的要求,做到热情服务、准确答复,把调解理念贯彻工作始终。通过开展法律咨询、宣传活动,为灾民讲解法律,解惑答疑,消除了他们对法律疑惑,平稳了情绪,起到了化解矛盾、消除纠纷的作用。

为进一步做好灾区法律服务工作、更好地普及涉灾法律知识、为社会各界和广大灾区群众提供涉灾法律知识资料,我处迅速组织人员,翻译并编印了《涉灾法律事务问答》一书80000册(藏文版70000册)、《涉灾法律知识》宣传单3000份,陆续运往灾区,免费向灾区广大群众发放,为灾区群众提供法律服务资料。

同时,灾后对于房屋租赁等争议协商解决未果的,可以申请免费法律援助。

司法局的有关工作人员讲:"随着抗震救灾工作由紧急救援转向恢复重建,涉及房屋租赁纠纷的咨询逐渐增多。""4·14"地震后,灾区各类矛盾纠纷逐步显现,主要包括农民工工资、遗产继承、合同纠纷等18类法律问题。针对灾区百姓迫切的法律服务需求,从4月19日起,青海省司法厅、玉树州和玉树县司法局在重灾区结古镇设立了3个法律援助服务点。法律援助服务点设立后,80多名律师、公证员、法制宣传员已开展法制宣传活动100多次,发放藏、汉文《抗震救灾法律知识问答》《涉灾法律事务问答》《法律援助知识宣传资料》等7种法制宣传材料4万多册,灾区法制宣传教育面达到95%以上,共解答受灾群众法律咨询300多起,起草协议书4份、申请书14份,累计接待受灾群众4000多人次。玉树州司法局领导说:"法律援助主要起到'调节器'、'减压阀'、'防火墙'的作用,通过为受灾群众提供法律援助和人民调解服务,能够把问题和矛盾解决在萌芽状态。"

(四)存在的问题

1. 法律援助供需矛盾十分突出。

根据调研分析,按应援尽援的要求,每年诉讼和非诉讼法律援助需求量大约在6000件至7000件以上,但目前法律援助的提供能力十分有限,主要原因有:

青海是一个经济欠发达地区,全省贫困人口近200万,残疾人30万,城镇下岗职工近20万,加上妇女、农民工、老年人和未成年人等特殊群体,法律援助需求量很大,但全省的法律援助资源非常有限,不能完全满足社会的需要,法律援助供需矛盾十分突出。目前,全省55家法律援助中心,由编制部门批准的有21家,而由政府部门批准的34家援助机构编制部门尚未批准备案。同时,全省法律援助工作人员共132人,专职从事法律援助的只有44人,其余都是兼职的。这44名专职人员中,编制部门核编的只有20人,其余24人是司法行政机关内部调剂的。编制部门核编的20人大部分是事业编制,只有少量是行政编制。实际青海省要维持法律援助工作正常运转,至少需要政府法律援助公共服务专职人员200人,这是最低的要求。但实际上有些边远地区的法律援助的人力资源是空白。以黄南州为例,全州四个县中,两个县没有律师,刑事案件的法律援助当地已经无法自行解决,只能从外地聘请律师,既增加了办案成本,又不能保证质量;民事法律援助案件的办理也非常有限,这种情况在我省的果洛、玉树、海北等地也普遍存在,已经严重影响到法律援助案件的办理。另外,现有的人员缺乏必要的专业知识,与职业要求的素质存在较大差距,难以适应工作的需要,法律援助案件的数量和质量难以提高。由于地区间社会经济发展差异,法律人才反向流动,法律人才主要集中在西宁地区(全省400多名律师,有300多名在西宁地区),而法律援助又主要集中在边远贫困农牧区,这些地区严重缺编、缺专业人才,无法律援助工作人员,特别是严重缺乏专业法律人才和适合于在民族地区从事少数民族法律援助的双语法律人才。① 据统计我省每年约有5000多件法律援助案件需求量,而目前只能满足不到2000件,有近3/5的人得不到援助。

2. 法律援助机构普遍无固定的办公场所,无业务用房。

全省的法律援助中心都没有一分钱的开办费,2011年要求各州、地、市和有条件的县、区开设法律援助临街面接待大厅,目前开办的8个法律援助接待大厅都是租用商业房,租金大部分都在拖欠,没有资金来源。全省法律援助机构无自己专门的业务用房,大多数都是挤占司法行政机关的办公室,多个部门在一间房内办公,还有不少地方的援助机构挤占律师事务所的办公用房,严重制约着法律援助工作的健康发展。

由于青藏高原的特殊地理位置,青海地广人稀,占地72万平方公里,地区和地区之间点多线长,高寒缺氧,工作成本和办案成本十分高昂。在农牧区办一件案子,跑一趟少则百十公里,多则上千公里,而且交通十分不便。因此,缺少交通工具这一因素制约着法律援助案件的办理,办案成本

---

① 从调研来看,这类人才缺乏是青藏地区的普遍现象。

甘南藏族自治州律师队伍汉藏双语运用能力状况

能力 数量	合计	汉藏双语运用能力	
		只会汉语	汉藏双语都会
人数	8	7	1
人口比例	100.0	87.5	12.5

注:数据来源于甘南州司法局办公室2009年统计资料。从表中可以看出,在8名执业律师中,具备汉藏双语熟练运用能力的只有1人,占12.5%。笔者进一步调查显示,具备熟练运用汉藏双语能力的这1名律师为藏族律师,其余7名执业律师不具备基本的藏语口语交流能力,更不用说运用藏语进行书面表达。

高制约着法律援助案件的办理。例如,仅从格尔木到唐古拉乡调查一次案子,往返就要600多公里,在青海农牧区这样的案子还比较常见。目前,全省法律援助系统只有省法律援助中心一家配有相应的办公设施和交通工具,所占比例不足2%。

3. 农牧民法律援助工作经费严重不足。

由于大部分法律援助机构没有专职人员,所以,也就没有公用经费,法律援助工作由司法局其他经费附带开展。目前,出台的人均0.15元至0.30元的经费保障文件,仅仅是办案补助专项,不包括工作公用经费。但目前办案补助经费的落实率仅在60%左右,有40%只象征性地给一点,按标准落实不到位。有不少边远贫困地区的县只有1万至2万人,全部落实到位也只有几千元的办案补助费,正常工作无法开展。由于边远贫困地区地方财政拮据,经费紧缺,大部分地区无法做到应援尽援。经费困难的原因主要表现在以下3个方面:一是大部分法律援助机构和编制没有被纳入正规渠道,没有被列入政府公共财政支出预算,即使少部分机构和编制由编制部门下达,也是事业编制,经费不能保障。二是法律援助机构没有工作经费,由于大部分法律援助机构没有专职人员,所以,也就没有公用经费,法律援助工作由司法局其他经费附带开展。目前,出台的人均0.15元至0.30元的经费保障文件,仅仅是办案补助专项,不包括工作公用经费。但目前办案补助经费的落实率仅在60%左右,有40%只象征性地给一点,按标准落实不到位。有不少边远贫困地区的县只有1万至2万人,全部落实到位也只有几千元的办案补助费,正常工作无法开展。三是办案补助资金缺口很大。根据调研分析,越是贫困的地区侵权的现象越突出,贫困人口越多。青海总人口551.6万人,其中城镇居民221.02万人,农牧区人口330.58万人,进一步放宽经济困难标准后,青海农牧区95%的人口符合法律援助经济困难标准,加上下岗人员、残疾人、未成年人、老年人、农民工等特殊人群,大部分人口符合法律援助条件。按1%~1.5%的比例计算,青海每年大约有6000~7000件法律援助需求量(非诉讼法律援助占60%左右)。每件法律援助按较低标准1000元补助计算,每年需要600万~700万元办案补助资金。目前,省内各级财政只能保障100万元,2007年中央财政补助115万元,共215万元,尚有400万~500万元办案补助缺口。很多地方由于缺少办案补助资金,无力扩大援助覆盖面,或有多少钱办多少案,有些地方办案后,象征性地支付补助或拖欠办案补助,办案人员积极性不高,致使贫弱群众的合法权益得不到有效保护,无法做到应援尽援。

4. 基层农牧区法律援助机构工作的物质条件差

全省的法律援助中心都没有一分钱的开办费,今年要求各州、地、市和有条件的县、区开设法律援助临街面接待大厅,目前开办的 8 个法律援助接待大厅都是租用商业房,租金大部分都在拖欠,没有资金来源。全省法律援助机构无自己专门的业务用房,大多数都是挤占司法行政机关的办公室,多个部门在一间房内办公,还有不少地方的援助机构挤占律师事务所的办公用房,严重制约着法律援助工作的健康发展。同时,基层法律援助机构普遍无交通工具,无办公设施。由于青藏高原的特殊地理位置,青海地广人稀,占地 72 万平方公里,地区和地区之间点多线长,高寒缺氧,工作成本和办案成本十分高昂。在农牧区办一件案子,跑一趟少则百十公里,多则上千公里,而且交通十分不便。因此,缺少交通工具制约着法律援助案件的办理,办案成本高制约着法律援助案件的办理。例如,仅从格尔木到唐古拉乡调查一次案子,往返就要 600 多公里,在青海农牧区办理这样的案子比较普遍。目前,全省法律援助系统只有省法律援助中心一家配有相应的办公设施和交通工具,所占比例不足 2%。

三、关于民族地区法律援助的价值与意义的实证研究

在高原民族地区积极推进对农牧民的法律援助,具有非常多元的价值与丰富的意义。从我们的实证调研来看,主要具有权利意识启蒙、基本生存权保障、基本财产权保障、习惯性权利的维护等。

实证研究之一:法律援助与高原民族地区农牧民权利意识启蒙

学者姚建宗认为:法治是西方的文明,对中国社会来讲是舶来物。因此,在中国的法治建设过程中,必须要进行全社会的法治启蒙。法治的启蒙不是某种形式的单向灌输,而是在日常生活中各社会活动主体的相互启

蒙,是他们之间的经验的相互交流。因此。法治的启蒙绝非依靠全民普法就能达其目的。① 姚先生关于中国法治启蒙的宏观论述,在我们看来,在当今的青藏高原民族地区更具有现实的对应性,当地群众真是非常需要通过法律援助这种互动方式,以将他们从对权利的无知无识或缺知缺识的状态下逐步解放出来,以使他们的权利意识与权利观念逐步成熟起来。

调研资料(31):石某,青海藏区某县法院民事庭庭长

在牧区,农牧民的权利意识非常淡薄,主要有两方面的表现:一是表现为权利主体的非自主性,尤其是婚姻案件。在诉讼到法院后开庭时,除了原被告以外,女方家要来十几人甚至几十人,男方家也要来十几人甚至几十人,等候在法院办公楼的楼道里或法院的院子里,以表示双方都有家族力量的有力支持,而且这种情况已经变成了一种固定的现象。因此,常常是关于婚姻实体问题的处理原被告双方都不能自主,有的案子我们调解多次,好不容易达成口头调解协议,原被告说还要和己方的家人去商量,结果原先达成的协议往往被推翻,一般案子多有这样反复。

二是不知道保护自己权利的法律技术。如在才某(男,藏族,牧民,原告)与南某(女,藏族,牧民,被告)离婚案中,双方也是各来了几十个人。法院查明,双方于2004年按当地民族习俗结为夫妇,同年9月21日领取结婚证。婚后感情尚可,后双方因男方有外遇之事争吵。2007年南某回娘家期间在与才某未离婚的情况下又与他人同居生活,致使夫妻感情破裂。法院判决离婚,判被告支付给原告精神损失费2000元。一审判决生效后,被告南某得知原告所持的结婚证是假的,遂向同级人民检察院提出申请,要求再审。检察院查实,原告向法院提交的结婚证是单方领取的假证,结婚证上的姓名、出生年月都是错误的。也就是说双方在按当地习俗举行婚礼后并未按法定程序领取合法有效的结婚证。故南某认为,既然结婚证为假证,原审法院判决她支付给原告2000元的精神损失费就于法无据。此案再审后被驳回。

以前牧区群众结婚时基本上不领结婚证,有的妇女虽然已经有两三个孩子了,但没有结婚证。他们离婚大多按民间传统解决,常常会给孩子的

---

① 姚建宗:《法治的多重视界》,载《法理学、法史学》2000年第4期。

教育等带来不利影响。现在因为在离婚时涉及财产分割、子女教育等,我们在办案中也比较注意宣传结婚应领取结婚证的法律规定,对没有结婚证来离婚的要罚50元。

石庭长还认为,在藏区普通农牧民的权利意识较差,主要与他们的生活环境和对传统习惯的深刻影响有关。如现在案子少,尤其是刑事案件,并不是因为发案率低,而是因为很多案件都由民间处理了。这种处理主要是用民间赔偿的方式,但根据民族区域习惯,赔偿款是由当事人的亲戚和部落成员共同承担的。这种带有株连色彩的承担方式,无疑是在侵犯农牧民的财产权。又如由于赔命价习惯的盛行,在民众中形成了"赔偿"是解决刑事案件的唯一方式的观念,如果赔了,对其他权利就不再主张。如不赔偿,即使法院按照刑事附带民事诉讼判决了民事赔偿部分,但法院去执行时,其家人一般以我们的人已经被抓了为由,拒绝支付赔偿费,使受害人的合法财产权得不到保护。因此,当地民众就没有通过其他途径维护自己权利的意识。

当然,就总的情况而言,定居的藏族或居住在县城周围的藏族,以传统习惯处理问题的意识要淡得多,他们了解一些依法处理问题的基本常识。不过近年来随着送法下乡、巡回法庭等法律活动的开展,农牧民的法律意识有所提高,他们最起码知道对赔偿不服可以找政府去理论。以前他们根本不知道权利遭受损害可以打官司,也不知道该去公安机关还是该去法院,现在起码知道应当去法院。

实证研究之二:法律援助与农牧民基本生存权

在偏远的农牧区,草场等生存资源对农牧民的基本生存权具有决定性意义,但由于法律规定不清晰,加之当地政府行政执法部门不作为、司法部门对法律理解的偏差等原因,农牧民的基本生存权常常受到侵害。

调研资料(32):

草场确权申请书

申请人:关某,男,藏族,牧民。

被申请人:土某,男,藏族,牧民。

申请事由:

1. 依法重新确认或重新划分申请人与被申请人之间的草场使用权;

2. 要求被申请人依法返还草场受益45000元;

3. 要求被申请人支付草场政策性补助及国家征用草场补助费。

事由：

申请人与被申请人原是丈人与女婿的关系。1991年农历五月,申请人与被申请人之女才让错结为夫妻,先后生育两个孩子。2004年11月,因被申请人之女有了外遇,双方感情出现裂痕,遂通过法院调解解除了婚姻关系,对夫妻共同财产作出了分配,长女达娃扬赞归申请人抚养,当时没有对申请人使用的草场进行划分。《调解书》载明,草场由(按)乡政府和村委会的相关规定进行划分。当时法院在处理该案时,被申请人明确表示给申请人划出草场,但时至今日,被申请人没有履行诺言,长期侵占申请人的草场而没有给过申请人一寸草场,而且草场上多年来的收益、西久公路征用草场补偿费和国家政府性补助从为(未)给过申请人,被申请人侵吞、霸占。1994年全县草场承包到户时,申请人及被申请人长女的草场都包括在内。申请人多年来一直要求返还草场及附属设施,但被申请人拒不返还,申请人找到乡上及相关部门都没有解决问题。申请人本是地道的牧民,没有草场无以生存,只好到处打工为生,加之申请人从小是孤儿,在原来的村里没有草场和居所,是现在的这个村里举目无亲,长期遭受他人的欺凌,倍感凄凉。

申请人向当地法院提起诉讼,法院以"土地所有权和使用权的争议,有(由)有关人民政府处理,不属于人民法院受理范围"为由,裁定不予受理,申请人只有向人民政府申请解决。

此致

××县人民政府

申请人：关某

2009年9月3日

上述材料是在关某的草场问题通过乡政府、法院长期得不到解决的情况下,他找到县法律援助部门,在援助律师的帮助下,向县政府提出的确权申请。

我们向该案的法律援助律师了解情况时,律师讲,该案在之前,是通过法律援助诉至县法院,但由于县法院对法律理解的偏差,本应在一审一并解决的草场划分问题没有解决,致使当事人的合法权益至今没能得到保障。他认为,《草原法》第 16 条"草原所有权、使用权争议,由当事人协商解决;协商不成的,由有关人民政府处理。单位之间的争议,由县以上人民政府处理;个人之间、个人与单位之间的争议,由乡(镇)人民政府或县级以上人民政府处理。当事人对有关人民政府的处理决定不服的,可以依法向人民法院起诉"的规定,根据立法的原意,应当理解为涉及草场的所有权、使用权的初次确权问题的争议,如当事人为个人,协商不成的,应由人民政府处理,对处理决定不服的可向人民法院起诉。但是经过了确权之后的草场就是家庭财产,对所有权、使用权有争议的,应当不再涉及草场所有权和使用权的归属问题,而应当属于侵权问题,属于民事权利义务的争议。根据法理,这类问题如果当事人之间协商不成,可直接向法院起诉。所以他认为,法院以"土地所有权和使用权的争议,有(由)有关人民政府处理,不属于人民法院受理范围"为由,裁定不予受理是不对的。该律师还讲,这一案件他一直很关注,去年还去找了县委书记,县委书记回复说,此案县法院上报了州法院,州法院又上报了省法院,省法院答复,认为该问题在离婚诉讼时一并处理是可以的,但现在单独起诉处理就不妥。现州法院要求县上解决,但县上批给了乡上,乡上怕此类问题一旦开了先河,后续问题就很难办,因为县上这类问题有十几个没有处理。实际上是乡上在推诿,因此这一看起来并不复杂的问题,至今没能解决。

实证研究之三:法律援助与农牧民人身权

我们一向认为,在民族地区的法律服务应体现一定的能动性,这并非是有意地想让法律失去其"法律服务应当是被动的"这一神圣性,使法律庸俗化。而是因为,在偏远的民族地区,如法律服务对农牧民不能体现应有的主动性,那么法律永远不能变成他们的可及性资源。因为进入现代法律程序需要一定的法律专业技术和知识,而这对于农民而言依然是一个意识盲区,加之考虑到诉讼费用和诉讼风险乃至整个过程所花费的时间和精力,在经济理性的支配下,他们难以通过正式的法律程序来解决自己的权利保障问题。这并不能简单归结为所谓的农民法律意识不高,而完全是一种由于经济上的算度及法律服务体制的不便民所致。①

贫困农牧民对法律资源的不可及性,致使在很多以农牧民为当事人的权利纠纷解决中,由于缺乏律师这个同质的法律共同体,使法律的逻辑与乡土社会的逻辑难以沟通,所以我们常常会目睹一些农牧民当事人因文化太低、穿着太差、说话太乱、不会举证、不谙世事而在法律部门无所适从的情景。当然,另一方面也要看到,中国传统文化中重实体正义、轻程序正义的文化对农牧民的影响是深厚的。笔者在采访一些律师时,他们普遍认为,大部分农牧民在决定请律师时,常常将案子的胜诉(可得利益的大小)作为是否决定请律师的最重要因素。而一旦请了律师以后,他们常常会对律师百般叮嘱:"案子就托付给您了。"反映出"我花钱就是求胜"的心理。所以,农民对律师服务的语境理解充满了功利色彩,而不是教科书上的正统理论的阐述。如果他们付出了代价,该赢的没赢,他会对律师服务在诉讼中的效用产生怀疑,有可能从此不再亲近律师并可能否认律师的整体功用。②

事实证明,民族地区的农牧民更加需要律师主动的法律援助,如下例资料所示,如果没有法律服务人员去村上检查工作时了解到当事人的情况,并主动提供法律援助,当事人人身损害就不能得到应有的赔偿,其实体正义就不能实现。

调研资料(33):2007年9月5日下午15:00时左右,受援人斗某(男、藏族、1975年12月出生、系××县巴沟乡托头村农民)驾驶手扶拖拉机从自己承包的地里往家里拉运麦捆,行至同德县同兴公路106km+950m处时,被某人驾驶的青A18715号东风牌货车撞伤。受伤后在乡中心卫生院、同德县人民医院、海南州人民医院、省医院等地治疗,先后住院治疗54天,留下终生残疾。2007年9月12日同德县公安交通警察大队作出第2007011号交通事故认定书,认定此次事故由东风车驾驶员负全部责任,斗某没有任何责任。

法律援助经过:斗某出生在一个农民家庭,从小失去了父母,是兄长们将

---

① 对此问题的详细分析,参见拙著:《西部社会民族法律文化研究》,中国民主法制出版社2006年版,第七章。

② 对此问题的详细分析,参见拙著:《西部社会民族法律文化研究》,中国民主法制出版社2006年版,第八章。

其抚养成人,后娶妻生子,不算富裕的家庭也能享受到家庭的温暖。一家三口,其乐融融,心中的喜悦自不必说。在兄长的抚育培养下,他学会了木工技术,能做一手好的木工活,这给他的家庭带来不菲的收入,加上承包的八亩耕地、牛羊收入,在村里也是说得过去的家庭。

他受伤后,身体的伤痛可以忍受,然而在长达5个多月的病榻之上的日子却非常难熬,预期收入没有了,秋收又要雇人,花去不少费用,而且受伤后花去了近14000元的治疗费,对他这个不算富裕的家庭无疑是个沉重的负担。长时间的卧床,也使妻子产生了厌烦心理,带着不足一岁的孩子回到了娘家,一去不回。兄长们也力所能及了。更可恨的是,东风车的驾驶员及车主在此期间对其不闻不问,根本没有见过他们的身影。受援人当时心情非常沮丧,无钱买药,无人护理,在身体的伤痛和精神损害的双重打击下,曾一度产生过轻生的念头。

2008年3月的一天,乡司法所的干警到村上检查工作,了解到斗某的情况后,当即告诉斗某可以通过诉讼程序向驾驶员和车主索赔,并且能得到法律援助,自己不用花一分钱。这一番话使其鼓起了重新生活的勇气。在乡司法所干警的陪同下,他来到了县法律援助中心。县法律援助中心的同志非常热情地接待了他,认真询问他的情况,并审阅了他提交的材料,当即决定给予法律援助。当天,县法律援助中心就为其指派了律师所程律师担任其代理人。

程律师接案后,给其讲解了涉及本案的许多法律知识,使其进一步了解到学法的必要性。程律师先后找到肇事车辆的驾驶员和车主,要求他们支付人身损害赔偿。但驾驶员是一个刚从驾校出来的打工仔,本身没有赔付能力。车主又推三推四,称这次事故是驾驶员个人的行为,不愿承担赔付责任,而且态度非常蛮横。后来程律师了解到该车的保险期已过,保险公司不承担赔付责任。于是他多次与车主交涉,调解协商,车主只答应赔10000元。因双方的争议很大,调解无果而终。在这种情况下,程律师当即决定通过法院诉讼程序解决,并且及时向法院提出诉讼保全措施,以防车主变卖车辆。在程律师的陪同下,斗某先后两次到省科技司法鉴定中心作司法伤残鉴定。根据鉴定结果,程律师经过核算,最终确定了48000元的赔付数额,并一纸诉状将驾驶员和车主告上法庭。在这期间,程律师多次深入受援人所在的村,调查了解,并向村委会说明案子的进展,请求村委会派人将其妻子和孩子接回了家,同时告诉他的妻子,病是可以治好的,对今后的生活没有太大的影响,这个案件,法院已经受理,很快会得到赔偿。其妻回心转意,表示今后要好好生活。

在代理案当中,程律师在两个多月的时间,花费了大量的心血,取证、调查、与对方当事人协调,在法庭上据理力争,并用大量的事实和法律条例,一一列举证据,驳得对方当事人哑口无言。充分体现了一个法律工作者的敬业精神和职业道德,对此,受援人表示衷心的感谢。在程律师的法律援助下,肇事车主慑于法律的威严,自觉理亏,在法官的主持调解下,最终为受援人赔付43000元。拿到赔付款的当天,斗某热泪盈眶,执意要拿出1000元钱给程律师,程律师婉言谢绝。

我们与程律师交流时,他给我们讲了如下办案感言:成功的法律援助对化解社会矛盾、避免纠纷、维护受援人的合法权益功不可没。本案正是因为法律援助中心的介入,在援助律师的多方协调、积极取证和认真办案下,最终使残疾人斗某今后的生活有了着落,合法权益得到了维护,取得了良好的社会效果。

该案的解决显示,如果没有法律援助机构的主动介入,受援人能够维权的可能性很低。在偏远的民族地区,布莱克关于法律与关系呈曲线形的命题,即"关系越远的人发生纠纷,运用法律来解决纠纷的可能性越大"[①]的说法并不能得到正向的印证。因为决定当地农牧民能否依法维权的基本条件,并非仅仅是"陌生人社会"还是"熟人社会"这种社会关系因素,而是由对法律资源的物质上的不可及性与在技术上如何可及的认知缺乏共同决定的。

实证研究之四:法律援助与农牧民财产权

苏力教授认为:中国社会的法官要想处理好基层社会的民间纠纷,就必须对民间风俗习惯具有下意识认同与分享的能力。[②] 同时他的调研还表明,处理基层民权问题的纠纷中,"法官有时必须有点儿偏心,否则得出

---

① 详见[美]布莱克:《法律的用作行为》,中国政法大学出版社1994年版,第73~95页。

② 具体分析详见苏力:《送法下乡——中国基层司法制度研究》,中国政法大学出版社2000年版,第254页。

的判决是伤天害理的"。① 事实证明,民族地区的法律服务,不仅要有足够的法律知识与技术,而且必须熟悉民族习惯并"必须有点儿偏心",否则,在有些情况下少数民族民众的有些看起来是习惯性权利,但又是必须要维护的权利就有可能得不到保障。在这些方面,法律援助律师对当事人主张权利时的方法、程序、步骤等技术层面的帮助具有重要意义。

调研资料(34):受援人斗某,男,藏族,××县牧民,住该村。华某,男,藏族,××县牧民,住该村。

二人为父子关系。

二人家中的纠纷是因儿子华某与其妻万某之间因解除同居关系,而引起的财产分割、子女抚养纠纷。

二〇〇四年农历十一月二十八日,华某与万某根据民族风俗习惯在华某家举行了婚礼。由于双方在婚前了解不够,故在婚后华某与万某因为家务琐事产生了矛盾。二〇〇五年八月份,万某生下一小女孩,而在双方举行婚礼前,二〇〇四年五月份,万某在娘家生下一男孩。二〇〇六年十二月份,万某乘华某家中无人之机,把家中酥油、面粉、牛粪全部给了周围的几家人家后,连夜和其妹拿走了华某家中的羔皮藏服、毛毡藏服各一件,十一串珊瑚项链和两对银耳环。华某得知这一情况后,与家人四处寻找万某,后得知万某已跑回娘家,华某与家人怎样劝说万某,万某就是不回。还把三个月的小女孩谢某扔给了华某。由于万某长期居住娘家不回,二〇〇七年四月五日浪娘村的二人(万某所在村的人)和华某所在村的人共四人及双方的媒人对双方之间的纠纷进行了调解。调解的结果是:(1)华某与万某离婚;(2)华某家中购置的全部彩礼给万某(包括给女方送礼,置办藏服及饰品,举行婚礼仪式和宴庆支出,购新娘万某冬夏服装,华家共支出32272元);(3)将华家中的15只羊和5头牛分给万某;(4)孩子谢某判归华某抚养。对于上述六人作出的这一决定,华某本人及家人觉得有失公正,不能接受。但是让华某及家人更不能接受的是,二〇〇七年农历九月初二那天,承包华某父亲斗某的山羊的人告诉他,说万某的舅舅闹某(共和县塘格木浪娘村村委书记)在山羊的承包期到后,不但返还不了,反而与万

---

① 具体分析详见苏力:《送法下乡——中国基层司法制度研究》,中国政法大学出版社 2000 年版,第 309 页。

某的另一舅舅南某(与闹某是亲兄弟)从承包人羊某手中抢走了74只山羊,还说,这74只山羊是属于万某的。鉴于上述矛盾,首先是由华某在二〇〇八年元月二日向海南州法律援助中心提出法律援助申请。经审查,发现申请人家庭困难,属于援助对象,中心就将案子指派给龙羊律师事务所律师宋某承办(龙羊律师事务所与共和县法律援助中心是两块牌子、一套人马。隶属于共和县司法局)。律师接受指派后,经向华某详细了解情况后(由于华某不会说汉语,律师藏语水平有限,双方基本上通过翻译来交流的),即起草了一民事诉状,诉讼请求是:(一)依法解除原被告之间的同居关系;(二)婚生子女谢某判归华某抚养,万某负担抚养费;(三)依法判决万某返还拿走的以下物品:(1)一件女式羔皮藏服;(2)一件女式氆氇藏服;(3)十一串珊瑚项链,两对银耳环。共和县法院立案受理后,决定在二〇〇八年六月十八日上午九点开庭审理此案。庭审中,代理律师以本案事实为依据,从华某与万某之间婚前基础、婚后感情状况以及如何逐渐破裂的,向法庭作了说明。并说明小孩判归华某的有利条件和万某应返还拿走的华某家物品的代理意见,并出具了相关的证据。法庭在充分听取代理律师的代理意见后,根据法律规定,对双方进行调解,但未能调解成功。因为华某仍然坚持自己的诉讼请求,万某坚持按照村里几个人调解的结果办,最后,法庭决定,让华某申请撤诉,让万某去起诉华某。于是华某向法庭提出撤诉申请,法院于二〇〇八年六月十八日作出(2008)共民初字第71号民事裁定书;至此,代理律师的代理也已结束。

在二〇〇八年六月二十四日,万某又向共和县法院提起民事诉讼,请求:(1)依法解除原被告之间的婚姻关系;(2)婚生儿、女双方各承担一个,互不承担抚养费;(3)婚姻共同财产:砖木结构的房屋两间、砖木结构的畜棚6间,牦牛16头,绵羊、山羊共152只。依法分割,华某于二〇〇八年七月二十八日再次向共和县法律援助中心提出援助申请,律师接受委托后,即作答辩等其他工作,法院于二〇〇八年七月二十八日下午三点开庭。由于熟悉案情,所以,律师在上午受理案件,下午就去参与出庭活动。在庭审中,律师首先向法庭阐明本案的性质,它不是合法的婚姻关系引起的纠纷,而是不受法律保护的同居关系引起的财产、子女抚养纠纷案,而且万某提出的要求分割砖木结构的房屋2间、畜棚两间,山羊52只的诉讼请求不能成立,这些财产是属于华某父亲斗某的,并不是他们二人的共同财产。对此，法院应依据高法《关于人民法院审理未办结婚登记而以夫妻名义同居生活案件的若干意见》中的相关规定"解除非法同居关系时，同居生活期间双方共同所得的收入和购置的财产，按一般共有财产处理。"处理此案的代理意见，法院于二〇〇八年七月三十日作出判决。该判决写明：原告万某主张的砖木结构的房屋两间、畜棚两间、山羊52只是属于华某父母的，故对于二房屋、畜棚、山羊的请求，本院不予支持；但对已经抢走的绵羊70只、牦牛分割，华某不服，表示要上诉。目前，对此案的上诉准备工作正在进行中，本律师还要继续代理此案。另，二〇〇八年六月十八日，又因斗某的申请，本中心决定为其提供法律援助，律师再次接受斗某的委托申请后，向其详细了解情况之后，为其起草了一份民事诉状，请求法院依法判令承包人羊某及占有人闹某、南某返还被占有的山羊74只的诉讼请求。斗某于二〇〇四年十一月一日，将属于自己的41只山羊承包给羊某放牧三年（有协议）。羊某放牧一年后，因生病就将52只山羊（41只发展成52只）的放牧权转让给自己的亲戚南某，期限是二年。南某放牧二年后（山羊由原来的52只发展到74只）于二〇〇七年七月二十二日到期，应该将羊归还给羊某，再由羊某返还给斗某，但到期后，南某与其兄弟闹某不但不还斗某山羊，反而将山羊养在自己家中，以"万某与华某之间婚姻纠纷"为由，而拒绝返还。律师代理此案后，到实地去进行调查了解，证实了74只山羊的价格，并走访有关证人，为开庭审理此案作了充分准备，法院定于二〇〇八年八月十一日开庭审理此案。在庭审中，律师向法庭出示了四份书证，在代理意见中，充分阐明自己的观点，认为本案事实清楚、证据充分。斗某的诉讼请求应得到法院的支持与保护。本案返还74只山羊与华某和万某之间的婚姻纠纷无关。三被告也拿不出这74只山羊就是属于华某与万某之间共有财产的相关证据。因此，律师请求法院支持斗某的诉讼请求，将属于他的74只山羊尽快返还给他本人，本案在昨天下午刚开完庭，也没有达成调解，闹某与南某不接受调解，法庭只好择日宣判。

这一纠纷现已通过两次诉讼得到解决。第一次是在2008年7月，万某为原告对与华某同居关系期间的财产、子女抚养问题提出诉讼。在诉讼中，根据法律援助律师的意见，被告华某提出：原告主张的财产不属实，位于青海湖海滩的房屋、畜棚是属于其父母的财产，牛、羊的数量不对。

经审查，法院认为，原告万某与被告华某未领取结婚证而同居生活，系同居关系;但在同居生活期间被告父母亲分给原、被告双方及被告母亲的牦牛及绵羊,应该由原、被告及被告的母亲三人共同分割,但在具体分割时,可根据财产的来源,对被告的母亲给予必要的照顾。原告主张青海湖海滩的砖木结构房屋2间、砖木结构畜棚6间、山羊52只为共同拥有。因该房屋及畜棚是被告的父母亲于2002年修建的,并非是原、被告在同居生活期间共同购置的财产。山羊是被告父母亲的财产,并由他人放养,而未将这些山羊分给原、被告,故对原告要求分割房屋、畜棚、山羊的诉求,本院不予支持。最后法院判决如下:

一、非婚生子才某由原告万某负责抚养,非婚生女谢某由被告华某负责抚养,原、被告互不承担对方抚养孩子的抚养费;

二、牦牛16头、绵羊70只,原告万某分得牦牛5头,绵羊20只;被告华某分得牦牛5头,绵羊20只;剩余的牦牛6头、绵羊30只归被告的母亲所有;冰箱1台归被告华某所有。

……

第二次诉讼是在2009年3月,华某为原告又对第一次诉讼时进行分割的财产问题提起诉讼。原告认为,被告万某在离家时,将家中的10串珊瑚项链、羔皮藏服1件、氆氇藏服1件、藏式银耳环1副带回娘家。法院最终查实后判决:被告万某返还原告华某10串珊瑚项链、羔皮藏服1件、氆氇藏服1件、藏式银耳环1副(于本判决发生法律效力后10日内返还)。

 四、法律基本素质的养成:少数民族地区法律援助的进一步价值

上述关于法律援助的实证研究的目的,并不仅仅想说明法律援助对民族地区农牧民权利保障的个案意义。我们对其价值的进一步期望,是想通过这种个案的现身说法,引导少数民族地区的农牧民养成基本的法律素质,以对当地的法制系统给予足够的支持。从实证研究来看,民族地区农牧民的法律素质处于一种结构性的迷茫之中,显示为自我利益保护的理性与对他人利益漠视的非理性的博弈状态。

调研资料(35):2008年10月30日,青海省民和回族土族自治县某村农民王某向民和县人民法院起诉,称其放牧的羊在经过被告冶某家的田地时,吃了冶某放在地里拌有农药的玉米后相继死亡18只。请求法院判决被告赔偿经济损失一万七千元。

原告王某认为,虽然冶某并非故意毒死他的羊,但冶某并没有在放置有毒玉米的田边设置警示标志或采取其他措施防止牛羊误食。所以,造成他的羊吃到拌有农药的玉米而中毒死亡,冶某应该承担责任。王某还认为,冶某并不是非要把他家的羊药死,她也不这个想,她针对的不是王某一个人,她针对的是大家——你在我的地里放羊,你的羊吃了我(地里放的毒药),我就药死(你的羊)。王某认为,要是她插个警示牌就好了,但是她没有插警示牌,也没有通知我,说句公道话,你要是通知我,说你的地里有药,我的羊就是在你的地里药死了,我也不会去找你,因为,如果我明知道你的地里有药,那么我就不可能到你地里去。

被告方认为,我放有农药的玉米是为了防止我自家田里的病虫害,合理合法,我又没请你王某到我家地里来放羊,死了羊自己负责。

关于当地农民往自家田里放农药的真正意图,我们在调查时农民们给出了真实的答案:

村民甲认为:胡萝卜地里放点拌有农药的玉米,防止牛羊等牲口到地里把胡萝卜吃掉,这种做法就是防止放羊的人把羊放到别人的地里来,如果来了就会把你的羊药死。这是为了保护我们自己种的粮食,不要叫这些羊给吃了。

经了解,在地里放置有毒的玉米确实没有什么防治病虫害的作用,这种做法实质上就是针对那些不自觉的放羊人,保护自家田地。我们在当地还了解到,青海海东地区的牧羊人,都是在村子附近的荒山荒坡上放羊,牛羊远离农田,不会啃食农作物,牧羊人和农户之间并没有冲突和矛盾。但自从国家在我省实施退耕还林工程后,村子附近的许多荒山荒坡都种植了树木和草地,政府要求牛羊必须进行圈养,对全区742.98万亩可利用草原实施了封山禁牧。

村民乙:所以说羊你就一般在家里养,别在外面放羊,放出来人家控制不了,现在政府在控制不让放出来养,但一些群众不理解、不听你的,他就是要放出来养,这一放出来,种庄稼的就没办法了,就只有在地里放药,洋芋上放点药,玉米上放点药,撒在地里,羊一吃上就药死了,大家就起矛盾。

村民丙:王某不是不懂不能在外头放羊的这个道理,他全部都懂。现在公社乡政府,每年给他1000多工资,具体多少我不是很清楚,还多多少少给他发点工资,就是让他当护林员,让他看护退耕还林的地里种的一些苜蓿、杏树等各种树木,这些你都不能让羊吃掉,国家每年对这个地里,每一亩地补贴200多元的补助,你是护林员怎么能不操心呢,共产党这么好的政策,号召大家退耕还林,苜蓿种上收割了给你的羊吃上,你在圈里饲养啊,你管理住了你外头放羊,你管理不住你在家里养不要放出来。

村民们也认为:现在生态恶化,外面要是放羊去把山上的草吃掉就把生态破坏掉了现在为什么这么大的山,你看见了到处都挖的坑,现在要绿化栽树,国家花了大投资,这上面国家花了多少钱,只有国家知道,每一个人一天上去挖1000多个坑,给四五十块钱。国家这是保护生态的,不让放羊的起初目的也是这个,还规定放一只羊出去罚款是多少,这些都有规定,禁牧令上都有。

法官认为:冶某为了防止他人牲畜踏食自己的胡萝卜在自家田里放置拌有农药的玉米,采取了极端的方式毒死王某的18只绵羊,给王某造成了损失,应当承担赔偿原告经济损失的民事责任。但原告对自己的羊群管理不善,对造成的后果应负主要责任,故应减轻被告的赔偿责任。双方当事人从内心来讲都不希望出现这样的后果,而且双方又是同村邻居,本着乡邻和睦、友好相处的精神,希望双方在法庭主持下调解解决这起案件。最后,该案在庭审结束后,经法官宣讲相关法律法规后加上劝解,冶某认识到在这件事情中,自己确实负有一定的责任,最终同意赔偿王某人民币1000元及活羊两只。

原告王某认为:我一共死了18只大羊、4只小羊,我光是给律师诉讼费就将近花了3000多块钱,总共大概就是将近损失了2万多。像我这一类的事情,希望今后也不要发生,因为真是得不偿失,又花精力又花钱。你说我们这些农民,一年打工也挣不了多少钱,像我们养几只羊也不容易,冬天还要加料,还要买草,都不容易,就是种庄稼他们一年还要打化肥、浇水、打农药,他们也都不容易。王某还说,我的(诉讼)判了后,你们(法官)一宣传,再没有发生毒羊的事,我在联系一些放羊的(人),准备在山上种植草料,完全进行圈养。我现在又买了一些羊,大部分时间在家圈养,有时也赶到没有退耕还林的荒山荒坡上去放一放,但路又远,人还得一刻不停地看着,费时费力,所以决定今明年要将羊完全进行圈养。

第十章

青藏高原民族地区的经济贫困与权利贫困

 一、贫困问题的一般分析

(一)贫困的理论界定

关于贫困,汤森认为被迫丧失物质生活条件达一定时间之久,以致难以参加正常活动,缺乏日常起居设备和认可的最低限度的东西即为贫困。① 米哈诺维奇和斯库耶勒在《当代社会问题》里提出的定义具有绝对性含义:"贫穷是指长时期的缺乏正常人用以维持存在的某一或某些基本要素之状况。贫穷包括那些由于不适当的收入或是不能有效消费其经济收入,致使不能维持身心效能之最低生活水准之人。结果造成经济上的浪费,以及社会的负担。"费尔契德给出的定义是:"贫穷乃是一种状况,即某个人,或某人家庭,或某个团体之生活标准在社会所认定的正常生活下,对于物品或各项服务之缺乏情况甚为严重者。如不从该文化所认定的正常收入来路之外另供给资源,则必导致悲惨状况。"这个标准里暗含着相对的概念,即贫困的事实与一个社会所划定的贫困线有关。近年来,社会学对

---

① 周毅:《西部大开发前沿问题研究》,陕西人民出版社 2002 年版,第 7 页。

贫困问题的研究多以相对贫穷为主要视角。

瑟多逊在1972年出版的《现代社会学辞典》中,也站在相对角度讲:"贫穷为个人或一群人因长时期过着低水准的生活,以致健康、士气或自尊逐渐损伤。贫穷一词与社会的一般生活水准、财富的分配、地位系统或社会期待等等存在着相对的关系。"所以,2000年3月世界银行在发布的最新报告《穷人的呼声》中提出贫困原因的最新解释:持续的贫困是与各种交织在一起并一再发生的因素相互联系的。首先,贫困往往不是仅缺少一种东西,但底线是贫苦人口长期忍饥挨饿。其次,贫困具有重要的心理原因,比如无能为力、依赖性、羞愧和耻辱。再次,穷人缺乏享受基本的基础设施的机会,比如道路、交通和清洁用水。复次,人们意识到教育是摆脱贫困的一条出路,但前提条件是教育质量和整个社会的经济环境得到改善。最后,穷人尤其担心生病,因为医疗费用过高,而且会导致丧失工作能力。腐败和不信任成为贫困问题的核心。穷人往往不信任政府官员。而在这之前的1963年,兰格纳和米切尔就从贫民的生活方式角度给出了如下的贫困定义:(1)无规范;(2)不良的教养态度;(3)人际关系沟通能力差;(4)自尊心缺乏;(5)不重视专业工作。这些定义中的一个基本线索是,越来越突出贫困的非经济性特征(如心理状况、教育水平、工作态度等)。[①]

与国际上的贫困理论相比,中国使用的贫困概念是一种绝对贫困的概念,我国的绝对贫困问题有三大特征:一是社会经济结构特征。表现为农村贫困人口数占全国贫困人口总数的比例高,这是我国特有的二元社会结构的必然产物。所谓二元社会结构,是指在一系列社会制度支持下,整个社会被划分为截然不同的两大社会形态:城市和农村。两者在身份、收入、地位、价值观念乃至文化形态上都存在巨大差别,强化了城乡差距。二是民族阶层群体特征。表现为贫困人口往往是那些在社区的政治资源和经济资源分配格局中处于不利地位的人。阶层性贫困首先反映为贫困地区内部有非贫困人口。实际上贫困地区内部不同阶层之间的生活质量也有很大差距。其次,少数民族贫困问题十分突出,在4000万农村绝对贫困人口中少数民族过半,区域性贫困问题也如此。三是自然地理区域特征。表

---

① 陆建华:《中国社会问题报告》,石油工业出版社2002年版,第37~38页。

现为绝对贫困人口相对集中分布在若干自然条件较差、生态环境恶化的地区。70％集中在近500个分布在中西部的深山、石山、荒漠、高寒、高原区的贫困县中。这些县明显地表现出区域性贫困特征:自然条件恶劣;人口繁殖过快;区域内整体贫穷;社会发育程度低。① 贫困是一个有多维表现的社会现象,在经济学、社会学、法学上都能进行描述。因此,简单地说,贫困是指这样一种状态,在这种状态中的人群无法满足其基本生活所需的最低要求。在现代社会中,这种状态意味着:存在着一个特定人群,他们因未解温饱之忧而无法实现更高层次的人生发展,而且也无法进入社会的主流,他们在社会中事实上成为"边缘群体"。"经济学家比较主张生活水准不及一般人,即所得在某一标准以下者,即为贫民。而社会学家往往从社会文化的观点来解释贫穷,认为贫民是指无法供给他自己及其一家人口之生活的人,或是虽然能供给,但不能达到某一种程度的生活水准者"。②

(二)青藏高原少数民族地区的经济贫困问题

我国西部民族地区大部分是贫困地区。在贫困县中,少数民族自治县占44％,远大于少数民族自治县占全国总县数30％的比例。而在西部地区的民族贫困格局中,藏区的贫困问题尤为突出。虽然经过近几年的扶贫攻坚,藏区贫困人口已大幅减少。如2004年,藏区贫困人口为277.02万人,其中绝对贫困人口为92.55万人,低收入人口184.47万人,与2000年相比,4年来贫困人口减少了142.79万人(绝对贫困人口和低收入人口分别减少了48196万人和9460万人),年均减少3569万人。藏区贫困人口在全国贫困人口中的比重由2000年的4.46％下降为3.65％,为藏区新一轮扶贫规划的实施打下了坚实基础。党中央、国务院十分重视藏区扶贫开发,尤其对西藏赋予了"把西藏作为一个特殊的集中连片的贫困地区加以扶持"的优惠政策,将农牧民年人均纯收入低于1300元以下的148万相对贫困群体作为重点扶持对象,使西藏的扶贫开发进入了新的发展阶段。但

---

① 周毅:《西部大开发前沿问题研究》,陕西人民出版社2002年版,第8~9页。
② 廖荣利:《贫穷文化与贫穷问题》,载杨国枢等主编:《当前台湾社会问题》,台湾巨流图书出版公司1972年版,第217页。

就总体而言,藏区的贫困状况也仅仅是改善而已。(参见表 38)

表 38　2004 年中国藏区贫困状况[①]

	贫困人口（万人）	绝对贫困人口（万人）	低收入人口（万人）	贫困人口占总人口的比重(%)
全国	7587	2610	4977	5.84
西藏、青海、四川、甘肃、云南 5 省区小计	2287.45	707.79	1579.66	13.76
西藏自治区	192.80	6.80	86.00	31.39
青海藏区	47.12	29.58	17.54	8.75
四川阿坝甘孜	73.86	42.81	31.05	0.85
甘肃甘南及天祝	48.47	6.06	42.41	1.85
云南迪庆	14.77	7.30	7.47	0.33
藏区小计	277.02	92.55	184.47	37.18
藏区占全国比重(%)	3.65	3.55	3.71	——
藏区占西藏、青海、四川、甘肃、云南 5 省区的比重(%)	12.11	13.08	11.68	

目前青藏高原民族地区的农牧民贫困主要体现为以下特点:

第一,农牧民的收入水平低。2004 年,藏区 98 个国家级贫困县农村居民人均收入为 1430 元,分别占全国和 592 个国家级贫困县居民人均收入的 48.70% 和 90.20%。(参见表 39)

表 39　2000 年、2004 年藏区国家级贫困县农牧民收入情况[②]

	单位	2000 年	2004 年
全国	元	2253.4	2936.4
592 个国家级贫困县	元	1337.8	1585.3
98 个藏区国家级贫困县	元	1053.3	1430.0
其中:西藏自治区	元	1331.0	1861.0
青海藏区国家级贫困县	元	1056.4	1525.8
四川藏区国家级贫困县	元	700.1	1179.8
甘肃藏区国家级贫困县	元	1106.5	1379.5
云南藏区国家级贫困县	元	1072.5	1204.0
占全国比重	%	46.7	48.7
占 592 个国家级贫困县比重	%	78.7	90.2

[①] 苏海红、杜青华:《中国藏区反贫困战略研究》,甘肃民族出版社 2008 年版,第 100 页。
[②] 苏海红、杜青华:《中国藏区反贫困战略研究》,甘肃民族出版社 2008 年版,第 84 页。

第二,区域城乡居民收益权不平衡。发展不平衡的问题,特别是城乡间存在的发展差距在青藏高原地区非常明显。虽然政府正在采取措施,力图缩小高原地区的城乡差距,并且从过去几年的情况看,这一差距总体呈缩小的态势(尤其是西藏),但与全国其他地区相比,青藏高原地区的城乡差距仍比较突出。从表42可以看出,西藏的城乡差距在2000年以来一直处于不断下降的过程,城乡收入比从2001年的5.07:1,下降到2007年的3.99:1。(参见表40)

表40 2000—2007年全国、青海、西藏城乡收入差距比例[①]

年份	全国			青海			西藏		
	城市居民人均可支配收入(元)	农村居民人均纯收入(元)	城乡收入比	城镇居民人均可支配收入(元)	农牧民人均纯收入(元)	城乡收入比	城镇居民人均可支配收入(元)	农牧民人均纯收入(元)	城乡收入比
2000	6280.0	2253.4	2.79	5165.96	1490.5	3.47	6448	1331	4.84
2001	6859.6	2366.4	2.90	5853.72	1610.9	3.63	7119	1404	5.07
2002	7702.8	2475.6	3.11	6199.88	1710.8	3.62	7762	1521	5.10
2003	8472.2	2622.2	3.23	6731.88	1817.3	3.70	8058	1691	4.77
2004	9421.6	2936.4	3.21	7319.67	2004.6	3.65	8200	1861	4.41
2005	10493.0	3254.9	3.22	8057.85	2165.1	3.72	8411	2078	4.05
2006	11759.5	3587.0	3.28	9000.35	2358.4	3.82	8941	2435	3.67
2007	13785.8	4140.4	3.33	10276.06	2683.8	3.83	11131	2788	3.99

资料来源:《中国统计年鉴》,中国统计出版社,2001—2008。

[①] 转引自:刘同德:《青藏高原区域可持续发展研究》,中国经济出版社2010年版,第83~84页。从有些学者的分析来看,藏区的某些区域差距大得惊人,如2005年全国城乡收入差距是3.22:1;青海省城乡收入差距是3.7:1。而同年,青海青南三州的城乡收入差距是4.1:1、4.8:1、4.5:1,也就是说,该地区三个州的城乡收入差距都在4倍以上,比全国和青海省的收入差距大得多。区域城乡收入差距过大,表示城乡居民收入均等化的基尼系数变高。据测算,青海省城镇居民收入差距的基尼系数2003年已达0.4056,农村居民收入差距的基尼系数已达0.4132。青海藏区农牧区基尼系数为0.432,城镇基尼系数为0.42。

第三,区域财政水平低,制约了政府的扶贫能力。从对青海、西藏两省区财政收入的分析可见,两省区财政收入极低,而财政支出相当高,其财政自给率很低,绝大部分靠中央财政补贴,甚至连吃饭问题也不能解决,自我发展能力差,需要强大的外力来推动。(参见表41)

表 41　2000年西藏、青海财政收支情况

单位:万元、%

项目 省区	财政收入	财政支出	财政自给率	中央财政贴补率
西藏	53848	599693	8.94	91.02
青海	165843	682613	24.30	75.70

资料来源:《2001年中国统计年鉴》,第262、266页。[①]

西藏、青海两地较低的财政水平,严重影响了藏区农牧民的生活质量。(参见表42)

表 42　2000年西藏、青海农牧民生活水平统计表

单位:元、平方米、%

项目 省区	年人均纯收入(元)	年人均生活费支出(元)	人均生活费支出比例(%)	年人均生活费现金支出(元)	现金支出所占收入比例(%)	人均住房面积(平方米)	占全国平均住房面积比例(%)
西藏	1330.81	1116.59	83.90	476.55	35.81	15.12	60.92
青海	1490.49	1218.23	81.73	765.33	51.35	15.32	61.72
全国	2253.42	1670.13	74.11	1284.74	57.00	24.82	100%

资料来源:同《2011年中国统计年鉴》,第325、327、328、334页。有的项目据计算所得。[②]

第四,扶贫政策的合理性远远不足。以青海省为例,虽然近年来农牧

[①] 转引自朱玉坤、鲁顺元著:《关注民族"生态家园"的安全——青藏高原环境破坏性生存战略替代与区域发展纵论》,青海人民出版社2004年版,第10页。

[②] 转引自朱玉坤、鲁顺元著:《关注民族"生态家园"的安全——青藏高原环境破坏性生存战略替代与区域发展纵论》,青海人民出版社2004年版,第11页。

区扶贫取得了一定的成绩,2010年减少贫困人口19万人,率先在全国实现了新型农村养老保险全覆盖,但由于相关政策不够科学合理,扶贫的质量依然不高。这突出表现于扶贫标准太低。①

　　调研资料(36):在青海省海南州,按照现行农区绝对贫困户人均收入低于625元、低收入贫困人口人均收入在800元,牧区绝对贫困户人均收入低于800元以下、低收入贫困人口人均收入在1000元以下的界定标准,全州除2002年扶贫开发《规划》时191个贫困村的13.24万贫困人口(其中绝对贫困人口13360户80740人,低收入贫困人口9104户51627人)外,其他150个行政村尚有6.3万人(其中绝对贫困户7320户39060人,低收入贫困人口4880户23940人)的贫困人口未纳入扶贫范围,除近年扶贫开发基本解决温饱人口4341户21626人外,全州目前实际存在贫困群众3万户17.46万人,分别占全州农牧民总户和总人口的51.88%和58.02%。而现行贫困人口调查数据和贫困界定标准还是1999年的,历时7年,其间物价水平不断上涨,而这个标准太低,现行标准连最基本的生活都不能维持。主要是由于受自然条件和地理位置的限制,我州农牧民日用消费商品和生产资料供应价格因路途远、运费高,同类商品物价比内地高20%～50%,比我省东部地区也要高10%～15%;因为寒冷,在冬季取暖、穿衣等方面比内地增加开支70%以上,比我省东部农业区增加开支40%以上;在饮食方面,因本地区冷季漫长而寒冷,冬季人体热能散失量大,摄取暖营养物质也要比内地高10%～15%,相应增加了生活开支;加之地广人稀、居住分散,交通不便,增加了学生就学、看病、家庭日用品采购等方面的开支。

　　根据这次评估中对全州29个乡(镇)119个行政村955户5697人的家庭支出情况抽样调查的结果,我州农业区维持家庭基本生产生活需要

---

① 这种情况随着2011年11月29日"中央扶贫开发工作会议"的召开发生了巨大变化。会议决定将农民人均纯收入低于2300元作为新的国家扶贫标准,这一标准比2009年提高了92%。据统计,据这一标准新增贫困农民1.28亿,占全国总人口近1/10,比2010年的2688万贫困人口增加1亿多。《西宁晚报》,2011年12月5日。另据报道,中央和地方财政安排的扶贫资金,从2001年的127.5亿元,增加到2010年的349.3亿元,10年累计达到2043.8亿元。10年来,592个国家扶贫工作重点县农民的人均纯收入年均增长幅度超过全国平均水平。《青海日报》2011年11月30日。

1400元,牧业区维持家庭基本生产生活需要1600元。按照这个标准,全州40个乡(镇)341个行政村共有贫困人口48822户263372人,其中绝对贫困人口31734户157023人,低收入贫困人口17088户106349人(绝对贫困户:农区人均收入在1400元以下,牧区在1600元以下;低收入贫困户:农区人均收入在1600元以下,牧区在1800元以下),占全州农牧民总户数和总人口的82.02%和85.08%。按照这个标准,绝对贫困户群众只能维持基本生产生活,低收入贫困户家庭每年有1000元左右的收入盈余,只能进行简单的扩大再生产。

为尽快从根本上彻底解决贫困人口温饱问题,进一步改善贫困地区的基本生产生活条件,巩固温饱成果,提高贫困人口的生活质量和综合素质,改善生态环境,逐步改变我州经济、社会、文化的落后状况,构建和谐社会,实现可持续发展战略目标,到2020年贫困群众生活水准全面达到小康水平,应按照国际通用标准,每人每天最低生活费支出1美元标准计算,贫困群众扶持标准应按照人均收入低于2993元。按照这个标准,全州40个乡(镇)410个行政村共有贫困人口57211户296572人,分别占全州农牧民总户数和总人口的95.81%和96.12%。

(三)近年来反贫困的制度性措施对藏区农牧民经济权的保障

对于民族地区的极度贫困问题,有学者警告,"贫穷也是一种符号,它确定穷人的共同身份,内含穷人对富人的普遍的敌意。如果穷人散落在社会的间隙中,穷人的'合作成本'将会很大;而在一个穷人相对集中的地区,穷人共同活动的成本降低,一旦有突发事件诱导,穷人便可能揭竿而起"。这已经把贫穷问题的社会政治后果描述得极为令人恐惧。[①] 上述可能的令人恐惧的社会政治后果与高原民族地区贫困人口的广大性相结合时,其演变为现实的概率将会大大增加。

正是基于对民族地区贫困问题政治后果的评析认识,我国从1994年开始实行"八七扶贫攻坚计划",以期通过这种制度化的整体性规划措施,

---

① 党国印:《农村贫困与农村稳定》,载《人民日报资料》1998年第20期。

逐步解决民族地区的贫困问题,以保障少数民族基本的经济权利。经过近30年全社会各方面的共同努力,少数民族和民族地区经济社会发展迅速,贫困人口大幅减少,贫困发生率下降,人民群众基本生产生活条件得到明显改善,扶贫开发工作取得了显著成效。按照1982年第三次人口普查结果,全国少数民族人口数6643.4万人,其中90%居住在贫困地区,匡算下来,少数民族贫困人口接近6000万。在"八七扶贫攻坚计划"实施前的1993年,全国8000万贫困人口中80.3%在中西部,总人数达6400多万,其中绝大多数是少数民族人口。在国家特殊扶贫开发政策下,少数民族和民族地区贫困人口大大减少。到2006年末民族自治地方(包括5个自治区、30个自治州、120个自治县)农村贫困人口948万人,贫困发生率7.1%,占全国绝对贫困人口总数的44.1%;初步解决温饱但还不稳定的农村低收入人口为1587万人,占全国低收入人口的44.7%①。

据国家民委提供的数据,到2006年底,少数民族地区农村绝对贫困人口为1211万人,占全国农村贫困人口的比重为56.4%;农村低收入人口为1974万人,占全国的55.6%。虽然绝对量和相对量仍然比较大,但相比于20世纪80年代中期,少数民族地区贫困人口从6000万减少到1200

① 近年我国农村及少数民族地区贫困和低收入人口比较

单位:万人,%

地区	年份	规模	减少量	贫困发生率	占全国比重	规模	减少量	低收入人口比重	占全国比重
民族自治地方	2003	1304.0	18.0	8.1	45.0	2694.8	——	16.7	48.0
	2004	1245.6	58.3	7.8	47.7	2287.7	407.1	14.3	46.0
	2005	1170.4	75.2	6.9	49.5	2048	239.7	12.0	50.4
	2006	948	222.0	7.1	44.1	1587	461.0	11.8	44.7
民族八省区	2004	955.3	——	6.7	36.6	1647	——	11.6	33.1
	2005	879.7	75.3	6.2	37.2	1458.7	187.1	10.2	35.9
	2006	797	82	6.5	37.1	1293	166	10.5	36.4

资料来源:2000—2006年全国农村贫困状况数据、2006年少数民族地区和民族8省区数据来自国家统计局农村社会经济调查司编:《中国农村贫困监测报告2007》,中国统计出版社2008年。其余年份数据来自国务院扶贫办网页 http://www.cpad.gov.cn。转引自李忠斌、陈全功:《特殊扶贫开发政策助推少数民族脱贫致富:30年改革回顾》,载《民族问题研究》2009年第2期。

多万,平均每年减少240万人,贫困发生率从33.7%[①]下降到7.1%,减贫效果显著。

根据国家统计局对全国265个少数民族扶贫工作重点县(以下简称"少数民族扶贫重点县")贫困监测抽样调查显示,2006年265个少数民族扶贫重点县农民人均收入低于693元的绝对贫困人口约458万人,占全国592个国家级贫困县农村贫困人口的21.3%,占全国农村总贫困人口的36.2%;按958元的低收入标准计算,人均纯收入低于此标准的少数民族扶贫重点县农民约1057万人,占全国592个国贫县农村低收入人口的29.8%,占全国农村低收入人口的34.0%[②],少数民族扶贫重点县贫困程度有所减轻。

同时,农民收入快速增长,人民群众生活水平大幅度提高。1980年,民族自治地方农村居民人均纯收入76元,与全国农村居民人均纯收入之比是1∶2.52。到2006年末,民族自治地方农村居民人均纯收入达到2517元,与全国农村居民人均纯收入之比是1∶1.43。在近30年的扶贫开发过程中,少数民族地区农民收入增长速度总体上比较平稳快速。2006年末,少数民族扶贫重点县农民纯收入为1831元,其中工资性收入477.8元,占26.1%;家庭经营性纯收入1217元,占66.5%;人均转移性收入

---

① 李实、古斯塔夫森:《八十年代末中国贫困规模和程度的估计》,载《中国社会科学》1996第6期。

② **2006年少数民族扶贫重点县与全国农村贫困状况比较**

单位:万人,%

地区	绝对贫困人口（人均收入低于693元）			低收入人口（人均收入低于958元）		
	规模	贫困发生率	上年发生率	规模	低收入比重	上年低收入比重
全国农村	2148	2.3	2.5	3550	3.7	4.3
全国592个扶贫重点县	1266	6.3	7.1	3110	15.4	18.0
265个少数民族扶贫重点县	458	8.5	10.5	1057	19.6	22.8

资料来源:国家统计局农村社会经济调查司编:《中国农村贫困监测报告2007》,中国统计出版社2008年。转引自李忠斌、陈全功:《特殊扶贫开发政策助推少数民族脱贫致富:30年改革回顾》,载《民族问题研究》2009年第2期。

104.8元,占5.7%,与全国扶贫重点县水平相当;国家的扶贫救济、粮食直补、退耕还林还草等惠农政策直接增加了少数民族农民转移性收入①。在生活支出方面,少数民族农民家庭支出总量和结构都有了较大变化,恩格尔系数大大降低,与全国扶贫重点县比较接近。而且,从全国农村绝对贫困人口和低收入人口来看,少数民族扶贫重点县农民人均纯收入和消费支出情况都要乐观一些②。

在国家的扶贫开发政策的扶持下,藏区的贫困人口也大为减少。人均纯收入低于1300元的贫困人口由2000年的148万人,下降到2004年的86万人,贫困人口发生率控制在5%以下,扶贫效果十分明显。其他藏区也在中央政府的大力扶持和各族人民的共同努力下,扶贫攻坚工作取得较快进展。根据《〈中国农村扶贫开发纲要〉(2001—2010年)中期评估政策报告》相关数据测算,2006年,中国藏区贫困人口将减少到藏区总人口的

---

① 国家统计局农村社会经济调查司:《中国农村贫困监测报告2007》,中国统计出版社2008年版,第42~43页。

② **2006年少数民族扶贫重点县农村人均纯收入和生活消费支出**

单位:元

指标名称	全国农村	全国贫困农户	全国低收入农户	国家扶贫重点县	少数民族扶贫重点县
一、农民人均纯收入	3587.0	613.8	868.9	1928.4	1831.0
1.工资性收入	1374.8	169.5	255.4	644.2	477.8
2.家庭经营收入	1931.0	378.8	550.8	1144.0	1217.0
3.财产性收入	100.5	7.9	10.1	31.8	31.3
4.转移性收入	180.8	57.6	52.6	108.2	104.8
二、人均生活消费支出	2829.0	664.9	902.4	1679.7	1614.6
1.食品	1217.0	462.3	591.6	840.3	848.9
恩格尔系数(%)	43.0	69.5	65.6	50.0	52.6
2.居住	469.0	59.9	82.3	242.1	238.0
3.文化教育	305.1	24.4	45.1	100.2	92.5
4.医疗保健	191.5	26.1	41.3	135.4	126.9
5.交通通信	288.8	27.8	47.3	168.4	127.5
6.其他	357.6	64.4	94.8	192.7	180.6

资料来源:国家统计局农村社会经济调查司编:《中国农村贫困监测报告2007》,中国统计出版社2008年版。

30%左右,约200多万人。

总之,多年来在国家大力支持和藏区各族人民共同努力下,藏区贫困人口的收入在不断增加,贫困人口的数量在逐年减少。贫困人口生活水平和生存环境得到一定改善。1994—2000年,国家用于扶贫的专项资金累计为1127亿元,是1986—1993年投入扶贫资金的两倍。根据国务院统计,国家对农村发展项目的官方投资也从2000年的248亿元增加到2003年的299亿元,用于改善贫困地区农业生产条件,普及教育、医疗卫生和农业实用技术。国家教育委员会和财政部1995年起联合组织实施了"国家贫困地区义务教育工程",投入基金超过100亿元,帮助贫困地区普及九年义务教育。随着政府在扶贫方面的不断投入,藏区扶贫资金投入也逐年增加。截至2005年,西藏累计投入各类扶贫开发资金14.85亿元,其中中央财政资金8.94亿元,以工代赈资金3.8亿元,地方财政投资2.11亿元,贫困地区重点实施的扶贫开发项目910多个,极大地改善了农牧民的生产生活条件。①

二、青藏高原民族地区反贫困战略中的正义取向与立法优位理念

过度贫困首先体现为制度上的不公正。公正是人类社会具有永恒价值的基本理念和基本行为准则。正如罗尔斯所说:"正义是社会制度的首要价值,正像真理是思想体系的首要价值一样。"②公正是现代社会的制度设计与安排的基本依据。所以,现代社会中的制度设计与安排,必须以公正的基本理念为依据。否则,便会成为一个"不定型"的社会,或是一个畸

---

① 苏海红、杜青华:《中国藏区反贫困战略研究》,甘肃民族出版社2008年版,第101～102页。

② [美]约翰·罗尔斯:《正义论》,何怀宏等译,中国社会科学出版社1988年版,第1页。

形化的社会。一个公正的社会，必须是人人共享、普遍受益的社会、人人具有尊严的社会,按贡献进行分配的社会,一个发达的公正社会应当是一个具有完善调剂功能的社会。①

在各种正义的含义中,社会体制即社会基本结构的正义具有决定性意义,是首要正义。高原民族地区农牧民贫困是农业社会基本结构失去正义的集中表现,而其中违背农牧民利益划分方式的非正义性制度包括农牧民负担、经济的外部性与产权损害、②农牧民教育机会的不平等、城市化进程中的农牧民利益侵害等。上述具有中国背景的社会体制,积淀出了西部社会的"农民贫困文化"。这种现象是悖反公正与互惠理念的。因为一个公正的社会必须是人人共享,普遍受益的社会。共享即互惠,在法律上表现为权利义务的相应。其要求在一个共生的社会中,社会各阶层之间要保持一种合作,以增强社会的整合程度,因为每一个社会成员只有在社会合作中才能得以生存和发展。

而为了保证社会各个阶层之间的团结和整合,就必须在其相互之间实现互惠互利的公正规则。按照罗尔斯的解释,这种互惠互利是指:"所有参与合作的人都必须以某种适宜的方式来共享利益,或分担共同的负担。""如果说,参与者有关其自身合理利益的观念一般总是各不相同的话,那么,公平合作项目概念则是他们所共同分享的。"③社会各阶层之间的互惠互利首先应当表现为:处在较高位置的阶层的利益增进不能以损伤处在较低位置的阶层的利益为必要的前提条件,相反,在较高位置的阶层的利益增进的同时,较低位置阶层的处境应当随之得到改善。

公正理念的效率还应以农牧民权利保障立法的优位理念为支持。英国法谚讲,"无保障即无权利"。对农牧民而言,权利资源的制度性稀缺,是导致农牧民贫困的重要原因之一。1991年诺贝尔经济学奖得主、制度经

---

① 吴忠民:《社会公正论》,山东人民出版社2004年版,第1~9页。
② 外部性也叫外在性,包括外部(在)经济和外部(在)不经济,是指"一个或多人的自愿行为在未经第三方同意的情况下强加于或给予他们的成本或收益"。外部性的最大危害是使私人成本和社会成本发生分离。详见李永宁、黄河:《外部性损害与国家补偿制度研究——论西部开发的法律对策》,载《中国法学》2000年增刊,第70页。
③ [美]约翰·罗尔斯:《政治自由主义》,第320页。转引自吴忠民:《社会公正论》,山东人民出版社2004年版,第249页。

济学派的代表人物科斯认为:"合法权利的初始界定会对经济制度运行的效率产生影响。权利的一种调整会比其他安排产生更多的产值。"①也因此,如果对农牧民的利益保障缺乏必要的制度保证,则无论他们付出多么大的辛劳都难以脱贫。所以,我们一般性的观点认为,富裕是劳动带来的,只有勤劳才能致富,但美国耶鲁大学管理学院金融系教授、北京大学光华管理学院特聘教授陈志武先生却提出了不同的观点,认为:有关资料表明,越勤劳的国家,人均GDP反而越低。当一国的机制不利于市场交易时,人民的相当一部分勤劳,是为了对冲制度成本。"当一国的机制不利于市场交易时,其公民不仅必须更勤奋地工作,而且只能得到更低的收入。按照茅于轼先生的说法,我们中国人比世界上任何其他民族都更勤奋,但我们却还是那么穷。道理也是在这里"②。

农民占全国总人数的64%,但农民在中国却是政治、经济、法律等方面的弱势者,而如果不能制度化地去改善他们的弱势地位的话,他们的心理将失衡,人类寻求尊严的本能会让他们以极端甚至铤而走险的方式去改善自己的社会地位。

而校正并复位其作为社会正常公民的手段,就是还权于农牧民。本人是制定《农民权益保护法》的积极倡导者。据《经济参考报》2004年6月的报道,占我国绝大多数人口的农民将第一次有一部国家法律来保护自己的权益。《农民权益保护法》在某种意义上被一些人认为将是我国的一个"小宪法"。但也有人认为,这是画蛇添足,认为如果需要有一部《农民权益保护法》,岂不是也应该要有《工人权益保护法》《商人权益保护法》《干部权益保护法》《军警察官兵权益保护法》等等吗?或曰:因为农民是弱势群体,所以才需要专门立法保护他们的权益。照此说法,弱势群体还有其他一些阶层,是否也需要逐一立法保护他们的权益?虽然,我们提出这样的疑问决不是反对保护农民权益,而是想指出近些年来在立法、执法方面的一个认识误区。其实,有关农民的权益,在宪法以及其他相关法律中均有明确表述。比如,宪法庄严地规定公民的财产权包括农民的土地所有权不受侵

---

① [美]科斯:《企业、市场和法律》(中译本),上海三联书店1990年版,第95页。
② 朱力宇主编:《法理学案例教程》,知识产权出版社2006年版,第127~128页。

犯,而现在,侵犯农民土地所有权的事例实在是屡见不鲜,不少地方甚至是政府部门在带头侵犯。对此,我们的立法、执法部门又是如何面对、如何处置的呢?如果有法不依、执法不严的现象普遍存在,法律立得再多又有何用?如果连宪法规定的公民包括农民的基本权益都不能得到全面的落实保护,再立一部《农民权益保护法》又能有多大作用呢。① 上述观点认为农民合法权益的保障有赖于有关法的严格执行的论断无疑是正确的,但罗列出工人、商人、干部、军警等职业,且认为作为职业就应有权益保障法并以此来证明农民权益保障法的不必要性的理论逻辑至少是荒谬而不顾中国国情的。中国社会的历史在某种程度上就是农民弱势化并抗争弱势化以争取权利的历史,我想质问上述论断者,在当代社会中,工人、商人、干部军警等是弱势者吗?研究证明,富者强者实际上不需要特殊的法律保护。美国法学教授布莱克还指出:"人们很久以来就认识到比较富有的人在法律上的优势。在各个国家里,法律的普遍精神是有利于强者而不利于弱者,法律帮助那些拥有财产的人反对没有财产的人。这种烦恼扰人的现象是无法避免的,也是毫无例外的。"②因此,富者在实现政治权利方面具有优势。法律是统治者(社会中的统治阶级,或者称为强者、执政者)意志和利益的体现,立法者常常运用立法手段将自己的利益诉求转化为法定权利,用法律规范形式确认自己的政治经济优势地位。这就是立法不平等的实质和基本功能。

可见,穷者的经济、社会和文化权利的实现是不确定的,甚至是困难的。穷者能否充分实现教育权、就业权、社会保障权、医疗健康权等权利,很大程度上只能取决于自己的经济条件,而不是国家的权利救济。但是,富者由于具有雄厚的经济实力,经济社会、文化权利的实现自然不成问题。③ 分析表明,法律对弱者的权益保障最为关键,人权的演进史也证明,可靠的法律制度是人权最有力的支持和救济体系。

由于相应制度的构建与实施都不能以正义的理念为基础,更无强力的

---

① 《学习资料》,载《政协青海省委员会学习和文史委员会编》2004 年第 7 期。
② [美]布莱克:《法律的运作行为》,唐越、苏力译,中国政法大学出版社 1994 年版,第 13 页。
③ 郝铁川:《权利实现的差序格局》,载《法理学、法史学》2003 年第 1 期。

法制相保障,故我们在农村牧区贫困问题的解决策略上,不得不选择行政扶贫的原始方法,因为行政行为的部恒定与非长效性弱点,其运行中的缺陷就显而易见了。资料表明,2004年,就在我国为下余的2820万农村贫困人口的脱贫努力的时候,中国扶贫办透露,2003年未解决温饱的贫困人口不但没有减少,反而增加了80万人,据学者对云南、陕西两省贫困县的调查,返贫率大都在20%～30%。① 据统计,藏区贫困人口返贫率高达20%～30%,远高于全国11%的水平。西藏2000年绝对贫困人口7万人,到2004年绝对贫困人口仍然有6.8万人,4年间仅有0.2万人解决了温饱问题。四川阿坝和甘孜州正常年景返贫率高达30%以上。青海玉树州的玉树、囊谦、治多、杂多4个国家级贫困县,年均仅脱贫0.5万人,而返贫率高达30%以上。

三、权利扶贫:高原民族地区反贫困的法律思考

高原民族地区农牧民贫困的现实与行政性反贫困的低效化,使我们坚信,民族地区农牧民贫困的法律思考,应以培养他们获取发展权的欲望,激活作为享有平等公民人格的尊严,完善其权利体系为本。因为涉及法律上的农村问题与农民问题归根到底是平权问题,是公平与公正的问题。纵观中国历史,整个中国农民史实质是一部被盘剥、被奴役、被压迫、被歧视而又不断抗争的血泪史。新中国成立前的农民政治上被压迫,毫无地位可言,公民权利的主导性地位根本无从谈起,三座大山压得他们沦为社会的最底层。1949年10月,中华人民共和国成立,农民终于在政治上翻身做了主人,然而农民的身份问题、贫困问题、公平问题以及政治参与问题却都遗留了下来。1958年公布的《中华人民共和国户籍管理登记条例》以法律的形式限制农民进入城市,伴随户籍制度实施而实施在工农业产品价格上的"剪刀差"制度,使中国农民长久受到"取予不均"的不公平待遇,被动地

---

① 周毅:《西部大开发前沿问题研究》,陕西人民出版社2002年版,第243～244页。

承受了"个人利益服从国家利益"的结果。① 正是基于这样的视角和立场,我们认为农民在改革开放以后的土地承包、村民自治、举办乡镇企业、"民工潮"等等,都是寻求公平参与社会权利的诸多努力,这也正是我们力主"权利扶贫论"的一个基本理由。

另外的理由是中国人权学者夏勇提出的理论,他认为对权利的追求是人之天性、民之本性。他说,十年前的一项乡村调查使他有两项发现。其中之一就是关于权利意识和权利语言问题。当调查者问:"您知道什么是权利吗?""您知道您享有哪些权利?"乡民们往往一脸茫然。当调查者换一种问法:"您能告诉我您有哪些东西是别人不能拿走的,连政府也不能拿走的?""您能摆出一两件村里发生的不公平的事儿吗?"于是,乡民们便可以娓娓道来。这是值得我们深省的。权利意识乃是无知有觉的,即便乡民没有念过书,没有受过普法教育,他们也知道哪些是他们生来就有的,生来就该有的,哪些是不可侵犯的。另一个相关的发现是,我们设计的问卷里有这样一组问题:"您听说过这些权利吗?""您知道这些权利从哪里来的?"我们依次列举了选举权、生命权等,可供选择的答案里列举了"国家和法律赋予的"、"生来就有的"。有意思的是,在选举权一栏里选择"国家和法律赋予的"占百分之七十以上,在生命权一栏里,选择"生来就有的",也占百分之七十以上。"生来就有",乃是一个十足的天赋表意,一个自然法、自然权利的表述。这让我想起了伏尔泰《哲学辞典》里的一段文字:

乙:自然法是什么?甲:自然法就是令我们感到公正的本能。乙:您把什么叫作公正或不公正呢?甲:就是天下的人都认为是公正或不公正的。

可见,即便在四书五经里找不出"权利"、"权力"、"人权"等字眼,找不出西方式的自然法、自然权利术语,我们也否认不了中华文明里蕴含着自己的自然法、自然权利概念。这样的天然权利概念借助民意为天意、民人为天人的逻辑转换,是可以踏踏实实、稳稳当当地落在民权上的。

所以,尽管从中国传统学说和中国当代理论中,我们很难找到西方式的自然权利或天赋人权观念,可是,我们不要忘记,从之作为人的要求和尊严,不是由学者说了算的,也不是由统治者说了算的,它们是天生的。这个

---

① 田成有:《功能与变迁:中国乡土社会的法治实践》,载《学习与探索》1999年第6期。

天,不是外在的上天,不是上帝,而是内在于每个人自身,是人之天性、民之本性。每个人自身及其对尊严、自由和利益的要求,都是这天性的一部分。①

(一)对我国传统反贫困价值观的检讨与重新构建

上述的权利是人之天性、民之本性的自然法思想,在中国传统的反贫困价值观中,并不具有权威的导引性,因为我国农村反贫困的价值取向与模式选择,可以归结为两种理论倾向,即"物质扶贫论"和"行政扶贫论"。物质扶贫多属于福利型或救济性的社会保障行为,局限于对农村贫困人口的生活保障,缺乏开发性、再生性和自主性及必要的激励制度。行政扶贫强调政府的引导作用和政策的支持效能,将扶贫工作作为一项经济指标来完成,认为经济指标的单项突破是社会发展的捷径,国民生产总值的增长会使农民的生活水平得到提高,从而可以最终消除贫困现象。②

由于上述两种选择都是建立在一种错误的假设之上,即认为一种经济指标的突破就能自觉改善农村的整体经济地位和提高贫困人口的心理素质,忽略了"农村扶贫是一种以经济效益为前提,以农村贫困社区的综合发展为内容,以农村贫困人口的发展为核心的农村社会积极变迁"。③ 这种现象在阿马蒂亚·森的理论中被称为功利主义,其弱点是:"一个长期处于贫困层最底层的赤贫者,会失去常人所有的企盼和希望,把一些极微小的

---

① 夏勇:《中国民权哲学》,生活·读书·新知三联书店 2004 年版,第 46~49 页。
② 这种情状在农村基层有突出的表现,我在青海玉树州进行扶贫调研时发现,该州玉树县两个绝对贫困村下村和岔村,都有根据乡政府的要求而制定的内容非常详尽的扶贫计划。下村的计划包括八个部分,即基本情况、贫困现状和问题、规划的指导思想和原则目标、规划方案、项目投资方案及资金筹措与效益分析、规划实施管理、主要保持措施附表及图纸,多达 16 项。岔村的计划包括六部分,其基本框架与下村一样,只是没有了贫困现状和问题与规划实施管理两项内容。但该内容中基于行政思维的理想化指标与多处的文字表达错误,使我对它的可行性产生了深深的怀疑,我认为它看起来更像是为了应付检查而进行的"造假"。
③ 李秋洪:《扶贫活动的社会学意义》,载《社会发展之路》,广西人民出版社 1995 年版,第 89~90 页。

生活改善作为极大的满足,所以,效用这一指标很容易掩盖相对的极度贫困。"① 同时由于行政扶贫政策的制定者大多喜欢以迅速降低贫困人口比率的统计数字为目标,以迎合政府的决策需要,因而"如果以完全迎合政府的形态来给贫困下定义的话,就会得出贫困不那么严重或者不存在的结论"。② 在这种价值观念下,"三农"的贫困与扶贫问题并没有被给予应有的制度重视。

由此,很有必要对单纯的物质扶贫在解决"三农"贫困问题的有效性进行认真的检讨。必须承认,如果在力图改变物质财富匮乏现状的同时,相对地忽视或遗忘了贫困地区精神状态的实质提高,就会使本已有限的物质产出在惰性与惯性的羁绊下更加脆弱,因此,必须彻底打碎他们心中深匿着的与现代市场经济相抵触的经验模式与思维模式,扩展其精神空间,造就一种整体脱贫的社会使命感和追求幸福的权利意识,并确信"为权利而斗争不仅是法秩序成员的权利而且也是其道义上的义务"。从可持续发展的观点来看,物质扶贫是基础,权利扶贫是目的,构建农村脱贫的权利保障体系,是解决"三农"问题不歇的制度支撑。何以如此呢?学者田成有的观点颇有说服力,他指出:"涉及法律上的农村问题到底是什么?我赞同一种看法,中国的农民问题归根到底是平权问题。"③ 可见,将上述问题换位到法治的思维逻辑,即"三农"的扶贫在法治的视角下,实质上不是一个单纯的经济问题,而是一种权利问题,实质上是"三农"、"权利贫困"的集中表现。郝铁川教授断言:"权利应当平等,而现实中的权利往往不平等。这是一个老问题。"④ 这在中国农村表现得既突出又典型。从农民问题是中国问题、农业的现代化即中国现代化的高度来看,解决"三农"问题以提升农民经济地位的过程,应是一个"三农"在经济、社会等全方位的权利平等问题,因此,扶贫作为一种机制选择,应重在权利扶贫。历史证明,给"三农"的自主权越充分合理,"三农"与国家的关系就越密切,整个社会经济的发

---

① 孙创钊:《贫困的尺度》,载《读书》2002年第3期,第32页。
② 孙创钊:《贫困的尺度》,载《读书》2002年第3期,第33页。
③ 田成有:《功能与变迁:中国乡土社会的法治实践》,载《学习与探索》1999年第6期。
④ 郝铁川:《权利实现的差序格局》,载《法理学、法史学》2003年第1期。

展就越有秩序。对此,学者曹树基的理论就很有见地,他认为,只要国家给予农民适宜的自主权,"三农"危机就不可能爆发。1950年开始的全国范围内的土地改革,使无地或少地的农民获得了土地,"由于土地私有制的性质没有改变,中国农村这项改革进行得相当平稳。国家农民相互配合,精诚合作,堪称典范。"这被称为"国家和农民的第一次蜜月"。

但这一繁荣后来随着国家以土地归集体所有的高级社制度和人民公社制度为形式的国家权力侵入而被破坏。20年后,安徽省凤阳县小岗村农民在一张白纸上按下了他们的手印,这些深浅不一的印记宣告了一个新时代的来临。农民与国家的关系得到了缓解,农民得到了以户为单位的经营土地的权利,农民的身份发生了变化,他们初步获得了可以自由参与城市社会的权利。直到1973年的宪法修正案确认了"家庭联产承包为主的责任制"的法律地位后的几年里,乡镇企业蓬勃发展,农民收入稳步提高,农村经济日趋繁荣。这是"国家和农民的第二次蜜月"。① 这也说明,中国社会的每一次进步都是国家与农民关系理性的结果。但到了90年代后期,农民的自主权越来越受限制,权利越来越少,相反税费负担、不合理摊派越来越多,"三农问题"骤然出现。

由于目前"三农"的自然权利和宪法权利被国家以"指导"、"希望"、"倡议"等名义下的行政行为所侵夺,国家与"三农"的关系被扭曲,传统的"三农"问题变成了"三农"危机,农民丧失了最基本的主体地位,甚至连出苦力的名分都没有,正如徐显明教授所言:"中国的劳动权仅仅是部分人的权利,仅是城市户籍拥有者的权利。农民在农田的耕作在法律上不被认为是'劳动',因而没有设立农村的劳动权。"②因此一些有识之士呼吁,如今"农民只有生产自主权,而没有不生产的自主权;农民只是义务主体,但不是权利主体。因此现有的诸多改革措施如结构调整、技术推广、公司加农户、减负等因缺乏对农民的最基本权益的现实考虑而变得难有作为"。③ 加之国家对农民的制度性歧视,如户籍制度带来的身份、机会、就业权利、地位、迁

---

① 曹树基:《国家与农民的两次蜜月》,载《读书》2002年第7期。
② 徐显明:《人权研究》第一卷,山东人民出版社2001年版,第528页。
③ 对此问题的系统论述详见李昌平:《我国困惑》,载《读书》2002年第7期,第3页以下。

徙等方面的不平等,使"三农"危机有了制度原因。而要解决"三农"问题须以权利为先的呼吁,并没有引起足够的重视。在我国公布的2001—2010年《中国农村扶贫开发纲要》中,更多地强调了国家的行政作用,而忽视了扶贫中"三农"的权利保障体系的构建。这种做法只会强化国家对乡村社会的控制,使农民不堪重负,必然形成"土地对农民而言,已不是发展资源而是生存保险"的状况。农民无法养活国家,凸显出了国家与农民的"危机"和农民对国家的"背弃",但农民对国家的背弃,并不是出于政治原因,而是生存本能的表现,其暗示着国家对农民的政策必须要有根本的改变。就历史经验而言,要结束目前农民与国家的紧张状态,国家就必须要向农民让步,国家政权就必须要从农村大踏步后撤,让农民自主有序地进行乡村社会的自然管理,实现农村的有效自治,以畅顺国家与农民的对话渠道,以期"第三次蜜月"的开始。

对于这种选择的价值,我们可以从政治经济学的奠基人、法国学者魁奈的著名论断中得到答案,他认为,农业是否繁荣,这是关乎国家及国王政府生存的大事。农业的衰微,不仅会使耕作者陷于贫困,首先遭到破灭厄运的是土地所有者和政府,在这一情形下,国家本身也不能维持下去。因此,他告诫说:"君王和人民决不能忘记土地是财富的唯一源泉,只有农业才能增加财富。"要使人们失去了保障、权利和财产,他们就不会留恋自己的君王,也不会留恋自己的祖国。[①]

(二)权利扶贫制度选择有效性的基础因素

权利对农民来讲是一种稀缺资源。权利扶贫如何才能真正有效呢?从法律经济学的角度来讲,权利实然有效性与必要的成本投入量或拥有量成正比。"三农"权利体系的有效构建须赖于以下成本:

1. 人文素养与教育权

权利作为一种利益需求,其实然化必以人文素养为底蕴。人对法律权利的态度往往取决于文化水平。美国学者布莱克在其《法律的运作行为》

---

① 公丕祥:《东方法律文化的历史逻辑》,法律出版社2002年版,第44~45页。

一书中,把法律与文化的关系概括为这样一个公式:法的变化与文化成正比。文化越丰富,法治越发达;文化越贫瘠,法治越匮乏。文化层次高的人比文化层次低的人,沿海比内地、城市比农村、平原比山区等具有更多的法治,因为前者的文化比后者发达。① 教育应成为提升农民人文素养的基本取向,其最大功能正如一位英国政治家所言,良好的人文素养使人容易被领导,但难以被驱使;容易被治理,但难以被奴役。② 农牧民人文素养的低下,容易成为权利边缘化的对象。

2. 法治意识与权利思维

在扶贫战略中厉行法治是一种有效选择,③法治扶贫的显著价值在于,一方面,能使农牧民意识到,其习惯采用的行政扶贫因缺乏可持续发展的观点而必然是失败的,也不能培养现代市场经济所必然的市场主体意识、竞争意识、契约意识、权利意识、环境生态意识等。而从世界贫困地区的发展经验来看,都树立了以法促发展的理念,如美国西部开发中,其"普遍信念从来就认为,利用法律去扩大经济上的生产能力是最好的社会发展手段或措施"。另一方面,使他们认识到平等谋求经济利益是一项人权。"每个人都有生活得更好的权利,这项权利就是发展权,发展权是一项人权。"

权利意识与法律信仰是一种互动关系,权利意识的增强导致对法律的认识与对其价值的认同,有利于人们法律信仰的生长;反之,对法律的信仰必将推动人们权利意识的扩张,从而又推动法意识的增强。如果缺乏权利思维,法律规定的权利只能是写在纸上的而不能转化为现实中的权利。不论对权利作何解释,所谓"三农"问题,实际上就是"三农"负担过重而利益几乎没有保障的真实写照,现通说的有关理论中,对"三农"问题解决的有

---

① 郝铁川:《论中国社会转型时期的依法治国》,载《中国法学》2000年第2期。
② 徐显明:《人权研究》第一卷,山东人民出版社2001年版,第549页。
③ 法治与区域发展的正相关性已经为有关研究所证明。研究指出,法治指数每上升一点,低收入国家的人均收入财富总值可增加100美元,中等收入国家人均收入财富总值可增加400美元,高收入国家人均收入财富总值可增加3000美元,对此有专家提出了法治创造GDP的观点。

关制度性建议,都强调应给农民以合理的自由和权利。① 唯如此,农牧民才可能从权利的利益感受中去亲近并信仰法律,从这个意义上来讲,农村牧区的权利扶贫的价值并不仅仅在于满足农牧民的利益需求,而是为国家法在农村的扎根奠定心理和物质基础,激活农牧民追求权利的欲望,塑造其健康的现代主体人格。

3. 物质条件与现实权利

目前尽管有《农业法》、《村民委员会组织法》等关涉"三农"问题的法律资源,但哪些是应然权利哪些又是实然权利却是不明确的。虽然权利的法定化是权利实现的最重要的途径,但这并不是用一个法典就可以解决的,权利的实现取决于相应的物质条件,因此公民权利实现的平等与否在根本上取决于经济条件,20世纪50年代末期,莱纳和利普塞特的"一个国家经济状况愈好,它维系民主制度的可能性越大"的假说,其正相关性得到了许多研究证实的事实进一步说明,"丰衣足食的人才有时间和精力去作一个热心实践自己法律权利的公民,富庶的社会产生健全的权利,健全的公民才能行使健全的权利。"美国法学家布莱克则指出:"财产少的人拥有的法律也少。在各个国家里,法律的普遍精神是有利于强者而不利于弱者,法律帮助那些有财产的人反对那些没有财产的人。这种现象是无法避免的,也是毫无例外的。"② 可见,权利实然化在根本上取决于经济条件,而非国家法律的权利救济。

受经济水平的影响,国家的经济资源不可能平均分享,公民间的权利差异就有了相对的合理性。因此,依法治(权利)扶贫的方式来设计一种解决"三农"问题的路径,对此效果并不能理想化地肯定。即便是在法治比较健全的西方法治国家,对经济弱者权利保护也是经历了一个过程,实践证明,解决城乡权利差别的最终途径是发展经济,消除城乡差别。在目前农村的经济水平下,"三农"因权利贫困而经济贫困、经济贫困又必致权利贫困的不合理逻辑和矛盾会持续存在。

---

① 对此问题的系统论述可详见李树基、朱智文:《"三农"问题研究综述》,载《甘肃社会科学》2003年第4期。

② 徐显明:《人权研究》第一卷,山东人民出版社2001年版,第12页。

(三)农牧民权利扶贫制度重构的区域性关注重点

罗尔斯的正义论认为,所有的社会基本价值(或者说基本善)——自由和机会,收入等和财富、自尊的基础——都要平等地分配,除非对其中的一种或所有的价值的一种不平分配合乎每一个人的利益。① 认为正义应"合乎最少受惠者的最大利益",正义的原则应是"平等地分配权利和义务"、"社会和经济的平等只要其结果能给每一个人,尤其是那些最少受惠的社会成员带来补偿利益,它们就是正义的"。我国现今关于"三农"的制度,已严重扭曲了基本的公平正义,难以保证它们作为"最少受惠者的最大利益",因此,修正对"三农"的权利模型是实现公平正义的必然进路。因为,"正义否认为了一些人分享更大利益而剥夺一些人的自由是正当的,不承认许多人享受的较大利益而绰绰有余地被强加于少数人的牺牲。"②"正义是给每个人他应得的部分的这种更坚定而永恒的愿望",即正义意味着各得其所。但是,有时即便是在制度正义的情况下,部分人在一些权利的享有上——即便是那些不可剥夺的至关重要的权利,也可能在实然享有上差别性很大。所以康德断言:"公平的格言可能是这样的,'最严格的权利(法律)是最大的错误或不公正'。"③因此,对于农牧区的权利扶贫,兼有物质扶贫与精神扶贫的双向性。

根据目前理论界的通说,贫困具有多元性。贫困是经济、社会、文化落后的总称,是因低收入造成的缺乏生活必需的基本物质和服务以及没有发展的机会和手段这样一种生活状态。④ 贫困有时也指生活资源贫乏或无法适应所属的社会环境而言也就是无法或有困难维持肉体性或精神性生

---

① [美]约翰·罗尔斯:《正义论》,何怀宏等译,中国社会科学出版社 1988 年版,第 62 页。
② [美]约翰·罗尔斯:《正义论》,何怀宏等译,中国社会科学出版社 1988 年版,第 2~3 页。
③ [德]康德:《法的形而上学原理——权利的科学》,商务印书馆 1991 年版,第 46 页。
④ 童星、林闽钢:《我国农村贫困标准线研究》,载《中国社会科学》1993 年第 3 期。

活的现象。① 在青藏高原地区,农牧民的贫困在"经济、社会、文化"乃至"肉体和精神的"各个方面都处于贫困状态,贫困呈现明显的复合多元性。因此,青藏高原民族地区农牧民权利模型的构建,必须要充分考虑这一特点。

1. 农牧民的婚姻权利贫困问题

调研资料(37):2009年2月28日,青海省某县某东村28岁的小伙子李某与王某按当地农村习惯结婚。2009年3月17日,李某带着媳妇来到了县民政局准备领取结婚证时,妻子王某借故离去后,就再也没有回来。李某娶的媳妇又是一个"飞鸽牌"(一些新娘在和新郎举行了结婚仪式后,新娘在家里过上个几个月的日子,就会突然回到娘家,以各种理由提出分手;或者干脆不辞而别,也不回娘家,直接就失踪了;有的还打个电话回来,给男方撂下一句话,说是去外地打工了,再不回来了,这婚就算离了。当地人管这样的新娘叫"飞鸽牌"新娘)。

李家为娶媳妇,彩礼现金给了35000元、金首饰6639元、三星手机一部1200元、衣服8160元、待客酒席12500元加上其他零星花费,共花费63900元。而新娘家仅陪嫁了一组沙发和一个衣柜。李家人说,儿子的岳父岳母伙同儿媳妇不仅骗取了三万多的彩礼现金、六千多的金首饰,最后还贪心地把八千多元的衣服都拿走了。这是一个彻底的陷阱,当局者迷。

李父:乡亲们说我们苦了一辈子的钱就叫他们骗光了。

李某姐姐:希望法律硬点,把这些人都判刑,要不这些人还要去骗人害人。

李家到当地派出所去报案,要求以诈骗罪处理这件事。但派出所说这事证据不足,不能算是诈骗,不予立案。

镇派出所所长:给彩礼是结婚时的一种传统习俗,要认定为诈骗有一定的难度。

据调查,与李某有同样经历的伤心人,在平安县有很多。平安县法院法院讲,这类案件在浅山、脑山地区非常多,2008年我院就受理了18起。

在青海省东部农业区,这样一个贫困的农村地区,娶媳妇的彩礼为何会如此之高呢?更为奇怪的是,虽然无力负担,但男方仍不惜债台高筑,也

---

① 江亮演:《社会救助的理论与实务》,桂冠图书公司1990年版,第46页。

要抢着送这彩礼。

村民甲:娶媳妇要八万,也有要十万的,五万是最少的,媳妇还是娶不到,你花上二十万媳妇还是娶不上。

村民乙:女孩出去打工的多,在外面好,就不回来了,所以彩礼越要越高。

村民丙:现在娶媳妇,家里大部分都得背债,有的还要贷款。

农村女孩出嫁会给自家带来一大笔收入,即彩礼。在青海大部分农村,彩礼不仅代表对方的诚意,而且大多数时候决定婚能否最后结成。女方这几年索要的彩礼往往动辄四五万甚至七八万,这笔费用对于城镇工薪阶层来讲也是不小的数目,更何况是在经济较为落后的农村,很多人为此背上了沉重的债务负担。对女方家庭来说,这简直不是嫁女,实在是"卖"女儿。越来越重的"彩礼"负担,已经把不少农村家庭压得喘不过气来。有的小伙子十几岁就外出打工攒钱,二十多岁了还娶不上媳妇。也有些家庭,为了给孩子攒钱娶媳妇,干脆让孩子早早辍学,外出打工挣钱。

李父:本村有110户人家,钱能花得起,但媳妇不好娶,姑娘们不来,本村有20几个适婚青年在打光棍。

村民丁:我是孩子她姨娘换亲换来的,我丈夫的妹妹嫁到我家去了。

村民戊:五万元不容易,我们两口子挣了一辈子存了一辈子,这五万元我挣了十年,一年庄稼下来挣点儿,我和儿子都去打工挣点,我现在老了六十岁了,只能靠儿子自己挣了。

镇派出所所长:婚姻诈骗,在我们这个地区也有不少,特别是贫困山区比较多一些,(女)骗子,主要是甘肃内蒙比较多一点,她们把贫困山区的(男方的钱)骗走一部分,带着钱就跑,跑到内地去了,在这一方面,婚姻诈骗的认定和追赃都比较困难一点。

我们跟随当地镇法庭的法官就这一问题在当地调研时,发现"飞鸽牌"新娘在当地非常多。在村口一个冷饮摊上,记者和四位老人聊了聊,发现其中竟然有三家都遭遇到了"飞鸽牌"新娘,有一位老人的儿子还被骗了两次。

村民己:我儿子给了一万块钱,结果钱没了,人也没了。

村民庚:我花了好几万给儿子娶媳妇,结果媳妇跑了。

村民辛:头一次说上了一个媳妇,被骗掉了一些(钱),媳妇没来钱还被骗了,我还为人家雇了一辆车,请回来了,还又送回来了,又被骗了。第二次娶了一个媳妇,又被骗走了,现在儿子都28岁了,还连一个媳妇都还没说上。还是抓紧给儿子说媳妇呢,钱的问题,虽说心疼,但还是得给儿子娶媳妇啊,再把钱不在乎了,我们老两口还有儿子,我们辛苦挣钱,彩礼几万多,这些钱就没了,但我们尽量还是要苦着挣钱,媳妇是必须要娶,(儿子)没有媳妇也不行。

法官:我们审了很多这种讨要彩礼的案件,发现男方都想领结婚证,女方不想领。男方觉得领了结婚证自己的婚姻就有保障了,而女方不领结婚证是为了可以一走了之。这类彩礼纠纷案件执行难,为男方追讨彩礼难。法官们很辛苦,早出晚归去女方家为男方追讨彩礼,甚至大年三十的晚上都去女方家要钱,执行判决。尽管法院工作做了很多,但执行效果很不好,农村人家没什么存款,法院找不到可强制执行的财物。

李某姐姐:我父母就靠养个猪挣点钱、养个鸡下个蛋卖了挣点钱。

李母:我连衣服都舍不得买,去县城连一顿饭都舍不得吃。

李父:以后怎么办,真是不知道,想给儿子再娶个媳妇但没钱,估计娶不上了。我60多了,连寿材都没准备,难啊。但李父告诉我们,自己心里其实早已打定了主意,再苦再累也还得继续想办法挣钱给儿子娶媳妇。儿子开春就去县城打工挣钱了,老两口年纪大了,不能外出打工只能在家搞些副业。

上述资料分析表明,当今农村男方娶妻送高额彩礼固然是一种传统陋习,但其与农牧区的整体性贫困有直接关系。因为贫困,年轻女子就要么到外面的世界去另作选择,要么就以较高额的婚姻"标价"在当地成亲,然后将其"标价"的"交易"所得作为对父母养育之恩的一次性经济报答,而男子的配偶选择就具有了更多的竞争性,彩礼的多少也就成了在这种竞争中获胜比例的基本参数,婚姻的成本代价也就必然会大幅攀升。男大当婚,为了这一普通村民亘古不变的人生常识,男子早早辍学,外出打工;父母勤劳一生,省吃俭用,贷款借款,只为了完成各自的人生义务。但是,在人的生存法则中,婚姻权是基本的人性属性,在农村人的认知中,有婚姻权并且实际上享受到婚姻全是获得人格尊严的基本"标志",否则,该男子本人,他的父母及周边的人,都会认为其人生是残缺的。也因此,当人的这种基本人格尊严与人性需求不能得到满足时,非法婚姻、买卖婚姻、婚姻诈骗及借婚姻索取财物等社会问题自然就会层出不穷,因为"人们服从法律的程度直接与法律满足自我利益的程度相关。在不同的利益集团中,有不同的守法程度"。① 因此,法律在对农牧民的经济利益给予制度化关注的同时,必须要对他们的其他社会性权利给予足够的人文关怀,以使他们的那些基于人性需求的基本的精神性权利得以保障。从现实来看,这些问题对农牧民的经济收入具有刚性再分配的功能,直接在经济层面决定着农牧民脱贫的程度。

2. 农牧民的生存保障权利贫困问题

贫困不仅仅是指收入低微和人力发展不足,它还包括人应对外部冲击的脆弱性,包括缺少发言权、权利和被社会排斥在外。② 就目前中国的农民问题而言,最集中的权利问题——土地问题,因为如果一个社会能控制农民的土地,大体就在整体上控制了农民的全部生活。目前中国的"家庭承包经营制度"虽有进步,但依然没有解决农民的土地财产权问题。其最大的问题是农民对土地没有主体性权利,缺少必要的发言权,在土地命运的决断方面农民被社会排斥在外。农民的土地不能资本化,土地资源浪费,农民的土地权利被随意改变,但得到的补偿却很少。如何使农民的土地使用效益最大化,理论界呼声最高的是将农地私有化。③ 但有很多学者认为,土地在中国不仅是生产资源,更是最基本的社会保障资源,土地私有化可导致农地的大规模兼并,"很多干部会在一夜之间成为大地主,中国将

---

① 朱景文:《比较法社会学的框架与方法》,中国人民大学出版社2001年版,第539页。
② 世界银行:《2000—2001年世界发展报告》,中国财政经济出版社2001年版,第15页。
③ 王科景:《中国农村产权制度研究》,山西经济出版社1993年版,第372页。如有学者认为,土地私有化具有一系列的优点:其一,土地私有化的产权比较清晰,具有一定的自我保护功能;其二,私有土地可以自由买卖和流转,又有适度规模的经营机制;其三,农民租赁土地的多样性选择,又具有市场竞争的激励机制;其四,私有土地机制下人地矛盾激化,使农民主动限制其家庭规模扩大,具有控制人口增长的自我约束机制。张新光:《我国农地平分机制形成的机理及其负面效应分析》,载《红旗文稿》2004年第4期。

有六亿农民成为无地游民"①。就中国的实际而言,减轻农地使用的负担,提高农地改为非农用地后的增值分配的公平性,依然是必须要考虑的问题,对此学者们提出的以物权中的永佃权来构建农地保护制度的理论值得思考。② 从农地权益保护的力度与抵御对农民利益的不良侵入的有效性及土地资源的永续利用来看,上述理论可作为一种制度选择。总之,土地是相当一部分农民赖以脱贫的根基,应依法将农民承包的土地使用权永久地固定给农民,在保证土地合理使用和效益化的同时,应允许土地有偿转让,允许土地出租和入股。③

我们认为,在青藏高原民族地区,由于生产方式的相对非现代性,土地资源就更具有生存保障的意义,所以,农牧民土地基本权利的保障,就成了

---

① 李昌平:《读书》2003年第7期,第95页。有学者明确提出了反对的具体理由,他们认为,其一,现有的土地制度并不影响土地使用权的流转。农民土地流转赚不到钱,主要是因为土地流转的税负太高。其二,土地私有化并不能使农民致富。因为这种情况下只有城市周边的土地才会增值,其他地方的土地如果卖不到好价钱,农民不仅不能有钱进城,反而会成为社会的不稳定因素。其三,中国农民的土地具有经济和保障的双重功能,在社会保障制度不健全的情况下,私有化会让相当部分的农民失去生存保障。王晨光主编:《农村法制现状》,社会科学文献出版社2006年版,第11~13页。

② 对此问题的系统论述详见俞文莉:《农地改革制度改革之探索》,载《安徽大学学报》2002年第3期。

③ 但从现实来看,有关农地权益的保护的老问题没有理性化的制度规定,而农地的大量吞噬与不公正的农地补偿制度作为西部农民致贫的新原因又已显现。从有关资料来看,仅从1987年到2001年,全国就征用耕地2400万亩,由此至少有3400万农民失地。目前,我国人均耕地面积仅占世界平均水平的1/3,全国有600多个县的人均耕地面积低于国际公认的0.795亩的警戒线,这意味着已经失地的3400万农民和上述600多个县的农民因缺乏社会保障其基本生存将受到影响。而我国现行的征地补偿费计算方式采用"产值倍数法":征用土地补偿费为该土地被征前3年平均年产值的6~10倍;安置补助费为该土地被征用前3年平均年产值的4~6倍;其土地补偿费和安置补助费的总和按规定最高不得超过土地被征用前3年平均年产值的30倍。即使按最高补偿30倍来算,一亩地平均年产值1000元,补偿费也只有3万元。据统计,1998年以来,其各类征地给农民的补助费平均每亩12164元,安置补助费每人2344元,仅相当于普通公务员一年多的收入。从西部来看,根据征地补偿安置办法,土地补偿费和安置补助费最高标准只有1.8万元/人,仅相当于2002年当地城镇居民可支配收入的1.5倍。按目前农村居民人均生活消费支出计算,只能维持7年左右的生活;按目前城镇居民人均消费支出计算,仅能维持2年多的生活。

农牧区脱贫致富的逻辑起点。如今,从实证调研来看,青藏地区农牧民的土地权利除了征收征用中的补偿问题外,主要表现于由于法律规定的缺漏,对农牧民土地权利保障中的程序意识与权力有限意识明显不足。

调研资料(38):2009年3月21日,青海省化隆县群科镇滩北村发生了群体性的土地抢占争议,最后在公安机关的制止下抢占土地的纷争平息。抢地的人是当地其他村里的人,有水库滩村、科木其村、乙沙尔一村、乙沙尔二村四个村子。他们声称,这片他们四个村与滩北村存在争议的,临近滩北村的土地是属于他们四个村子的,所以他们就越村来抢地。滩北村村委会主任说,这片地从70年代起就是他们村子的,就算是有了争议,也只有水库滩村和他们村是邻村,有可能发生这样的事情,和其他三个村子根本没有什么瓜葛。那么水库滩村、科木其村、乙沙尔一村、乙沙尔二村,为什么要来抢这片地呢?在调查时,乙沙尔一村的村委会主任说,这片地滩北村有土地使用证,其他四个村子也都有土地使用证。经调查,这一情况属实。正因为是政府对这片地"一女五嫁",才发生了上述四个村子都以权利人的身份来以抢的方式主张权利的情况。所以在发生抢地纠纷后,群科镇及时向县上汇报了情况,县上组成工作组进行调查后作出裁定,于2010年9月下文撤销了五个村子的土地使用证,撤销的原因是在具体的土地划分上有问题。

对县政府的这一裁定,科木其村等四个村子都认为县政府的这项决定是正确的,并表示拥护。但滩北村的村民却提出了异议,对于其他四个村子说这块地是"一女五嫁"的理由更是难以接受。他们认为:(1)不认可土地使用证是"一女五嫁";(2)当年办理土地使用证的过程是正当的;(3)土地证是合理合法的,不应该撤销。

对于土地争议的原因,滩北村村民认为:2009年,我们化隆县群科镇新区开发开始了,我们临近新区,这里的土地升值了,其他四个村子就开始越村抢地了。科木其村村支部书记认为:都是知道的,新区开发土地升值,他们滩北村着急了,开始抢占土地了,就说那片地是属于他们村的。对这一状况,当地镇政府认为,为了妥善处理这片土地的纠纷,在协商未果的情况下,只能将这片土地闲置到今天。

从上述资料可以看出,引发这一群体性抢地纠纷的法律诱因是政府在集体土地所有权确权行政行为中不严肃的确权行为,即对一块的土地"一女五嫁"。而引发这一纠纷的物质原因是这片土地由于临近新区,土地升值带来的巨大利益。我们认为,政府在对待这一问题时的行为缺乏足够的理性,甚至违背了行政法治的合法性原则与合理性原则。首先,土地权属是指土地产权的归属,是存在于土地之中的排他性完全权利,包括土地所有权、土地使用权、土地租赁权、土地抵押权、土地继承权、地役权和他项权利。这意味着土地的权属在法律上必须是确定的。其次,根据我国《土地管理法》第11条的规定:农民集体所有的土地,由县级人民政府确认所有权。而农民的集体土地所有权一旦确权,虽然相应的法律对确权以后能否撤销确权没有明确规定,但从法理上讲应当是可以的。但问题是,本事件中的情况要撤销土地确权应必须遵循法定程序。我国《土地权属争议调查处理办法》第9条规定:当事人发生土地权属争议,经协商不能解决的,可以依法向县级以上人民政府或者乡级人民政府提出处理申请,也可以依照本办法第5条、第6条、第7条、第8条的规定,向有关的国土资源行政主管部门提出调查处理申请。第11条规定,当事人申请调查处理土地权属争议,应当提交书面申请书和有关证据材料,并按照被申请人数提交副本。由此来看,因为农村集体土地权属发生权属争议时,政府予以处理的前提是以当事人的申请,即其属于依申请的行政行为,而不是属于政府的主动行政行为。

3. 农牧民的集体利益权利意识贫困问题

农牧民的脱贫是一个整体性的概念,而这种整体性目标的实现,有赖于明确的政策支持与扶贫对象主体意识间的互动。从法律调整利益的规律而言,就是要形成集体利益与个人利益的统一,集体摆脱贫困的观念基础就是集体利益意识。如果完全压制一切个人的意志和选择自由,就会侵犯个人的自我决定性,如果没有这种自我决定性,就不可能将个体构建于一个有机联系的社会整体之中,但是如果在这一整体中缺乏对集体性的关注,则这一整体就会因没有明确的利益指向而缺乏凝聚力。其结果就是那些先天性具有各种地位或资源优势的个体,在权利的获取上居于垄断或绝对的优势地位,从而形成对其他个体绝对的不平等。但是在高原农牧区,对农牧民集体利益的忽视具有非常强大的社会氛围,几近是一种民众的惯性思维。

调研资料(39):尕某,男,藏族,牧民,海南州兴海县中铁乡隆某村支部书记。兴海县人民检察院指控,在2004年采挖虫草期间,被告人尕某与村委会主任切某把本村夏季草山上段(即扎让,又名多杂、拉确、知亥干)的虫草采挖权首先以12万元承包给本村村民向某、马某二人,约定违约金1万元;到同年的农历3月份,被告人尕某、切某又将该草山虫草采挖权以村委会的名义转租给本村李某、洛某二人,作价18.5万元,从二承包人处收取承包费18.1万元(免4000元)。该款向村委会上交9万元,给付向某等二人违约金1万元,其他开销1000元,结余8万元由被告人及切某据为己有。为此公诉机关认为,二人利用职务便利,采取少上缴承包费的方式,截留集体财产8万元,其行为已构成犯罪。针对公诉机关指控的事实以及向法庭出示的证据,被告人尕某认为:第一,该草山首先由县、乡下村工作组人员为了让我村完成县政府下达的特产税任务而强行承包给二人的,承包费与2003年相同是9万元,转包给他人后赢利的8万元是"长头",不应以贪污认定。第二,2004年农历六月在下寺院举办佛事活动时,仁青活佛组织本村村民召开了会议,会上民主推选并成立专门监督、管理集体草山虫草采挖权转让、收入支配等事务的领导小组,同时由原村支部书记宣布了2004年本村应收取的虫草承包费为17万元(二人交9万元、尕某交8万元),盈利归尕某等三人所有。与会的157户代表按手印表示同意。第三,2005年3月由于村民举报该村2002年至2004年间账务不清,村委会个别成员有贪污问题,对此中铁乡政府及时成立工作组到村审查账务,由于工作需要又组织了26名村民代表协助清查,经全面审核表明该村2002年至2004年的村委会账目清楚,不存在贪污问题,并在村民大会上宣布了该结果,全村158户中有137户家长按手印同意,为此乡政府以兴中政(2005)第05号文件予以肯定。综上被告人尕某认为自己无贪污行为。

最终法院以职务侵占罪判处尕某有期徒刑2年,缓刑3年。

对于被告人侵占集体利益的行为,有三种理解:

第一,认为被告人的行为具有习惯意义上的合理性。他们认为兴海县南部三乡温泉、中铁、龙藏虫草资源较丰富,从2002年起,允许将这类草山对外承包。当时本案的两位被告就将集体所有的全部草山分为三段,中段由本村无草山的贫困户无偿采挖,上下两段对外承包。虽然根据法律规定草山对外承包要有三分之二的村民同意,但在本地历年都是书记和村委会主任决定承包的事。

农民权利与权利农民：以青藏高原农村社会为视域

第二，认为被告人的行为是完全应该的，对追究其法律责任表示极为不解。下面的两份笔录集中体现了这一点：

(一)谈话笔录

时间：2008年7月30日14：30分

地点：兴海县某乡政府

谈话人：钱某、扎某　　　　　　记录：扎某

被谈话人：公某(原为中铁乡联点干部)，男，藏族。

？我们是州法院的，今天找你就尕某职务侵占一案有关事宜向你作一下了解，请予以配合。

：好。

？2005年你们接到群众举报以后就隆某村的草山承包问题是否清楚，请作一介绍。

：2004年12月28日，县信访办接到一封控告信。当时就转到我们乡上，信的内容就是告村委会主任切某贪污了集体的资产。一、要求向群众公布项目；二、要求换村委会主任。2005年初我乡专门成立了以我为主，以包村干部项某(现在县委办公室)、普某(曲什安镇退休干部)为成员的领导小组专门为此进驻该村。首先，成立了由有威望的老党员、卸任老干部、有威望的村民等组成的一个财务审查小组，就2002年至2004年底村所有财务收支进行了详尽的核查。(适值2002时税制改革，2001年底前的账目已经结算完毕。)

村财务审查小组初步审查完毕以后，我们乡领导小组又重新核查了一遍。在我们认为不存在什么问题的基础上开了个由两个部落村民全体参加的大会，会上将全部账目逐一向群众作了公布并接受了质询，财务汇报人将每笔账目的收入来源、开支情况作了详细的汇报。2002年至2004年底的财务账目向群众公布后，群众无任何异议。

？你们仅针对村委会主任切某的账务进行查实吗？

：我们没有仅针对这一部分账务，而是查了整个隆务龙村的账目。

？当时村财务账由谁管理？

：村委会主任切某。

？村委会主任切某和尕某承包草山的事实乡上是否清楚。

公某：2004年，我们为了解决特产税问题，专门开了个全部村民(不包

括一社,但有一社代表)参加的村民大会商量草山承包的问题。当时说好由村委会全权处理夏季草场的出卖转让事宜。2005年年初,我们去处理账目问题时,村财务审查小组向群众也公布了村委会主任切某和尕某承包草山得长头的事情,群众亦无异议。

? 他俩当时以什么名义承包的。

:按惯例,隆某村的草山县由本村村民承包后再转包的。2005年我们公布账目时,群众无异议,因此我认为应该是他俩先承包后转包的。

? 今天你要向我们提供的证据的来历,证明内容是什么。

:这是一份协议书,2004年初,为了全面完成县上下达的虫草特产税的任务,同时,解决隆某村存在的草山矛盾。由本人及仁某(县司法局局长)、项某等组成工作组进入该村,该村委会与掌实权的部分村民达成协议。该协议能够证明,隆某村的虫草资源(草山)充分掌握在这一部分人手中,村委会主任及书记不可能不通过他们就承包草场。

另再补充一点:2005年财务账目公布时,除了向某以外,秀某、李某、才某等都在场也未提出异议,并且签字画押。村委会主任及书记不可能不通过他们完成虫草特产税任务。也可以间接证明虫草草场不可能不通过他们就予以转让。

? 你作为隆某村在2004年的联点干部,对一审有何看法。

:首先,我对此案件感到困惑,县检察院立案侦查时,没有到中铁乡政府调查了解,中铁乡作为一级人民政府不可能不了解这些情况,但他们未来调查,对此,我表示遗憾!另外,本案归根结底不是是否贪污的问题,它是虫部落矛盾、历史遗留的虫草山矛盾及各方利益及"村官"选任等综合性因素引发的案件。希望法院综合考虑,公正判决。群众也认为"会哭的娃娃有奶吃",老实人往往会吃亏,再加上,隆某村群众文化低,各类问题的处理都是口头协议,文字性的基本上没有,所以,造成了今天这个局面。

(二)调查笔录

时间:2008年8月11日

地点:兴海县人大

被调查人:文某,男,兴海县人大副主任,原中铁乡书记。

调查人:钱某、王某　　　　　　记录:白某

? 我们是州法院的。关于尕某职务侵占一案,在人大会议期间代表们

的意见如何?

:尕某在中铁,属于南部三乡。代表们提出对停止尕某的代表资格并在检察院拘留表示不公,尤其是南部三乡的代表反映强烈。他们认为这是属于转包行为,尕某承包草山以后转包出去,"长头"是他们应得的利润。不应该构成职务侵占罪,也不应该是以权谋私。

? 你对中铁的情况是否比较清楚?

:比较清楚,我在那里工作了6年。我认为尕某的人品、道德都较好,没有以权谋私的行为,可以称得上是一个大公无私的人。因此,南部三乡的人纷纷提出意见,反映尕某的问题应该公正处理,认为它不属于贪污行为。

? 还有其他要说的吗?

:没有了。希望你们公正处理此案,代表的反映就是大部分群众的呼声。

第三,法律界的人普遍认为,他们的行为构成犯罪。当地法官介绍说,这种状况在产虫草的地方属于惯例,对外承包实际上是村委会成员轮流承包,实际上就是村委会成员集体谋利。从法律上严格讲,本案被告人的追究在法律上是没有问题的,但当地的大环境如此,如果严格依法办理,则会破坏这种习惯做法,引起更大的不稳定。①

(四)权利扶贫对促进农民权利观念转型和弱化与国家博弈的价值体现

中国社会历来对"重义务,轻权利"的价值有非常深刻的记忆,正如王亚南所总结的:"中国社会自来就不许让人民具有什么基本的权利观念,所

---

① 这是指在对尕某定罪量刑时,按他的情节应该依照有关规定应以贪污罪论处,本案以职务侵占罪论处,本身对尕某就是从轻处罚,因为依照职务侵占罪尕某可能的刑事责任的最高刑是5年以下有期徒刑,而依照贪污罪尕某可能的刑事责任是7年以下有期徒刑,不可能判缓刑。

以他们对于任何自身权利被剥夺、被蹂躏的事实很少从法的角度去考虑其是非。"①农业社会尤为如此,农业经济需要漫长的季节更替和成年累月的艰辛劳动,这就使农业社会的人养成极强的忍耐心,在加上天时地利对农业的决定作用,使个人在自然面前形成一种无力感,近而把自己在整个社会中置于极为卑微的地位,对一切都逆来顺受。拿西方人的话说,就是"他们(中国人)对我们的法观念及其严格性和抽象性持很大的保留态度,他们认为,人不应该强调权利,因为每人的义务应是相互谅解,在必要时,为大家的利益作出让步"。② 权利的游离状态与法律主体地位的错失,使农民丧失了最基本的法律亲和力,毕竟,"在商品经济和民主政治发达的现代社会,法是以权利为本位的。"我们很难想象对权利并不重视和不能充分感受到利益的农民能去信仰法律,因为"注重实惠的法律认知",即以能否带来实惠(物质满足)作为其判断法律事件重要性的主要依据,是我国农民最典型的法律心理。这也许就是学者们所说的"互惠"原则,互惠作为乡土社会结构的基础,因而在习俗中,乡土社会所认可的公平的首要原则是互惠。因此,在对农民法律信仰激励机制的选择上,必须要考虑这一朴素的价值观。

尊重并保障农民的权利,就是要尊重其自然的独立性和主体人格。"农民在自然经济时代凭自己的长期经验种植手艺、种植方法所表现出来的个人的品格迷失在统一的种植、统一的收获之中"的被动型管理应终止。要尊重农民时代养成的"日出而作,日落而息"及"纳完粮,自在王"的独立自主性,尊重农民长期以来养成的对改善自身生存和社会生活条件,较少依赖政府,较多强调个人的奋斗及社会个体间协作的传统,以此来促成农民从国家性向社会性的转变,国家权力应有秩序地从农村撤出,"凡是农村能够自治的地方或事物,均由农民自己处理;只有农村自治有困难时,国家才出面干预。"③

---

① 王肃元、冯玉军:《中国西部社会法律意识变迁及其特征》,载《现代法学》1998年第5期,第34页。

② 王肃元、冯玉军:《中国西部社会法律意识变迁及其特征》,载《现代法学》1998年第5期,第34页。

③ 谢晖:《政治家的法理与政治化的法——20世纪中国法理对宪政的支持关系及其变革》,载《法学评论》1999年第3期。

权利的富裕极有助于农民传统生活的现代化转型,如农民一旦有了医疗和养老保险及退休制度,则传统的"孝道"和计划生育观念将有重大的现代建构。波斯纳的研究表明:若不是存在一个慷慨的社会保障体系的话,今天就会比16世纪更需要一部要求子女支持(孝顺)自己父母的法律。[①]再如诉讼和维权机制对农民的理性关注,将极有可能改变"中国广大农村以及经济发展相对滞后的西部的民众,难以支付这种知识的费用或支付很高的价格"而以"法律规避"的方式来减少获权成本的不良惯性。美国学者摩尔的研究表明:农民的状况和解决农民问题的方式,决定了现代化的不同方式,也决定了一个民族为实现现代化所付出的不同代价。"农民问题得到解决,对民主来说是一个好兆头。"如果上述中国农民的基本权利问题长期得不到解决,那么,"三农"与国家之间的关系就会陷入一种僵局,处于一种"低水平制度均衡"状态,这种状态在政治上是脆弱的,其本质在于农民与政府间缺乏一个平等的对话渠道,一旦产生了某种危机,很容易出现权利的对抗。目前我国有73%的人认为贫富差距比较严重。[②] 已丧失基本正义的经济差距,极有可能诱使他们或用"弱者的武器"(斯科特语)这一种全体的自主形式,象征性地对抗权威,也或用"隐藏的文本"(斯科特语)这样一种伪装的方式来反抗政府。[③] 因此,我们应相信,国家给农民主动松绑,要比农民自己为自己松绑更有利于社会稳定。因为贫困超过一定的限度,就会有可能引发极端,亚当·斯密在18世纪60年代就曾警告过:"穷人会用公开的暴力手段使富人的财产减少到与自己相当。"因为"三农"的贫困除了带来"匮乏"外,还会给贫困者带来"与社会活动隔绝、产生孤立、压力和焦虑,以至抱有和政府对立的情绪"。因此,从法律实施与制度安排上给予和保证农民原本应该拥有的权利,是避免上述危机的有效选择。

---

① 王勇:《中国西部法律文化变革的现代性取向及其代价》,载《西北师大学报》2003年第1期,第121页。

② 周毅:《西部大开发前沿问题研究》,陕西人民出版社2002年版,第3页。

③ "弱者的武器"与"隐藏的文本"在此处借指农民反抗政府的各种手段。对此问题的系统论述详见郭于华:《"弱者的武器"与"隐藏的文本"》,载《读书》2002年第7期,第1页。

第十一章

青藏高原地区社会稳定与农牧民权利保障

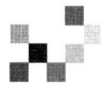 一、民族地区区域稳定的理论基础：
　　　公民意识与公民文化

从词源学的角度考证,"公民"一词由"城邦"演化而来。按照亚里士多德对公民本质的解释,"城邦本来是一种社会组织,若干公民集合在一个政治团体以内,就成为一个城邦"①。因而,公民是城邦的主人,正是基于此,在古希腊的公民文化中,平等、和谐、公正、参与、自由、忠诚、善等人文关怀都源于公民对于城邦的精神旨归。这些价值蕴含着希腊公民深厚的家国人的同一感与忠诚精神,以及他们良好的参与文化,在希腊公民的心目中,"最高的幸福在于参与城邦本身的生活与活动,而家庭以及朋友和财产,只有作为这种最高幸福的组成部分才能充分发挥作用而使人享有乐趣"②。同时,他们对自由与守法有着更为深刻的理解,在他们关于"如何做一个好公民的"的价值判断,坚信"一个好公民遵守法律","自由的含义就是尊重法律"。他们始终相信,"法律是一种适用于所有人但又高于所有人的规

---

① [古希腊]亚里斯士德:《政治学》,吴寿彭译,商务印书馆1983年版,第118页。
② [美]乔治·霍兰·萨拜因:《政治学说史》(上),盛葵阳、崔妙因译,商务印书馆1986年版,第32页。

则,是一种理性的规范,它可以讨论,可以通过决定来修改,但它仍然表现为一种被认为是神圣的秩序"①。上述分析表明,公民概念在渊源上,就伴随着忠诚、参与和守法精神。

在公民的角色界定中,主体意识、自由理性精神、民主参与、公共精神和理性论辩能力共同构成了公民文化。这种公民文化,首先表现为自主自律、自由自觉的主体价值取向;其次,表现为平等、开放、横向的权利、利益纽带的有机联结;再次,表现为个性、参与、创造、开拓的行为图式;最后,表现为高度的角色意识、社会责任感和公共精神。② 以此为基础养成的公民意识,呈现合理性意识、合法性意识和积极守法精神的三元内在结构。合理性意识是全体公民对于理想国家制度和社会制度的价值追求,并基于对国家制度合理与否、适宜与否的价值评判,来决定其优劣及走向;合法性意识是社会成员对于符合合理性价值的国家制度有效性的信仰、认同和服从,从而使国家制度和法律制度获得尊严性和权威性并得以维系;积极守法精神则是基于合理性意识和合法性意识而赋有的护法精神、权利主张精神及义务的自觉履行精神。合理性意识是公民意识的内核,合法性意识是公民意识的基础,积极守法精神是公民意识的外显层面。③ 因此,法治理念就依托于公民共同体,而公民意识的自由理性精神和自由、平等及权利的正义价值诉求,则构成了法治理念的生命根基。正是公民意识的合理性意识、合法性意识和积极守法精神,才使得法治理念得以确立和发展。因此,法治理念必然以公民意识为归依。

公民意识能够促进普遍有效的法治秩序的实现。公民意识可以促进社会成员的不同价值判断与制度价值规范的整合,通过合法性来获得分散性支持,从而产生社会凝聚力和协同行动。这样,公民意识就以护法精神、

---

① 田海平:《西方伦理精神——从古希腊到康德时代》,东南大学出版社 1998 年版,第 16 页。
② 参见马长山:《公民文化:精神文明的重要内容》,载《社会科学》(上海)1993 年第 8 期。
③ 参见马长山:《公民意识:中国法治进程的内驱力》,载《法学研究》1996 年第 6 期;《从主人意识走向公民意识》,载《法律科学》1997 年第 5 期。

权利主张及义务的自觉履行精神,来推动法治秩序的实现。① 同时,现代法治作为一种系统的秩序化生活状态,它不仅仅是一种制度设计,也是一种文化模式。因为法治秩序建立在法治理念、法律制度、法律行为、法律意识等等有机整合的基础上。韦伯曾指出,只有建立起对统治合法性的信仰,才会使现存制度受社会成员认可而得到维系。② 而事实上,法律的强制力之所以有效,最终根源并不在于以国家面目出现的暴力,而在于绝大部分社会成员能够对法律制度予以信仰认同和自愿服从,否则,单纯的国家暴力和恐惧只会在"法不责众"现象面前显得十分难堪和无力。进一步的分析则表明,法律制度只是法治的正式制度要素,而以主体自由追求和理性自律精神为内核的公民意识则是法治的非正式制度要素,正是二者的契合,才使具有理性主义精神的现代法治得以呈现内在自觉、动态整合的总体性进程。③ 公民文化作为一种对法律制度合理性的价值评判基础,并基于这种合理性评判而扼制"恶法"的肆虐,形成对"良法"的合法性认同与服从,从而奠定了法律信仰的基础,构成法治秩序的内在支撑力量。因此,公民意识构成了法治的文化根基。

上述公民意识与法律治理理论的简单回顾,旨在理清社会治理的一个基本理路,即浑厚的公民文化与理性的公民意识和区域治理的相互映照关系,同时还想进一步提示,公民意识与国家一体是两者关系的最原初面目,良好的公民意识是国家得以稳定的持久支撑力。在青藏民族地区,提倡公民意识的培养,就是要在复杂而深厚的民族本位中树立"国族认同"意识。要维护青藏地区的政治稳定,就必须实现当地少数民族的政治社会化,增强各民族的"国族认同"意识。藏区是一个多民族共居、多种民族文化并存的区域,这种文化上的多元性格局,客观上不利于社会政治整合,因而也会

---

① 李普曼曾强调,苏格拉底在其生命最后一天拒逃的伟大故事,并非意味着犬儒主义或对他的判决是正确的。而要点在于,他放弃了溜之大吉的肉体之我而选择了被普遍接纳的公民之我,因而是"第二天性"对法律的选择。[美]W.李普曼:《公共哲学的复兴》,晓苓译,载刘军宁等编:《市场逻辑与国家观念》,生活·读书·新知三联书店1995年版,第39~42页。可以说,这是当时公民意识的典型体现。

② [德]马克思·韦伯:《经济与社会》(下),林远荣译,商务印书馆1998年版,第85~86页。

③ 马长山:《国家、市民与社会》,商务印书馆2002年版,第286页。

对国家的政治稳定产生不利影响。通过少数民族的政治社会化,有利于培育共同的政治文化,有助于培养起少数民族对国家政治体系的认同、对国家政权的支持、对其他民族的认同感和信任感以及民主法制的观念和公民意识,使他们能够自觉地接受社会的价值标准,承担其应当承担的责任和义务,从而维护社会政治稳定。①

二、模糊、消极与边缘化:藏区民众的公民意识②

公民意识的范围非常广泛,本文从公民的宪政意识、对政府的关注度、政治参与度、官民关系的正确定位等方面,对藏区公民的公民意识进行了初步的研究。

在直观的层面上,民众的公民意识首先表现为对宪政的基本认知。但调查发现,在藏区以农牧民为例,他们对我国政治制度和宪政结构的基本知识相当缺乏,认知水平很低,因而其参与政治的主动性和自觉性就受到了限制。有关调查表明,在全部有效问卷中,能正确认定中华人民共和国的一切权力属于"人民"者,占调查对象的21.2%,不能正确认定者占72.4%,回答"说不上"者占5.3%。能正确认定"全国人大"为我国最高权力机关者占调查对象的18.1%,不能正确认定者占73.3%,回答"说不上"者占7.8%。这一结果与有关全国人均政治认知水平的调查结果相比有相似之处。全国工人阶层能正确认定国歌者,占调查对象的69.53%,知识分子阶层占79.71%,农民阶层占54.92%,均高于西部农牧民51.2%的正确认定率。全国各阶层平均能正确认定国家主席者为90.4%,正确认定国务院总理者为95.4%,这也明显高于西部农牧民

---

① 王宗礼、柳建文:《论少数民族的政治社会化》,载《西北师大学报》2004年第1期。
② 由于藏区公民意识是一个非常敏感的话题,因此我们力所能及做的一些调研结果要么效果不佳,要么涉及学术禁区,故只能借用相近的研究成果对本课题加以论证。

71.2%和78.3%的正确认定率。①

议政是公民意识结构中的社会责任意识,具体表现为对政府行为的关注度与参与意识,但贫弱的宪政意识决定了农牧民在这方面的意识必然是较为低下的。

问题:当您对某项政策有不同意见时,是否想表达自己的意见?

选择答案:(1)想表达意见;(2)不想表达意见。

表43 当您对某项政策有不同意见时,是否想表达自己的意见?

	人数	%
想表达意见	88	52.1
不想表达意见	81	47.9
合计	169	100.0

议政意识主要是指公民在政治、经济、文化生活和社会事务的决策和管理中求得发言权,以及参与国家政治、经济、文化生活和事务的民主管理和民主监督的主观需求。调查数据显示:在有效问卷当中,选择"想表达意见"的占52.1%,选择"不想表达意见"的占47.9%,二者的比例差距并不是太大(见表43)。这个结果至少说明以下几点:首先,稍过半数的藏族民众对政府决策是否符合自身利益表示关注;其次,较之以往,藏族民众议政的积极性有所增强,但依然有近半数的人并不想谈论政务,尽管原因较为复杂,但对国家的民主构建肯定是不利的。②

问题:如果您对某项政策有不同意见,又不想表达,这主要是出于什么考虑?

---

① 参见王宗礼等著:《中国西北农牧民政治行为研究》,甘肃人民出版社1995年版,第106~111页。

② 因为只有公民具有相应水平的宪政素质,政府才会立于不败之地。正如美国学者詹姆斯·李所说:"正是在公民这一层次上,而不是在精英层次上,决定着民主自治政府的最终潜能是否存在。"也正像马克思主义经典作家所认为的,"在所有国家,政府不过是人民教养程度的另外一种表现而已。"《马克思恩格斯选集》第一卷,人民出版社1972年版,第687页。

选择答案:(1)制定政策是党和政府的事;(2)没有表达意见的途径;(3)人微言轻,表达意见也不起作用;(4)还是少说为好。

当自己对某项政策有不同意见时,有47.9%的人并不想表达个人的意见。那么,他们主要出于什么考虑呢?通过问卷调查,我们发现:有15.4%的人认为"制定政策是党和政府的事",与己无关;有19.8%的人认为自己"没有表达意见的途径";有48.4%的人认为自己"人微言轻,表达意见也不起作用";有16.5%的人认为自己对于国家政策"还是少说为好"(见表44)

表44 如果您对某项政策有不同意见,又不想表达,这主要是出于什么考虑?

	人数	%
制定政策是党和政府的事	14	15.4
没有表达意见的途径	18	19.8
人微言轻,表达意见也不起作用	44	48.4
还是少说为好	15	16.5
合计	91	100.0

由此可以推断出以下几点认识:第一,部分藏族民众自身公民参与意识有缺失;第二,对现行民主议政渠道还缺乏充分了解;第三,由此折射出一种强烈的精英政治观念的印迹,当然也不排除宗教"出世"思想的影响;第四,还有部分人存在一定的政治顾虑(据交叉分析,这部分人主要是一些年龄较大、经过历次政治运动而心有余悸的人)。总之,在不愿表达意见的人群当中,精英政治的影响是最主要的原因,当然也不排除社会主义民主政治建设尚待进一步完善的因素。

问题:您认为现在政府官员(干部、公务员)与普通公民(群众、老百姓)之间的关系是?

选择答案:(1)仆从关系;(2)主仆关系;(3)父子关系;(4)分工关系;(5)说不清楚。

表 45　您认为现在政府官员(干部、公务员)与普通公民(群众、老百姓)之间的关系

	人　数	%
仆主关系	32	18.6
主仆关系	43	25.0
父子关系	16	9.3
分工关系	28	16.3
说不清楚	53	30.8
合计	172	100.0

统计数据表明,在172份有效问卷当中,认为现在政府官员和普通公民之间的关系是"仆主关系"的占18.6%;认为是"主仆关系"的占25.0%;认为是"父子关系"的占9.3%;认为是"分工关系"的占16.3%;认为是"说不清楚"的比例最高,达30.8%(见表45)。由此可见:一是受访者对权利主体的认识,总体上表现出不确定性;二是说明对当前的干群关系满意率低;三是从选择"仆主关系"、"主仆关系"、"父子关系"三者的比例总和来看,受访者认为干群之间存在着明显的等级界限,或者说更愿意在他们中间划分出界线,这当中既有传统等级观念的遗痕和精英政治的影响,也表现出群众对当前某些干部不法行为的不满。而选择"说不清楚"的比例达30.8%,表现出对"应然"和"实然"的迷惘,可以感觉到有明显的情绪因素在其中。当然,这只是公民对这一问题在一般公正意义上的判断,而并非某一民族的问题特例。[①]

另外,有"小宪法"之称的行政法,与公民发生法律联系的概率是最大的,因此,公民的行政法意识也能在某种程度上体现他们的政治自觉的状态。但在青海省民族地区关于这类问题的调查结果非常不尽如人意。在被调查人员中,在问到"您对行政法知识的了解或知晓程度"时,12.23%的人回答"有较多了解",53.96%的人回答"有一点了解",21.58%的人回答

[①] 以上表42、表43、表44的调查,均引自赵德兴等著:《社会转型期西北少数民族居民价值观的嬗变》,人民出版社2007年版,第156～160页。

"不太了解",12.23%的人回答"不了解"。① 有近八成的公民对行政法律没有太多的了解,表明民众对政府行为依然是被动而非互动。

行政法在社会生活中与公众是密不可分的,当在回答调查问卷中涉及的"与公民工作和生活关系最为密切的法律"这一问题时,少数民族群众对备选答案的首选回答是"经济法律"(38.85%);其次是"社会治安方面的法律"(22.30%);第三位是"民事法律"(17.27%);再次是"婚姻家庭法律"(15.83%);最后一位是"行政法律"(6.47%)。同时,调查数据显示,当问到"您认为行政法与您个人的工作生活的关系"时,有17.27%的人回答"很密切",34.53%的人回答"比较密切",41.01%的人回答"有一定关系",5.76%的人回答"关系不大",2.88%的人回答"没什么关系"。② 从以上两个问题可以看出,在经济发展优先的情况下,少数民族地区的公众对经济法的感受最为深切,但是,在政府权力极其普遍且深入的国情背景下,与公民工作和生活关系实质上最为密切的行政法律却被列为最后一项选择,被视为与他们的工作和生活最不密切的法律,除了说明行政执法的理念不够亲民之外,更多的是表明了民众对政府行政行为的漠然、不关注甚至排斥。

这种"消极公民"意识必致公民对政府应有责任的丧失。在回答问卷中"如果政府行政机关侵犯你的合法权益,您是否愿意与之打官司?"这一问题时,48.20%的被调查者回答"愿意",20.14%的被调查者表示"不太愿意",15.83%的被调查者表示"不愿意",另有16.55%的被调查者表示"没有考虑过"。③ 有过半数的人不愿与政府通过平等对话的方式解决争议而表现出的政治冷漠,显然并不符合现代法治建构的发展趋向。哈贝马斯认为,在新型的法治范式中,强调公民的自由、平等的对话、沟通和主体性交往,以实现"公共自主"和"私人自主"。"公共自主"就是有语言和行为能力的公民,在政治生活中就公共利益问题来平等、自由地发表意见,并在整体

---

① 刘志坚等:《青海少数民族地区公民行政法律意识调查》,载《青海社会科学》2005年第2期,第117页。
② 刘志坚等:《青海少数民族地区公民行政法律意识调查》,载《青海社会科学》2005年第2期,第117页。
③ 刘志坚等:《青海少数民族地区公民行政法律意识调查》,载《青海社会科学》2005年第2期,第117页。

上形成相互的理解一致和共识。在哈贝马斯的认知中,公民不仅是一种政治存在和法律存在,同时也是一种文化存在,更是一种商谈沟通、主体交往、自由自觉的人的存在。由此看来,公民文化与民主参与建制一起,一方面构成了国家制度和运行过程的合法性源泉,另一方面,则奠定了社会商谈共识和法律团结的基础,增强了民主法治建制的时代回应性和反思性。① 从国家与公民之间应是互动商谈沟通关系的思路来看,公民对国家的诉讼作为一种反思机制,能够使法治在民主、开放的选择中,适应社会发展的要求。由于"合法的发展不可能没有法律的发展"而"法律的发展不可能没有对法律的批评",②因此,法治在民主社会中的运行,必然要接受公民合理性意识的反思、省察和合法性确认。而"法律参与的扩大不只是增进法律秩序的民主价值,它还能有助于提高法律机构的能力"③,此举可在国家与民众间达成共识和解决秩序危机,增强法律的回应性,并在市民社会和国家之间架起理性的沟通桥梁,使法治具有民主、开放的动力发展机制,呈现一种内在、动态的回应发展型法治秩序。

公民意识决定着公民对国家的忠诚、责任及理性的程度。但在一定程度上,藏区民众对自身主体地位的认知是模糊的,对于政府的监督参与是消极的,在与国家的互动商讨沟通关系中是边缘化的。这种倾向必致政治冷漠造成民众对国家政治责任感的退化,也自然会使民众对政府的诉请方式非理性化。对此在下文有进一步分析。

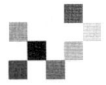 ## 三、影响藏区稳定法律事件的类型化分析

本文通过对已有研究资料的分析及对近年来在藏区调研成果的梳理,

---

① 刘雪松:《公民文化与法治秩序》,中国社会科学出版社 2007 年版,第 127~128 页。
② 《马克思恩格斯全集》(第 40 卷),人民出版社 1974 年版,第 352 页。
③ [美]诺内特、塞尔兹尼克:《转变中的法律与社会》,张志铭译,中国政法大学出版社 2004 年版,第 110 页。

认为从法律治理的角度而言,以下几类法律事件对藏区治理与稳定的影响是较有代表性的。这些事件,都与公民意识中的忠诚、责任感、程序理念、理性精神等基本因子的欠缺有极大的关联。(参见表46)

1. 涉及政治价值观的法律事件;
2. 群体性利益诉请事件;
3. "赔命价"影响司法治理的事件;
4. 权属争议类事件;
5. 民族文化冲突类事件;
6. 基于历史原因的仇杀、报复事件。

表 46

	时间	事件概况／冲突规模	性质	处理结果
1	2008年3月14日(3·14事件)	3月14日,拉萨市区发生了打砸抢烧严重暴力犯罪事件。暴徒重点在拉萨八廓街、林廓北路、色拉路、纳金路、二环路、北京中路等地段多处实施打砸抢烧。遭打砸抢烧的有拉萨市二中、海城小学、冲赛康商场、中国银行西藏分行北京东路支行、电信移动营业网点,以及新华社西藏分社、西藏日报社等新闻单位和一些政府机构。事后查明,这一事件的发生,实际上在3月10日就已有一些不法分子非法聚集闹事。这些不法分子不听公安干警劝阻,呼喊"藏独"口号,冲撞、谩骂并用棍棒、石块、匕首暴力攻击执勤民警。当天,不法分子纵火300余处,拉萨908户商铺、7所学校、120间民房、5家医院受损,砸毁金融网点10个,至少20处建筑物被烧成废墟,84辆汽车被毁。有18名无辜群众被烧死或砍死,受伤群众达382人,其中重伤58人。有数十名执勤公安民警受伤,其中重伤4人;有61名武警受伤,其中重伤6人。拉萨市直接财产损失达24468.789万元。	由达赖集团有组织、有预谋、精心策划煽动,境内外"藏独"分裂势力相互勾结制造的严重的打砸抢烧事件。	司法机关共拘留和留滞953人,其中投案自首362人。2008年4月29日、6月19日至20日西藏司法机关共判处42名不法分子3年以上有期徒刑—无期徒刑。

续表

	时间	事件概况/冲突规模	性质	处理结果
2	2005年9月14日	果洛州达日县,几个阿卡(僧人)发生治安案件,到公安局后有一阿卡被打,但没有被拘留,后公安局将人放走。之后其所在的村干部为此来与公安局进行理论。当时局长不在,由一派出所所长和他们谈,由于言语不和,双方发生纠纷。当时牧民有抢干警枪的动作,迫使干警拔枪警告,不能制止后向门外扫射,不巧将一阿卡打死,两名围观者被打伤。后牧民一方就叫了许多人集中到达日,将公安局副局长、干警十余人打伤,同时还打伤了前来处理事件的副县长、武警支队副支队长。后经做了大量的工作,答应给撤兵费、赔命价血价后事态才得以平息。	群体性治安案件(其中冲击公安机关的行为构成妨碍公务罪、干警开枪的行为构成过失犯罪)。但对案件的诉请方而言,传统中对于纠纷的习惯性思维决定了案件的法律问题并不是他们所关心的。	对带头闹事者追究刑事责任,对派出所所长及有关人员判了缓刑;同时依照民间习惯由县上共支付撤兵费、赔命价血价费30万元(其中警车一辆,价值11万,现金19万)。
3	2006年6月27日	2006年6月27日,才让加故意杀人、故意伤害案中,被告人才让加在同一天时间内故意杀害素不相识者一人;又在与别人斗殴时,故意伤害致重伤一人轻伤一人,可谓罪行极其严重。但因在诉讼期间,在法院的调解下,以附带民事赔偿的名义,被告共赔偿3名受害人家属共计22.8万元后,判决书认定:被告人"犯罪手段残忍,情节恶劣,后果严重,社会危害性极大,本应依法严惩,但念……案发后被告人家属能够积极赔偿被害人经济损失并取得被害人和被害人家属的充分谅解,故对被告人才让加在量刑时从轻处罚"。	严重刑事案件	被告共赔偿3名受害人家属共计22.8万元;刑事责任为数罪并罚,决定执行死刑,缓刑两年执行。
4	2008年4月	2006年5月28日青海海南州兴海县南木塘村四社决定将牧民占贡等89人的夏季草场承包给索智海等人,承包费800000元。在占贡等履约后,索智海等只支付了承包费305330元,尚欠494670元。在索要无果后,占贡等于2008年1月17日将索智海等诉至法院。海南州法院于2008年4月10日作出一审判决,判令在该判决生效后一个月内被告支付原告草地承包费494670元。被告不服上诉。上诉后不久,双方发生群体性斗殴,造成双方各4人受伤,一审被告方3人被刑拘。	草山承包纠纷(其间因群体性斗殴造成的伤害后果,有可能构成刑事责任)。	义务方承担履约责任及其他相应法律责任。

续表

	时间	事件概况/冲突规模	性质	处理结果
5	2003年2月15日(2·15事件)	2003年2月15日,黄南州尖扎县李加村藏族村民桑杰加、久谢杰兄弟二人在尖扎县电影广场与化隆县牙曲滩村回族村民阿贝因琐事发生口角,继而相互厮打。该事件最后发展成了尖扎方40余名藏族群众与牙曲滩村20余名回族群众间的具有民族仇视性质的群体性殴斗,双方使用刀、自制手枪、石头等凶器,造成一人死亡、多人受伤。在冲突双方被武警和公安部门劝开后,犯罪嫌疑人马沙力海等公然以暴力妨害公安人员追捕其他犯罪嫌疑人;犯罪嫌疑人马怒海等公然借机抢劫过往车辆,并抢得轿车4辆。事件对当地的民族团结与社会稳定造成了极其恶劣的影响。	带有民族仇视性质的群体性斗殴,犯罪嫌疑人的行为构成聚众斗殴、故意杀人、妨害公务、抢劫、非法持有枪支等罪行。	对犯罪嫌疑人马沙力海等依法追究了刑事责任。
6	2004年6月24日	被告人关却杰布,男,藏族,青海省黄南州同仁县人。2004年6月24日,被告人关却杰布和同村牧民在兰采乡"尼干"地区巡山时,遭到青海省海南州贵德县(与同仁县相邻)常牧乡岗察村牧民开枪挑衅与言语侮辱(被害人一方高喊在2000年5月被他们打死的被告人关却杰布的外甥女的名字,以此示威)。当日下午,被告人关却杰布持猎枪改装的半自动步枪,步行至上岗察村夏委牧场"杰龙沟"处,向岗察村牧民达本才让开枪射击,击中其头部,致使达本才让因严重颅脑损伤死亡。事后被告人主动到公安机关自首。据查,同仁兰采乡的尕日哇、麦藏、土房三村与贵德常牧乡上岗察村间历史上素有积怨,两地间的草山纠纷已经持续了14年之久。其间,同仁兰采乡打死对方7人,其中5个人的案件由同仁县和贵德县的政府、活佛出面赔偿调解了。贵德方打死同仁兰采乡8个人,其中的5个也是调解的,没有抓人,剩下的没调解成。即在双方死亡的15人中,凶手现除了关却杰布外,其余的都没有法办。	刑事案件(被告人所在乡的三个村的141名牧民集体请愿,提交由大家签名的要求对被告人从轻处罚的请愿书)。	黄南州中级人民法院判处被告人关却杰布死刑,缓期两年执行,剥夺政治权利终身。

资料1:第一例是一个具有典型政治图谋(制造"藏独")的打、砸、抢、烧事件,该事件较为典型地显现了本课题将公民意识与区域治理作关联研

究的意图。我们知道"公民"作为一个概念是具有多重含义的。在对公民的诸多理解和认识当中,从法律层面的分析应该是最为重要的。因为它能够昭示出公民应该享有的权利范畴,尤其是公民与国家之间的关系,往往决定了公民在一个国家中的政治、社会、经济地位及其相应的利益。公民与国家间关系的关联性表明,公民服从国家的法律也就是服从自己本身理性的即人类理性的自然规律,他们对于符合合理性价值的国家制度有效性的信仰、认同和服从,从而使国家制度和法律制度获得尊严性和权威性并得以维系。①"3·14事件"说明,公民一旦违背了忠诚于国家的公民最基本的宪法义务,他们与国家的冲突往往难以避免。美国社会学家科塞认为:虽然也涉及两人或更多人的互动,但它不是由对立双方竞争性的目标引起的,而是起因于至少其中一方释放紧张状态的需要。② 这称为"非现实性冲突",这是一种更危险的冲突形式。"3·14事件"之所以造成严重破坏且严重影响了国家对藏区的治理预期,就在于这类事件往往涉及价值观、信念等根本问题,"当群体在非现实问题上卷入了冲突,情感唤起与卷入的程度越高,冲突越具有暴力性,特别是在以下情况下:冲突涉及核心价值观;冲突持续一段时间"③。这类事件对区域治理的危害很大,第一,由于这类冲突涉及藏区的统一及民族宗教等核心价值观问题,政治影响大,共识程度低,冲突即便平息但其潜在性影响却可能会延长;第二,国家与冲突地区公民间包容能力的整合会受阻,因事件引起的其他地区对冲突地区的偏见在一些不理性政府行为中的表现,如在奥运期间对入京的来自西部的藏族实行特别的检查措施、在交通入住方面予以特别限制等,都会对相关民族公民对国家制度有效性的信仰、认同和服从产生不良影响;第三,由于"非现实性冲突"大部分的参与者往往是缺乏基本公民意识的人,他们借助"情景的偶然性"而起,没有明确的组织和诉求目标,因而也就没有达到目的的替代性手段选择。也就是如"3·14事件"在外围起哄的群体,他们无所谓目标的实现,常常会借助"情景的偶然性"而起,这一群体越大则对区域治理的不良影响就越大。

---

① 马长山:《国家、市民社会与法治》,商务印书馆2003年版,第178页。
② [美]科塞:《社会冲突的功能》,孙立平等译,华夏出版社1989年版,第35页。
③ [美]特纳:《社会学理论的结构》,邱泽奇等译,华夏出版社2006年版,第136页。

资料 2[①]：群体性利益诉请事件的指称，主要是从藏族对纠纷的文化心理而言，即他们对纠纷习惯于采用群体性的方式解决。在中原的农耕文化中，"义务法"观念与"臣民意识"决定了农民对于官方的民权侵犯往往是逆来顺受，因此，在中原的农耕文明中，民众动辄以群体方式与官论理争利的情形较为少见。但藏族社会却与此不同，由于偏远、落后的地缘特点与文化的封闭性，他们对大部分纠纷的解决都会坚持传统定式，即群体性。在传统中，"在藏区，人们的一切行为以及观念意识都将绝对服从于一定部落整体之需要。当部落受到侵害，或与其他社会群体发生纠纷，部落各成员往往不惜一切，甚至包括生命，以维护部落的利益"[②]。而这种部落观念至今并没有太大的改变，藏区乡、村间动辄群体性的草原纠纷屡禁不止，即为这种传统的当下写照。从事件的结果可以看到，法律上的实质结果并不是藏区群体性行为的目的，在他们传统的价值取向中，群体性行为的目的是为了显示他们部落的力量及成员对部落利益的忠诚、体面"撤兵"和获得补偿。了解了这一传统，我们就能明白他们与官方发生纠纷时的态度并非是实质性的对抗，而是一种习惯性思维，这一点可从他们不重视案件的法律定性，只看重补偿结果的动机中就可得知，但这种习惯性思维无疑对国家在区域管理的权威性具有较大的阻碍。这种狭隘的部落意识进一步证实，培养藏区民众忠诚国家的公民意识，应是解决藏区区域治理问题的长期性策略。否则，即使看起来设计得再完美的现代国家法治，因缺乏发群众基础，也不会有预期的实践价值。

本资料还要特别分析的是，案件的一方是拥有很大公权力的警方，但当本案中群众以群体民意的优势向政府"叫板"，要挟政府在事件处理上作出更大的让步时，在案件性质未定、法律责任未明的情况下，政府几乎没做任何理性途径的努力，而是马上采用非正式制度，最后按民间规则"以赔了

---

① 资料2所显示的冲突是现实性冲突，即"那些由于在关系中的某种要求得不到满足以及由于对其他参与者所得所做的估价而发生的冲突，或目的在与追求没有得到的目标的冲突可以叫做现实性冲突，因为这些冲突不过是获的特定结果的手段。"[美]科塞：《社会冲突的功能》，孙立平等译，华夏出版社1989年版，第35页。这类冲突的原因主要是人们对优势地位、资源等提出要求，行为者与目的性都较为明确，相比起上述的"非现实性冲突"，较容易得到解决。

② 星全成：《藏族文化传统及其现代化》，青海民族出版社2002年版，第190页。

事"的现象,则值得深思。而这类现象,可能也是法治在藏区不力的官方原因。

资料3:这是一起目前藏区司法实践中真实发生的较为典型的"赔命价"事件。关于藏区的"赔命价"习惯,在规范法学的语境中多有批评之声,但在藏区的解纷实践中却在不断表现为上升势头,且似乎已模式化为当地民众的解纷理性。该案发生赔偿的民间理由是历史性的,即发生了真实的命案、血案予以赔偿是一种历史习惯,这在民间是毫无疑问的,因为这是致害人获得被害人方谅解或不遭报复的唯一方法,是大家都默认的民间理性与道德。但在当下,"赔"所具有的"案结事了"的价值为官方肯认,因此在司法实践中,官方一般鼓励或默许当事人在诉前进行协议赔偿。从我们的调研来看,有些地区所发生的依习惯应赔的案件,毫无例外都依照民间习惯作了赔偿。而且与以往不同的是,官方的这种趋向是公开和法定化的,甚至在有些判决中"赔"的作用有扩大之嫌。从才让加案可以看出,"赔"的因素在判决时作为"自定"减轻情节处理①并在判决中显现。"赔命价"对藏区司法治理的消极影响是显而易见的。

资料4:案件是在藏区省、县两级勘界工作尚未完成之时,草山纠纷的新形式。由于勘界完成后草原的权属关系已经明确,历史上的那种大规模的草山争斗已趋于减少。但作为一种解纷习惯的沿袭,像该案一样在遇到纠纷时,群体上告、群体上访、群体闹诉,甚至对法律处理结果不满时,以群殴的方式来表达的情况仍屡有发生,一些村中传统部落势力或家族势力较大的,随意侵夺弱势群众利益的情况也较为常见,这对于基层社会权利秩序的构建与社会秩序的有序化仍然有很大的破坏作用。

资料5:案件所反映的藏族与回族的冲突,是当今藏区民族矛盾与文化冲突的缩影。实际上,对藏族与回族这两个世居于西北的少数民族政治价值观的研究表明,两个民族在对调查所列举的反映社会状况的8项基本

---

① 对于本案这类情况在具体处理时,司法机关显然将其技术化了。因为本案的判决书在"从轻"的名义下,在并不具备"减轻"情节的情况下,实际上是根据"赔偿"这一事实,对被告作了减轻处理。"赔偿"在他们的价值判断中成了"法定"的减轻情节,正如检察机关的评价,"本案要不是赔的数额大,罪犯肯定会判死刑。"

因子中,满意度最高的都是民族团结,藏族是6.59,回族是6.69。① 这说明两个民族从文化本原上讲,都期望民族团结。但是近年来,在藏区出现了一些不利于民族团结的言论,并发生了一些两民族间的冲突事件,严重影响了藏区的和谐治理。历史证明,民族之间如果以开放的心态,坚持不同文化元素之间能"和则相互采借、存异则彼此尊重"的原则,民族间的和睦相处是完全可能的。目前这种民族矛盾,对藏区治理有两方面的显著危害:一是由于这类问题的敏感区域一般是在民族地区的文化交汇区,如果矛盾在形成中掺杂了宗教等因素,就可能演变为恶性民族冲突,有可能为海外反华势力所利用,也可能影响到其他民族与藏族交往的心理安全。藏区的"藏独"问题再加上其他民族冲突,则会导致藏区治理会很艰难。二是从主流上讲,基于擅长流动的文化特征和崇商的宗教理念,回族对藏区的建设与物流的丰富起到了非常重要的作用,藏回间的矛盾对民族文化交流与物流畅通会形成阻碍。

资料6:在藏族的解纷文化中,对待"积怨"时,规避国家法与选择各种私力救济及民间报复就具有了解决纠纷的普遍正当性和普遍民意支持。

在本案的当事者看来,两地相互间出于报复的枪杀,及对事件的完全民间化的调解解决,是符合他们的人情正义的。所以当时对本案的被告要依法处理而又有违于他们认定的"正义"的时候,他们就会毫不犹豫地联合起来,以联合请求的方式为被告解脱,呼吁对被告的行为如依法而论,"会导致广大群众的不满,且在以后的群众生命财产得不到有力保障",将此上升到维护本地广大群众生命财产安全保障的高度,并将其视为是本群体中所有人的一种责任,或者说是一种"权力",但是,诚如瞿同祖先生所言,"法律机构发达以后,生杀予夺之权被国家收回,私人便不再有擅自杀人的权利,杀人便成为犯罪的行为,须受国法的制裁。在这种情形之下,复仇自与国法不相容,而逐渐被禁止了。"②事实上,不仅杀人的权利被国家收回,而且一般意义上的报复和惩罚权利也再不容私人置喙。然而,乡民们却秉赋着另外一套完全不同的知识。在他们的视域和理解中,以暴制暴在这里成

---

① 赵德兴等著:《社会转型期西北少数民族居民价值观的嬗变》,人民出版社2007年版,第162,346页。

② 瞿同祖:《中国法律与中国社会》,中华书局1981年版,第70页。

为一种天经地义的常识和不可动摇的理念,自力救济也成为遭受违法行为之后的本能反应和通常救济手段。① 本案给我们一个非常沉重的启示,即在法治推行了多年的今天,竟然有长达 14 年且关涉 15 条人命的案件,在国家法的公力救济之外,是靠民间秩序来解决的。假如这种私力救济被视为正当而得到张扬,那么国家法就可能因没有任何正义性而被否定,因为大量的习惯法已不再单纯是一种规则存在,而是一种当地所有社会力量的思维模式,这会极大地阻碍藏区依法治理。

上述资料所反映的这一系列影响藏区稳定的法律事件,以国家法治的标准而论,表现出了其非法性、非理性与无序性,这是公民意识缺乏在权利行使与诉请表达中的典型体现。公民社会的原理表明,公民意识就是权利主体要清楚自己的权利及其正当性、合法性、可行性及权利的边界,明确个人、政权和社会的相互责任,严守尊重法律秩序不可动摇的信念。

 四、藏区治理与稳定的思路之一: 物质扶助与文化培植并重的二元思维

3·14 事件以后,如何治理藏区及影响藏区稳定的因素到底是什么的问题又引起了人们的高度关注。《中国藏区社会稳定评价指标体系及预警机制研究》②课题组对此进行了专门研究,他们针对"影响藏区社会稳定的因素"设计的内容分别是:(1)达赖集团的分裂活动;(2)不同民族间的矛盾和冲突;(3)草山纠纷;(4)干群关系;(5)官员腐败和官僚主义作风;(6)错误地执行党的宗教政策;(7)本地区和内地其他地区的发展差距;(8)牧区内部的两极分化;(9)刑事犯罪率上升;(10)外来人口与本地人的利益冲

---

① 以上分析参见杜宇:《当代刑法实践中的习惯法——一种真实而有力的存在》,载《中外法学》2005 年第 1 期。

② 由于保密原因,我们没有看到报告原文,本文引用的该报告资料转引自《涉藏调研参考》2008 年第 10 期。

突;(11)宗教负担;(12)教派冲突;(13)牧民进城引发的一系列问题;(14)传染病;(15)自然灾害。统计分析表明,影响藏区社会稳定的主要因素依次是第 7、9、1、3、10、5 问题。即,本地区和内地其他地区的发展差距;刑事犯罪率上升;达赖集团的分裂活动;草山纠纷;外来人口与本地人的利益冲突;官员腐败与官僚主义作风。

调查表明,藏区与内地其他地区的发展差距成了影响藏区社会稳定主要因素之首。部分国家公务人员也直言不讳:藏区最大的不稳定因素是"穷",因穷生事,因穷生恨,因穷生乱。部分基层的藏族干部到内地考察感觉到区域差距后认为:"共产党对我们不公平。"据调查,藏族人的这种不公平感很普遍,导致一些人对党和政府的不信任。

贫富差距过大会酿成社会危机、激化民族矛盾,这已为世界历史的演进所证明。有人认为,"地区经济贫富相对差距与日俱增,地区矛盾与民族矛盾白热化"是南斯拉夫分裂的致命因素之一。① 研究表明,民族地区民族经济发展所营造的经济和谐在民族关系和谐的逻辑结构中居于重要地位,决定着其他和谐指标的实现。经济和谐指数是由若干反映民族经济和谐状况的具体指标构成的复合性指标。民族经济和谐是指各民族地区在经济发展水平及民生状况上的均衡性。一般表现为各民族地区经济发展的差异性以及结构的合理性,归根结底是反映民族地区民生状况的均衡性。在民族社会中,经济和谐居于基础地位,民以食为天,经济的发展是民生的前提经济权利,在很大程度上会制约甚至决定其他权利的获得与实现。经济上落后的民族,不可能与经济上发达的民族实现真正意义上的平等。当今是经济高度发达的时代,也是人们更加重视和关注经济权利的时代,因此,经济模块是其他几个方面模块实现和谐的重要基础,它会从经济基础的角度对其他方面的和谐产生重要的乃至根本性的影响。因此,民族经济和谐指数在他们测度民族关系和谐状况的指标体系设置中的权重为 13,仅次于政治和谐指数。②

事实证明,如果民族地区经济发展速度差距的扩大,一旦超过各少数

---

① 周毅:《西部大开发前沿问题研究》,陕西人民出版社 2002 年版,第 11~13 页。
② 阎耀军:《民族关系和谐的逻辑结构和系统分析模型》,载《民族问题研究》2009 年第 2 期。

民族群众心理承受能力,经济问题就可能转化为政治问题、社会问题,影响到民族团结、社会稳定、边防巩固、社会主义现代化建设,甚至影响国家的统一。在青海藏族地区,这种消极影响已经不仅仅是可能,而且已从以下方面明显地表现出不利于政治与社会的后果。

一是区域经济发展的不平衡使本地区广大干部和知识分子心理上产生了新的强烈的不平等感。在我们实地调研过程中,提到改革开放20多年的成就时,许多干部群众都深刻感受到自己民族和本地区经济社会发展确实取得了较大的进步。但面对自己民族与先进民族以及本地区与全国其他地区差距日趋拉大的现实,从干部到群众都深感忧虑,这种情绪又往往同历史上遗留下来的民族间事实上的不平等联系起来,从而使该地区的干部群众对党的民族政策产生怀疑以致误解,诱发出许多今天很难完全预见的矛盾和问题,从而成为社会稳定的隐忧。

二是区域经济发展的巨大反差动摇了相当一部分干部群众改变贫穷落后面貌的决心和信心,随着差距越来越大,青海藏族地区与发达地区的反差也空前强烈。现青海全省15个国家级贫困县中11个分布在藏族门治州,全省10个省级贫困县全部分布在藏区六州。在青南高寒牧区8个国定贫困县中,贫困人口25.4万人,占当地农牧民总人口的63%。面对如此巨大的反差,少数民族干部群众深感忧虑,有的已经对民族地区与发达地区的共同繁荣产生了怀疑,丧失了改变贫穷落后面貌的决心和信心。

三是区域经济发展的不平衡,给民族分裂主义分子的宣传蛊惑提供了口实,助长了民族分裂主义分子的分裂活动。由于达赖出生于青海,达赖外逃时,其追随人员主要是青海籍人员,当时青海境内随达赖集团流亡境外的藏胞约10000余人,现在达38000余人。其中百余人已成为达赖集团中上层的重点骨干人员,这些人员在青海藏区有较多的亲朋,在藏胞中的影响力较大,青海藏区目前已成为达赖集团进行分裂渗透活动的重点,每年都有多人策反外逃。近年来,达赖集团利用青海藏区经济社会发展落后、人民生活质量低等问题,以地区差距为口实,公然散布所谓"汉族剥削少数民族""汉族掠夺少数民族的资源"等谬论,进而将本地区的落后归因于汉族,归因于我国的政治经济制度,对地区稳定造成了极其恶劣的影响。①

正是基于经济发展对藏区稳定与治理的重要性,近年来国家对藏区采取了较多特殊的优惠政策。以西藏为例,2001年开始实施的《中国农村扶贫开发纲要》再次将民族地区定为重点扶持对象,在新确定的592个国家扶贫开发重点县中,民族自治地方(不含西藏)增加为267个,占重点县总数的45.1%。而西藏74个(市、区)整体被列入国家扶贫开发重点扶持范围。② 国家对西藏在资金上也给予了特殊的支持。据统计,西藏自治区成立40多年间,西藏财政共支出875.86亿元,其中94.9%来自中央补贴。近10年来,共计援助资金及物资101.66亿元(不含中央同期的117个援助项目的资金)。③ 自1994年国家决定由经济较为发达的地区支援西藏建设和发展以来,10年期间有18个省市、61个中央国家机关和17个中央企业向西藏提供64亿多元的援助资金,援助项目达1698个。在资金和人才的援助下,21世纪头四年,西藏经济平均增速达到12.5%,明显高于全国平均8.6%的增长速度。2004年,西藏全年生产总值首次突破200百亿大关,比上年增长12.3%,在中国的2个西部省区中位居第三。④

研究藏区经济状况对藏区稳定的意义在于,"有产者有恒心"几乎是一个古今中外亘古不变的定律,即经济状况决定民众对社会稳定的期望度。如郝铁川先生的研究所言:20世纪50年代末期,"莱纳和利普塞特提出了'一个国家经济状况愈好,它维系民主制度的可能性愈大'的假说,得到不少证据支持。许多研究者曾用经验数据检验经济财富与民主化之间的正相关性并得到了证实。博伦和杰克曼曾经使用1960年和1965年两个年度的政治指标对100多个国家的民主制度的相关因素进行过全面的研究,

---

① 杨虎德:《经济发展与青海藏区社会稳定》,载《青海民族研究》2009年第1期。
② 李忠斌、陈全功:《特殊扶贫开发政策助推少数民脱贫致富:30年改革回顾》,载《民族问题研究》2009年第2期。
③ 李忠斌、陈全功:《特殊扶贫开发政策助推少数民脱贫致富:30年改革回顾》,载《民族问题研究》2009年第2期。
④ 杨虎德:《经济发展与青海藏区社会稳定》,载《青海民族研究》2009年第1期。

他们发现,'经济发展水平对政治民主有重大影响……'"①这些调查结论同样可用于解释形成公民权利实现差序格局的原因,即丰衣足食的人才有时间和精力去做一个热心实践自己法律权利的公民。富庶的社会产生健全的权利,健全的公民才能行使健全的权利。②

从这一意义上讲,藏区经济权的过度贫弱可能会是影响藏区稳定的潜在因素。在3·14事件之后,有人提出了"国家给了西藏如此多的援助,西藏几乎由国家来供养着,为何还不满足"的质疑,似乎藏区有忘恩负义之嫌,但如果真正了解了藏区的经济贫困,会发现上述质疑是不切实际的。以西藏为例,即便是国家在政策上进行了如此大幅度倾斜的情况下,其经济、社会、文化权利的享有状况仍然远远低于全国平均水平。

一是农村人口文化素质全国最低。西藏县、乡人口文盲率达52.24%,其中15~19岁的青年文盲率为38.44%,20~29岁的年轻人文盲率为40%左右。2005年15岁及以上人口文盲率高达44.84%,其中男性超过33%,女性超过了55%,是全国最高的。比全国同期平均水平分别高出33.8%、27.62%、39.61%,与全国第2高的青海相比,分别高出20.77%、18.48%、22.58%。

二是农村居民家庭劳动力受教育程度构成水平是全国最低的。不识字或识字很少的人的比例高达52.6%,比全国同期平均水平高出45.7%,与全国第2高的青海省相比也高出28.5%。(详见表47):

表47 2005年全国及西藏、青海农村家庭劳动力受教育程度构成水平对比

单位:%

地区	不识字或很少识字	小学	初中	高中	中专	大专及以上
全国	6.9	27.2	52.2	10.2	2.4	1.1
青海	24.1	39.8	38.5	6.2	1.1	0.4
西藏	52.6	43.4	3.5	0.3	——	0.1

---

① [美]西摩·马丁·利普赛特、宋庆仁、约翰·查尔斯·托里斯:《对民主政治的社会条件的比较分析》,仕琦译,载《民主的再思考》,中国社会科学杂志社编,社会科学文献出版社2000年版,第74~75页。

② 戚渊:《论公民权行使的条件》,载龚祥瑞主编《宪政的理想与现实——宪法与宪政研究文集》,中国人事出版社1995年版,第103页。

三是贫困人口全国最多。国家已明确西藏是集中连片的特殊贫困地区,贫困县数占全区总县数的 80%。2004 年,全区农村贫困人口数有 2610 万人,西藏贫困地区的农业人口是 223.37 万人,占全国农村贫困人口总数的 8.69%,贫困人口占同期全区人口的 84.78%。

四是农村人类发展指数全国最低。根据《中国人类发展报告 2005》发布的数据显示,2003 年,西藏全区、城镇、农村人类发展指数都在全国 31 个省份中位于最后。尤其是西藏农村的人类发展指数中所有指数都低于全国其他 30 个省份。[①](见表 48)

表 48

地 区	全国排序	人类发展指数	预期寿命	教育指数	GDP 指数
全 国		0.685	0.743	0.764	0.547
新 疆	14	0.705	0.764	0.828	0.522
内蒙古	20	0.683	0.748	0.800	0.502
青 海	27	0.614	0.703	0.682	0.456
甘 肃	28	0.603	0.665	0.679	0.467
云 南	29	0.599	0.680	0.621	0.496
西 藏	31	0.562	0.656	0.530	0.502

上述分析表明,由于藏区农牧民享有经济社会权利极度不充分,因此,自我社会反抗意识或在其他反社会势力如"藏独"的操纵下发生打砸抢烧事件就具有某种必然性。但是我们认为,以贫富差距作为影响藏区治理与形成区域不稳定的主要原因是片面的。首先,中国的贫富差距并不是一个区域现象。一项全国性的调查表明,在问及"您怎样看待我国目前的贫富差距问题?"时,回答"很严重"的占 26%,"比较严重"的占 47%,而答"一般"、"不太严重"、"不严重"和"说不清"的加起来仅占 27%。总的来看,认

---

① 次顿主编:《推进西藏社会主义新农村建设研究》,西藏藏文古籍出版社 2009 年版,第 142~145 页。

为贫富差距比较严重的占73%。① 其次,贫富差距也不是一个民族个体的现象。有学者对西北少数民族的专项课题研究表明,对社会贫富差距过大不满意,是西北少数民族的共同看法。可以看出,课题列举的8项较能全面代表民众对社会满意度评价的因子,在藏族的评价中,对"贫富差距"最不满意,列最后一位;在蒙古族的评价中列倒数第二位;在土家族族的评价中列最后一位;在维吾尔族的评价中列倒数第二位;在回族的评价中列最后一位;在撒拉族的评价中也是列最后一位。详见表49。②

表 49

	藏族评价得分	蒙古族评价得分	土族评价得分	维吾尔族评价得分	回族评价得分	撒拉族评价得分
赚钱机会	3.94	4.60	3.79	7.48	3.34	4.11
物价状况	4.30	4.06	4.90	6.35	3.71	4.61
商品质量	3.44	3.62	3.09	5.34	3.64	3.87
贫富差距	3.38	3.70	2.86	6.10	2.90	3.80
治安司法	4.28	4.36	4.04	6.47	4.19	4.94
社会保障	4.58	5.30	4.49	6.55	4.42	5.05
环境保护	4.14	5.10	3.96	6.28	4.11	5.25
民族团结	6.59	7.80	7.16	7.41	6.69	7.30

再次,就纵向比较而言,在国家的倾力相助下藏区的经济社会发展成效显著。以西藏为例,生产总值连续7年保持在12%以上的增速,2007年达到342亿元,人均生产总值超过12000元;2007年西藏农牧民人均收入达到2788元,连续5年保持两位数增长。横向比较显示,在西藏,农牧民小学生、初中生实行包吃、包住、包学习的"三包"政策,西藏在全国率先实行了城乡免费义务教育;西藏在全国率先实现了城镇居民医疗保险全覆

---

① 周毅:《西部大开发前沿问题研究》,陕西人民出版社2002年版,第3页。
② 赵德兴等著:《社会转型期西北少数民族居民价值观的嬗变》,人民出版社2007年版,第162、213、250、301、346、393页。2005年民族地区现代化水平全国排名显示,五大民族自治区都较为靠后,其中内蒙古第15位、广西第28位、西藏第29位、宁夏第17位、新疆第22位。都永浩:《我国民族地区和少数民族社会事业发展与民族素质因素》,载《民族问题研究》2008年第2期。

盖;西藏在全国率先建立了农牧民最低生活保障制度;西藏职工工作时间每周为35小时,比全国法定职工周工作时间少5小时;藏文成为中国第一个具有国际标准的少数民族文字等等。尽管与全国发达水平相比藏区依然很落后,但其发展的速度与势头确实非常令人瞩目。

上述研究结论使我们非常困惑,既然区域发展差距是全国现象而非民族个体现象,而且国家也为藏区的发展做了尽可能大的努力,但为什么藏区这种不稳定的因素或倾向却始终存在呢?我们认为,问题的关键是没有看到物质的帮助对一个民族心理改变的有限性,特别是对一个具有浓厚的"重精神、轻物质"传统文化的民族来讲,尽管今天有了某些义利并举的倾向,但总体上,物质满足在排序上仍然位于精神追求之后。这里就回到了问题的原点,即在关于藏区治理的方略选择上,一定要物质帮助与文化(扶贫)引导并举,重在培养能使民族凝聚力得以聚拢的公民意识与公民文化。因此我们认为,就法律治理的视角而言,藏区的不稳定主要体现为在与国家关系上趋于离心化、表达诉请上的非理性化、纠纷解决上的非国家化以及文化追求的非多元化。而这些缺陷恰好是公民文化所能克服的。因为公民意识既包含公民个体对自己及他人权利的认知、对尊严和价值的认知,也含有对国家和社会的责任感,使公民在成为统治者的同时也能够作为被统治者服从国家整体与发展。[①]

而这种行为模式与心理定式一旦形成,就意味着藏区治理方略的实效性转化。其具体路径为:首先,要加强藏族民众作为公民的政治荣誉感,营造藏族是藏区法律意义上的自治主体的文化氛围,强化少数民族的国家认同。从实际情况来看,藏区治理中的困境之一就是藏区的政治和谐问题。在民族问题的研究中,民族政治和谐,主要是指各族人民对政治共同体认同的性质。一般表现为民族社会的可控和有序状态,即政治共同体在根本制度性质不变的前提下的动态平衡。主要涵盖各民族间政治权力和地位

---

① 魏键馨:《论公民、公民意识与法治国家》,载《政治与法律》2004年第1期。

及其尊严、少数民族地区的自治权利等内容。① 有学者对民族关系的和谐综合指数以权值100、分为10项二级指数进行评估,具体包括少数民族公民在人民代表中的比例、少数民族公民在政协委员中的比例、民族区域自治条例颁布实施率、少数民族干部的培养使用率、民族区域民族冲突群体事件指数(负)等五项三级指标的政治和谐指数,在综合指数权值100中的参考权值为14,在综合指数中的权值所占比例最高。② 由此可见,政治和谐居于核心地位,是其他领域和谐的基础和前提。就藏区治理的经验和规律来看,政治和谐决定着藏区关系的走向与治理的效果。

政治和谐的核心指标是培养少数民族的国家认同意识。从藏区的实

---

① 但是在区域自治的具体方面,现有的法律规定还有待于进一步明确和细化,如《自治法》第17条规定:"自治区、自治州、自治县的人民政府的其他组成人员,应当合理配备实行区域自治的民族和其他少数民族的人员。"第18条规定:"民族自治地方的自治机关所属工作部门的干部中,应当合理配备实行区域自治的民族和其他少数民族的人员。"如何评判是否"合理"? 没有量衡,是占20%还是占80%? 在实践中很难把握,应作出具体的规定。建议明确比例,规定"民族自治地方的各级干部比例要与其行政区域内的民族人口所占比例相适应"。又如《自治法》第19条规定:"民族自治地方的人民代表大会有权依照当地民族的政治、经济和文化的特点,制定自治条例和单行条例。"全国5个自治区,新疆、宁夏、广西3个自治区都已经建立了50年,内蒙古自治区已经建立了60年,西藏也已经有40多年,但是5个自治区的自治条例都没有制定出台。全国人大常委会应当限定一个时间表,规定5个自治区必须在5年内制定完毕,否则追究责任。同时,全国人大常委会应当领导、组织5个自治区开展制定自治条例的工作。实践证明,仅靠5个自治区自身的力量是无法完成法律所规定的任务的。再如《自治法》第20条规定:"上级国家机关的决议、决定、命令和指示,如有不适合民族自治地方实际情况的,自治机关可以报经该上级国家机关批准,变通执行或者停止执行;该上级国家机关应当在收到报告之日起60日内给予答复。"这里的"不适合"在实践中很难确定,上级国家机关认为"适合",民族自治地方认为"不适合",谁来评判? 如果上级国家机关超过60天也不给予答复又怎么办? 建议作出司法解释进行相应的法律界定。同时必须规定:"如果60天内不给予答复的,应视为同意,民族自治地方可以自主执行。"还如《自治法》第22条规定:"民族自治地方的自治机关录用工作人员的时候,对实行区域自治的民族和其他少数民族的人员应当给予适当的照顾。"何为"适当"? 怎样算照顾? 建议明确"给予适当照顾"的方式方法,比如是否能规定一定的比例,在录用考试时能否降若干分录取,等等。周建:《关于〈民族区域自治法〉若干法律条文细化的研究》,载毛公宁、吴大华主编:《民族法学评论》,团结出版社2009年版,第96页。

② 关于具体指标体系的分析及参考权值的图示,详见阎耀军:《民族关系和谐的逻辑结构和系统分析模型》,载《民族问题研究》2009年第2期。

际情况来看,汉族与少数民族之间的矛盾是民族关系中最主要的矛盾。究其原因,从客观上来看,是不断增加的汉族移民与当地少数民族为生存和发展争夺政治、经济和社会资源的矛盾;从主观上来看,与汉族和少数民族各自的认同意识大于国家认同意识有关。随着民族地区物质生活水平和精神文化生活的多元化发展,影响汉族与少数民族关系的客观性因素会逐步远去,但民族认同意识的稳定性和滞后性特征还将在以后的岁月中继续对民族关系施加负面影响。在这种情况下,民族关系是否能够和谐的关键因素就是对国家的认同程度。对国家认同程度高,民族关系和谐程度就高;对国家认同程度低,民族关系和谐程度就低。即对国家的认同,视国家命运为自己命运、视国家荣辱为自己荣辱的意识就构成了民族关系和谐发展的核心变量。① 民族关系的和谐也就相应地成了民族地区社会稳定的基础,同时意味着少数民族的公民意识随着国家认同程度的提高而提升。

其次,要努力强化藏区的人文教育,要坚信唯有教育才有可能改变一个民族的思维方式。有学者对"我国民族地区和少数民族社会事业发展现状"的研究表明,少数民族文盲人口占15岁以上人口的比例,藏族为47.55%,在人口超过百万的少数民族中是最高的。2005年第一次现代化社会指标达标程度统计中,西藏的成人识字率仅为69%,大学入学率仅为57%,两项均低于全国100%的水平。2004年民族自治区知识传播指数评价中,西藏中学普及率为42,大学普及率为7;中学普及指数为42,大学普及指数为10,知识传播指数为27,远远低于全国50的平均指数。② 过低的人文教育基础,显然难以培养与国家关系上的理性判断能力。教育能培养人们良好的政治参与意识与判断力,也能教给人们理性的诉请表达和解纷方式,教育的最大功能在于"教育使人容易被领导,但难以被驱使,容易被治理,但难以被奴役"。③ 我们认为,对藏区的基础教育应有特别的立法加以强化,如在藏区推行12年义务教育制,以提高藏区的基础教育水平;

---

① 徐黎丽等:《影响西北边疆少数民族地区民族关系的变量分析》,载《民族问题研究》2009年第8期。
② 都永浩:《我国民族地区和少数民族社会事业发展与民族素质因素》,载《民族问题研究》2008年第2期。
③ 转引自徐显明主编:《人权研究》,山东人民出版社2001年版第一卷,第549页。

订立定期派学生到内地进行交流学习制,特别是通过中国国家演进史的教育,增强他们的爱国意识等。

再次,宗教政策具体策略的适度转向。由于藏族全民信仰藏传佛教,佛教理念是藏族信众的根本价值观,因此要改变宗教是一种边缘化知识的传统观点,治藏策略必须要遵循一般的宗教规律。一是在政策导向上要实行"外松内紧","外松"即在有关的法律规定中,一定要显现出我国尊重宗教自由的态度,尽力提供保障宗教自由的基本条件;"内紧"即在尊重宗教应有规律的基础上,使宗教成为一种理性的精神文化。每次的"藏独"行动中,僧侣都扮演了非常重要的角色,原因之一在于他们的人文水平低下,试想一个从小进入寺院只接受了宗教教育而缺乏最基本的现代人文教育的人,他们的言行能不盲从于他们的宗教领袖吗?他们的思维能超出狭隘的宗教本位吗?能指望他们有国家利益至上的理性判断吗?要改变这一切,有两方面的切入点,一方面,现代国民教育要进寺院,尤其是在寺院的青少年,寺院在对他们进行宗教教育的同时一定要督促他们完成九年甚至十二年国民义务教育;①另一方面是法律要进寺院,当然方式要有选择,既要将法律中遵纪守法、爱国爱民的精神与藏传佛教中的向善利他、关爱生命、保护生态等优秀文化传统嫁接,这比单纯的理论说教更会加强法律进寺院的有效性。

最后,社会性公共法律教育的制度安排。法治国家的终极目标是自由与秩序,而公民的社会责任意识会直接影响这个目标的达成。藏区法律教育的重点是要让使公民认识到,个人自由与社会发展和人类进步是密切相关的,离开社会和人类不可能有单个的个体存在。每个人在从社会中获得了个体的发展的同时,必须要给予社会相应的回报和贡献。但是藏区的法律教育必须要有适合民情的沟通方式,由于藏区的族际观念很强,因此由懂藏汉双语的藏族法律人士进行法律讲解不仅在内容上,而且在心理上更能让他们接受。从我们在藏区的调研来看,这一点甚至关乎法律教育的直接效果,藏区从事法律宣传的人总结认为,语言障碍是造成藏区民众对法

---

① 这种思路源于对西方社会的直观考察。西方社会宗教对人们的生活影响很大,但宗教人员堪称社会的道德楷模,民意调查也显示法官和牧师是社会上最为守法的群体,我们认为这在很大的程度上归功于良好的人文教育。

律宣讲冷漠的主要原因。从实际情况来看,藏区无论是演示法律的司法部门,还是宣讲法律的行政部门,双语人才极其缺乏。如以青海为例,黄南藏族自治州法院系统共有干警102人,双语法律人才2人,州检察院系统共有干警125人,双语法律人才3人;海南藏族自治州法院系统共有干警236人,双语法律人才4人,海南州检察院系统共有干警176人,双语法律人才4人。两州的司法行政部门基本无双语法律人才。考虑到这两个部门在公共法律教育方面承担着演示法律和宣讲法律的重任,双语法律人才急缺的现状应引起高度重视。

上述分析旨在寻求使藏区稳定的一些理论努力方向,即良好的人文教育给民众思维以理性,符合规律的宗教政策给信徒以自律,贴合民情的社会性法律教育有助于公民形成法律责任感,这些可能是藏区得以治理的内部必要条件,也是藏区稳定的基本人文条件。

五、藏区治理与稳定的思路之二:尊重民族文化与权利的思维

在藏区治理的策略选择上,必须要有一种认真关注藏区"地方性知识",尊重其文化与权利的思维,这是我们构建具有可操作性方略的文化基础。

(一)尊重民族的习惯性权利

"习惯"乃是为不同阶级或各种群体所普遍遵守的行动习惯或行为模式。① 对少数民族而言,习惯所表现和涉及的则基本涵盖了人们在劳动生产、衣食住行中的所有传统语言或行动模式。一般而言,不管人们出于明

---

① [美]博登海默:《法理学——法律哲学与法律方法》,邓正来译,中国政法大学出版社2001年版,第379页。

确意识还是不意识,他们都会遵守业已确立的习惯。这些习惯和民俗在某个特定的群体中是统一而普遍适用的,并且具有强制性和亘固不变性,随着时间的流逝,它们愈发带有独断性、实用性和不可违抗性。① 所以博登海默讲,"当这类习惯被违反时,社会通常会通过表示社会性的不满或不快的方式来作反应;如果某人重复不断地违反社交规范,那么他很快就会发现自己被排斥在社交圈外了"②。梅因也认为:一个特定社会从其初生时代和在其原始状态就已采用的一些惯例,一般是一些在大体上最能适合于促进其物质和道德福利的惯例,如果其能保持完整性……则整个社会几乎可以肯定是向上发展的。③

少数民族的习惯性权利源于他们共同认知的民间自治规则,解决纠纷的机制是他们这一自治系统的核心,少数民族的习惯性权利比较多地体现在纠纷解决的理念、方法之中,从区域治理秩序的角度讲,主要包括两个方面。

1. 自主解决民事类纠纷的权利。民族地区的农牧民对国家民事法律知之甚少,他们的相互交往是一种自然秩序。熟人社会的和谐思维决定了民众间的纠纷较少,一旦发生就尽量在生活自治体内自主解决,很少诉诸法院。

调研资料(40):夏某,男,藏族,黄南同仁某村村支部书记。

本村纠纷不太多,村民主要是和周边外来人口发生一些纠纷,一旦出现纠纷都是由我们村的调解委员会出面解决。2009 年 8 月 7 日,我们处理的加某和南某因房屋买卖纠纷案效果挺好。具体情况是,加某和南某是邻居,加某的院子位于东边,南某位于西边,双方曾有买卖院子的意愿,就是加某想买南某的院子。后来没有达成协议,自此双方有些不快。南某家的大门原来开在北边,后又在南边开了一个门。加某认为,南某家在北边已经有门,现在在南边开的门对加某家的出行造成不便,是故意和他们过

---

① [英]罗杰·科特威尔:《法律社会学导论》,潘大松等译,华夏出版社 1989 年版,第 21 页。
② [美]博登海默:《法理学——法哲学及其方法》,邓正来译,中国政法大学出版社 2001 年版,第 399 页。
③ [英]梅因:《古代法》,沈景一译,商务印书馆 1959 年版,第 11 页。

不去。今年8月1日,双方终于为此发生冲突,南某打了加某的妻子,加某的妻子住院治疗花去3000余元。这一事件经我们村调解委员会做工作,双方达成以下协议:

调解书

……最后调解决定,由于双方冲突的起因是房屋买卖,如果加某不买房子,两家的矛盾永远也不能解决,所以加某一定要买下南某的房子,价格是南某修南墙的花费2300元,地款20000元,共计22300元。双方在协议达成后,不许反悔。

在我们村,这类协议基本都能遵守,很少去法院,我们解决不了的由镇上解决。

资料显示,本案的民间权威们认为,双方矛盾的核心是房屋买卖问题,并认为唯有双方买卖行为的践行才是解决问题的唯一方法,故协议要求"加某一定要买下南某的房子"。这显然与契约自由的民事法律原则相抵触,有违法干预村民民事行为意思自治之嫌。但我们要充分认识到,假如依照国家民事法契约自由的原理解决该纠纷,在双方已有暴力冲突的情况下,平等协商和平共处的基础显然已经被破坏,如不以这种看起来是"违法"的民间手段解决问题,则有可能冲突升级,最终影响村落的自治秩序。可以认为,就民间治理效果而言,民间习惯性权利的运用最符合"经济理性人"思维。民事纠纷习惯权利的维护,最有利于维护基层熟人社会和谐治理与社会稳定。

2. 协议解决刑事类纠纷的权利

目前藏区的司法实践表明,一旦发生了伤害、死亡事件,赔偿是解决问题的前提和最基本手段,即"杀人者赎",赔偿作为一种解纷的有效手段具有普适性。同时,赔偿几乎是致害者获得受害者家属谅解和当地民众宽容的唯一方式,是鼓励受害者家属和当地群众集体到司法机关吁请对致害人从轻处罚的条件,这样的结果一般具有解纷的永久权威性。

而且在藏区,致害人对侵害生命和身体的行为予以赔偿,正在从一种民间习俗向官方认同的制度性惯例转化。表50是某藏区司法机关从2003年至2008年处理的杀人和伤害的全部案件。

表 50

时间	案　情	司法处理	习惯处理
2003	多杰南杰故意伤害案	判刑	赔偿
2003	谭磊故意伤害致死案	判刑	赔偿
2004	尖参故意杀人案	判刑	赔偿
2004	扎西东智故意伤害致死案	判刑	赔偿
2004	哇力故意伤害案	判刑	赔偿
2005	果巴故意杀人案	判刑	赔偿
2006	送太加故意杀人案	判刑	赔偿
2007	仁青多杰故意伤害致死案	判刑	赔偿
2008	关却平达杰过失致人死亡案	判刑	赔偿

上述在近 6 年内所发生的 9 件案件,是青海藏区一个基层司法机关辖区内所发生的应当按藏族民间习惯进行赔偿的全部案件,上述案件的处理结果,比较典型地反映了藏区基层司法机关处理此类案件时的基本理念和行为取向:官方鼓励或默许当事人在诉前进行协议赔偿,故上述案件毫无例外都依照民间习惯做了赔偿,但与以往不同的是,官方的这种趋向是公开和法定化的,主要表现在案卷中将请求书或赔偿协议作为证据文书收集在内,承认其作为法律文书的有效性。赔偿活动一般有由所有赔偿调解参与人签名的协议书为证,作为对等条件,受害方当事人或所有调节参与人会联名要求对致害人从轻处罚。

在藏区,处理刑事案件的习惯法经验还表明,其习惯法不仅可协议解决刑事案件的实体部分,还可解决一些在国家法管辖之外但对民间社会有非常重要的内容,如利害关系人将来的和谐相处问题、最能淡化利害关系人恩怨的合理刑期、对行凶者在共同体中的资格保留问题等。

调研资料(41):

补充协议

普某(犯罪嫌疑人)与环某(死者)的家人在第一次民事赔偿部分(即普家赔环家现金7万元、绵羊100只)的基础上,双方在普某如何承担刑事责任的问题上,再次达成如下补充协议:

普家与环家同村,如今,由于环某的不幸死亡,如果普某不受刑事处分,那么环某的家人和村民有可能再次发生矛盾,影响社会及本村的安定团结,所以,经普某的父亲与环的哥哥及村委书记等人协商,司法机关要对普某判处一年左右的刑期(普某要在监狱待一年左右的时间),普某才能回到村子里来,否则,环某的家人及村民都不能接受。

上述协议的内容是双方在自愿协商的基础上达成的,双方必须遵守。

协议双方:

普某家人	环某家人
斗拉加	俄赛
元旦尖措	赛科玛
久先	尖参

除上述协议外,还有村委会出具的盖有公章的所有见证了调解的人员名单,近40余人,全都画了手押。

另有寺庙人员若干为证。

协议签订后,对于普某再过多长时间后才能回村的问题,村中又派了两名代表到县里来协商,最后由县政法委、法院和村里的代表三方商定,普某出狱后3年内不能回村,但保证不将其赶出村子(即保证普某在3年后可以回村拥有正常的村民资格)。

协议的细节给我们提供了藏区习惯法这种民间非正式机制有利于区域治理的发生原理。首先,对此类问题应通过民间协议解决已不再是当事人之间的事,而是区域利害关系人的共识,是这种特定区域内发生纠纷后的思维定势,这是对传统的严格恪守,其目的不仅是要解决利害关系人间的习惯法责任问题,还要一次性解决当事人间的后续问题以维护区域稳定;其次,协议的内容是利益关涉者间充分民主达成,是各个参与者在充分协商基础上的默契,利害关系人、村内公共权威(村委书记)、区域宗教人士(活佛及僧人)及民众(村民)的意志往往被顾及;再次,生活空间内的所有的人，对此类事件既是责任人（因致害一方的族人，本部落人也负有赔偿责任），也是协议必须履行的监督者和保证人，本协议中有40余人签字的行为就具有这样的意义。因此，义务人如不履约，他就是公然挑战他们千百年来一贯奉行的解纷传统，除了受到仇家的无休止的追究和报复外，还意味着他与整个生活空间中的集体民意在对抗，在一个依靠互助才能生存的自然经济的生活环境中，这种压力使义务人除了竭尽全力乃至倾家荡产赔偿外，别无选择。可见，这种拿不到法律理性层面上去理论的民间强制，却保证了民间协议的有效履行。由于藏区对杀人、伤害案件的处理普遍奉行"刑可以不判，但命价不能不赔"的观念，所以"赔"实际上成了致害人安心服判、能与受害人一方和睦共处，并保证区域安定的前提条件。可见，从严格法律规范主义的角度讲，在国家法定司法机关之外由其他利害关系人议定司法结果显然是荒谬的，但目前的现实是，这种方式不仅仅是藏区民众的解纷方法，更为重要的是这也是司法机关较为倾向的方法，司法机关更希望在被告人与受害者间先达成有关赔偿协议，因为这样的关于刑事案件的处理顺序更有利于实现"案结事了"。因为作为"赔命价"习惯理论基础的是佛教的"不杀生"宗教理念，其倡导人们改恶从善、杀人为恶，发生命案后又要杀人者以命偿命，更是罪恶。因此，"赔命价"习惯在某种程度上，有利于当事人之间、当事人所代表的各自家族部落、群体之间乃至局部区域的和谐。又由于"赔命价"习惯法的核心在于赔偿被害人的损失，其目的在于劝退被害方复仇家族，使之从势不两立的境地回头，使加害人悔罪或认错，最终消除双方之间的仇恨，使纠纷最终得以解决。[①]

当然，这里主张尊重藏族的习惯法权利，并不意味着全面肯定藏区的刑事习惯法，如前文所述，因为藏区习惯法的弊端是显而易见的。我们只是主张从资源可及性的角度，认可一些已被区域民众视为是"公理"的刑事习惯权利，以利于实现官方在特定区域的治理秩序与社会稳定。

[①] 张济民：《寻根理枝——藏族部落习惯法通论》，青海人民出版社2002年版，第78页。

(二)构建宗教文化与社会治理的和谐

在民族地区,宗教文化是少数民族社会资本中最具特色的部分,是影响民族地区区域治理与社会稳定的重要变量,因为"宗教一头牵着深沉的精神追求,一头掌握着大批群众,直接沟通着信教群众的情绪乃至潜意识。由于情绪的相互感染、价值的相互认同、行为的相互激励,比较容易掀起难以遏制的群体性的宗教热情"。[①] 这在2008年发生在拉萨的3·14事件和青海黄南同仁的2·21事件、2·22事件中有较为典型的体现,尽管我们对它们的政治定型是非民族宗教问题,但不应否认宗教势力对事件所起的不良影响。但我们要倡行的是,不能以某些宗教人士的不理性就对其采取更加不理性的政策,而应采取"理性宽容、科学规制、合理利用"的策略,使宗教成为区域社会稳定的优良资源。

首先,理性宽容地对待信教公民宗教信仰自由,不将即便是一些过激的宗教行为泛政治化。青藏高原民族地区虽然几乎是全民信教,但并非普通信教群众都了解其宗教真义精髓,甚而有的信徒的宗教虔诚程度与宗教认知程度成反比。因此,我们就需要以宽容理性的态度,以"四个维护"即"维护人民利益,维护法律尊严,维护民族团结,维护祖国统一"作为甄别事件性质、调控宗教矛盾的基本准则。如同任何自由都有其边界和限制一样,"四个维护"就是任何组织、社团和个人行使宗教自由权利的"度",也是宗教管理在保障公民宗教信仰自由权利方面,"作为"与"不作为"的"度"。

由于青藏高原地区宗教突发事件所涉及的因果关系复杂多样,各种矛盾盘根错节。将违法行为与法律所保护的宗教信仰自由权利严格区分开来,是应当着重考虑的问题。宪法等法律,为保障公民信仰自由权利在各个社会生活领域中的实现,作了具体规定。这些法律,是我们在宗教表象下分清合法与违法的准绳,也是就事论事、对事不对人地依法分别处理的

[①] 孙恪廉、王小力、赵文舟:《西部宗教突发事件的定性与法律适用》,载《重庆社会主义学院学报》2005年第3期。

根据。青藏高原民族地区群体性宗教突发事件，各种因素交织重叠，应切忌草率定性，动辄定性成"被坏人利用"，而应具体问题具体处理。是什么问题，就是什么问题，不把非宗教问题上纲为宗教问题；是谁的问题，就是谁的问题，不把个人纠纷夸大为民族、宗教之间的纠纷；不把伊斯兰教与恐怖主义挂钩、不把藏传佛教与分裂主义挂钩、不把非法宗教活动与宗教极端势力挂钩；属性质复杂事件，就析疑归类，厘清其中的政治问题、社会问题、经济问题、民族宗教问题，不同的法律关系适用不同的法律，按其行政、民事、刑事的性质分类处理。对纯粹民族、宗教问题，则要按照党的政策，运用统一战线的方式妥善处理。①

其次，规范区域宗教行为的立法理念要合乎宗教规律。2008年3·14事件之后，宗教与民族地区尤其是藏区稳定的关系问题又引起了各界的高度重视。针对藏区突发事件频发的特殊情况，藏区政府开始了大规模的关于民族宗教事务管理的地方立法活动，以青海为例，先是省政府制定《青海省宗教事务条例》，然后是藏区六州纷纷响应跟进，制定自治州一级的宗教事务条例。这些体现当代依法治理理念的立法措施无疑具有非凡的文明价值，它会极大地促进民族地区宗教事务的管理实现从政策调控向法律治理的转型，也可能会逐渐揭去宗教管理的隐秘色彩，还原宗教活动的本原与常态。这种格局会很有利于宗教与社会的正常交往，发挥宗教的向善功能，努力使宗教与社会秩序的要求基本相适应。

再次，合理利用宗教的积极价值维护区域社会稳定。宗教与区域治理和社会稳定的关系非常密切。理论界普遍认为宗教的神圣性能有效支持法律信仰，如果上述命题成立或具有足够的合理性，则西部社会大量的宗教资源与丰富的宗教生活，恰恰是西部社会法律信仰养成的优良资源。试想，藏区民众基本是全民信教，如果能使他们对宗教的信守与虔诚转化为对法律的信守与虔诚，则可以确信藏区实行法律治理的社会基础一定是蔚为壮观的。因此，要努力寻找具有规则价值的宗教因子，诱导人们将对宗教的神圣情感转化为对法律的忠诚与确信。这种转化必要借助于仪式，仪

---

① 孙恪廉、王小力、赵文舟：《西部宗教突发事件的定性与法律适用》，载《重庆社会主义学院学报》2005年第3期。

式的不断重复,强化了人们对教义真谛的信仰。而西部社会的大量宗教都以仪式为载体,存在转化的基础。在西方的法律传统中,宗教在法律中占有重要的地位,法律带有宗教崇拜般的色彩,而宗教仪式又是构建宗教信仰的前提和基础。伯尔曼认为,法律与宗教共同享有四种要素:仪式、传统、权威和普遍性,而仪式是法律与宗教的超验性价值联系与沟通的首要方式。他断言:"法律像宗教一样源于公开仪式,这种仪式一旦终止,法律便失去生命力。"[1]离开了仪式,宗教的信仰与观念无法内化,法律的内涵与权威无法体认,进而这些无形的规范无法被人人接受和遵守。

而在宗教道德资源的合理利用方面,藏民族地区对生态保护的做法堪称典范。受佛教思想的影响,在本体意义上藏族群众把日常生活中整个自然系统中的生命体都平等对待。藏传佛教从一切生物都具佛性、杀害生灵就是杀害佛性的思想出发,把杀生列为诸罪之首和使人堕入地狱的特殊业力,制定了许多规范,如大多数藏传佛教寺院每年公历七月间禁止僧人出外踏青,因害怕会踩死路上的小虫。这种禁忌的意义不仅仅是对僧人的约束,主要是对百姓的一种感化:保护自然界的每一种生物体,无论其大小。由于宗教精神的渗入,藏民族都相信万物有灵,神灵无处不在、无所不能。在少数民族地区,几乎每一座神山都是一个原始的自然保护区。例如,云南香格里拉和德钦两县约80%的山脉,被赋予神性而成为藏族家家户户、村村寨寨都崇拜的神山。每一座藏传佛教寺庙及其周围地区,都被赋予神性并因而成为必须保护的地方。宗教资源以其独特的方式对生态秩序的维护起到了重要作用。保护生态就是藏民族生活的样态。[2]从更深远的意义上讲,肯认宗教资源对维护生态秩序的价值,等于在赞誉宗教文化本身,这无疑会提高藏族信众维护生态秩序的积极性,同时,由于生态对少数民族生存具有决定意义,鉴于当今藏区生态恶化危及少数民族生存导致区域不稳定的现实,因此,保护生态就等于在根本上保护少数民族地区的社会稳定。

最后,宗教人员的公民权保障问题。虽然在本质上,宗教是超越于世

---

[1] 伯尔曼:《法律与宗教》(中译本),中国政法大学出版社2003年版,第23页。
[2] 见拙著:《生态习惯法对西部社会法治的可能贡献》,载《甘肃政法学院学报》2007年第3期。

俗的,但这种精神上的追求并不能影响宗教人员作为一国公民的应有地位。人是社会良性治理和稳定发展的关键。从以往来看,由于缺乏对于宗教人员的社会保障与社会公共服务的关注,也发生了一些宗教人员上访等。近年来,藏区地方政府为此作了较多的努力,其中,青海黄南州尖扎县创立的寺院村级化管理模式就具有一定的代表性。

资料(43):青海省黄南藏族自治州尖扎县位于青海省东南部,黄南藏族自治州北部,是一个以藏族为主,藏传佛教与伊斯兰教并存的多民族聚居地区。全县总人口51831人,其中藏族人口32585人,占总人口的62.87%以上,辖内有藏传佛教寺院19座,其中格鲁派寺院15座,宁玛派寺院4座,僧尼总数为704人。在全县的19座寺院中,3个为县管寺、14个为乡管寺、1个为村管寺、1个为未开放寺。19座寺院分布在辖内措周乡、马克唐镇、康杨镇、多加、贾加、坎布拉镇、尖扎滩、当顺、昂拉等地区。2006年尖扎县着手开展了寺院村级社会化管理试点工作,2007年在全县范围内推行,2008年进一步深化完善,三年迈出了三大步。三年来,尖扎县始终坚持"管理与服务并重"的原则,本着"寺院管理村级化、僧人管理村民化、内部管理制度化、财产管理集体化"的管理思路,以"理顺体制、加强管理、落实政策、惠及寺院"为目标,以实现"四通五有六覆盖"为着力点,积极探索,全面推行寺院村级社会化管理工作,取得了显著的成效。尖扎县自实行寺院村级社会化管理以来的两年多时间内,对寺院的各项基础设施建设投资达1400多万元,极大地改善了寺院的条件,为宗教教职人员和信教群众创造了良好的宗教环境。在寺院村级社会化管理工作中,对寺院的殿堂、宗教用品、珍贵文物等宗教活动设施等进行了全面的登记,建立管理档案,制定管理措施。并就宗教设施及管理中存在的问题进行了及时解决,如先后就所辖尼姑寺、拉茂德钦寺、宗能寺等6个寺院的殿堂维修、文物保护、消防器材等投资30多万元,为寺院解决了实际问题。僧尼生活及健康得到进一步关注。尖扎县在寺院村级社会化管理工作中,将关注僧尼的切身利益作为一切工作的切入点,受到僧众的普遍认同。截至目前,全县享受农村低保的僧尼227人,列入五保户的18人,列入救济户的7人,70岁以上专项救助的23人,救助人数占僧尼总数的39%。全县有6座藏传佛教寺院建立了寺院卫生室,并将其他寺院的卫生室建设列入卫生部门的工作计划,打算在近两年内完成。全县僧尼(包括外县籍)参加了农村新型医疗合作保险。

尖扎县推行寺院村级社会化管理的目标任务内涵充分体现了政府对寺院管理的重视,寺院不再是被边缘化的社会组织,寺院也可以享受改革开放的各种成果,僧人也可以作为中国公民的一分子,享受各种社会保障,因此,推行寺院村级社会化管理,一方面体现了寺院管理体制的创新与改革,另一方面体现了寺院实现社会公平的有效举措。寺院村级社会化管理工作是政府为宗教机构提供社会化管理服务的重要创新举措,也是政府社会化管理工作趋于完善的一个标志。一直以来,政府的社会化管理服务工作只注重面对城乡世俗社会阶层,寺院成为政府社会化管理服务工作被遗忘的角落,寺院也无奈地游离于政府社会化管理服务之外,自觅生存发展方式与途径,寺院越来越成为孤立的社会群体。推行寺院村级社会化管理旨在解决政府对寺院管理与服务上存在的认识不一致、管理体制不顺畅、政策落实不均等问题,使寺院管理纳入政府的行政管理范围和社会服务体系之中,使寺院真正成为政府社会化管理工作的重要成员,使其充分享受社会发展的各项成果。

关于藏区的宗教与社会稳定的问题,还有一些关键问题需要认真研究和把握。

一是一些敏感的宗教问题是影响藏区稳定的关键因素。藏区宗教管理部门的官员普遍认为,藏传佛教寺院的以下几种情况最容易影响区域稳定:自行认定活佛、擅自设定宗教活动场所、宗教人员的跨区域活动、未成年人入寺等问题。3·14事件后,我们在藏区的调研也基本印证了这一点。

调研资料(42):才某,藏族,藏区某县主要官员。

对3·14事件藏区很多人是反感的,我也坚决反对。我在组织座谈会时,很多宗教界的人士认为,共产党的政策是好的,藏区历史上还没有如此安定团结过,不应闹事。我认为现在藏区的不稳定在宗教层面上有以下原因:一是宗教政策执行得不好,如规定18岁以下的人不得入寺,但在藏区没有执行下去。二是灵童转世活动做得不好,没有严格按教义认定活佛。对已认定的活佛就不能再改变,要反对任意认定。现在认定的审批时间要1~2年,导致群众不满,给达赖集团留下空子,他们就想办法认定,撇开政府。因为控制一个活佛就控制了一个寺院,控制了一个寺院就等于控制了一个地区,导致政府工作被动。三是有些僧人擅自跨地区活动,甚至到国外接受资金,但实际上是达赖集团支持的。

二是应厘清藏传佛教寺院的组织结构,以保证官方进行的公共管理行为既符合宗教习惯,又便于合理规制。藏传佛教寺院的组织特征是:(1)寺院的教职人员是一个职业僧侣集团。按照宗教教规和风俗习惯,入寺学经不受人数、年龄上的限制,突破了国家及本省有关政策下限的规定。(2)寺院是一个相对封闭的系统,缺乏有效的外部监督。寺院有比较完善的学经制度,如同德县石藏寺实行僧人常年不准外出化缘、不准个人经商、"念经在堂,活动在寺"的规定,除亡人超度外,不去群众家里奉诵经忏搞法事,绝大多数僧侣基本上常年生活在寺院;另一些寺院,如循化古雷寺、道帏尼姑庵僧人(尼)相对独立,离寺容易、还俗自愿,不存在任期,可终身在一寺,也可到其他寺院学习、生活,从事宗教活动,寺院对其约束力较弱。(3)寺院有较严格的等级制。活佛等高级僧侣成为寺院实际上的掌控人,实行终身制和转世制,而且同一寺院教职人员因身份、地位、名誉、健康状况等的不同,在收入上也有很大差异,由于等级制的区别使得寺院在内部管理和外部监督上形成了一套独特的体系,外部力量很难渗入其内部并形成影响。可见,寺院人员的入寺年龄、对人员的管理方法、管理模式等都与相应立法存有较大差距,如对入寺年龄,《青海省宗教事务条例》第25条规定,"一般不接受九年义务教育适龄儿童、少年";对宗教人员的管理,根据《青海省宗教事务条例》第21条的规定应办理登记;宗教场所的管理模式,根据《青海省宗教事务条例》第18条的规定,管理组织应民主产生,实行民主管理。可见,如何解决这一问题,既是一个国家权威合理渗入的技术问题,又是一个防止寺院参与区域不稳定活动的政治问题。

三是对少数民族信教民众的一些有可能影响国家稳定的动向要高度关注。有调查显示,民族地区绝大多数的农牧民都赞同"信教者要爱国爱教、守戒守法"和"维护民族团结,反对分裂,促进祖国统一是每个公民的义务和责任",不赞同者仅占1.7%;对"宗教活动必须在宪法、法律和政策范围内进行"持否定态度的仅有3.1%;当问及"如果有人利用宗教进行民族分裂活动,您的态度"时,绝大部分人的态度非常明确,表示坚决反对,但有5.3%的人表示支持并参与,对此应当引起我们的重视;对于"如果有人借宗教问题煽动群众闹事,扰乱社会治安"的假设,有4.9%的人表示支持并参与;对"如果有本民族的成员要求你参加国家法律不允许、但据说对本民族有益的活动时,您作为本民族的一员的态度"时,表示毫不犹豫参加的达8.2%。可见,民族宗教在强化民族认同、心理认同的同时,也强化了狭隘的民族、宗教、家族意识,因此,对于极少数持否定态度和存在认识误区的信众,应当引起我们足够的重视并加以正确引导。①

(三)保障少数民族农牧民的应有利益

利益是人们追逐权利的基础。人们遵守该法律的程度完全取决于该法律能给人们带来利益的程度,人们服从法律的程度直接与法律满足自我利益的程度有关。② 这说明,民族地区的稳定与国家的惠农政策的实施状况成正比。事实证明近年来藏区的某些群体性事件,往往与农牧民的现实利益被侵犯有关。我们在调研时,牧民群众就坦言:现在党的政策非常好,但在基层实施得不好,生活比以往虽然有很大的变化,但真正富起来的人并不多。从政策层面讲,主要有以下几种情况。

一是有关农牧民利益分配的政策不符合实际。如在三江源区生态移民补偿中这一问题就较为突出。2003年,在国家五部委给三江源地区下达天然草原封育禁牧任务后,青海省制定了《青海省天然草原退牧还草示范工程实施方案》《青海省牧民聚居半舍饲建设试点项目实施方案》。《方案》提出了通过搬迁1/4的人口,基本实现减畜1/3的目标。但这一工程在实施时,存在较多的政策取向性问题,影响了农牧民的切身利益,如补偿标准过低。牧民搬迁与否主要取决于其搬迁前后的成本收益。如果搬迁后的收入水平不低于在草场上放牧时的水平,并能够获得较好的生存和发展机会,牧民才会愿意搬迁。2004年,玛多户均年纯收入约为6900元。整体搬迁户的基础设施建设费为8万元,用于移民户建设定居房屋和搬迁的专款。饲料粮补助整体搬迁户每户一年8000元,相当于人均1900元

---

① 郭娅:《民族宗教对西部民族地区农牧民思想道德的影响及对策研究》,载《民族问题研究》2009年第5期。

② 转引自朱景文:《比较法社会学的框架与方法》,中国人民大学出版社2001年版,第539页。

(能够用于补偿牧民纯收入的就是饲料粮补助),虽然基本上能补偿减少的纯收入,但是,牧民未搬迁以前,肉、奶食、油、燃料等生活必需品可以自给自足。搬迁以后,这些生活必需品需要购买,生活支出大幅度增加,这对牧民生活水平会产生明显的影响。由于自然条件差,地理位置偏远,高寒牧区的生活成本非常高。2003年,玛多县一个中等收入牧户的牧民一年花在衣食和燃料上的开支就有4958.5元,其中,食物开支3306元,占66.7%;衣物开支1045元,占21.1%;燃料开支547.5元,占11%。可见,国家的生活补助(即饲料粮补助变现)仅为一般牧民基本生活开支的1/3略高一点。零散搬迁户国家补偿的基础设施建设费为4万元,饲料粮补助6000元,相当于人均1667元,补偿标准更低。应该讲,农牧民响应国家的生态保护政策离开自己世代聚居地,既失去了自己文化得以自然延续的文化生态空间,又将面临一个全新的环境,在生活等诸多方面会有不适应性,而当他们的牺牲不能得到基本的补偿时,冲突就有可能产生。

二是有关农牧民利益的政策缺乏公正性。农牧民作为直接的利益相关者,其主体地位被忽略,农牧民为了保护基本的切身利益,到处上访、反映,区域稳定的格局难以维持。

调研资料(43):青海黄南藏族自治州尖扎县康杨镇夏藏柳村村民,马某。

2004年,我村48户243口人从格曲村移民到夏藏滩,这里共有国家投资1.3亿元修的6个移民村。当时治黄办在对房屋、林地登记时讲,搬上去生活条件会好,实际是政府在诱惑我们。因为我们先搬上去的地方没有水源,至今5年时间除了能种一点土豆之外,没有其他收获。虽然政府在那浪寺花5000元修了水库,但起不到保障灌溉用水的作用。政府虽然规定有青苗补助款,标准是每亩1559元,但发到我们手里的只有841.88元,这引起夏藏滩几百人到省上群体性上访,政府解释说这是由于投资商不同而补偿的标准也不同,我们公伯峡的移民是私人投资,所以补偿标准低。但我们认为差距太大,人家康杨、直岗卡拉地区的果园每亩补偿5.4万元,而我们公伯峡地区的果园仅补偿2.8万元。今年10月份我们夏藏滩6个村的书记又去省里上访,反映没有水庄稼种不上。省上说,你们种,省里提供种子化肥,但我们认为这仍然没有保障,我们希望能够保障水源,如果收成不好政府要保证赔偿。为此,我北京上访就去了四次。

三是有关农牧民利益的政策制定的价值取向本身就具有严重的不公平性。如一些藏区在城市化进程中,政府制定的有关农牧民草山、耕地征用的补偿标准过低,引起农牧民严重的不满,进而引发农牧民与征地部门间的激烈矛盾。

调研资料(44):青海藏区某州某司法机关要征地建业务大楼,需征地11.7亩。经与土地局、被征地所在地镇政府协商达成一致,决定每亩地补偿1.8万元,还有6个有附着物的温棚,每个补偿1万元,加上青苗补偿等共补偿2.8万元,后来村民认为征地方土地丈量得不准,又在总价上加了3.6万元。(经办人讲,因为这种土地没有多少经济价值,实际上以前这种征地就不给补偿。他们的温棚是空的,但也按蔬菜基地的标准给了补偿)。但在施工时,村民们又提出了新的要求:一是原建的供水系统管道、供电线路在建设用地地段,迁移要占用村民的一些耕地和已硬化的路面,村民提出要补偿,历来赔偿了2200元;二是在施工时塔吊设立的地方正好是35千伏的高压线路,高压线妨碍施工必须要移走,移走要占用村民的一些耕地,就是电线杆7排14个,要挖14个坑,固定电线杆的拉线要挖28个坑,加上拐弯处增加的2个,共计44个。经与村委会协商决定,施工占到谁家的地就与谁家当面协商,不让村民吃亏。但到施工时村民的要求又变了,提出每个开挖处要补偿1万元。该司法机关认为,按照电力施工的操作办法,草原每个坑补偿50元,田间每个坑补偿100～200元,荒山荒坡不给补偿。按此规定,则村民提出的每个坑1万元的要求就是天价。因为即使根据330～750千伏的赔偿办法,即每个开挖处按870元的20倍补偿,共计17400元,施工共占用2.8亩地,平均下来也就是每个坑1100元,何况我们要移的高压线只有35千伏,基座小、占地少。所以我们提出每个开挖处给村民补偿600元,但村民不同意,就此经多次协商无果。后单位一把手亲自去和他们谈,向他们说明工程属于政权建设,不是营利项目,国家拨款只能用于工程建设,开支要受审计监督。并提出将原定的每个开挖处600元的补偿提高到1000元,但村民很激动,认为土地是他们祖祖辈辈的生存依靠,你连钱都做不了主,还当什么领导,不行每月从你的工资中扣2000元给我们,你有本事将我们的土地全收回去。该司法机关还提出以后可以共建的方式为农村做些服务,但村民根本不答应,认为荒地也是地,你们以如此低的价格征地是把他们哄骗了。由于双方的期望值差距较大,难以形成一致,致使建设方无法施工,村民到处上访。

该事件中村民看起来有些"刁蛮",但我们认为村民只是在按自己的利益法则行事,以2008年青海省农牧民的平均年收入3000元为标准,每亩地1.8万元也仅仅是当地村民6年的纯收入。对于藏区农牧民来讲,当他们失去了土地这一最基本的生存依靠时,在国家社会保障极不充分的情况下,他们的"刁蛮"仅仅是在对不公土地补偿的体制进行抗争中以争得尽可能多的应有利益的一种努力。从这个意义上讲,他们的一切举动都是由于国家在事关农牧民权益方面不公平政策取向所造成的。

当然令我们非常欣喜的是,调研基本上印证了我们前面的理论判断,即农牧民现实利益满足的程度与他们对社会稳定的期望值确成正比,农牧民期盼社会稳定的心态是非常明确的。

调研资料(45):尖扎县康杨镇某村书记,先某,藏族。

3·14事件发生以来,我村稳定情况良好。自己感觉近几年变化大,大部分人对现状感觉满意,没有必要闹。国家现在的富民政策非常好,如道路硬化、农村电网改造、降低电费,还有给贫困户低保,每年政府都给救济粮。上学"两免一补",整村推进项目政府给每家一辆价值5000元的手扶拖拉机(农户自筹400元),手扶拖拉机用处大,农村种地主要靠它。去年政府还给贫困户发了电视。我村的民族团结搞得好,没有破坏稳定的情况。

尖扎县昂拉乡某村书记,娘某,藏族。

3·14事件中他们在闹什么我们不知道原因,当然也不想知道。我认为没有必要参与,现在政府对农民很优惠,投资多,义务教育免费,免农业税,给得多收得少,没有必要闹。2002年村里的水渠被水冲毁,政府很关心,投资40余万元给修好,今年又修好了乡村公路。现在的政策实话好,去年每家给了价值200元的太阳能灶,今年又给每家危房改造,对住房条件差的危房改造给予补助,房屋最差的补助最高达2.4万元,其次是1.9万元,最低的是1.8万元。

当然,从民族地区长期稳定治理的战略来讲,民族地区公民利益保障的价值不仅仅是为区域稳定创造物质基础,关键在于当民族地区民族认同与国家认同发生博弈时,以免因少数民族群众的利益保障严重不足而使民族认同得以过分提升。事实已经证明,一旦出现整个民族利益长期受到损害或需要得不到满足时,此时的民族认同意识往往大于阶层意识,可能会在某些人领导下出现民族冲突和国家局部地域的冲突。最近几年在我国新疆和西藏出现的反汉事件表明,这两地在容纳了越来越多的内地汉族富余人口生存和维护本民族人民生产生活的同时,也大量消耗了本地的资源,致使绿洲缩小、草场退化、沙进人退;除此之外,在宏观指令下对西部矿产资源的开采使用使西部各个民族无法享受开采资源的成果,以及国家在政策层面对东部的财政扶持远远大于西部的现实,使边疆地区的各个民族对汉族人的仇视演变为对以汉族领导占多数的政府产生仇视,从而导致普通民族成员在精英阶层的煽动下走上反政府的道路,使民族关系问题上升到敌我矛盾。"藏独"和"东突"就是敌我矛盾的典型。它们对我国政治稳定、国防安全和社会安定的负面影响在短期内不会彻底消除。[1]

---

[1] 徐黎丽等:《影响西北边疆少数民族地区民族关系的变量分析》,载《民族问题研究》2009年第8期。

第十二章

社会变迁与青藏高原地区农牧民权利保障

 一、研究背景与方法

(一)研究背景:对农牧民权利保障问题理论研究短缺的检视

社会变迁是一个"长时段的观念"、"连续性的观念"、"文化、文明的观念"。在斯宾格勒、汤因比等看来,所谓社会变迁无非是文明起源、生长、兴盛、衰落、解体、死亡的循环过程。① 从这一意义上讲,始于20世纪70年代末期的农村土地制度的改革,是对中国社会长时段中对"文化、文明观念"最重要的贡献。正是因为土地制度的改革,引发了中国社会全方位的制度变迁,而制度变迁的实质是利益结构的调整和权利的重新界定。② 高鸿钧认为,我国公民权利意识的增强,是社会结构变化的结果。具体表现为所有制结构的变化,使社会各层面的主体地位大大提升;社会组织结构的变化,逐渐破坏了原先城乡的二元结构,实现了人们之间可以根据利益需求建立一种横向的平等关系;社会阶层结构的变化,使中国社会传统的身份

---

① 尹伊君:《社会变迁的法律解释》,商务印书馆2004年版,第38~39页。
② 郑航生:《转型中的中国社会与中国社会的转型》,首都师范大学出版社1996年版,第111页。

与利益的对等关系被打乱,人的自主性意识和平等意识加强。① 中国这种社会性的权利意识的提高,正是农村社会深层次制度变革实践的必然。

虽然在事实上农民为中国的制度性变革作出了巨大贡献,但是,对农民权利问题的真实的理论关注却远远不足,至今对事关广大农牧民的权利谱系还没有一个基本的勾勒,如农牧民的地位、城乡二元结构、农地基本制度、农民工的政治权利等,都缺乏合乎客观的理论研究。这同时说明,有关农牧民的权利保障虽有改善,但结构性的权利体系的构建并无进展,中国农民的贫困主要是权利贫困的难题并没有解决。以下是作者在2002年的研究成果的部分资料,在文中以西部社会为研究视域,表达了农民的贫困主要是权利贫困,权利贫困必然导致经济贫困的观点。对应比较可以得知21世纪较之20世纪90年代农牧民的权利变迁。

笔者认为:中国农民的权利贫困实际上是权利不公问题。从宏观上讲农民权利的不平等是以立法"偏心"与制度资源的不足为典型的。目前我国由国家立法机关制定的关于农民的法只有《中华人民共和国农业法》等几部,其他大量的关于农业活动问题如农民环境权、农药管理、粮食收购等问题都由行政法规及大量的由部委制定的实施细则、办法等来解决,这使相关农民的法律更接近政策甚至政令。关于农民问题的法律少、规格低,致使农民合法权益受损。农民"权利贫困"在微观上更为典型,其具体表现为:一是人大代表中的农民代表人数过少,如以全国九届人大为例,农民代表只占8%,青海省九届人大中的农民代表约占7.8%。这使西部农牧民参政议政的作用大大萎缩,助长了农民是二等公民的"贱农"意识。过低的代表比例使有关的坑农、伤农、卡农等问题因很难形成强有力的呼声而不能引起应有的重视。二是农民资源分配权不平等,市场地位低下。以1994年为例,农民直接或间接为国家提供1000亿元的积累资金,但国家对农民的投资却下降到1.9%;农用生产资料买卖是典型的卖方垄断市场,仅1995年国产尿素价格即比上年上涨50%,农药上涨18%,农膜上涨31%。② 青海省农业生产资料价格总体水平近年虽有所下降,但同期农产品的收购和农贸市场农产品成交价格也有较大幅度的下降。农民交易中

---

① 夏勇主编:《走向权利的时代》,中国政法大学出版社1999年版,第88~90页。
② 周其明:《农民平等权的法律保障问题》,载《宪法学、行政法学》2000年第3期。

的禁止自由交易、交易行为分散等因素时刻在剥夺着农民的合法权益。三是教育权的不平等。国家每年几百亿的教育经费几乎全部用于城市。1985年起国家财政取消了对农村每个中学生31.5元、小学22.5元的教育拨款后,农村学校变成了"农办"学校,全国0.93%的小学辍学者和3.23%的中学辍学者基本是农家子弟。青海循化撒拉族自治县是国定贫困县,农村儿童入学率仅为32.4%～41.1%,而同地区城镇儿童入学率达90.2%以上;女生流失率达90.9%,男生失学率达79.4%。① 在青海甘德、玛沁、玛多等牧区,牧民学龄儿童入学率最高70.3%,而城镇学龄儿童入学率在90%以上。西部农民教育权的不平等导致农业科技人才的严重缺乏,有的西部省份农业人才仅占人才总量的5%。四是人格权的不平等。中国的贱农意识不仅存在于观念上,也存在于制度上。如青海省2000年度道路交通事故损害赔偿标准中规定对受害者平均生活费的赔偿标准是:城镇居民325.32元、农民89.61元、牧民125.83元、半牧半农94.47元。人生而平等的人权宗旨在这些制度下荡然无存。在观念上,社会没有把农业作为一个职业而给予应有的尊重,鄙视农民和农业劳动,将农业、农民等同于落后、愚昧和低下;对闲余农民外出的正当打工形成的"民工潮",一些政府设"遣送站"进行遣送和非法堵截,剥夺农民的平等参与社会劳动的权利。

据1998统计资料,当年全国农民人均年收入2160元,西部农(牧)民人均年收入为:内蒙古1981元、新疆1600元、西藏1158元、宁夏1756元、青海1426元,全部低于全国平均水平。广东农民人均收入比西藏高出2.05倍。农民的贫困导致了西部整体的落后,据1999年国家统计局发布的关于地区经济竞争力的排名中,最后10名除江西外都是西部省区。这种贫困也许在法治贫困与权利贫困的背景下早已注定了,因为市场经济即法治经济,需要法治环境、权利意识与经济的契合与互动。用法治的视角来看,西部农村的城市化是其现代化的必然选择,因为,"一个国家的现代化是传统农业国家演变为工业国家的过程,是农民获得转换身份的自由过

---

① 马成俊等:《沉重的翅膀》,载《青海民族研究》1996年第1期。

程"。① 据第一次全国农业普查统计公报资料：1996年底全国农村镇（不包括城镇）16124个，西部仅有3773个，占25.3%。西部非农业人口2222.66万人，占从业人员15.62%"；② 为数不多的现代化大、中、小城市与广大贫困乡村和经济极端落后的老、少、边、穷地区并存，这种二元经济结构制约着西部农业的自我发展，阻碍了农村剩余劳动力的及时转移，延缓了农村城市化的过程。③

上述资料显示的是20世纪90年代末农牧民享有权利的情况，那么，21世纪的情况如何，如今的状况如何呢？以下是一个以农牧民教育权和经济权为例的比较：

自2006年春季开学始，青海全部免除农村牧区义务教育阶段公办学校学生的学杂费。青海省现有近3000所中小学、73万中小学生，其中近80%的中小学生分布在广大农村牧区，之前全省农村牧区中小学每年收取学杂费5000多万元。此项收费全部免除后，青海农牧区小学生每人每年平均减免113元，初中生每人每年可减免140元，大大减轻了农牧民的负担。④ 贵南县是青海省海南藏族自治州的一个以牧为主、农牧结合的县，全县寄宿制中小学占学校总数的52.2%；寄宿制中小学学生数6290名能否，占学生总数的62.9%。解决足够、稳定的经费来源成为寄宿制学校生存和发展的关键。经过多年的探索和实践，贵南县已形成了"政府拨（助学金）、集体划（地）、家长拿（实物）"三结合的投资办学模式，学校办学条件不断改善。贵南县森多乡中心寄校是海南藏族自治州贵南县一所乡（镇）九年一贯制寄宿制学校。近年来，学校采取"以牧补校，以校补学"的方法，多渠道增加学校收入，目前各类收入累计达41.7万元，使学校师生工作、生活状况得到了较大的改善。森多乡中心寄校现拥有勤工俭学耕地1975亩，退耕还草后年收入31.6万元；拥有草场3600亩，羊560只，承包给20户牧户后年上缴菜羊112只。与别的寄校不同的是，该校近年来修建了1

---

① 田成有：《功能与变迁：中国乡土社会的法治实践》，载《学习与探索》1999年第6期。
② 杨荆楚：《东西部差距与西部大开发战略》，载《西南民族学院学报》2000年第5期。
③ 本成果发表于2002年《青海社会科学》第5期。成果以"法治视角下的西部农民贫困问题"为题，从法治贫困、权利贫困和经济贫困三方面进行了分析。
④ 倪晓颖：《"两免一补"惠及我省贫困生》，载《西海都市报》2007年5月15日。

座两用暖棚,共13间、252平方米,冬季养羊,夏季种菜,年育肥出栏菜羊120只,种植白菜、葱、萝卜等蔬菜,共创收3.5万元。还修建了1座日光温室猪圈,共5间、90平方米,年育肥出栏菜猪15头,收入1.27万元。当然学校的发展也得到了群众和有关部门的大力支持。群众每年为每个学生向学校上缴绵羊1只、酥油5斤、曲拉3斤,实物折合人民币316元,月均负担31.6元。县财政如期落实学生助学金2.048万元,生均每月4.83元,转移支付1000元。学校的收入全部用来改善办学条件和学生生活条件。该校每年补贴学生生活费17.05万元,人均每月补贴40.2元。四年来,累计投资52万元,改扩建砖木结构教室4幢、36间、807.6平方米,厕所1座、109.7平方米;购置电脑12台,课桌凳57套,远程教育设备1套;建立了物理、化学实验室和图书室(藏有各类书籍45120册),使校舍建设和教学设备得到了极大改善。如今,森多乡中心寄校成为贵南县办学规模最大、教学质量最高、教育事业发展最快的一所乡(镇)九年一贯制寄宿制学校。目前,贵南县36所寄宿制中小学,共有耕地33415亩,草场26272亩,仅今年这两项收入共计418.68万元,生均达665.6元。"以牧补校,以校补学"是贵南县寄宿制学校发展的主要特点。[①]

上述资料显示,对基本靠政府投入来运转的农牧区的中小学而言,政府在教育经费保障、教师权益保护、学校建设等方面的作用是至关重要的。如果政府的投入保障不足,即使有保障农牧民受教育权利的优越政策,但因民族地区政府受财力所限,农牧民的受教育权享有的现实性也会大打折扣。

虽然经济、社会和文化权利的实现是一个"逐渐达到"的渐进过程,主要取决于两方面的因素,一是国家的政治理念是否愿意承担此项责任,二是国家的经济资源是否能够承担此项责任。……由于各国在一定时期内经济资源、物质力量有限并且分布不均,这就使国家承担保障经济、社会和文化权利的职责面临着物质基础的制约。在上述制约条件不变的情况下,穷者的经济、社会和文化权利的实现是不确定的,甚至是困难的。穷者能

---

① 陈巍:《为基础教育事业发展奠基——青海省农牧区寄宿制学校建设掠影》,载《青海教育》2005年第3期。

否充分实现受教育权、就业权、社会保障权、医疗健康权等权利,很大程度上只能取决于自己的经济条件,而不是国家的权利救济。[①] 但是我们认为,对已纳入法律强制义务的义务教育,国家已经不能再以渐进性义务为借口而延缓对公民的经济、社会和文化权利的保障,否则,如上述资料所示,农牧民义务教育学校会变成"农场"。

再以经济权为例,我们同样发现,随着改革的深入和社会发展,虽然青海藏区农牧民的收入逐年有所增加,但与全国农村居民收入绝对差呈扩大趋势。农牧民收入水平偏低,表明经济权利极不充分。

表51 青海藏族聚居区六州农牧民与全国农村居民收入差距比较

单位:元

年份	青海藏族聚居区六州	全国	绝对差
2000	1450	2253	803
2001	1575	2366	791
2002	1685	2475	790
2003	1748	2531	782
2004	1892	2936	1043
2005	2057	3255	1167

资料来源:根据青海统计年鉴整理[②]。

自改革开放以来,随着国家对经济发展战略的调整,采取了梯度发展战略。这一战略的推行,使国家在政策上、资金上开始大力向东南沿海一带倾斜。但由于西部少数民族地区历史发展起点低、地理条件恶劣、人口素质低等的影响,西部地区与全国发达地区的差距开始逐渐拉大。特别是位于"世界屋脊"青藏高原的青海藏族地区,不仅与全国发达地区的差距越拉越大,而且与全国其他藏区及本省其他地区也存在很大差距。2005年,全国人均国内生产总值为14040元,青海省为10043元,比全国平均数低近4000元,比与全国人均GDP最高的北京市低近30000元。2005年,青海省六个藏族自治州人均GDP(按当年价格计算)分别为海北州7538元、

---

① 郝铁川:《权利实现的差序格局》,载《法理学、法史学》2003年第1期。
② 杨虎德:《经济发展与青海藏区社会稳定》,载《青海民族研究》2009年第1期。

黄南州 10367 元、海南州 7001 元、果洛州 5281 元、玉树州 4872 元、海西州 32725 元。六州不仅与全国平均水平有巨大差距,而且除海西州外,其他五州与青海省平均水平亦相差甚远,分别低 2505 元、324 元、3042 元、4762 元、5171 元。同时海北、海南、果洛、玉树与地理条件基本相同的西藏自治区相比,平均水平分别低 1538 元、2073 元、3793 元、4202 元。GDP 增长速度也低于西藏。2005 年,青海藏区 GDP 的增长速度为 10.6％,而西藏"十五"时期的年均增速为 12％。① (参见表 51)

(二)研究方法

社会变迁时期我省农牧民的权利保障问题主要包括:身份转型引起劳动方式与空间改变后农民工的权利问题;生存依赖资源消失或减少后的失地农牧民的权利保障问题;生产生活的空间变迁后移民的文化权利保障问题;社会变迁过程中农牧民的文化权利保障问题等。基于以上需求,课题组自 2007 年开始,进行了以下层面的实地调查:(1)到政府有关部门进行调查。先后对果洛州玛沁县、玛多县,海南州共和县,黄南州同仁县、泽库县、尖扎县,海北州海晏县,海西州德令哈市、格尔木市,海东地区互助县、化隆县、平安县等的政府有关部门就上述问题进行了调查,主要是通过实地察看、个体访谈等方式,先后走访上述地区的教育、财政、扶贫、社会保障等 30 多个部门。(2)到上述地区的司法机关,通过查阅法院判例、与司法人员交流、访谈当事人等方式,调查农牧民的现代权利意识及在司法实践中受保护的状况。(3)对典型的农牧民定居点、生态移民点及事关农牧民权利的相关现场实地观测。通过召开座谈会、查阅乡(镇)政府和村委会提供的书面材料、入户访谈等方式,调查涉及 14 个乡(镇)村落。(4)对西宁市郊区 3 个村委会、西宁市八一路和团结桥农民工劳务市场进行了调查。主要就失地农民的权利保障、农民工权利意识及保障问题进行了现场观察和个体访谈,访谈农民 50 余人。

---

① 转引自杨虎德:《经济发展与青海藏区社会稳定》,载《青海民族研究》2009 年第 1 期。

二、当下关于农牧民权利保障的理论

以笔者的视域而言,当下专门系统性研究民族地区农牧民权利保障的成果非常少,现有成果主要是从不同的层面关注农牧民权利保障问题,择其主要者可归结如下。

1. 权利演进论。认为我国农牧民的权利发展经历了三个阶段。第一阶段是"习惯权利":一种"本能的权利感"。在中华人民共和国成立以前,处于社会底层的普通农牧民对于政府享有的权利非常少。公民的权利主要是一种习惯权利。普通农牧民常常是生命无保障、生活无着落。第二阶段是从"人民权利"到"公民权利"。20世纪50年代是中国少数民族人民权利状况发生根本变化的时代。在权利保障方面的一个跨越式进步就是让西北少数民族地区的各族农牧民参与地方人民政府的普选,使农牧民第一次真正行使属于自己的权利。在民族自治地方,1952年颁布的《中华人民共和国民族区域自治实施纲要》再次对各民族自治区内的一切人民的政治权利以法律的形式加以确认。另外,针对少数民族的特点,《共同纲领》、法律及有关法规对一些与少数民族关系比较密切的权利还作出了专门规定。第三阶段是从"公民权利"到"人权"的历史跃进。自十一届三中全会以来,特别是1982年《宪法》对公民基本权利的规定,使中国公民对公权者享有的权利在法律上取得了多方面的进展。同时,有关特别针对少数民族权利保障的立法也取得了重要进展。新的选举法对少数民族的选举作了专章规定。同时一些旨在保障少数民族公民权利的部门规章也相继出台。西北少数民族地区的各级权力机关和行政机关也通过制定相应的自治条例、单行条例及政府规章对宪法和法律上的公民权利进行了具体的规定和补充。"西部大开发"战略的实施及《中华人民共和国宪法修正案(草案)》关于"国家尊重和保障人权"规定的贯彻执行,必将成为西北少数民族地区农牧民公民权利保障史上的一个里程碑。

2. 户籍:城乡二元结构身份决定论。学者俞德鹏从中国的户籍制度形成的城乡隔离为研究进路,提出社会主义的平等原则是机会平等,机会平等是农村社会一切权利的起源。在中国,一个人的命运主要取决于他出生时父母的户口的性质,即是城市户口还是农村户口,户籍形成了中国特有的身份制度。现行户籍制度下城乡不同的户口将决定城乡居民从出生到死亡一生的命运走向。所以在中国,出生就成了机会不平等的初始。出生在农村,首先是生存权要经受考验。① 出生在农村,农牧民的受教育权就要大打折扣。出生在农村,就会丧失基本的社会保障权。② 出生在农村,就要承受经济权利日益弱化的结果。③

---

① 据推算,农村的婴儿死亡率是城市婴儿死亡率的两倍。在青海,围产儿死亡中,因缺陷致死的比例,农村明显高于城市。农村出生缺陷发生率为129.79/万,城市为108.14/万。苏宁:《青海省人口与发展研究》,中国人口出版社2005年版,第242页。

② 从历史分析来看,医疗、住房、社保等国家福利,基本是城市人的专利。仅1994年,农村人因"贫困病",即只要用现代基本医疗条件即可治愈,但因经济原因而失去生命的比例高达47%,而同期城市仅为27%。俞德鹏:《城乡社会:从隔离走向开放》,山东人民出版社2002年版,第124页。

③ 目前我国农村贫困总体上表现为城乡收入差距世界最大,东西差距日趋扩大的趋势。据《财经》杂志报道,一份由中国社会科学院经济研究所收入分配课题组经过数年长期跟踪,分别于1988年、1995年、2002年展开3次全国范围的住户调查,并于刚刚完成的调查报告,就中国城乡收入差距问题得出如下结论:从1994年开始城乡之间收入差距出现了下降的趋势,但是从1997年起又逐步扩大。2001年城市居民的人均收入几乎是农村居民的3倍。2002年全国的基尼系数相对于1995年上升了大概两个百分点。如果把非货币因素考虑进去,中国的城乡收入差距是世界上最大的。从城乡之间收入差距的相对贡献率来看,西部地区最高,高达58.3%,而东部地区最低,为37%。也就是说,越是相对落后的地区,城乡之间的收入差距就越加明显。《学习资料》2005年第2期。
又据统计,2003年全国城镇居民人均可支配收入8472元,而农村居民人均收入仅为2622元。据兰州西部开发研究院的研究,2002年按2000年的价格标准,西部12省与东部3省(广东、江苏、浙江)相比,农民人均可支配收入低2511元。西部大部分贫困地区是民族地区,而贫困县中,少数民族自治县占44%,远大于少数民族自治县占全国总县数30%的比例。在2000年全国人均收入低于800元的贫困县中,少数民族自治县占68%。全国未解决温饱的贫困人口中少数民族人口占45%,远大于少数民族人口占全国总人口8%的比例。周毅:《西部大开发前沿问题研究》,陕西人民出版社2002年版,第5页。
2002年西部城乡居民生活消费结构比较显示,城镇居民消费支出合计5470.95元,农村居民消费支出合计仅为1439.02元。聂华林:《中国西部三农问题报告》,中国社会科学出版社2006年版,第23页。
2005年,全国农村居民人均纯收入为3255元,青海为2165元,低1090元,在全国排次为26位。2005年,青海藏族六个自治州农村居民人均纯收入分别为:海北州2083.6元,海南州2442.1元,黄南州1806.5元,果洛州1916.9元,玉树州1793.9元,海西州2302.7元。分别比全国人均纯收入低1171.4元、812.9元、1448.5元、1338.1元、1461.1元、952.3元。杨虎德:《经济发展与青海藏区社会稳定》,载《青海民族研究》2009年第1期。

3. 社会公正论。吴忠民从社会公正理论出发,提出我们应建立一个共享、普遍受益的社会,一个人人具有尊严的社会,一个平等、自由的社会,一个机会平等的社会,一个按贡献进行分配的社会,一个具有完善调剂功能的社会。以此为逻辑起点,提出中国农村社会公正权的实现,需要以下权利支撑——基本需求保证:生存权;农民的非农化流动:机会平等权;减轻农负:公正的收入初次分配权;获得作为一般公民的普惠型社会调剂:社会保障权。①

4. 农民身份转变论。认为国家农民向社会农民的转变正是国家权力在农村领域的大范围退出,社会空间在农村扩大的必然结果,转变遵循的基本理念是:凡是农村能够自治的地方和事物,均由农民自己处理;只有农民自治有困难时,国家才出面干预。② 在此背景下的农民身份转变,就是农民趋向于权利主体的转变。因为在国家农民阶段,农村处于平等的贫困状态,农民是有限人权主体,基本生存权难以保证。而在社会农民的状态下,农村以家庭联产承包为基本生产方式,农民的身份不再世袭,自治空间扩大,农民是完全的权利主体,农民不再为生存所累,如何发展上升为农村人权的主题。③

5. 基于权利"差序格局"的经济、社会和文化权利优先论。认为基于西北农村经济、社会发展的"差序格局",西方语境下的权利的代际发展理论不完全适用于中国西北民族地区。西方语境下的权利的代际发展理论(即人权的发展依次经历了三个阶段:第一代人权是公民权利和政治权利;第二代人权是经济、社会和文化权利:第三代权利是民族自决权、发展权、环境权、和平权等新型权利)和国家对人权保障的责任类型理论(即国家对第一代人权承担即时性义务,对第二代人权承担渐进性义务),不完全适用于中国西北民族地区。也就是说,源起于西方的第二代人权即经济、社会

---

① 吴忠民:《社会公正论》,山东人民出版社 2004 年版,第 261~268 页。
② 谢晖:《政治家的法理和政治化的法——20 世纪中国法理对"宪政"的支持关系及变革》,载《法学评论》1999 年第 3 期。
③ 关于国家农民、社会农民问题的系统分析,详见岳悍惟:《从国家农民向社会农民的转变看农民人权的发展》,载徐显明:《人权研究》第一卷,山东人民出版社 2001 年版,第 519~562 页。

和文化权利在中国西北少数民族地区有必要将其置于第一代人权的高度;而且由于西北民族地区的特殊情况,国家已经不能再以渐进性义务为借口而延缓对公民的经济、社会和文化权利的保障。在西方,第一代人权的形成是在力量强大的中产阶级已成事实的前提下,为了对抗政治国家对其财产权利和交易自由的侵蚀和干预而产生的(想一想美国费城制宪会议上反联邦党人的担忧就可以理解),第一代人权对应的往往是国家或政府的消极义务。而在中国西北大部分民族或边远农村地区,不存在一个所谓庞大的中产阶级。生存的需要成了这一地区公民的首要人权。也就是说,在大部分西北民族地区,公民的社会、经济和文化权利需要优先保障。①

 三、权利保障有效性的整体性缺失: 对农牧民权利保障的个例简评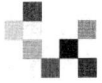

"三农"问题的提出,除了是一个关于中国农业、农村、农民问题的社会学、经济学视角的概括外,还有一个重要的法学意义,就是从制度的视角凸显"三农"的无权或权利的整体性缺失。这种现象的解读语境并非是简单的中国意义上的国人的权利问题,而是期望通过一些典型分析,来证成"三农"的权利弱势现象很具有特殊性,是在中国这一统一的国度中仅存于农村社会的现象。本课题仅选取个别层面进行典型分析。

(一)农民工的权利保障问题

一般认为,中国城市化、现代化变迁的关键是农民工。据统计,目前进城务工和在乡镇企业工作的农民工共计2.1亿人。② 目前,关于农民工的

---

① 王勇:《关注我们身边的学术资源——边缘化处境中的中国西北地区法学研究及其出路》,2007年第三届民间法、习惯法学术研讨会论文集,第344页。
② 郑功成等:《中国农民工问题与社会保护》,人民出版社2007年版,第9页。

权利问题,主要有平等就业权、获得报酬权、人格尊严权、子女受教育权、劳动保障权、结社权及司法救济权等。与全国相比,青海省农民工权利保障问题虽不是农民工权利受损的重点区域,但由于农牧民群体整体性的文化贫弱、观念落后、维权意识低下等原因,使得他们遭受侵权的表现与全国相比既有共性又有个体差异。本课题主要以青海本籍的农民工为研究对象,以农民工的社会尊严权为研究视点。

之所以研究农民工的尊严权,是因为,在现代社会和正在走向现代社会的国家,这种尊严更是应当为每个人所具有,应当为整个社会所重视。社会共同体中的每一个成员都应当具有同样的尊严、同样的基本权利。所以,当一个社会的基本制度存在缺陷的时候,如果某个社会群体(一般来说是弱势群体)、某些人甚至某个人的尊严受到践踏,比如基本生活状态的极度贫困导致了人的基本尊严的丧失,人身依附关系造成了个体人独立性的匮乏等等,那么,需要我们注意的是:这不单单是某个社会群体、某些人、某个人的尊严受到了践踏的问题,而是我们整个人类的尊严受到了践踏。对于一些群体、一些人、一个人尊严的践踏,就必定意味着对于人类尊严的践踏,就意味着把人降到了"非人"的地步。如果这种践踏是跟社会制度的重大缺陷直接相关联的话,那么,这就说明:本来,我们每个人都有可能是受践踏者,只是出于某些偶然性原因才避免了这种践踏。只要我们稍微理性一些的话,便不会把这种偶然的"幸运"看做是一件极为正常、十分必然的事情,而会引起一种普遍的警惕:可见,维护每个社会成员的尊严,是现代意义上的公正的基本功能。①

关于农民工尊严问题的话语很多,但我们认为从人性规律上对劳动者劳动量即劳动时间的把握、对劳动成果的尊重以及城市社会对农民工制度性的接纳程度,是考察其尊严权的重要视点。

1. 劳动者的"物化"性。主要表现在劳动时间上,缺乏对农民工的人性化,农民工普遍被"物化"为工具,其基本人格完全被忽略,基本没有必要的休息权。

调研资料(46):2007 年 7 月 31 日,西宁市团结桥劳务市场。

---

① 吴忠民:《社会公正论》,山东人民出版社 2004 年版,序言第 4 页。

刘某,男,汉族,34岁,互助县双树人,小学文化。

小活时间不定,大活时间有时很长,我最长连续干过24小时。主要是往楼上背沙子、砸墙,往楼下背垃圾,挣了200多元钱。最为生气的是干完活还受骗。2005年我们一起7人给包工头干完活,他给了一张假币,我们要分钱到银行换零钱时才知道,我们就到包工头家里去等,还好,一直等到子夜一点终于等到,到三点才拿上钱,然后就从(西宁)南川步行到团结桥时已是早上七点,走了大约15公里。稍缓了一会儿,吃了点早饭就又接着干活(实际上等于连续30多个小时没有休息)。农民工的普遍反映是劳动时间不定,偏长,工作非常辛苦。①

2. 劳动报酬权的无保障性。劳动报酬,已成为农民工与城市交往中检验城市社会道德与信用最朴素的标准,也是对农民工人格尊重最起码的表现。虽然城市社会的有关部门以每年对农民工工资的追讨的数目来表明制度对农民工的权利尊重,但这一制度的有效性依然不足,在某种程度上,侵犯农民工报酬权的现象依然是常态。

调研资料(47):2007年7月30日,西宁市康乐劳务市场。

张某,男,汉族,38岁,互助县边滩人,小学文化。

这个市场约有200~300人。女人约有40%,女人还是容易找到活,因为工资开价较低,约20~30元,也好使唤。男的匠人要70~80元,小工要40~50元。工钱被拖欠、骗掉是常有的事。2004年我们村子的14个人被一个江苏老板带到玉树清水河去修桥,干了4个月,每人只给了3个月的工资,共1500元,欠每个人800元,打了欠条。现老板也认账,但就是

---

① 《中华人民共和国劳动法》(以下简称《劳动法》)规定劳动者每日工作时间不超过8小时,而调查显示,虽然由于是在本人户籍地这一空间特点,农民工的劳动时间大多数具有较大的随意性,但劳动的正常休息权被侵犯的情况带有普遍性。这与全国的基本情况较为相似。调查显示,只有39.5%的农民工平均每天的劳动时间为8小时,30.2%的农民工劳动时间在9~10小时,14%的农民工需要工作11~12小时,10%的农民工每天工作时间在12小时以上,还有6.3%的农民工工作时间长短不定。《劳动法》规定劳动者每周至少休息一天,但调查资料显示,52.7%的农民工月休息时间在4天以下,其中有22.6%的农民工根本没有休息过一天。就法定节假日而言,21.4%的被调查者从未休息过,25.8%的农民工休息天数在5天以下,23.7%为6~10天,29.1%休息天数在10天以上。郑功成等:《中国农民工问题与社会保护》,人民出版社2007年版,第11页。

没有钱。2005年我们上(起)诉到法院,要求偿还欠下的8800元,法院也判了,但直到2006年老板才给了1500元,法院收了500元的诉讼费。今年我们又去了法院,法院说找不见人,至今没有结果。

对农民工而言,报酬权被侵犯是非常普遍的,对劳务市场50个农民工的访谈显示:

1. 有劳动报酬被骗、被拖欠经历的农民工为50人,占访谈人数的100%;

2. 有以劳动质量不合格为借口被克扣劳动报酬经历的农民工人为50人,占访谈人数的100%;

3. 有以暴力手段被拒付报酬经历的农民工为12人,占访谈人数的24%;

4. 有在领报酬时被老板刁难、辱骂经历的农民工为22人,占访谈人数的44%;

5. 认为报酬的标准过低、城里人在剥削农民工的人为45人,占访谈人数的90%。①

农民工坦言:现在已经被骗怕了,也形成了要求工资每日结清的习惯,如当日不清工资,我们宁肯不干。现在在包工头来招工时,我们也留心查看他们的地址,如遇到蛮横无理,或觉得可能给钱不干脆的人,宁肯不干。有时干活干到下午快结束时,心里就紧张,担心老板不来要不上钱。

对上述50人的访谈还显示,在整个农民工的就业环境中,其主体地位普遍不受尊重:

1. 在劳动中签订过合同的农民工为0。因为农民工揽活基本是在抢,没有选择性,根本不可能和老板去讨价还价、签订合同。

2. 干完活后付钱很干脆的,仅为2人(主要指包工头,城市人个人雇

---

① 现今农民工的工资总体上表现为偏低、无标准、低效率的状态,全国调查显示,农民工的月收入水平低于500元的占11.6%,在500~800元之间的占31%,在800~1200元之间的占31.9%,在1200~1500元之间的占13.6%,在1500元以上的占11.9%。在农民工的劳动报酬方面,还显现出一些值得关注的特色:男性农民工收入高于女性,收入水平与受教育程度呈正相关关系,与年龄大小呈反相关关系,有组织的劳务输出获得的收入要明显高于亲友介绍及自己寻找工作者,而参与本村包工队的农民工收入最低。郑功成等:《中国农民工问题与社会保护》,人民出版社2007年版,第11页。

去干活还是很好),占访谈人数的4%。

3. 感觉在干活时能被善待、被尊重的为7人,占访谈人数的14%。

4. 在劳动中,被包工头殴打、辱骂过的为12人,占访谈人数的24%。

3. 现代社会权利的边缘性。农民工在城市生活的边缘化状态,一方面是因为城市社会对农民工的制度性排斥,城市资源给农民工的权利性支持非常少;另一方面,正是因为城市社会给农民的制度性利益极少,农民工自身融入城市社会的获得权利自觉性也显得严重不足。

调研资料(48):韩某,男,撒拉族,26岁,循化县清水乡人,小学文化程度。一年前由哥哥介绍来西宁开饭馆。

本村约有130余户人家,家家都有人出来打工,村中男孩一到20岁左右就出来,平均每家两人。

问:孩子为什么不在家上学呢?

答:现孩子一般上到初中就不上了,因经济困难,没有关系,农家子弟即使考好也没有好的前途。

问:你只有小学文化,对你在城市里开饭馆有没有影响?

答:没有,知识多少与开馆子没有直接的关系。

问:有没有乱收费的现象?

答:还是有,如卫生费,每月30元,但有的人家收,有的人家就不收。

问:有没有被管理人员欺负的现象?

答:有时有。有些有点管理权的人经常在饭菜上挑三拣四,还动不动出示证件吓唬我们,说:"明天你还开不开了?"但我们也不怕了,现在见了工商、税务的人也不紧张,反正只要按要求做,他们也不能把我们怎么样。

问:平时有病咋办?

答:小病一般吃点药扛一扛,严重了就可能去医院。都是自己花钱。

问:有没有想过离开家搬到城市来住?

答:如果现在让我放弃承包地到城市来住,我不愿意,因为目前的收入还养不起。但也不愿意回老家,老家里太苦了。

问:闲时都和哪些人来往?

答:亲戚,再就是撒拉族老乡。城里人看不起我们,几乎没有来往。

问:现在主要居住在西宁,有没有自己是城里人的感觉?

答:没有,我们在话(语言)、衣服、生活方式等方面都不一样,我们还是农村人。

问：每年收益如何？

答：还凑合。一年的支出主要如下：每月生活费600～700元；每年房租10000元；每月水电费近300元；一家人每年穿的衣服6000～7000元；税每月400元；煤钱每月700～800元；其他开支约几百元。开支完后，约净剩30000元，全部交给父亲统一掌管。家里最大的开支有两项，一是亲戚家结婚搭礼，每年得10000多，另一个是亲戚家去朝觐要搭礼，每年得4000元。

问：平时双休日休息吗？

答：除过节外，基本不休息。

上述资料较为典型地反映了当下农民工在城市的总体情况，即城市文明社会的各种权利，如教育权、医疗保障权、社会交往权、文化享受权、休闲权、平等权、消费权等，对他们而言，依然是不可触及的奢侈品，其生活习性尤其是消费的观念与方式上，依然是典型的村落思维。他们不愿意让子女接受进一步的教育、不愿意完全融入城市社会、有病不去医院规范就医、社会交往依然限定在固有的熟人圈子，并非他们主观上不愿意，关键的问题是，现有的权利资源并没有给予他们应有的制度性支持。

(二)农民的土地权利保障问题

目前，学界关于农民的土地权益保障问题的研究很多。① 但是，已有的研究至少有以下不足：一是未深涉农牧民对现有的征地补偿制度有意见的深层原因；二是没有从生存资源同等性的角度将失去草原的牧民纳入这一框架中研究。

从实地调研来看，农民不反对征地行为本身，而是对征地补偿有更多

---

① 张千帆认为，由于土地产权制度不合理，农民没有土地自主权，导致农民土地权益大大受损。张千帆：《"新农村建设"需要制度保障》，载《法学》2007年第1期。宋才发认为，在民族地区，由于不合理的土地征用制度导致农民生活水平下降，创业发展受制，社会性冲突事件不断。应对现有的土地补偿程序、土地补偿方式即对政府征地行为的规制等方面进行制度性完善。宋才发：《民族地区城市化过程中失地农民权益受损的再探讨》，载《民族问题研究》2009年第3期。

的期望。①

调研资料(49)：西宁市郊区某村。

王某,男,汉族,61岁,农民。

问：前几年,你们村有些人家的承包地在修高速公路和其他单位建住宅小区时被征用了,这些人家的生活现在怎么样？

答：征掉的地比较多的,补偿款多的还是比较好。

问：补偿多的人家最多有多少？

答：多的可能有20万～30万。

问：他们现在主要靠什么生活？

答：他们拿上补偿款以后,一部分用来盖楼房,比方盖上上下八间的楼房,除了自用之外其他的出租。有的人家买了出租车,现在跑出租也挺好。有很多家因为占地得了补偿之后经济状况有了明显的改善。

问：愿意让你家的地被征吗？

答：愿意,很希望被征用。因为我们现在一家的年收入也就是近二万块钱,要挣到二三十万是不容易的。再就是农村活太辛苦,大家都盼望把地征掉。

问：你家现有多少地？

答：大约五亩多,有一个温室,还有菜地和庄稼地。

问：是不是希望能够把地全部征掉？

答：我们还是希望把大部分征掉,留一点,因为现在吃的东西物价高,还不干净,还是想自己种一点。

问：那是不是说想生活轻松一些,但还是想像现在一样过日子？

答：是,还是想住自己的楼房,住城市商品房生活成本高,我们负担不起。

问：你们现在的承包地如果被征用,你们希望的价格大概是多少？

---

① 考虑到农民对土地补偿所得仅占政府出让价的5%～10%,刘建平等:《别夺走我的麦田》,载《南方周末》2004年1月8日。政府用几万元一亩的价格征来的土地以几十万甚至几百万的价格卖给开发商,很多地方征地获得的收入甚至占了全部财政收入的70%～80%,任波等:《征地制度改革：天平向何方倾斜》,载《财经》2004年3月20日。我们有理由认为,农民对作为自己生存所依赖的土地有更多的补偿要求是非常合理的。

答:从我们村的位置,还有就是郊区整个征地的情况来看,每亩地应该在13万元以上,再低就划不来了。

上述个体调查基本代表了西宁郊区农民的最普遍心态。虽然他们也知道征地补偿款远远低于土地的实际价值,但与辛勤的农业劳作相比其经济水平的提升还是很大的,①所以,总体上他们希望通过土地被征用的途径步入城市化,但正是由于在失去土地这一基本生存资源后,现有的土地补偿制度并不能保证他们的正常生活,所以他们一方面要求更高的补偿款,另一方面又不希望完全丧失土地,表明对现有的国家对农村保障制度欠缺的担心。从有关调研来看,只要补偿问题解决,征地所引发的其他矛盾就能迎刃而解。

调研资料(50):韩某,男,回族,50岁,化隆县东村人。

我们村于2008年6月开始正式测量征用,(按规划)全村耕地加上宅基地共计1000余亩要全部征用,建化隆县的经济开发区,到时县城也要搬过来,这将有利于沿黄旅游带的发展。征用前,县上开会、本村有十几个代表出席表示意见,会上大家一致同意(征地计划),认为县城修到本地段很好。

但对补偿标准,村民们普遍有意见。我们代表就去找政府闹,也想上访。但听说我们几人的名字出现在政府的黑名单上,也就不敢再闹了。

拆迁当日,公安、法院全部出动,政府说,今天谁阻挠就要抓谁。

后来,政府跟我们协商,并下了红头文件,答应:(1)提高宅基地补偿的计算基数;(2)给每家按所占土地每亩600元的后期生活扶持费,共补20

---

① 但就全国而言失地农民的情况刚好相反。有关调查表明,土地被征收的失地农民生活水平提高了的只占10%左右,维持征地前水平的占30%左右,而60%以上的失地农民生活水平下降或者基本上没有收入来源。刘宝亮:《征地莫断了农民的生路》,载《中国经济导报》2004年2月27日。根据国家统计局对2942户农民的调查,耕地被占用前年人均纯收入平均为2765元,耕地被占用后年人均纯收入平均为2739元,约下降了1%。其中,年人均纯收入增加的有1265户,约占调查总户数的43%;持平的有324户,约占11%;下降的有1353户,约占46%。土地被征用后收入减少的农户,大多是传统农业地区的纯农业户,他们除了农业生产活动外,基本上没有其他的生产经营活动能力,耕地减少后收入自然也随着下降。韩俊:《失地农民的就业与生活状况》,载《中国税务报》2005年8月17日。这种与全国失地农民的结果明显不同的现象,可能与西部民族地区承包地相对多、得的补偿比例相对较高,加之人稀、生存压力小有关。

年;(3)新村建好后,每亩地以成本价 800 元给优惠房。

目前的状况大部分人还是比较满意的。

逐利是人类的天性,但在人类的价值排序中,有一条基本的原则:避恶重于求利。① 所以,当人们对利益的追逐存有较大的不安全因素时,安全考虑会上升为首要价值。目前在土地征用过程中,由于对失地农民的社会保障这一安全底线欠缺,农民自然就会以要求更多补偿款的民间方式,以弥补国家制度的不足。因为,相比较而言:

1. 农民的权利存量有限。农民的经济权、教育权、资源自主权等都非常有限,尤其是整体上低素质现象,造成"低素质屏障效应",失去土地后的社会转型必然面临存量支持不足的困境。

2. 农民权利的非主流现象。由于政治权利的整体性欠缺,农民对于农村发展机制、城乡二元结构、市场交易制度等都没有能力参与且拥有发言权,因此,在失地后,当真正要促使他们在短期内实现农村发展机制现代化之时,会感觉与城市文明间具有着重大的时空阻隔。

3. 农民权利保障在司法上的消极性。由于农村征地涉及当地经济社会发展总体规划,事关农民的整体性利益,更是关涉当地政府的财政总收入。② 因此司法对此的介入一般较为谨慎,③包括在土地补偿中对农村"姑

---

① 张恒山:《权利和法律权利概念再辨析》,载《法理学、法史学》2003 年第 1 期。

② 国家垄断土地供应,地方政府过度依赖开发土地获取财政收入,使地方政府被卷入这一几无风险、但同时也是一个充满投机活动的领域。据有关部门统计,2001—2003 年我国土地出让金收入合计为 9100 多亿元,达 5505 亿元。2006 年第一季度出让金收入达 3000 亿元左右,全年土地出让金突破 1 亿元,出让金占地方财政收入比例可能突破 50%。享有一份研究报告则表明,2004 年全国地方政府的土地财政收入为 6150.55 亿元左右。现行的土地出让金在性质上是一种"非法财政",它是靠政府通过农地低价征收(垄断农地的一级市场)和土地高价出让(垄断土地的二级市场)而获取的"非法利润",是以牺牲被征地农民的利益为代价、以牺牲广大的农村发展为代价的。宋才发:《民族地区城市化过程中失地农民权益受损的再探讨》,载《民族问题研究》2009 年第 3 期。

③ 这当然与我国最高司法系统的指导取向有关。最高人民法院(2002)年民立他字第 4 号给浙江省高级人民法院的答复称:"农村集体经济组织成员与农村集体经济成员因土地补偿费发生的争议,不属于平等主体之间的民事法律关系,不属于人民法院受理民事诉讼的范围。对此类争议,人民法院不予受理,应由有关行政部门协调解决。"对该问题的系统分析详见拙著:《西部社会民族法律文化研究》,中国民主法制出版社 2006 年版,第七章。

娘户"、"出嫁女"的利益侵犯问题,法院的态度都是极为消极的。①

可见,农民的权利存量有限,决定了其可持续发展的能力很弱;权利的非主流现象决定了他们对社会的发展方向没有发言权;司法的消极性取向又决定了对他们的侵权诉求不会重视。这些因素决定了农民在失去土地这一传统的生存资源时,一定要"一次要个够"。

由于农民土地问题具有中国的象征意义而备受关注,但是,民族地区农牧民草原权益问题却被边缘化。而从"青海问题意识"出发,这一问题必须被关注。从实地调研来看,农牧民并不反对退牧还草的国家政策,而是对退牧还草后的补偿办法、后续措施等有异议。

以青海果洛州玛多县为例,2003年,退牧还草项目在玛多县扎陵湖乡试点,国家投资3016万元,整体搬迁388户、1800人,禁牧草场558万亩,减畜11万个羊单位。② 从实施状况来看,问题主要集中在以下几方面:

首先,补偿标准低。2004年,玛多县户均年纯收入约为6900元。饲料粮补助整体搬迁户每户一年8000元,相当于人均1900元(能够用于补偿牧民纯收入的就是饲料粮补助),国家的生活补助(即饲料粮补助变现)仅为一般牧民基本生活开支的1/3略高一点。

其次,按户补偿的方式具有不公平性。我省退牧还草补助实行以户为单位,按户数平均的政策。但由于玛多县户均人口差异很大,因此,以户为单位的补助方式产生了较大的不公平问题。调查表明,扎陵湖乡整体搬迁

---

① 目前,这类情况正在向好的方面转化。从2009年12月1日起实施的《青海省实施〈中华人民共和国权益保障法〉办法》第四章第26条规定:在土地承包经营、集体经济组织收益分配、土地征收或征用补偿费分配以及宅基地使用等方面,妇女与男子享有平等的权利。任何单位和个人不得截留、拖欠、剥夺妇女依法应当获得的土地征收或征收补偿费用。在制定村民自治章程、村规民约或者讨论决定农村集体经济组织各项权益时,不得以妇女未婚、已婚、离婚、丧偶等为由,侵害妇女在农村经济组织中的财产权益。第27条还规定:在土地承包期内,妇女结婚,在新居住地未取得承包土地,发包方不得收回其原承包土地;妇女离婚或者丧偶,仍在原居住地或者不在原居住地生活但在新居住地未取得承包土地的,发包方不得收回其原承包土地。这种规定可能对逐渐改变"出嫁女不能享有与当地农民享有同等权利"的村规民约有帮助,也会为这类问题的司法解决提供直接的法律依据。

② 陈洁:《青海省三江源退牧还草和生态移民考察——基于玛多县的调查分析》,载《青海民族研究》2008年第1期。

户、零散搬迁户、已搬迁户和自主安置户的户均人口为 4.14 人，比全乡户均人口少 0.56 人；以草定畜户户均人口数为 5.13 人，比移民户多出 1 人。假设对以草定畜户也采取整体搬迁方式，这部分牧户人均获得的基础设施建设费（8 万元/户）比目前的移民户要少 3700 元左右，而饲料粮补助（5000 元/年/户）平均每人每年不到 1000 元，比目前的移民户要少 236 元。这样一来，家庭人口多的认为自己吃了亏。目前，以草定畜户还可以获得户均 2 万元的基础设施建设费和 3000 元的饲料粮补助。在这种情况下，以草定畜户更不会愿意采取整体搬迁方式了。访谈也表明，按上述搬迁补偿方式，5 人以上的牧户家庭生活非常困难，而玛多县 5 人以上的牧户家庭较多。

再次，牧民后续发展融资困难。从调查来看，玛多地方政府财力极其有限，基本依靠上级转移支付，无力为草场建设和生态移民提供资金支持。牧民减畜或者迁移后，需要大量的资金来维持基本生活条件和发展生产。目前，牧户很难获得金融支持。玛多县只有农业银行一家金融机构。2004 年，该行储蓄存款 1700 万元，其中农牧户存款 380 万元；贷款 1700 万元，其中不良贷款占 97%。作为商业性金融机构，农业银行提供贷款的意愿严重不足，当地的金融供给能力低下。①

关于高原少数民族农牧民失去生存资源的问题，有学者还作了更为仔细的研究，比如在草原交通建设中少数民族农牧民丧失草原承包经营权的问题，他们认为：青藏高原地广人稀，在交通用地的总量中被征用的农牧民土地所占比例不算很高，但恰恰是这种较低的比例掩盖了问题的实质。由于这一地区经济不发达，一旦出现或多或少的失地农牧民，问题就更为严重；由于交通建设本身资金严重不足，对于失地农牧民的土地征用补偿不高，同时由于青藏高原市场发育度不高，加之失地者无特殊技能，就没有更多的实业可接纳过剩的劳动力，因此，导致失地农牧民的生存权受到影响。

分析交通发展中忽视失地农牧民权利问题的原因，学者们认为主要有以下几个方面：一是长期以来，农民是集体土地使用权和所有权主体这个

---

① 陈洁：《青海省三江源退牧还草和生态移民考察——基于玛多县的调查分析》，载《青海民族研究》2008 年第 1 期。

根本性问题被无意或有意模糊化,把农民集体所有土地曲解为政府所有、国家所有。土地产权的模糊和错位,往往使农民的土地权益遭受侵害。我国《物权法》和《土地管理法》虽然对产权问题都有明确规定,①但基于习惯思维,在征用集体所有的土地时,很少去征求农牧民的意见。在实际征收过程中,农牧民也没有多少讨价还价的余地。对农牧民而言,耕地或草原是其赖以生存和生活的保障,是农牧民就业的主要岗位和收入的主要来源。二是在理念上经常认为交通建设也是富民之举,因而似乎农牧民也应对交通事业的发展做贡献,征地补偿费用较低也是理所当然的。从事实来看,导致失地农牧民权益受损的主要原因就是征地费用偏低。据了解,我国交通建设征地补偿费远低于同期同类土地上其他建设项目的征地补偿费,我国建设高速公路的土地取得成本只占工程总投资的 $10\%\sim15\%$。②虽然《物权法》对征用集体土地的补偿费用也作了明确的规定,但就规定来看,失地农牧民的利益依然无法得到较好的保障。各地实践中多采取一次性货币补偿的方式,各地征地补偿费存在差异,但总体而言,征地补偿标准都比较低,青藏高原的征地补偿费用更低。大量的实证调查揭示,这种补偿在结果上无法恢复被安置者以前的收入和生活水平。土地征用前,农民从事农业生产收益虽不高却稳定,为农民提供了最低的生活保障。土地征用后,农民失去了最稳定的经济来源,对其生活带来较大冲击。虽然失地农民在不同程度上得到了补偿和安置,在短期内,他们可以依靠补偿安置费维持生计,实际生活水平不至于明显下降,甚至还会有部分提高,但失地后,除少数的农民能自主择业、有稳定收入以外,大部分农民无稳定经济来源,而一次性补偿金额有限,补偿金用完后,这些农民将成为新的社会贫民,他们的生活质量难以得到保证。同时,在我国现行制度下,失地农牧民尚不能进入到社会保障体系中,这也使得失地农牧民的生存受到一定的影响。③

---

① 详见《物权法》第 59 条至第 62 条、《土地管理法》第 10 条等规定。
② 而在国外这个比例通常能达到 $50\%\sim60\%$。
③ 周继红、马旭东:《论青藏高原交通立法与权利保护》,载《西北民族研究》2008 年第 3 期。

(三)生产生活的空间变迁与农牧民文化权利保障问题

基于国家生态保护的战略和社会主义新农村牧区建设的需要,国家正在逐步制度化地推进高原区农牧民的定居工程。① 这虽然是农牧区步入城镇化乃至现代化的必由之路,但由于其进路带有必然的强制性,因此当地民族的文化优先选择权往往被忽略,本土民族的文化特性及民族自尊心受到挑战。

生产生活空间变迁中的农牧民文化权利问题,主要是指少数民族农牧民离开本土后,由此造成的原有的生产生活习性、交往群落、风俗习惯、宗教场所等在世居地与新居地间巨大的不适应、离开故土后的精神失落及由于文化程度、语言、经济基础、融入城镇的适应能力等短期内难以消除的客观状况,政府在制定政策或作出制度性安排时有义务应予尊重和认真考量。

强调少数民族文化权利的意义在于,对民族地区经济社会的研究,不能避开民族文化。立足于文化的基点,对经济行为的价值进行判断分析,可认识民族经济的本质意义。理论和实践都证明,文化和文化适应在区域经济和民族经济中具有不可代替的地位,因为文化是人类的适应方式。② 文化人类学认为,长期生活在一起的人群和组织因为具有一种结构化的生活方式,社会才有了经济。而这种"经济"行为的意识由习尚、道德、法律、传承、传说、神话等具体的文化因素所决定。文化适应之所以成为可能就在于,文化本身是人类生命过程提供解释系统,帮助他们对付生存困境的一种努力。③

露丝·本尼迪克特认为,个体生活历史首先是适应由他的社区代代相

---

① 关于这一问题的系统研究,详见高永久、邓艾:《藏族游牧民定居与新牧区建设》,载《民族问题研究》2008年第1期。
② [美]托马斯·哈定等:《文化与进化》,韩建军等译,浙江人民出版社1987年版,第20页。
③ 杨德亮、王惠珍:《论文化适应与牧区经济发展——基于青海祁连的调查研究》,载《民族问题研究》2009年第4期。

传下来的生活模式和标准。从他出生之时起,他生于其中的风俗就在塑造着他的经验与行为。到他能说话时,他就成了自己文化的小小动物,而当他长大成人并能参与这种文化活动时,其文化的习惯就是他的习惯,其文化的信仰就是他的信仰,其文化的不可能性就是他的不可能性。① 栗本慎一郎认为,经济与文化的其他各要素如亲属关系、宗教信仰、道德法律、传统风俗等种种复杂的关系交织在一起,或者说它们是"嵌合"在整个社会中。② 马歇尔·萨林斯则简单而明了地声明,人对生活的看法(即人类学者眼中的"文化")决定着人们物质生产、交换和消费的方式。③

事实上,人们的经济行动是在文化的网络中进行的,经济过程往往受到文化网络的牵制。实际的经济行为在具体的文化背景下,是依赖在文化中的角色的形式进行组织,因此这一过程中并不仅仅是非经济行动通过角色标准介入经济行动的组织,而是它们共同处于一个价值体系之中,在这一共同的价值体系中,行为者既不可能脱离特定的文化背景采取行动、作出决策,当然也不可能是文化规则的奴隶,变成文化的编码,而是在具体的动态的文化关系制度中追求目标的实现,使得该民族的文化与其经济活动总是处于相互协调和融为一体。对一个民族而言,文化作为一个社会或民族的生活方式,体现了一个社会或民族的行为。对于一个民族或区域的经济增长来说,与该民族或区域对所处的自然环境与社会环境的利用程度密切相关。文化观念不但诱导人们的价值追求,推动社会的消费需要,而且调节着时代的经济运行和发展,人类的习惯是特定文化下的习惯,人的习惯性行为如此才能够渗透到社会生活的方方面面,能够对行为产生巨大的影响。民族经济作为民族文化整体中不可分割的重要因素,不是游离于民族文化而独立存在的,正如弗朗索瓦·佩鲁所说:"经济体系总是沉浸在文化环境的汪洋大海之中,在这种文化环境里,每个人都遵守自己所属群体的规则、习俗和行为模式,尽管未必完全为这些东西所决定。意义比较明

---

① [美]露丝·本尼迪克特:《文化模式》,何锡章、黄欢译,华夏出版社1987年版,第2页。
② [日]栗本慎一郎:《经济人类学》,王名等译,商务印书馆1997年版,第8页。
③ [美]马歇尔·萨林斯:《甜蜜的悲哀》,王铭铭等译,生活·读书·新知三联书店2000年版,第9页。

确的价值使某些目标处于相对优先的地位,对于这些目标的追求,激励着每一个人对经济和社会的发展作出自己的贡献。"①

这意味着关于高原少数民族农牧民的现代化措施,必须要考虑其文化适应性问题,否则,文化的水土不适会成为高原农牧区现代化变迁的障碍。学者们对青海海西唐古拉山乡的实证调研已经证明了这一点:唐乡牧民谈到即将面临的搬迁,迷茫之情溢于言表:一个吃肉的马背上的民族,不会盖房,不会从事建筑,不会使用锄头,搬迁以后怎么办?我们也不知道以后会怎么样。年轻人则兴高采烈:好啊,以后不用放牧,可以进城了,而且国家还给补偿的钱,多好。虽然唐乡全部人口仅1178人,即便国家花钱将他们全部养起来,也只需要有限的财政支出。但是,从民族文化生存角度考虑,移民并非良策。土地状况、对于居住及生活地区拥有的可持续权利状况,在很大程度上不仅与本土人群的生计安宁息息相关,而且与他们的文化生存也有本质联系。他们的生活方式和认同常常同具体的地域和地区联系在一起,与特定的生态系统、自然和文化资源联系在一起。当他们丧失对于土地和生计的自主性,当他们的独特文化和认同的环境基础被毁坏,他们的生活方式以及作为人的持续存在就受到了威胁。"文化生存"不仅是服饰汉化、民族语言弱化、精神迷茫困惑等内容,还应包括本土民族与自身环境之间世代发展而成的协调生产、生活方式。"生态保护"也不应只考虑野生动植物栖息的自然生态环境,还应关注作为牧业社会基础的高原草场生态环境。"发展"的真正含义,不在于国民生产总值增长的数值和速度,而在于社会是否更加"安居乐业"。正如出自本土的环境保护人士扎多所说:虽然我们这里的牧民比不上北京、上海的人有钱,可是我们脸上的笑容比他们多,我们心里的幸福感比他们更多。当然,这不意味着当地人应该被排除于追求生活水平提高的人群之外,而是希望在考虑当地的发展途径时,摆脱纯经济增长决定论,给予本土民族主体性以应有的位置。②

我们对唐乡移民新村的追踪调研也证实,正是因为文化的不适应性,对唐乡移民经济社会的进一步发展造成了巨大的障碍。

---

① [法]弗朗索瓦·佩鲁:《新发展观》,张宁等译,华夏出版社1987年版,第19页。
② 刘源:《文化生存与生态保护:以长江源头唐乡为例》,载《广西民族学院学报》2004年第4期。

调研资料(51):南某,唐古拉山乡移民村长江源村书记,文盲。

从生活环境上讲,这儿(新村)好,而生活质量方面,还是乡上好,我宁愿选择乡上,上面有奶喝,有肉吃。现在在这一些老年人吃不上肉,身体就营养不良,出现了一些肠胃疾病。

以后我们的孩子上大学会很困难,因为收入低,上学在经济上无力支持。

我们如要靠国家的补助,连半年的生活都保障不了,现在大家都在吃老本,就是以前离开乡上时卖掉牲畜的钱,如没有稳定的经济收入,以后的生活难以维持。我们刚来时,每吨煤只要300元,现在涨到600元,每年在燃料上要花掉2500元。

在后续发展上,现在虽然有地毯厂、风情园等,但不是一个稳定的产业,干上一年还挣不到2000元钱。我们希望每天打工的钱为50~80元,但为了解决生活困难,再低也得去。但我们找活干很难,因为老板们一听是牧区的就不要,主要怕我们干不了。另外语言也是一大障碍,现在大部分人只能做简单的汉语交流。①

正是由于文化不适应性所带来的必然障碍,即便是在一些已经相对定型的牧民定居点,这种障碍也依然很大。

如截至2005年末,甘南牧区共有13595户牧民。其中已定居的牧民6909户,占甘南州牧民总户数的51%;常年游牧未定居的牧民6686户,占甘南州牧民总户数的49%。② 定居牧户虽超过半数,但他们对定居的心理

---

① 因文化的不适应性,致使高原少数民族地区的城镇化建设受到阻碍的情况还是较为常见的。据调查,青海省果洛藏族自治州杂多县青乡有1300多户人家。2005年乡政府第一次执行生态移民搬迁摸底工作时,愿意搬到州县城镇去的有100户。但等到政府把安置的房子在州县城镇盖好了,愿意搬迁的仅剩下了4户。这类现象在三江源区生态移民实践中十分普遍。青海省果洛藏族自治州玛沁县大武镇的河源移民新村,是一个由政府出资建设的生态移民聚居社区,半辈子骑马扬鞭放牛羊的牧民进入该聚居社区,且有280名牧民到当地的地毯企业,成了织毯工人。从牧羊人到产业工人,是生态移民进入城镇后正在远离传统的畜牧业生产方式,融入现代生活环境中的一个典型。但这种安置移民生活出路的仅属个别情况,多数搬迁移民的后续生产问题,在三江源区承担生态移民的22个以县城为中心的城镇或建制镇中要完全得到解决,尚需更多的投入。

② 高永久、邓艾:《藏族游牧民定居与新牧区建设》,载《民族问题研究》2008年第1期。

评价却是毁誉参半。

表52 甘南牧区"易地搬迁牧民定居点(牧民新村)建设工程"
对65户藏族牧民入户问卷调查结果①

序号	集中定居的好处（预期收益）	占调查人数比例（%）	集中定居的障碍（迁移成本）	占调查人数比例（%）
1	子女上学方便	86.2	缺乏自筹资金	84.6
2	看病就医方便	81.5	缺乏文化技术	83.1
3	水电交通便利	73.9	缺乏就业门路	78.5
4	享受政府补贴	58.5	存在语言障碍	61.5
5	寺院转经方便	50.8	担心失去草场	60.0
6	居住条件舒适	49.2	脱离部落社会	44.6
7	购物销售方便	43.1	增加生活费用	43.1
8	便于舍饲养畜	43.1	家人两地分居	41.6
9	文化生活丰富	40.0	其他障碍因素	38.5

从上表(表52)所列的构成牧民集中定居障碍的所谓迁移成本,在整体上都是由于文化的不适应性,即由于农牧民离开本土后,原有的生产生活习性、交往群落、风俗习惯、宗教场所等在世居地与新居地间巨大的不适应及由于文化程度、语言、经济基础、融入城镇的适应能力等短期内难以消除的客观状况对他们融入较为现代的定居生活形成阻却。

四、构筑高原农牧民权利谱系的思路

关于农牧民权利的谱系问题,专门性研究很少,而且多是从不同的层

---

① 高永久、邓艾：《藏族游牧民定居与新牧区建设》，载《民族问题研究》2008年第1期。

面给予了关注。

(一)既有理论评析

有理论从宪法平等与制度改革的角度认为,要切实保障农牧民的权利,国家必须要完成三方面的制度转变。首先,中央必须消除自身对农民和农村的制度性歧视;其次,中央必须逐步推进地方民主与法治,使地方问题主要在地方层面上获得满意的解决;最后,中央应该建立一套有效的法律法规审查制度,以此界定中央和地方的权限,制止地方保护主义以及对农民合法权益之侵害,充分落实农民的宪法和法律权利。……要根治中国的"三农"问题,中央必须恢复农民的宪法平等地位,在制度上让农民"翻身"并允许他们通过制度维护自己的利益。① 基于上述立场,他们认为,要保障农民权利,首先必须要取消对农民的制度性歧视。从制度上看,农民问题主要有两个层次:农民在农村的权利,主要包括土地权、自主经营权、自我组织权,以及农民在城市化过程中的国民待遇,包括迁徙自由、择业自主权等。他们的结论是,要构建保障农民权利的制度体系,一要改革户籍制度,不合理的二元户籍制度是农民实现经济权利的最大障碍;二是完善现有的土地产权制度,取消对农地不必要和不正当的限制,在制度上确保农民进一步获得应有的土地利益;三要逐步确立农民的政治权利机制,因为归根结底,农民利益不只是和经济与社会制度相关,而且还取决于农民的政治权利在国家宪法体系中受保障的程度。毕竟,上述许多由中央制定的歧视性规则正是在农民参与不充分的国家政治过程中产生的。② 上述分析基于宪法平等的高度,呼吁从宪法层面的制度改革与对农民平等对待的理念重构,具有重要的理论指向意义,但由于这种设想寄希望于对宪法制度的改变和千年传统中已经定型的城乡二元格局的理念重树,因此从某

---

① 张千帆:《"新农村建设"需要制度保障》,载《法学》2007 年第 1 期。
② 对此问题的系统分析,详见谢海定:《我国城乡贫富差距成因——户籍法律制度的视角》,载《中国法治新闻》2004 年第 3 期;张千帆:《"公共补偿"与征收权的宪法限制》,载《法学研究》2005 年第 2 期;张千帆:《"新农村建设"需要制度保障》,载《法学》2007 年第 1 期。

种意义上讲,其现实性可能更多地存在于理想状态之中。

还有理论从西北民族地区的区域特征出发,认为在西北少数民族地区,由于不同类型的农牧地区农牧民基本权利体系不同,因而也就应构筑不同的公民权利的保障模式。

模式之一:在边远农村或农牧地区,基本权利体系是"社会权利—政治权利—公民权利",优先考虑的是生存权问题,政府以积极主动为主导。由于受气候、自然和交通等客观条件的制约,这一类型农村的显著特征是经济发展滞后、贫困人口较多,是国家进行救济扶贫的主要地区,生存问题是该地区农牧民面临的首要问题。因而该地区公民基本权利体系便呈现出这样的动态平衡结构:社会权利—政治权利—公民权利。也就是说,社会权利是该地区农牧民的首要权利,其次才是政治权利和公民权利。社会权利的保障需要的是责任政府和积极政府的理念,表现在行政行为上便是积极型政府理念。

模式之二:在城郊或发达农牧地区,基本权利体系是"公民权利—政治权利—社会权利",发展权的保障已成为主要问题,需要现代法理型政府。由于受益于城市经济的辐射与相对便利的交通和通信条件,这一类型农村的显著特征是经济较为富裕、可支配收入相对较多,发展问题是该地区农牧民面临的首要问题。因而该地区公民基本权利体系便呈现出这样的动态平衡结构:公民权利—政治权利—社会权利。也就是说,公民权利(包括土地财产所有权、自由权等)是该地区农牧民最为珍视的权利,其次才是政治权利和社会权利。在西北城郊或发达农村地区的政府行为实践中,行政机关已经基本上能够做到"依法行政",具备现代法理型政府的雏形。

模式之三:在一般或普通农牧地区,基本权利体系是"政治权利—社会权利—公民权利",生存权和发展权问题交织在一起,政府责任是统筹兼顾。由于农牧业区域较为集中,农牧业收入相对稳定,农村基础设施也相对完善,这一类型农村的显著特征是经济形态以农牧业为主,传统的村落和家族体系开始瓦解,传统的社会控制机制开始解体,但现代性的社会控制机制尚未完全建立起来。该类型农村是西北少数民族地区的主要构成部分,人口分布量较大,是最为复杂的地区,因而也是最需要进行政策创新的地区。在该类型农村社区中,生存问题和发展问题往往交织在一起。相较于前两种类型,就总体而言,该地区农牧民的基本权利体系呈现出这样的动态平衡结构:政治权利—社会权利—公民权利。也就是说,政治权利是该地区农牧民最为珍视的权利,因为政治权利(主要是选举权和被选举权)是该类型农村农牧民进行制度创新和自我发展的制度平台。该类型农村的政府治理模式往往表现出统筹兼顾的特点,在政府行为理念上的表现就是折中主义。折中主义的政府行为实质上是一种社会本位的政府行为理念——社会利益多元化下的形式正义和实质正义的有机结合。①

应该看到,上述分析立足于西部民族地区的区域特征与权利设定的可及性,对研究西北民族地区少数民族农牧民的权利保障体系问题,非常具有启发意义。但上述分析将农村地区的生存与发展问题狭隘化并将两者割裂开来的思维取向,则可能在理论上形成少数民族农牧民只满足于生存而不追求可持续发展的错误导向。因为首先,作为少数民族农牧民而言,生存权不仅是指生命延续权,即人作为人应当享有的满足其基本生活需要的物质保障的权利,而且是一种基于发展意义上的生存权。对于少数民族群体而言,保持民族的文化特性和认同,保护民族的自然资源以维持其再生产以及发展和繁荣民族经济,是民族生存权的重要方面。如《少数人权利宣言》第1条第1款规定:"各国应在各自领土内保护少数群体的存在及其民族或族裔、文化、宗教和语言上的特征并应鼓励促进该特征的条件。"

其次,包括经济发展权和文化发展权两个内容的民族发展权,本身就是保有少数民族农民权利可持续性的基本途径。经济发展权,仅就中国的经验而言,"少数民族和民族地区迫切要求加快发展与自身发展能力不足的矛盾,是当代中国,乃至整个社会主义初级阶段中国民族问题的主要矛盾"②。文化发展权,表明少数民族是一个以文化认同为前提而存在的社群,每一个少数民族都有自己特定的文化,并以具有相同的文化特征诸如语言、信仰和风俗习惯作为区别于其他社群的符号,因此,发展本民族文

---

① 关于这一问题具体的模型分析,详见王勇:《关注我们身边的学术资源——边缘化处境中的中国西北地区法学研究及其出路》,载《第三届全国民间法习惯法学术研讨会论文集》,第351~352页;理论分析详见姜保红:《西北少数民族地区公民权利的保护与发展》,载《西北师大学报》第45卷第6期。

② 王希恩:《当代中国民族问题解析》,民族出版社2002年版,第10页。

化,维护本民族文化的延续,就是维护本民族的生存。①

(二)适应青藏地区农牧民区域特征的权利保障模式及其分析

我们认为,结合青藏地区农牧民经济社会发展的状况,其权利保障模式应是社会权利(发展型生存权)—公民权利—政治权利的结合体。其中,生存与发展是不可分离且以发展为主的关系,而公民权利和政治权利则是民族地区社会发展的民主基础、安全性(或者说是社会稳定)保障。

这种逻辑判断的依据在于,通过对青海省民族地区的化隆县回族、海晏县蒙古族、玛沁县藏族农牧民生存状况的实证调研表明,生存问题如今已不是农牧民的主要问题,他们所面临的最大问题是如何实现向可持续发展的转型。

调研资料(52):韩某,回族,青海海东化隆县向东村村民。我们县(化隆回族自治县)是一个国家级贫困县。我们村(向东村)位于群科镇东面,有250户人家,1300余人。村里于1988年开始响应政府号召,村民外出打工,是青海省"拉面经济"的发源地。现我们全村有80%的青壮年劳动力在外打工,平均每家每年最少有6万～7万元的收入,粗略统计每年能为村里带来1500万元以上的收益。现在大概每年人均货币收入5000元,加上实物大概有7000元。现在我们村子250户人家有80余户有车,而且都是好车,也就是价值都在10万元以上的,还有奥迪、本田等名车,大约占

---

① 而民族文化保护问题在当下的一些经济或公共行为,常常难以被顾及。如交通建设在路线选择中,往往会面临一些寺庙、少数民族传统建筑、碑刻等少数民族传统文化载体的拆迁问题,此时交通的低成本建设要求与少数民族传统文化的保护之间会存在冲突。交通建设也会使一些少数民族社区的功能渐渐发生一些改变。一些原本的小型商业区或一些物资集散地,由于交通建设中并不综合考虑它们,其商业功能趋于没落。在城市交通建设过程中,有些原先只具有居住功能的社区有可能逐渐演变为商业社区。这种社区功能的变化,也会在一定程度上削弱这些社区内原本存在的文化,弱化它们在文化存续方面的功能。交通事业的发展对于一些传统的职业也会带来一定影响。一些原本通过自娱自乐而传承的民间文学艺术形式,因行为的利益取向而渐渐被忽视,一些原本带有神圣性、严肃性的传统文化载体,在商业化运作中逐渐丧失了对于一个民族性格的养成以及规范方面原有的功能和价值。对此问题的系统分析详见周继红、马旭东:《论青藏高原交通立法与权利保护》,载《西北民族研究》2008年第3期。

到32%。这种变化主要发生在这十几年,主要是政策好,出去打工凭民族贫困县的证明当地政府就给优惠。以前粮食不够吃,到处借粮,现已不担心吃不饱肚子。强卫书记在我村调研时讲,我们已赶上甚至超过了上海。

调研资料(53):索某,藏族,青海果洛州玛沁县江前村村民。我村(江前村)辖四个牧业生产合作社,是一个纯牧业村,有牧户275户,1064人。在总人口中,男性549人,女性515人。有劳动力538人,其中从事畜牧业生产的497人,本地务工28人,外出务工4人。2006年末,全村存栏牲畜32660头(只、匹),其中马488匹,牛12028头,羊20144只,周转快的绵羊母畜比例达62.3%,牲畜总增率、出栏率、商品率分别达30%、30%、25%。家庭经营收入达440万元,畜牧业收入达60万元,其他收入达380万元。人均纯收入达4064元(但据县上的干部介绍,估计纯收入比这一数字要高,应该有10000余元),是玛沁县村民人均收入较高的村。我们家共有8口人,是2006年搬到县上的,花15万买了一院房子。现家里有承包草场3000余亩,羊400余只,牛100余头,马2匹。家中有猎豹汽车一辆、摩托车一辆,价值12万元。牧业收入10000余元,在自家的草场上挖虫草,每年有20余万元的收入。

调研资料(54):青海海北州海晏县哈勒景蒙古族乡位于海晏县东北部,是一个纯牧业乡,也是全州高效畜牧业示范区。总面积67.2万亩,可利用草场面积59.14万亩,其中,冬春草场37.6万亩,夏秋草场21.5万亩,人均占有草场面积364.4亩。平均海拔3200米,年降雨量320毫米,年均气温0℃。共辖永丰、哈勒景、乌兰哈达三个行政村。共有农牧户363户,1637人,其中:农户49户180人,牧户314户1457人。有蒙、汉、藏、回、土五个民族,少数民族人口占总人口的84%。共存栏各类牲畜75200头(匹、只),其中:马392匹、牛8072头、羊66736只,人均占有牲畜46头(匹、只)。截至2008年底,母畜比例达到54.28%,牲畜繁活率、出栏率、商品率分别达到86.5%、44.91%、42.2%。截至2008年底,全乡农牧业总收入达到1346.34万元,农牧民人均收入达到5624.31元。目前,全乡累计建成高标准羊用暖棚440幢计4.1万平方米,98%的牧户实现养羊暖棚化(无畜、少畜户无棚);建成围栏草场43.7万亩;实现引水入户171户,占总户数的47%,打土井82眼,基本解决了人畜饮水困难问题;修建乡村道路4条,共37.7公里;建立人工饲草料基地1.56万亩,户均达到50亩以上;以羊药浴池、配种站为主的畜牧业配套服务设施得到加强和完善,全乡共建成羊药浴池9处,配种点11处。全乡90%的牧户实现"五配套",85%的牧户实现"七配套",100%的牧户实现通电,广播电视、移动通信网络覆盖全乡;全乡拥有私家车的牧户有57户,占全乡户数的15.7%;75%的牧户居住在砖混结构住房,65%的牧户实现封闭式住房条件,40%的牧户住房采用地暖式,农牧民居住条件不断改善;各村都有卫生室,群众吃水难、行路难、看病难等"热点"、"焦点"问题逐步得到解决,畜牧业抵御自然灾害的能力不断提高。全乡适龄儿童、少年入学率和巩固率均达到100%,计划生育率达到100%,农牧区新型合作医疗参合率达到100%。

该乡永丰村村民华某讲,牧民的生活这几年变化特别大。自己家有6口人,有草场近千亩,牛羊700余头(只)。现村子里牧民人均年收入达到5743元,自己家年人均畜牧业收入8000~9000元,月生活开支1000余元,有存款。

应该承认,上述关于农牧民生存权问题研究的视点有一定的片面性,研究对象中生存权的极大提升可能是由于民族习惯与特色经济,如化隆县回族的"拉面经济";也有可能是由于特殊的区位优势与经济资源,如玛沁县江前村离州府近、草场的虫草资源好;还有可能是由于有较优越的草场资源,如海北州海晏县哈勒景蒙古族乡。但在总体上,上述典型研究基本能够代表青海省民族地区少数民族农牧民生存权提升的基本趋向。

该模式中的发展权,不仅是指经济发展权,还包括社会发展权、文化发展权、政治发展权等不可分割、相互依存的发展权体系。[①] 从实证来看,由于缺乏培养现代人文理念的文化教育,上述民族地区农牧民都存在经济权

[①] 翟东堂:《中国少数民族经济权利法律保障研究》,中央民族大学出版社2008年版,第99页。

利较为充分以后,消费行为不理性、①可持续发展文化支持不足②等不符合当代发展权本质的现象。这些现象说明,某些地区农牧民的经济状况虽已步入现代,他们的生活空间虽已迁移至城市边缘,但他们的生活态度并没有随空间的迁移而迁移,他们的意识依然是传统型的且孤悬于城市文明之外,他们的精神依然根植于"重土安迁"的草原文化之中,他们并没有积极融入城市文明的自觉。这的确显现出了目前通过教育培养农牧民现代意识的紧迫性。虽然我们难以理想性地设计出在民族地区应实行"先教育、后经济"的发展模式,但应考虑将教育与经济置于同等发展的地位。③这一考虑主要是基于目前在农牧民中对教育的重要性具有较广泛的认同度。有研究表明,民族地区农村家庭子女教育已成为投资的主要意向,虽然教育投资在加快民族地区农村步伐的同时也使民族地区家庭或者返贫或者更加贫穷。正如迟福林教授在《中国人类发展报告 2007/2008》发布会上的讲话中指出的:"在一些贫困地区,教育负担已经成为致贫的主要原因之一,特别是农村家庭,教育花费是他们的头号家庭开支。"④但是,考虑到农村教育与区域人类发展水平的相关性,教育依然应作为民族地区农牧民可持续发展的关键策略。研究表明,民族地区农村人均收入在全国的排名优于其自身人类发展水平在全国的排名,根据 HDI 由 3 个分项指标(人均收入、教育、健康)共同求得,则可知正是教育或健康水平的相对落后导致这

---

① 如在化隆县向东村,因为经济状况较好,每家在娶亲时竞相攀比,男方一般要花 5 万元以上。2008 年各村阿訇联合倡议,经济条件好的男子和不好的男子都要娶妻,因此要求将费用限定在 2.5 万元以内,否则阿訇在婚礼上不念里卡孩,还要罚款,即娶亲送礼时超一克黄金要罚 100 元,攀比之风才得以抑制。

② 玛沁县大武乡哈龙村藏族村民征某讲,我们搬到大武,主要是为孩子上学,在这儿孩子上学方便,看病、购物也方便。但假如不考虑孩子上学,还是草原好,我草场的冬窝子、夏窝子都已围好,是永久财产,子女可以依赖。我现在在这里牧业收入加上采挖虫草的收入,约在 4 万以上,但比在草原的收入还是要少 1 万~2 万元,收入在当地属于中上等。在这里什么都得买,每年的收入基本花完,不计划好还不够。目前虫草越来越少,将来实在不行,等孩子上完学后再回草原放牧。

③ 在教育权方面,大部分欧美国家和中国走的是"先经济、后教育"的道路:先满足公民的经济权利,然后再满足公民的受教育权利,而日本等国家则是"先教育、后经济",政府优先满足公民受教育权利,然后再满足公民的经济权利。

④ 麻学锋、郭文娟:《民族地区农村家庭养老与社会发展相关性分析》,载《民族问题研究》2009 年第 9 期。

些地区发展水平排名的后退。① 同时,我们也应看到教育对于农村发展的正向作用,正如迟福林教授在《中国人类发展报告 2007/2008》发布会上的讲话中指出的:"近几年政府教育支出的明显增加对减少贫困具有重大的作用,根据 Fanetal(2004)指出,每一万元的教育投入可以使 12 个人脱贫;在西部地区的效果更加明显,每一万元的教育投入可以使 19 个人脱贫。"②

该模式中农牧民的公民权利具有两个内容:一是作为一国公民所享有的权利;二是个人基于该民族成员的身份所享有的权利。无论是作为个人权利的享有者,还是群体权利所指向利益的最终的实际受益者,其主体都是个人。同样如此,无论是个人权利,还是群体权利的实现,都离不开个人的作为。农牧民公民权利的基本价值就在于通过公民个人的自主、自由地追求自身的利益,从而实现自身权利,并从整体上提高农牧民群体权利实现的位基。

对少数民族农牧民而言,法律应保护其一般性或普遍意义上的公民权,尊重文化个体差异意义上的公民权。前者主要指公民身份的平等权,后者则主要是指公民文化方式的自主权。民族平等权是母权,是原生性权利,同时,它也是一种目的性价值的权利形式。从这个意义上说,民族平等权是少数民族权利的逻辑起点。少数民族农牧民公民文化方式的自主权,就是要承认他们拥有的存在差异的个体文化。从伦理学角度而言,一如个人彼此之间无高低贵贱之分一样,具有各自文化属性的民族之间也应无优劣之分。从生态学角度而言,文化的"多样性是保证人类社会创造性和发展活力的基础,同时这种多样性也理应成为维护各民族共存共容和平机制的基础"。③ 不仅表征着对他们文化选择权的尊重,也意味着对他们所具有的社会价值的肯认。如宗教文化是少数民族农牧民主要的文化方式,作为一种较强的社会力量,与政治、经济、文化、教育等社会现象发生不同程

---

① 麻学锋、郭文娟:《民族地区农村家庭养老与社会发展相关性分析》,载《民族问题研究》2009 年第 9 期。

② 麻学锋、郭文娟:《民族地区农村家庭养老与社会发展相关性分析》,载《民族问题研究》2009 年第 9 期。

③ 郝时远:《21 世纪世界民族问题的基本走向》,载《国外社会科学》2001 年第 1 期。

度不同形式的联系,对社会生活的诸多方面产生不可忽视的影响;民族宗教的理义、教规、信条和戒律广泛地渗透于日常生产、生活的各个方面,对农牧民的人生态度、价值观念、道德标准、行为方式、精神面貌等方面都有重要的影响。据调查显示,大多数人对民族宗教的积极作用都能予以认同,其中63%的农牧民认为宗教可以净化心灵,57.4%的人认为宗教能给人希望和精神寄托,34%的人认为宗教可以增强民族凝聚力,33.4%的人认为宗教可以去病免灾、保佑平安,26.1%的人认为宗教可以提供人生方向,22.5%的认为宗教可以传授知识,22.5%的人认为宗教可以帮助解脱痛苦、克服生活中的挫折与不幸,16%的人认为能使人淡泊名利、与世无争,14.8%的人认为信仰宗教可以逃避现实,7.5%的人认为宗教可以抑制对现实的不满情绪。①

农牧民的政治权利,目前主要应该是指政治参与权。少数民族群体和个人是否能有效参与公共生活是体现民族权利平等的重要因素。由于近现代宪政制度是建立在"公民—国家"理论范式基础上的一种知识体系,它不是从群体或群体权利出发,而是以公民个人权利为起点来设计国家的政治制度。这样一来,即使在一个奉行各民族公民平等参与国家政治生活和社会文化生活的国家,由于少数民族群体的数量较少或规模较小,一个国家政权在其组织和运行的过程中不可能不受到在社会中占主体地位民族群体的文化的影响,尤其是代议制所采用的"多数决"的程序原则,更有可能使主体民族群体作出不利于少数民族群体的决定(如资源开发区域经济发展等),甚至于少数民族群体自己也不能决定自己的事务。这样,特定的少数民族群体就会对不能控制和影响自身的政治、经济和文化事务产生不满。为补救将少数民族群体置于社会结构性和制度性歧视之中而产生的政治参与有效性不足的境况,作为一项群体权利的民族自治权在国家的基本政治制度中得到确立。这种对少数民族群体权利的保护方式并不是赋予某些民族以特权,而只是基于实质平等和结果平等的要求为满足不同状况群体的需要所提供的持续性的宪政特别措施,它对其他民族群体,特别

---

① 郭娅:《民族宗教对西部民族地区农牧民思想道德的影响及对策研究》,载《民族问题研究》2009年第5期。

是主体民族群体的权利并不构成侵犯。而自治权存在的法理基础在于,它既是公民个人自决权的一种延续,也是对少数民族社群在一国范围内政治参与有效性不足的一种补充,其旨在通过少数民族群体自我地决定和管理本民族地方的事务,发挥自身的积极性和主动性,促进本地方的经济发展和社会进步,从而实现各民族平等。①

 ## 五、余论

英国法谚讲:"无保障即无权利。"研究权利问题的目的,就是要探究权利从应然权利、法定权利变成实然权利的路径和规律。权利的演进史表明,权利实现是有差序和规律的。郝铁川先生经过考察后发现世界各国权利实现的不平等性惊人的一致。这种不平等体现于权利实现中的个体差异、地区差异和群体差异,他称为权利实现的"差序格局"。主要指权利实现中的一种状态,包含两层意思:第一,现实中的权利主体是逐步扩大的,即一部分人先享有法定权利,然后推而广之及于其他人;第二,现实中不同种类(政治、经济、文化、社会等)权利的法律化及其实现是循序渐进而非一蹴而就的。

当今农村社会权利演进的状况也基本在这一规律框架中,只是享有法定权利的权利主体逐步扩大这一权利变迁的历史特征已不甚明显,但权利主体的普遍性特征却较为显著,②权利内容的质量虽在逐渐提高但速度较为缓慢。

分析表明,权利的实然性规律主要受制于经济发展的规律,但是在总

---

① 潘弘祥:《少数民族权利的谱系》,载《中南民族大学学报》(人文社会科学版)2006年第2期。

② 这一特征是非常重要的。从人权角度来看,农民作为权利主体的普遍性是人权最重要的问题,它甚至比权利更重要。因为权利是为主体而设计的,主体如果不健全或虽名上存在但事实上呈虚无状态,那么权利内容即使再多再完美也只不过是给别人看的。

体上,公民权利实现要受多种因素的制约:

立法者关于权利的次序理念。立法者关于不同权利在法律上设定的主观排序,决定着法律规制对象拥有权利的客观顺序。西方社会民众拥有的民事权利丰富,就是因为他们较早地在法律上确立了民事权利。如马歇尔认为权利的实现分为"民事权利"(18世纪)、"政治权利"(19世纪)、"社会权利"(20世纪)这三个阶段。① 而在当代中国现代意义上的权利立法是1949年以后的事情。中国的权利实现则是经历了"政治权利"(建国初期公民就享有选举权)、"民事权利"(1986年《民法通则》才实施)、"社会权利"(20世纪90年代社会保障制度才逐步建立)三个阶段。② 可见,中国农村社会拥有的经济、社会权利大大落后于世界进程,主要是立法的次序滞后。

权利自由发展的平等矫正。农村社会经济发展的不平衡,必然会使农民权利主体拥有权利的次序呈现时空上的差异性,使一部分人先拥有行使权利的物质基础。市场经济是注重能力的经济,在市场竞争中,即使是大家都处在同一起跑线上,但由于家庭背景的不同、天赋的不同、受教育条件的不同、文化技术水平的不同等等,都会导致人们在生产活动中地位的不同,从而权利的实然性也有差别。这种差别部分是自然事实,部分是社会事实,它们会对农民权利的事实享有产生重要影响。这就需要以平等来矫正由于过分自由而带来的严重的社会性权利不公,"为了平等地对待所有人,提供真正的同等的机会,社会必须注意那些天赋较低和出生于较不利的社会地位的人们"③。平等的最大化在于对各种不平等进行更充分、更恰当的再平衡。④ 当然,正义价值的功能取向是使农民的实有权利既关注自由又兼顾平等。

国家财政支持的限度。国家对公民经济、社会和文化方面权利的救济

---

① 刘海年主编:《〈经济、社会和文化权利国际公约〉研究》,中国法制出版社2000年版,第5~6页。
② 《权利实现的差序格局》,载《中国社会科学》2002年第5期。
③ [美]约翰·罗尔斯:《正义论》,何怀宏等译,中国社会科学出版社1997年版,第96页。
④ [美]乔·萨托利:《民主新论》,冯克利、阎克文译,东方出版社1998年版,第401页。

是有限的,不可能采取平均主义的态度。对公民政治权利的实现,国家可以采取消极的态度,即不要去干预。但对公民的经济、社会和文化方面的权利的实现,国家则需要采取积极的态度,即主动给予救济。显然,救济范围的广狭和救济程度的强弱,不能不受制于国家的财力。而中国社会传统的城乡二元体制,决定了当国家财力有限时,农村自然就成了国家权利救济的边缘地带。法哲学原理认为,权利的实质是自由。对农民而言,则意味着在法律规则的约束下,农民必须要拥有以财产自由为核心的意志自由。财产自由是在农村社会保障制度不完善的情况下,财产就意味着保障,财产是农民消除生存上不安全的主要依赖,因为财产是自由最初的定义。① 同时拥有财产还意味着农民可以生活得更好,可以有更多的发展机会。更为关键的是人唯有在所有权中才是作为理性而存在的。②

政府在宏观上给予经济发展需求的权利群体优先。立法者首先要对自己认为能够维护经济发展的群体的权利给予优先保障。为什么近代西方国家在早期都不实行普选制,而把选举权仅仅赋予有较多财产和较高文化的男性公民?因为"有恒产者有恒心",拥有一定财产的人才怕社会发生动乱而丧失财产,才盼望社会稳定从而守住财产。让这些人享有选举权和被选举权,不愁制定不出稳定社会秩序、促进经济发展的法律。只有当社会富庶了,相对贫穷的人少了,政权巩固了,才会实行普选制。为什么中国目前不能做到城乡居民在立法上享有完全平等的权利?这是因为中国是一个尚未完成现代化的发展中国家,城乡差别依然存在,农民在总人口中居于多数。在选举权问题上,如果城乡都按同等比例选代表,农民代表无疑多于工人代表,人民代表大会就可能变成农民占多数的代表大会,这就从根本上违反了中国宪法上规定的人民民主专政的国体。另外,在工业化进程中,工人阶级是推动先进生产力的力量,农民阶级则是一般生产力的体现者,后者最终要转变为前者,这是各国现代化的一般规律。③

农民的权利自觉。耶林认为,权利的基础是利益。在一个发达和成熟的公民社会里,它鼓励人们对利益的合理追求。农民经济自治(农村土地

---

① [德]黑格尔:《法哲学原理》,贺麟、王玖兴译,商务印书馆1996年版,第54页。
② [德]黑格尔:《法哲学原理》,贺麟、王玖兴译,商务印书馆1996年版,第50页。
③ 郝铁川:《权利实现的差序格局》,载《中国社会科学》2002年第5期。

联产承包制度的确立)和政治自治(《中华人民共和国村民委员会组织法》框架下的村民选举)的确立和良性运行,使农民权利自觉意识大大提升,农民终于可以以独立的人格来看待权利、争取权利,并要求法律予以确认权利,要求国家保障权利、救济权利。对权利的主张,不仅是对权利理论本身的解读,也是主体享有权利的主观前提。①

当代"权利本位"的语境证成了"权利构成法律体系的核心"这一判断的正确性,因为"权利是最能把法律和现实生活联系起来的范畴,权利是一定社会生活条件下人们行为的可能性,是人的自主性、独立性的表现,是人们行为的自由,权利是国家创造规范的客观界限,是国家创造规范时进行分配的客体。法的真谛在于对权利的认可和保护"。② 但实际上,要将权利与法合理关联,并使权利法定化进而实然化是非常困难的,尤其是要对那些在权利保障的主流观念中被长期边缘化的农牧民群体勾勒一个具有其文化适应性的权利保障体系则更为困难。从权利演变的基本规律来看,

---

① 但遗憾的是,即便是被人们称为"中国民主政治改革先行"的村民自主选举这项自己当家作主的权利,被调查者要么表现为冷漠与少知,如一项关于"你知道《村民委员会组织法》吗?"的调查显示:

被选答案	有效票数(张)	所占比例(%)
不知道	136	53.5
不太了解	78	30.7
一般	37	14.6
非常了解	3	1.2

要么缺乏足够的热情,如另一项关于村民"如果再进行选举,您是否愿意参加(选举或被选举)"的调查显示:

被选答案	有效票数(张)	所占比例(%)
当然愿意	34	13.3
不愿意	149	58.7
无所谓	71	28.0

说明:以上两项调查的有效票均为 254 张。
王晨光主编:《农村法制现状》,社会科学文献出版社 2006 年版,第 28、39 页。

② 孙国华:《法的真谛在于对权利的认可和保护》,载《时代论评》1988 年创刊号。

权利实现的理想预期受制于经济发展。一部人权史告诉我们,每一次权利理论的重大冲突,每一次权利实现质的飞跃,无一不是由于经济的巨大进步所致。同时又取决于立法者的接受水平,如美国,实现男性与女性公民之间、白人与黑人之间在美国宪法上的平等经历了一百多年的时间。[1]

---

[1] 郝铁川:《权利实现的差序格局》,载《中国社会科学》2002年第5期。

后 记

本书是国家社科基金项目"社会主义新农村建设中的农牧民权利法律保障机制研究"的最终成果。

农民的权利是一个非常宏大的命题,但本书对此的讨论既不全面,也不深度,完成这样一个成果,主要是为了履行本人要对农民有所贡献的一个心理约定,因为农村是我的根,是生我、养我的地方,此情此恩,不敢忘怀。成果从课题立项到完成的时间较为漫长,它浸溶了本人对农民权利思考的心路历程,算是对有养育之恩的家乡的报答。

小时候对农村生活的亲身体验,让我对农民和农村社会有着特殊的情感、直观的体验和独特的理解,这成了我以后关注农民权利问题的意识启蒙。从上世纪中后期以来,我就逐渐对农村问题进行思考,深感城乡二元结构造成的巨大的权利差距具有显著地不公平性,遂开始考虑农村社会的权利框架及谱系建构,本书是对农民权利问题粗浅思考的结晶。

爱女冠楠一直是我的快乐之源,书稿交付时恰逢她考上大学,书应该是给她最好的礼物。

感谢在我多年的调研过程中青海省政协、民革省委会、省司法厅、省法院、省民政厅、海东市法院、黄南州法院、海南州法院、果洛州法院以及各地的农牧、扶贫、教育、劳动保障、司法、公安等部门给予的大力支持,特别感谢面对面访谈过的100余位乡镇干部、村干部、农牧民、寺院人员和农民工朋友及有关案件的当事人、法官和律师。正是他们提供的大量的材料,让课题更显的具体、真实、丰满,并富有"地方性知识"。

感谢当年和我一起去边远的民族地区调研的青海民大法学院的才让塔教授、郭富锁教授、张立教授等同仁,也非常感谢做了大量课题辅助工作的研究生赵威、胡权利、孙彩娜等同学。

后　记

　　感谢师兄谢晖教授对我在学术研究方面的关心与启发，正是他的厚爱，拙著才得已出版。厦门大学出版社的邓臻编辑对本书的校对、修改、出版等方面做了非常精细与卓越的工作，在此向他（她）们表示最诚挚的谢意！

作者谨识

图书在版编目(CIP)数据

农民权利与权利农民：以青藏高原农村社会为视域/王佐龙著.—厦门：
厦门大学出版社,2015.6
（法意文丛）
ISBN 978-7-5615-5168-4

Ⅰ.①农… Ⅱ.①王… Ⅲ.①农民-权利-研究-青海省 Ⅳ.①D621.5

中国版本图书馆 CIP 数据核字(2014)第 149857 号

官方合作网络销售商：

厦门大学出版社出版发行

(地址:厦门市软件园二期望海路 39 号 邮编:361008)
总编办电话:0592-2182177 传真:0592-2181253
营销中心电话:0592-2184458 传真:0592-2181365
网址:http://www.xmupress.com
邮箱:xmup@xmupress.com

沙县四通彩印有限公司印刷

2015 年 6 月第 1 版 2015 年 6 月第 1 次印刷
开本:720×970 1/16 印张:25.5 插页:2
字数:405 千字 印数:1～1 200 册
定价:58.00 元

本书如有印装质量问题请直接寄承印厂调换